Das Schutzschirmverfahren – Auswirkungen des Gesetzes zur weiteren Erleichterung der Sanierung von Unternehmen auf die Eigenverwaltung

Europäische Hochschulschriften

European University Studies

Publications Universitaires Européennes

Reihe II **Rechtswissenschaft**

Series II Law

Série II Droit

Band/Volume **5953**

Sebastian Sedlak

Das Schutzschirmverfahren – Auswirkungen des Gesetzes zur weiteren Erleichterung der Sanierung von Unternehmen auf die Eigenverwaltung

Rechtliche und tatsächliche Folgen für die Sanierungspraxis

PL ACADEMIC RESEARCH

Bibliografische Information der Deutschen Nationalbibliothek
Die Deutsche Nationalbibliothek verzeichnet diese Publikation in der Deutschen Nationalbibliografie; detaillierte bibliografische Daten sind im Internet über http://dnb.d-nb.de abrufbar.

Zugl.: Mainz, Univ., Diss., 2016

D 77
ISSN 0531-7312
ISBN 978-3-631-73103-1 (Print)
E-ISBN 978-3-631-73163-5 (E-PDF)
E-ISBN 978-3-631-73164-2 (EPUB)
E-ISBN 978-3-631-73165-9 (MOBI)
DOI 10.3726/b11715

PL Academic Research ist ein Imprint der Peter Lang GmbH.
Peter Lang – Frankfurt am Main · Bern · Bruxelles · New York · Oxford · Warszawa · Wien

Diese Publikation wurde begutachtet.

www.peterlang.com

Vorwort

Diese Arbeit wurde im August 2016 vom Fachbereich Rechts-und Wirtschaftswissenschaften der Johannes Gutenberg-Universität Mainz als Dissertation angenommen. Tag der mündlichen Prüfung war der 22. Dezember 2016.

Die Arbeit untersucht, ob die vom Gesetz zur weiteren Erleichterung der Sanierung von Unternehmen auf die Eigenverwaltung (ESUG) verfolgten Ziele tatsächlich erreicht werden können. Es wird untersucht, ob die ESUG-Reform die rechtlichen Voraussetzungen schafft und das Potential hat, um Sanierung, Restrukturierung und Reorganisation von Unternehmen zu stärken, oder ob nach wie vor Liquidation und Zerschlagung an der Tagesordnung bleiben. Neben einer dogmatischen Einordnung der Verfahren nach § 270a InsO und § 270b InsO werden rechtliche und tatsächliche Probleme dieser Verfahren, wie z. B. das Verhältnis zwischen dem Aussteller der Bescheinigung und dem vorläufigen Sachwalter, die Ausgestaltung und Auslegung der Bescheinigung, sowie die Veröffentlichung der Bestellung des Sachwalters, erörtert. Darüber hinaus wird das Verhältnis der beiden Verfahren zueinander und deren jeweilige Vor- und Nachteile behandelt.

Die vorliegende Arbeit befindet sich auf dem Stand von Juni 2016.

Mein besonderer Dank gilt meinem Doktorvater Herrn Prof. Dr. Urs Peter Gruber. Er hat die Erstellung dieser Arbeit von Beginn an durch wertvolle Anregungen und zielführende Hinweise gefördert. Die Arbeit hätte ohne seine hervorragende Betreuung nicht in dieser Form fertig gestellt werden können.

Herrn Prof. Dr. Curt Hergenröder danke ich für die Übernahme und zügige Erstellung des Zweitgutachtens.

Mein größter Dank gilt meinen Eltern und meiner Familie, auf die ich in allen Lebensabschnitten zählen konnte und die mich stets unterstützt haben. Meiner Familie und meiner Frau Ulrike Sedlak, die mir seit Jahren liebevoll zur Seite steht ist diese Arbeit gewidmet.

Frankfurt am Main, im Juni 2017 — Sebastian Sedlak

Inhaltsverzeichnis

Literaturverzeichnis

Ahrens, Martin/Gehrlein, Markus/Ringstmeier, Andreas, Fachanwaltskommentar Insolvenzrecht, 2. Auflage, 2014 (zitiert: Bearbeiter, in: A/G/R, § Rn.).

Andres, Dirk/Grund, Andreas, Die Flucht vor deutschen Insolvenzgerichten nach England – Die Entscheidungen in dem Insolvenzverfahren Hans Brochier Holdings Ltd., NZI 2007, S. 137–143.

Andres, Dirk/Leithaus, Rolf/Dahl, Michael, Insolvenzordnung, 3. Auflage, 2014 (zit.: Bearbeiter, in: Andres/Leithaus, Insolvenzordnung, 3. Auflage, 2014, § Rn).

Baumbach, Adolf/Hopt, Klaus J., Handelsgesetzbuch, 36. Auflage, 2014.

Beck, Siegfried/Depré, Peter, Praxis der Insolvenz, 2. Auflage, 2010.

Beissenhirtz, Volker, Plädoyer für ein Gesetz zur vorinsolvenzlichen Sanierung von Unternehmen, ZInsO 2011, S. 57–71.

Beth, Stephan, Amtsermittlung des Insolvenzgerichts im Eröffnungsverfahren, NZI 2014, S. 487–492.

Beth, Stephan, Die gerichtliche Überprüfung der Voraussetzung des Schutzschirmverfahrens nach § 270b InsO, ZInsO 2015, S. 369–375.

Bitter, Georg/Röder, Sebastian, Insolvenz und Sanierung in Zeiten der Finanz- und Wirtschaftskrise, ZInsO 2009, S. 1283–1292.

Bley, Erich/Mohrbutter, Jürgen, Vergleichsordnung, 4. Auflage, 1979.

Böcker, Philipp, Gesellschaftsrecht versus Insolvenzrecht oder Suhrkamp: Verfall eines Verlages, DZWIR 2014, S. 331–337.

Böcker, Philipp, Gesellschaftsrecht versus Insolvenzrecht oder Suhrkamp: Verfall eines Verlages (Fortsetzung I), DZWIR 2014, S. 440–440.

Böcker, Philipp, Gesellschaftsrecht versus Insolvenzrecht oder Suhrkamp: Verfall eines Verlages (Fortsetzung II), DZWIR 2014, S. 577–580.

Böhle-Stamschräder, A./Kilger, Joachim, Vergleichsordnung, 11. Auflage, 1986.

Bork, Reinhard, Die Unabhängigkeit des Insolvenzverwalters ist nicht disponibel, ZIP 2013, S. 145–149.

Bork, Reinhard, Grundfragen des Restrukturierungsrechts, ZIP 2010, S. 397–413.

Bork, Reinhard, Sanierungsrecht in Deutschland und England, 2011.

Bork, Reinhard/Hölzle, Gerrit, Handbuch Insolvenzrecht, 2014.

Böttcher, Ronald, ZVG Gesetz über die Zwangsversteigerung und die Zwangsverwaltung, 6. Auflage, 2016.

Braun, Eberhard, Insolvenzordnung, Kommentar, 6. Auflage, 2014.

Braun, Eberhard/Heinrich, Jens, Auf dem Weg zu einer (neuen) Insolvenzplankultur in Deutschland – Ein Beitrag zu dem Regierungsentwurf für ein Gesetz zur weiteren Erleichterung der Sanierung von Unternehmen, NZI 2011, S. 505–517.

Braun, Eberhard/Uhlenbruck, Wilhelm, Unternehmensinsolvenzen, 1997.

Bremen, Michael, Das Leitbild des sanierten Unternehmens im Schutzschirmverfahren, NZI 2014, S. 137–144.

Brinkmann, Moritz/Zipperer, Helmut, Die Eigenverwaltung nach dem ESUG aus Sicht von Wissenschaft und Praxis, ZIP 2011, S. 1337–1347.

Buchalik, Robert, § 1 InsO – der Erhalt des Unternehmens als Ziel des Insolvenzverfahrens nach Inkrafttreten des ESUG?, ZInsO 2015, S. 484–489.

Buchalik, Robert, Das Schutzschirmverfahren nach § 270b InsO (incl. Musteranträge) Ein überzeugender Schritt des Gesetzgebers, der Sanierung durch Insolvenz nachhaltig zum Durchbruch zu verhelfen, ZInsO 2012, S. 349–363.

Buchalik, Robert, Zur Begründung von Masseverbindlichkeiten durch den eigenverwaltenden Schuldner im Verfahren nach § 270a InsO, ZInsO 2013, S. 815–819.

Buchalik, Robert/Kraus, Alfred, Endlich Klarheit – Nur der Schuldner darf Masseverbindlichkeiten im vorläufigen Eigenverwaltungsverfahren gem. § 270a InsO begründen!, ZInsO 2012, S. 2330–2333.

Budnik, Andreas, Zur Regelvergütung des vorläufigen Sachwalters, NZI 2014, S. 247–252.

Buth, Andrea K./Hermanns, Michael, Restrukturierung, Sanierung, Insolvenz, 4. Auflage, 2014.

Camek, Fabian, Das Schutzschirmverfahren nach § 270b InsO und seine Funktionalität im internationalen Rechtsvergleich, 2013.

Commandeur, Anja/Schaumann, Michael, Neuere Entwicklungen im Insolvenzrecht – Erste praktische Erfahrungen mit dem ESUG, NZG 2012, S. 620–622.

Dahl, Michael, Masseverbindlichkeiten bei vorläufiger Eigenverwaltung, NJW-Spezial 2013, S. 405–406.

Desch, Wolfram, Schutzschirmverfahren nach dem RegE-ESUG in der Praxis, BB 2011, S. 841–846.

Dietrich, Martin, Die Eigenverwaltung als Sanierungsweg nach dem neuen Insolvenzrecht, 2002.

Ehlers, Harald, Die besondere Verantwortlichkeit des (vorläufigen) Sachwalters, ZInsO 2015, S. 1417–1421.

Ehlers, Harald, Sanierung mit oder ohne Insolvenz, ZInsO 2010, S. 257–265.

Ehlers, Harald, Teilnahme und Nutzen einer Mitgliedschaft im Gläubigerausschuss, BB 2013, S. 259–264.

Ehricke, Ulrich, Sicherungsmaßnahmen bei Antrag auf Anordnung einer Eigenverwaltung, insbesondere zur Person des vorläufigen Sachwalters, ZIP 2002, S. 782–789.

Eidenmüller, Horst, Die Eigenverwaltung im System des Restrukturierungsrechts, ZHR 175 (2011) S. 11–37.

Eidenmüller, Horst, Reformperspektiven im Restrukturierungsrecht, ZIP 2010, S. 649–660.

Flöther, Lucas F. Der vorläufige Sachwalter – Pilot, Co-Pilot oder fünftes Rad am Wagen?, ZInsO 2014, S. 465–472.

Flöther, Lucas F., Die aktuelle Reform des Insolvenzrechts durch das ESUG – Mehr Schein als Sein?, ZIP 2012, S. 1833–1842.

Foerste, Ulrich, Teleologische und „pragmatische“ Auslegung im Insolvenzrecht, ZInsO 2013, S. 1661–1666.

Frankfurter Kommentar zur Insolvenzordnung, hrsg. v. Wimmer, Klaus, 8. Auflage 2015, (zit.: Bearbeiter, in: Frankfurter Kommentar, § Rn.).

Frege, Michael/Keller, Ulrich/Riedel, Ernst, Insolvenzrecht, 8. Auflage, 2015.

Frind, Frank, Der Aufgabenkreis des vorläufigen Sachwalters in der Eigenverwaltung, NZI 2014, S. 937–942.

Frind, Frank, Der vorläufige Gläubigerausschuss – Rechte, Pflichten, Haftungsfragen, ZIP 2012, S. 1380–1387.

Frind, Frank, Die Begründung von Masseverbindlichkeiten im Eigenverwaltungseröffnungsverfahren, ZInsO 2012, S. 1099–1106.

Frind, Frank, Die Bescheinigung nach § 270b Abs. 1 Satz 3 InsO Wann darf, soll, muss das Insolvenzgericht sie prüfen?, ZInsO 2012, S. 1546–1552.

Frind, Frank, Die Praxis fragt, „ESUG“ antwortet nicht, ZinsO 2011, S. 2249–2261.

Frind, Frank, Die Unabhängigkeit des (vorläufigen) Insolvenzverwalters/Sachwalters nach Inkrafttreten des „ESUG“, ZInsO 2014, S. 119–131.

Frind, Frank, Insolvenzgerichtliche Veröffentlichungsnotwendigkeiten bei der vorläufigen Sachwalterschaft, ZIP 2012, S. 1591–1595.

Frind, Frank, Problemanalyse zum RefE „ESUG“ – Teil 1, ZInsO 2011, S. 373–377.

Frind, Frank, Probleme bei Bildung und Kompetenz des vorläufigen Gläubigerausschusses, BB 2013, S. 265–270.

Frystatzki, Christian, Die insolvenzrechtliche Fortführungsprognose – Zahlungsunfähigkeits- oder Ertragsfähigkeitsprognose?, NZI 2011, S. 173–179.

Fuhst, Christian, Die Sanierungsbescheinigung nach § 270b InsO, GWR 2012, S. 482–486.

Fuhst, Christian, Das neue Insolvenzrecht – Ein Überblick, DStR 2012, S. 418–423.

Gebler, Olaf, Ausländische Insolvenzverfahren zur Sanierung deutscher Unternehmen, NZI 2010, S. 665–669.

Geißler, Marcus H., Die Ermächtigung des Schuldners im Schutzschirmverfahren nach § 270b Abs. 3 InsO – Systematik und Auswirkungen auf die Insolvenzgeldsicherung, ZInsO 2013, S. 531–538.

Göb, Marc Alexander, Das Gesetz zur weiteren Erleichterung der Sanierung von Unternehmen (ESUG) – Ein Überblick, NZG 2012, S. 371–377.

Gottwald, Peter, Insolvenzrechts-Handbuch, 5. Auflage, 2015 (zit.: Bearbeiter, in: Gottwald Insolvenzrechts-Handbuch, § Rn.).

Griffiths, David/Hellmig, Nina, Insolvenzkulturen – Kampf oder Harmonisierung? Eine angelsächsische Perspektive, NZI 2008, S. 418–420.

Grub, Volker, Überjustizialisierung und die Eigenverwaltung des Pleitiers, WM 1994, S. 880–881.

Gutmann, Torsten/Laubereau, Stephan, Schuldner und Bescheiniger im Schutzschirmverfahren, ZInsO 2012, S. 1861–1872.

Haarmeyer, Hans/Buchalik, Robert/Haase, Markus, Befragung der Insolvenzgerichte zu den § 270a und § 270b InsO-Verfahren, ZInsO 2013, S. 26–28.

Haarmeyer, Hans/Frind, Frank, Insolvenzrecht, 2010.

Haarmeyer, Hans/Mock, Sebastian, Insolvenzrechtliche Vergütung (InsVV), 5. Auflage, 2014.

Hamburger Kommentar zum Insolvenzrecht, hrsg. v. Schmidt, Andreas, 5. Auflage, 2014 (zit.: Bearbeiter, in: Hamburger Kommentar, 5. Auflage, 2015, § Rn.).

Häsemeyer, Ludwig, Insolvenzrecht, 3. Auflage, 2003.

Heidelberger Kommentar zur Insolvenzordnung, hrsg. v. Kreft, Gerhart, 7. Auflage, 2014.

Henkel, Andreas, Die Voraussetzungen für die Anordnung der (vorläufigen) Eigenverwaltung, ZIP 2015, S. 562–571.

Henkel, Andreas, Für eine Kultur der nachhaltigen Eigenverwaltung, ZInsO 2015, S. 2477–2480.

Hess, Harald, Insolvenzrecht, Großkommentar, 2. Auflage, 2013 (zit.: Bearbeiter, in: Hess, InsO, § Rn.).

Hill, Norbert, Das Eigenverwaltungsverfahren des Diskussionsentwurfs des BMJ im Spannungsfeld zwischen Sanierungsinteresse und Gläubigerschutz, ZInsO 2010,1825–1829.

Hirte, Heribert, Anmerkungen zum von § 270b RefE-InsO ESUG vorgeschlagenen „Schutzschirm“, ZInsO 2011, S. 401–405.

Hirte, Heribert, Die Grundsätze der „Wrongful-Trading-Alternative“ zur gesetzlichen Insolvenzantragspflicht (Zugleich Anmerkungen zum von § 270b DiskE-InsO ESUG vorgeschlagenen „Schutzschirm“), ZInsO 2010, S. 1986–1996.

Hirte, Heribert/Knof, Bela/Mock, Sebastian, Das neue Insolvenzrecht nach dem ESUG, 2012.

Hirte, Heribert/Mock, Sebastian, Das Gesetz zur weiteren Erleichterung der Sanierung von Unternehmen (Teil II), DB 2011, S. 693–698.

Hofmann, Matthias, Die Vorschläge des DiskE-ESUG zur Eigenverwaltung und zur Auswahl des Sachwalters – Wege und Irrwege zur Erleichterung von Unternehmenssanierungen, NZI 2010, S. 798–805.

Hohberger, Stefan/Damlachi, Hellmut, Praxishandbuch Sanierung im Mittelstand, 3. Auflage, 2014.

Hölzle, Gerrit, Die „erleichterte Sanierung von Unternehmen" in der Nomenklatur der InsO – ein hehres Regelungsziel des RefE-ESUG, NZI 2011, S. 124–131.

Hölzle, Gerrit, Eigenverwaltung im Insolvenzverfahren nach ESUG – Herausforderungen für die Praxis, ZIP 2012, S. 158–164.

Hölzle, Gerrit, Gesellschaftsrechtliche Veränderungssperre im Schutzschirmverfahren, ZIP 2012, S. 2427–2431.

Hölzle, Gerrit, Insolvenzplan auf Initiative des vorläufigen Sachwalters im Schutzschirmverfahren – Oder: Wer erstellt und wer bezahlt den Insolvenzplan im Verfahren nach § 270b InsO?, ZIP 2012, S. 855–860.

Hölzle, Gerrit, Praxisleitfaden ESUG, 2. Auflage, 2014 (zit.: Hölzle, § Rn.).

Hölzle, Gerrit, Zur Suspendierung der Mietzahlungspflicht für gewerblich genutzte Immobilien im Insolvenzeröffnungsverfahren, ZIP 2014, S. 1155–1158.

Hölzle, Gerrit/Pink, Andreas, Mezzanine-Programme und Gestaltungspotenzial der Sanierungseigenverwaltung im ESUG, ZIP 2011, S. 360–368.

Höpfner, Alexander, Aktuelle Rechtsprechung zur Bestellung juristischer Personen zum Insolvenzverwalter, BB 2016, S. 1034–1036.

Horstkotte, Martin, Öffentliche Bekanntmachung der vorläufigen Sachwalterschaft nach ESUG durch das Insolvenzgericht?, ZInsO 2012, S. 1161–1164.

Huber, Herwart, Großer Wurf, oder viel Lärm um nichts?, ZInsO 2013, S. 1–11.

Huhn, Christoph, Die Eigenverwaltung im Insolvenzverfahren, 2003.

Huntemann, Eva/Dietrich, Martin, Eigenverwaltung und Sanierungsplan – der verkannte Sanierungsweg, ZInsO 2001, S. 13–17.

Jacoby, Florian, Vorinsolvenzliches Sanierungsverfahren, ZGR 2010, S. 359–384.

Jaeger, Insolvenzordnung, Großkommentar, hrsg v. Henckel, Wolfram/Gerhardt, Walter, 2004 (zit.: Bearbeiter, in: Jaeger, § Rn.).

Jaffé, Michael, Die Eigenverwaltung im System des Restrukturierungsrechts, ZHR 175 (2011), S. 38–54.

Kammel, Volker/Staps, Christian, Insolvenzverwalterauswahl und Eigenverwaltung im Diskussionsentwurf für ein Sanierungserleichterungsgesetz, NZI 2010, S. 791–798.

Keller, Ulrich, Bedarf die Bestellung eines vorläufigen Sachwalters im Schutzschirmverfahren nach § 270b InsO der öffentlichen Bekanntmachung?, ZIP 2012, S. 1895–1901.

Keller, Ulrich, Die öffentliche Bekanntmachung im Insolvenzverfahren, ZIP 2003, S. 149–159.

Kerz, Volker, Sanierungsbescheinigungen als neues Tätigkeitsfeld, DStR 2012, S. 204–208.

Kirstein, Hans-Joachim, Ausführungen zur real existierenden Situation bei Eröffnungs- und Befriedigungsquoten in Insolvenzverfahren, ZInsO 2006, S. 966–973.

Klinck, Fabian, Die Begründung von Masseverbindlichkeiten durch den Schuldner im Eigenverwaltungs-Eröffnungsverfahren, ZIP 2013, S. 853–862.

Klinck, Fabian, Die Einzelermächtigung des Schuldners zur Begründung von Masseverbindlichkeiten in den Eigenverwaltungs-Eröffnungsverfahren nach §§ 270a und 270b InsO, ZInsO 2014, S. 365–373.

Klöhn, Lars, Gesellschaftsrecht in der Eigenverwaltung: Die Grenzen des Einflusses auf die Geschäftsführung gemäß § 276a Satz 1 InsO, NZG 2013, S. 81–87.

Knöpnadel, Ulf, ESUG Der Bescheiniger und der Eigenverwalter nach InsO, AnwBl 2012, S. 550–552.

Kolmann, Stephan, Schutzschirmverfahren – ein Fahrplan aus Unternehmenssicht, DB 2014. S. 1663–1668.

Kolmann, Stephan, Schutzschirmverfahren nach ESUG, 2014.

Kommentar zur Insolvenzordnung, hrsg. v. Graf-Schlicker, Marie Luise, 4. Auflage, 2014 (zit.: Bearbeiter, in: Graf-Schlicker, 4. Auflage § Rn.).

Kommentar zur Konkursordnung, hrsg. v. Hess, Harald, 6. Auflage, 1998 (zit.: Bearbeiter, in: Hess, Kommentar zur Konkursordnung, 6. Auflage, § Rn.).

Körner, Martin, Die Eigenverwaltung in der Insolvenz als bestes Abwicklungsverfahren?, NZI 2007, S. 270–276.

Körner, Martin, Unternehmensturnaround durch Eigenverwaltung in der Insolvenz, 2006.

Kranzusch, Peter, Die Eigenverwaltung im Insolvenzverfahren – Anwendung und Hindernisse, ZInsO 2008, S. 1346–1353.

Kraus, Alfred/Lenger, Norman/Radner, Bozidar, „Viel zu kurz gesprungen…" Anmerkung zum Entwurf des IDW Standards „Bescheinigung nach § 270b InsO (IDW ES 9)", ZInsO 2012, S. 587–589.

Kübler, Bruno M., Handbuch Restrukturierung in der Insolvenz, 2. Auflage, 2015 (zit.: Bearbeiter, Kübler, HRI, § Rn.).

Kübler, Bruno M./Prütting, Hanns/Bork, Reinhard, Kommentar zur Insolvenzordnung, 66. Ergänzungslieferung 2015 (zit.: Bearbeiter, in: KPB, InsO, § Rn.).

Lakies, Thomas, Die arbeitsrechtliche Bedeutung der Eigenverwaltung in der Insolvenzordnung, BB 1999, S. 1759–1762.

Landfermann, Hans-Georg, Das neue Unternehmenssanierungsgesetz (ESUG) – Überblick und Schwerpunkte – – Teil I – WM 2012, S. 821–831.

Landfermann, Hans-Georg, Das neue Unternehmenssanierungsgesetz (ESUG) – Überblick und Schwerpunkte – – Teil II – WM 2012, S. 869–878.

Larenz, Karl, Methodenlehre der Rechtswissenschaft, 6. Auflage, 1991.

Laroche, Peter, Einzelermächtigung zur Begründung von Masseverbindlichkeiten durch den „schwachen" vorläufigen Insolvenzverwalter, NZI 2010, S. 965–973.

Lau, Bero-Alexander, Das Eröffnungsverfahren (§ 270a InsO) mit anschließender Eigenverwaltung aus der Sicht eines (vorläufigen) Sachwalters, DB 2014, S. 1417–1423.

Leipold, Dieter, Insolvenzrecht im Umbruch, 1991.

Leonhardt, Peter/Smid, Stefan/Zeuner, Mark, Insolvenzrechtliche Vergütungsverordnung (InsVV), 2014.

Lorenz, Karl-Heinrich/Klanke, Dieter,InsVV, GKG, RVG, Vergütung und Kosten in der Insolvenz, 2. Auflage, 2014.

Marotzke, Wolfgang, Masseschuldbegründungskompetenz des Schuldners im eigenverwalteten Insolvenzeröffnungsverfahren, DB 2013, S. 1283–1290.

Martini, Mario, Das allgemeine Persönlichkeitsrecht im Spiegel der jüngeren Rechtsprechung des Bundesverfassungsgerichts, JA 2009, S. 839–846.

Maus, Karl Heinz, Der Insolvenzplan, Kölner Schrift zur Insolvenzordnung, 2. Auflage, 2000, S. 931–967.

Mitlehner, Stephan, Der Insolvenzverwalter, eine geeignete natürliche Person, § 56 InsO, NZI 2016, S. 248–251.

Mock, Sebastian, Die Vergütung des vorläufigen Sachwalters, ZInsO 2014, S. 67–71.

Müller, Hans-Friedrich, Die Kapitalerhöhung in der Insolvenz, ZGR 2004, S. 842–860.

Münchener Kommentar Insolvenzordnung, Bd. 1 bis Bd. 3, hrsg. v. Kirchhof/Eidenmüller/Stürner, 3. Auflage, 2014.

Münchener Kommentar zum BGB, Band 1., hrsg. v. Säcker, Franz Jürgen/Rixecker, Roland/Oetker, Hartmut/Limperg, Bettina, 7. Auflage, 2015.

Münchener Kommentar zur Zivilprozessordnung mit Gerichtsverfassungsgesetz und Nebengesetzen, hrsg. v. Rauscher, Thomas/Krüger, Wolfgang, 4. Auflage, 2013.

Nerlich, Jörg/Römermann, Volker, Insolvenzordnung, Kommentar, 29. Ergänzungslieferung, Januar 2016.

Noack, Ulrich, „Holzmüller" in der Eigenverwaltung – Zur Stellung von Vorstand und Hauptversammlung im Insolvenzverfahren, ZIP 2002, S. 1873–1879.

NWB Kommentar zum Insolvenzrecht, hrsg. v. Gerhard Pape und Christoph Uhländer, 2013.

Obermüller, Manfred, Das ESUG und seine Auswirkungen auf das Bankgeschäft, ZInsO 2011, S. 1809–1821.

Oppermann, Stefan/Smid, Stefan, Ermächtigung des Schuldners zur Aufnahme eines Massekredits zur Vorfinanzierung des Insolvenzgeldes im Verfahren nach § 270a InsO, ZInsO 2012, S. 862–869.

Pape, Gerhard, Das janusköpfige Insolvenzeröffnungsverfahren bei der Eigenverwaltung, ZInsO 2013, S. 2077–2083.

Pape, Gerhard, Die Eigenverwaltung des Schuldners nach der Insolvenzordnung, in Kölner Schrift, 2. Auflage 2000, S. 895–931.

Pape, Gerhard, Eigenverwaltungsverfahren im Spiegel der Rechtsprechung nach Inkrafttreten des ESUG, ZInsO 2013, S. 2129–2138.

Pape, Gerhard, Entwicklungstendenzen bei der Eigenverwaltung, ZIP 2013, S. 2285–2294.

Pape, Gerhard/Schultz, Volker, Der Gläubigerausschuss im Eröffnungsverfahren und im eröffneten Insolvenzverfahren mit Eigenverwaltung des Schuldners, ZIP 2016, S. 506–514.

Pape, Gerhard/Uhlenbruck, Wilhelm/Voigt-Salus, Joachim, Insolvenzrecht, 2. Auflage, 2010.

Paulus, Christoph, Grundlagen des neuen Insolvenzrechts – Schuldner, Gläubiger und Insolvenzverwalter, DStR 2003, S. 31–37.

Piekenbrock, Andreas, Das ESUG – fit für Europa?, NZI 2012, S. 905–912.

Piepenburg, Horst, Faktisches Konzerninsolvenzrecht am Beispiel Babcock Borsig, NZI 2004, S. 231–238.

Rattunde, Rolf, Sanierung von Großunternehmen durch Insolvenzpläne – Der Fall Herlitz, ZIP 2003, S. 596–600.

Recht der Zwangsvollstreckung, Handkommentar, hrsg. v. Kindl, Johann/Meller-Hannich, Caroline/Wolf, Hans-Joachim, 3. Auflage, 2015.

Richter, Bernd/Pernegger, Isabelle, Betriebswirtschaftliche Aspekte des RegE-ESUG, BB 2011, S. 876–882.

Richter, Bernd/Pluta, Maximilian, Bescheinigung zum Schutzschirmverfahren gem. § 270b InsO nach IDW ES 9 im Praxistest, BB 2012, S. 1591–1595.

Römermann, Volker /Praß, Jan-Philipp, Beratung der GmbH als Schuldnerin in Krise und Insolvenz nach dem ESUG, GmbHR 2012, S. 425–431.

Römermann, Volker, Neue Herausforderungen durch das ESUG – ein Überblick, GmbHR 2012, S. 421–425.

Römermann, Volker, Neues Insolvenz- und Sanierungsrecht durch das ESUG, NJW 2012, S. 645–652.

Römermann, Volker/Praß, Jan-Philipp, Gesetzgeber, rette Dein ESUG!, ZInsO 2013, S. 482–491.

Rumberg, Carsten, Die Entwicklung der Rescue Culture im englischen Insolvenzrecht, RIW 2010, S. 358–367.

Schelo, Sven, Der neue § 270b InsO – Wie stabil ist das Schutzschirmverfahren in der Praxis? Oder: Schutzschirmverfahren versus vorläufige Eigenverwaltung, ZIP 2012, S. 712–715.

Schimansky, Herbert/Bunte, Herman-Josef/Lwowski, Hand-Jürgen, Bankrechts-Handbuch, 4. Auflage 2011, (zit.: Bearbeiter, § Rn.).

Schlegel, Stephan, Die Eigenverwaltung in der Insolvenz, 1999.

Schleusener, Ann-Kathrin, Der Debt-Equity-Swap, 2011.

Schluck-Amend, Alexandra, Gläubigerstrategie in der Insolvenz, GWR 2013, S. 418–420.

Schmidt, Andreas/Linker, Jörg, Ablauf des sog. Schutzschirmverfahrens nach § 270b InsO, ZIP 2012, S. 963–965.

Schmidt, Karsten, Insolvenzgesetze, KO//Vgl/GesO, 17. Auflage, 1997.

Schmidt, Karsten, Insolvenzordnung, Kommentar, 19. Auflage, 2016.

Schneider, Steffen/Höpfner, Alexander, Die Sanierung von Konzernen durch Eigenverwaltung und Insolvenzplan, BB 2012, S. 87–92.

Schur, Wolfgang, Die Vergütung des vorläufigen Sachwalters – Regelvergütung, Berechnungsgrundlage, Zuschläge, ZIP 2014, S. 757–766.

Smid, Stefan, Sanierungsverfahren nach neuem Insolvenzrecht, WM 1998, S. 2489–2515.

Smid, Stefan, Zum Beweisverfahren im Eröffnungsverfahren der §§ 270a, 270b InsO und im eröffneten Eigenverwaltungsverfahren, ZInsO 2013, S. 209–218.

Stapper, Florian, Neue Anforderungen an den Insolvenzverwalter, NJW 1999, S. 3441–3444.

Steffan, Bernhard/Solmecke, Hendrik, Die Bescheinigung als Eintrittskarte zum Schutzschirmverfahren – der IDW S 9, ZIP 2014, S. 2271–2275.

Sternal, Werner, Das Gesetz zur Vereinfachung des Insolvenzverfahrens, NJW 2007, S. 1909–1914.

Stöber, Kurt, Kommentar zum ZVG, 21. Auflage, 2016.

Ströhmann, Martin/Längsfeld, Alexander M.H., Die Geschäftsführungsbefugnis in der GmbH im Rahmen der Eigenverwaltung – Welche Neuerungen brachte § 276 a InsO?, NZI 2013, S. 271–278.

Uhlenbruck Insolvenzordnung, Kommentar, hrsg. v. Uhlenbruck, Wilhelm/Hirte, Heribert/Vallender, Heinz, 13. Auflage, 2010, (zit.: Bearbeiter, in: Uhlenbruck Insolvenzordnung, 13. Auflage 2010, § Rn.).

Uhlenbruck Insolvenzordnung, Kommentar, hrsg. v. Uhlenbruck, Wilhelm/Hirte, Heribert/Vallender, Heinz, 14. Auflage, 2015, (zit.: Bearbeiter, in: Uhlenbruck Insolvenzordnung, 14. Auflage 2015, § Rn.).

Uhlenbruck, Wilhelm, Zur Geschichte des Konkurses, DZWIR 2007, S. 1–5.

Uhlenbruck, Wilhelm/Vallender, Heinz, Zehn Jahre Insolvenzordnung – eine kritische Zwischenbilanz, NZI 2009, S. 1–11.

Undritz, Sven-Holger, Ermächtigung und Kompetenz zur Begründung von Masseverbindlichkeiten beim Antrag des Schuldners auf Eigenverwaltung, BB 2012, S. 1551–1556.

Undritz, Sven-Holger, Vorläufige Eigenverwaltung? Der Weg des Schuldners zur Eigenverwaltung zwischen Skylla und Charybdis, in: Meilensteine in Zeiten der InsO, Festschrift für Thomas Wehr, hrsg. Schmidt, Andreas, 2013.

Undritz, Sven-Holger/Schur, Wolfgang, Das Recht des (vorläufigen) Sachwalters zur Kassenführung, ZIP 2016, S. 549–558.

Urlaub, Jasmin, Notwendige Änderungen im Gesetz zur weiteren Erleichterung der Sanierung von Unternehmen (ESUG) zur Verhinderung von Missbräuchen, ZIP 2011, S. 1040–1045.

Vallender, Heinz, Aktuelle Tendenzen zum Unternehmensinsolvenzrecht DStR 1999, S. 2034–2041.

Vallender, Heinz, Das neue Schutzschirmverfahren nach dem ESUG, GmbHR 2012, S. 450–455.

Vallender, Heinz, Der Insolvenzrichter als Schaltstelle des gerichtlichen Sanierungsverfahrens? (Teil 2), DB 2012, S. 1669–1672.

Vallender, Heinz, Die Eigenverwaltung in neuem Gewand nach dem ESUG, GmbHR 2012, S. 445–450.

Vallender, Heinz, Eigenverwaltung im Spannungsfeld zwischen Schuldner- und Gläubigerautonomie, WM 1998, S. 2129–2139 .

Vallender, Heinz, Gefahren für den Insolvenzstandort Deutschland, NZI 2007, S. 129–137.

Vallender, Heinz, Gerichtliche Erfahrungen mit Eigenverwaltung und Schutzschirmverfahren, DB 2015, S. 231–239.

Vallender, Heinz, Gesetz zur weiteren Erleichterung der Sanierung von Unternehmen (ESUG) – Änderungen des Insolvenzeröffnungsverfahrens, MDR 2012, S. 61–65.

Vallender, Heinz, Gesetz zur weiteren Erleichterung der Sanierung von Unternehmen (ESUG) – Das reformierte Plan- und Eigenverwaltungsverfahren, MDR 2012, S. 125–129.

Vallender, Heinz, Insolvenzkultur gestern, heute und morgen, NZI 2010, S. 838–844.

Vallender, Heinz/Zipperer, Helmut, Der vorbefasste Insolvenzverwalter – ein Zukunftsmodell?, ZIP 2013, S. 149–153.

von Buchwaldt, Justus, Die „Insolvenz in der Eigenverwaltung" – auf die richtige Vorbereitung kommt es an, BB 2015, S. 3017–3022.

von Gleichenstein, Hans, Par condicio creditorum: Subsidiäre Verteilungsregel oder abstrakte Ausprägung des verfassungsrechtlichen allgemeinen Gleichheitssatzes?, NZI 2015, S. 49–55.

von Loeffelholz, Corinna/Sanne, Stefan, Die Bescheinigung nach § 270b InsO, NZI 2015, S. 583–588.

Wallner, Jürgen, Wann ist die Eigenverwaltung die richtige Verfahrensart? ZIP 2015, S. 997–1006.

Weber, Friedrich, Die Funktionsteilung zwischen Konkursverwalter und Gesellschaftsorganen im Konkurs der Kapitalgesellschaften, KTS 1970, S. 73–87.

Weber, Friedrich, Die Funktionsteilung zwischen Konkursverwalter und Gesellschaftsorganen im Konkurs der Kapitalgesellschaft, KTS 1970, S. 73–89.

Weber, Jens/Schneider, Petra, Die nach dem Gesetz zur weiteren Erleichterung der Sanierung von Unternehmen (ESUG) vorgesehen Umwandlung von Forderungen in Anteil- bzw. Mitgliedschaftsrechte (Dept-Equity-Swap), ZInsO 2012, S. 374–384.

Weller, Marc-Philippe, Die Verlegung des Center of Main Interest von Deutschland nach England, ZGR 2008, S. 835–866.

Westermann, Harm Peter, Der „Suhrkamp"-Gesellschafter unter dem Schutzschirm der Gesellschaftsinsolvenz, NZG 2015, S. 134–144.

Westpfahl, Lars/Janjuah, Riaz K., Zur Modernisierung des deutschen Sanierungsrechts, Ein Beitrag zur aktuellen Diskussion über die Reformbedürftigkeit des deutschen Insolvenzrechts, ZIP 2008, Beilage zu Heft 3.

Westrick, Ludger, Chancen und Risiken der Eigenverwaltung nach der Insolvenzordnung, NZI 2003, S. 65–72.

Willemsen, Reinhard/Rechel, Janine, Insolvenzrecht im Umbruch – ein Überblick über den RegE-ESUG, BB 2011, S. 834–840.

Wuschek, Thomas, Dept-Equity-Swap-Gestaltung von Anteilsrechten im Insolvenzplanverfahren, ZInsO 2012, S. 1768–1772.

Wuschek, Thomas, Eigenverwaltung gewinnt an Bedeutung, Durch ESUG nimmt Attraktivität der Eigenverwaltung zu, ZInsO 2012, S. 110–115.

Zipperer, Helmut, Die Einflussnahme der Aufsichtsorgane auf die Geschäftsleitung in der Eigenverwaltung – eine Chimäre vom Gesetzgeber, Trugbild oder Mischwesen?, ZIP 2012, S. 1492–1496.

Zipperer, Helmut/Vallender, Heinz, Die Anforderungen an die Bescheinigung für das Schutzschirmverfahren, NZI 2012, S. 729–735.

A. Einführung

I. Gegenstand und Hintergrund der Untersuchung

Babcock Borsig AG[1], *Ihr Platz GmbH&Co. KG, KirchMedia GmbH und Co. KGaA*[2] sind drei bekannte Namen von Großunternehmen, die im Insolvenzrecht mit der Eigenverwaltung in Verbindung gebracht werden.[3] All diesen Verfahren ist gemein, dass es durch das Eigenverwaltungsverfahren zu einer Masseanreicherung und somit zu einer Erhöhung der Gläubigerbefriedigung kam.[4] Allerdings sind beantragte und erfolgreich abgeschlossene Eigenverwaltungsverfahren in der Vergangenheit – zumindest bis zum Inkrafttreten des Gesetzes zur weiteren Erleichterung der Sanierung von Unternehmen[5] – absolute Einzelfälle. Die Eigenverwaltung fristete sprichwörtlich ein *Schattendasein*.[6] Im Jahr 2011, dem letzten Jahr vor Inkrafttreten des ESUG, gab es insgesamt 30.099 Unternehmensinsolvenzen.[7] Allerdings wurde nur bei 192 Verfahren die Eigenverwaltung angeordnet.[8] Setzt man die 192 Eigenverwaltungsverfahren in ein Verhältnis zu den gestellten Anträgen aller insolventen Unternehmen, beträgt die Eigenverwaltungsquote 0,64 Prozent.[9] Im Verhältnis zu den eröffneten Insolvenzverfahren beträgt die Eigenverwaltungsquote

---

1 AG Duisburg, Beschluss vom 01.09.2002, Az. 62 IN 167/02, DZWIR 2002, S. 522 ff. = ZIP 2002, S. 1636 ff. = NZI 2002, S. 556 ff.; näheres hierzu, Piepenburg, Horst, Faktisches Konzerninsolvenzrecht am Beispiel Babcock Borsig, NZI 2004, S. 231–238.

2 AG München, Beschluss vom 09.09.2002, Az. 1502 IN 879/02, BeckRS 2009, 22675.

3 Weitere bekannte Beispiele aus der insolvenzrechtlichen Praxis, bei denen das Eigenverwaltungsverfahren angewendet wurde, sind AGFA-Photo GmbH (bei der die beabsichtigte übertragende Sanierung scheiterte, die Eigenverwaltung aufgehoben und das Verfahren als Regelinsolvenzverfahren abgewickelt wurde), BetaDigital, Lloyd Wert Bremerhafen, vgl. Uhlenbruck/Vallender, NZI 2009, S. 1 ff.; Grundig AG, Wagonbau Niesky, SinnLeffers, vgl. Pape, in: KPB, InsO, § 270 Rn. 39; Herlitz AG, dazu Rattunde, ZIP 2003, S. 596 ff. Für einen Überblick der Top-Eigenverwaltungsverfahren 2014 siehe ZInsO 2015, S. 549–558.

4 Zipperer, in: Uhlenbruck Insolvenzordnung, 14. Auflage 2015, § 270 Rn. 10; Körner, NZI 2007, S. 270 (271); Landfermann, WM 2012, S. 869 (870) spricht davon, dass sich die Eigenverwaltung bei Anwendung jeweils *bewährt habe.*

5 Gesetz zur weiteren Erleichterung der Sanierung von Unternehmen vom 07.12.2011, BGBl I, S. 2582, nachfolgend ESUG.

6 Hölzle, NZI 2011, S. 124 (124); Vallender, MDR 2012, S. 125 (127); Hofmann, NZI 2010, S. 798 (798).

7 Statistisches Bundesamt, Fachserie 2 Reihe 4.1, Unternehmen und Arbeitsstätten, Insolvenzverfahren, Dezember und Jahr 2011, S. 4.

8 Statistisches Bundesamt, Fachserie 2 Reihe 4.1, Unternehmen und Arbeitsstätten, Insolvenzverfahren, Dezember und Jahr 2011, S. 17.

9 Statistik des Instituts für Mittelstandsforschung Bonn, URL: http://www.ifm-bonn.org/fileadmin/data/redaktion/statistik/gruendungen-und-unternehmensschliessun

0,86 Prozent.[10] Die Eigenverwaltungsquote lag damit im Durchschnitt der letzten zwölf Jahre.[11] Die Gründe für die seltene Antragstellung, Anordnung und Durchführung des Eigenverwaltungsverfahrens sind vielzählig.

1. Verspätete Antragstellung

Die verspätete Antragstellung dürfte der häufigste Hinderungsgrund des Eigenverwaltungsverfahrens sein. In den meisten Fällen reagieren die Verantwortlichen eines Unternehmens zu spät auf eine wirtschaftliche Krise und nehmen weder zielführende außergerichtliche Sanierungsverhandlungen auf, noch stellen sie den Insolvenzantrag frühzeitig bzw. rechtzeitig.[12] Das Ziel der frühzeitigen Antragstellung, das schon der Ursprungsfassung der Insolvenzordnung zu Grunde lag, ist seit deren Inkrafttreten zu keinem Zeitpunkt in greifbare Nähe gerückt.[13] Gut zwei Drittel der Insolvenzanträge im Bereich der Unternehmensinsolvenzen werden verspätet gestellt.[14] Häufig ist der Schuldner bereits bei Antragstellung schon seit längerer Zeit zahlungsunfähig und/oder überschuldet.[15] Daran ändert auch der strafbewehrte § 15a Insolvenzordnung[16] nichts, wonach der Eröffnungsantrag spätestens drei Wochen nach Eintritt der Überschuldung oder Zahlungsunfähigkeit zu stellen ist.[17] Im Durchschnitt wird der Insolvenzantrag zehn Monate nach Eintritt der materiellen Insolvenz gestellt.[18] Die verspätete Insolvenzantragstellung hat häufig zur Folge, dass ein beachtlicher Teil des Unternehmensvermögens nicht mehr zur freien

---

gen/dokumente/Eigenverwaltung_D_1999-2014.pdf, letzter Abruf am 31.12.2015, Berechnung durch den Verfasser.

10 Berechnung des Instituts für Mittelstandsforschung Bonn, URL: http://www.ifm-bonn.org/fileadmin/data/redaktion/statistik/gruendungen-und-unternehmensschliessungen/dokumente/Eigenverwaltung_D_1999-2014.pdf, letzter Abruf am 31.12.2015.

11 In den Jahren 1999 bis 2010 lag der Anteil der angeordneten Eigenverwaltung zwischen 0,40 Prozent und 0,77 Prozent, Daten des Statistischen Bundesamtes, Stand: 01. 10.2012. Anfragen über: gewerbeanzeigen-insolvenzen@destatis.de.

12 Entwurf eines Gesetzes zur weiteren Erleichterung der Sanierung von Unternehmen, Gesetzentwurf der Bundesregierung vom 04.05.2011, BT-Drucksache 17/5712, S. 1; Landfermann, WM 2012, S. 821 (823); Vallender, MDR 2012, S. 125 (127); Kammel/Staps, NZI 2010, S. 791 (794); Eidenmüller, ZIP 2010, S. 649 (651).

13 Pape, in: KPB, InsO, § 270 Rn. 29.

14 Römermann, GmbHR 2012, S. 421 (422); Bitter/Röder, ZInsO 2009, S. 1283 (1287).

15 Huntemann/Dietrich, ZInsO 2001, S. 13 (14); Landfermann, WM 2012, S. 821 (823); Eidenmüller, ZIP 2010, S. 649 (651 f.).

16 Nachfolgend InsO.

17 Eidenmüller, ZIP 2010, S. 649 (651).

18 Kirstein, ZInsO 2006, S. 966 (967); Eidenmüller, ZIP 2010, S. 649 (651); Haarmeyer/Frind, Insolvenzrecht, 2010, Anhang, S. 136; Römermann, GmbHR 2012, S. 421 (422); Nach einer Studie des Zentrum für Insolvenz und Sanierung an der Universität Mannheim (ZIS) zusammen mit der Euler Hermes Kreditversicherungs-AG, Hamburg, aus dem Jahr 2009 stellen 2/3 der Unternehmen den Insolvenzantrag zu spät, 25 Prozent

Verfügung steht, oder zugunsten Dritter belastet wurde.[19] Häufig haben die Gesellschafter bzw. Geschäftsführer die Hoffnung, dass die Krise nur von vorübergehender Dauer bzw. konjunkturell bedingt ist. Sie hoffen, dass es von selbst wieder wirtschaftlich aufwärts geht und halten den Geschäftsbetrieb so lange aufrecht, bis die letzten Vermögenswerte aufgezehrt sind.[20] Um kurzfristig liquide Mittel zu generieren, werden in diesem Zeitraum häufig die für den Betrieb des Unternehmens zwingend notwendigen Vermögensgegenstände veräußert und/oder notwendige Rohstoffe aufgebraucht, Grundstücke und andere Wirtschaftsgüter mit Sicherheiten belastet oder im Wege von Sale-and-lease-back Transaktionen veräußert.[21] Zur Überbrückung der wirtschaftlichen Krise werden darüber hinaus Kreditlinien ausgereizt und große Bestände an gestundeten bzw. fälligen Forderungen angehäuft.[22] Durch die Veräußerung oder Belastung des „Tafelsilbers" wird eine Sanierung durch die von der Insolvenzordnung bereitgestellten Verfahren ungleich schwerer, wenn nicht sogar unmöglich.[23] Von der Möglichkeit, die Eröffnung eines Insolvenzverfahrens schon bei drohender Zahlungsunfähigkeit i.S.d. § 18 InsO zu beantragen, wird so gut wie kein Gebrauch gemacht.[24]

2. Gründe der verspäteten Antragstellung

Die Gründe der verspäteten Antragstellung durch den Schuldner bzw. dessen Geschäftsführung sind vielzählig.

a) Kontrollverlust

Ein Grund der verspäteten Antragstellung liegt in der Angst des Schuldners bzw. dessen Geschäftsführung – auf Grund der mit der Antragstellung verbundenen Bestellung eines vorläufigen Insolvenzverwalters –, die Kontrolle über den Geschäftsbetrieb zu verlieren und im Bekannten- und Branchenkreis bloßgestellt zu werden.[25] Nur selten ist die verspätete Insolvenzantragstellung darauf zurückzuführen, dass die Krisensituation vom Schuldner bzw. dessen Geschäftsführung

---

nach einer noch gerade zu vertretenden Wartezeit und nur 9 Prozent zum frühest möglichen Zeitpunkt, näheres bei Bitter/Röder, ZInsO 2009, S. 1283 ff.

19 Camek, S. 1.

20 Dahingehend auch Flöther, ZIP 2012, S. 1833 (1835); Frege/Keller/Riedel, Insolvenzrecht, 8. Auflage, Rn. 2052.

21 Camek, S. 1.

22 Camek, S. 1.

23 Koch/Jung, in: Kübler, HRI, § 8 Rn. 3; Kammel/Staps, NZI 2010, S. 791 (794); Die Sanierungschancen sinken in Relation zur abnehmenden Liquidität, vgl. Richter/Pernegger, BB 2011, S. 876 (877 f.).

24 Landfermann, WM 2012, S. 821 (823); Koch/Jung, in: Kübler, HRI, § 8 Rn. 3.

25 Römermann, NJW 2012, S. 645 (646); Bitter/Röder, ZInsO 2009, S. 1283 (1287); Kammel/Staps, NZI 2010, S. 791 (794).

falsch eingeschätzt oder Überschuldung sowie drohende Zahlungsunfähigkeit überhaupt nicht erkannt worden ist.[26]

b) Stigmatisierung der Insolvenz

Eine wesentliche Rolle der verspäteten Antragstellung spielt auch die Stigmatisierung, die ein Unternehmen mit Insolvenzantragstellung erfährt. Sobald Waren- und Rohstofflieferanten Kenntnis von der Insolvenzantragstellung erlangt haben, werden sie in aller Regel (zumindest teilweise oder vorübergehend) auf Vorkasse bestehen und im schlimmsten Fall ihre Lieferungen an den Insolvenzschuldner komplett einstellen.[27] Hierdurch wird sich die wirtschaftliche Lage des Unternehmens weiter verschlechtern. Bestehen die Lieferanten auf Vorkasse führt dies zu einer weiteren Verschärfung der Liquiditätssituation des Unternehmens, stellen sie ihre Warenlieferungen ein, führt dies zwangsläufig zur Einstellung des Geschäftsbetriebs, da i.d.R. nicht davon ausgegangen werden kann, dass der Insolvenzschuldner andere Lieferanten gewinnen kann. Darüber hinaus besteht die Gefahr, dass Lieferanten versuchen werden, Verträge zu kündigen und/oder Rechnungen fällig zu stellen, sofern ihnen auf Grund der wirtschaftlichen Situation des insolvenzbedrohten Unternehmens ein Sonderkündigungsrecht zusteht. Das wohl wichtigste Sonderkündigungsrecht im Zusammenhang mit Insolvenzen findet sich zu Gunsten von Banken in Nr. 19 Abs. 3 AGB-Banken. Demnach können Banken bei einer wesentlichen Verschlechterung der Vermögensverhältnisse des Kunden die gesamte Geschäftsverbindung fristlos kündigen. Selbst wenn die wirtschaftliche Lage des Schuldners bei Antragstellung noch nicht besonders prekär war und eine reelle Chance auf Sanierung bestand, können die vorgenannten Maßnahmen zu einer weiteren Verschlechterung der wirtschaftlichen Situation führen und eine mögliche Sanierung verhindern.[28]

c) Zurückhaltung bei Insolvenzgerichten und Insolvenzverwaltern

Auch auf Seiten der Insolvenzgerichte soll es eine große Zurückhaltung bei der Anordnung der Eigenverwaltung gegeben haben.[29] Zwischen 1999 und 2007 wurde die Eigenverwaltung nur in 10 Prozent der beantragten Fälle genehmigt.[30] Auch

26 Camek, S. 2.

27 Kolmann, DB 2014, S. 1663 (1666); von Buchwaldt, BB 2015, S. 3017 (3018); Richter/Pernegger, BB 2011, S. 876 (877).

28 Camek, S. 3.

29 BT-Drucksache 17/5712, S. 1; Landfermann, WM 2012, S. 821 (822); Uhlenbruch/Vallender, NZI 2009, S. 1 (6); Körner, NZI 2007, S. 270 (275); Huntemann/Dietrich, ZInsO 2001, S. 13 (15); Richter/Pernegger, BB 2011, S. 876 (876); Buchalik, ZInsO 2012, S. 349 (349); Flöther, ZIP 2012, S. 1833 (1835); Zipperer, in: Uhlenbruck Insolvenzordnung, 14. Auflage 2015, § 270 Rn. 59.

30 Kranzusch, ZInsO 2008, S. 1346 (1347).

sollen teilweise die Gutachter bzw. vorläufigen Insolvenzverwalter dem Eigenverwaltungsverfahren mit Bedenken gegenüberstehen[31], zumal sie als Sachwalter nur 60 Prozent der für den Insolvenzverwalter bestimmten Vergütung erhalten[32] und ihre Entscheidungsfreiheit, die ihnen als Insolvenzverwalter zustünde, zu Gunsten der Geschäftsführungsorgane einbüßen.[33] Letztlich spiegelt sich die geringe praktische Bedeutung der Eigenverwaltung in der gerichtlichen Praxis darin nieder, dass es hierzu in den letzten 10 Jahren nur eine Hand voll höchstrichterlicher Entscheidungen gibt.[34]

d) Rechtsunsicherheiten

Auch auf Seiten der Schuldner gab es in der Vergangenheit erhebliche Rechtsunsicherheiten bei der Planung und Durchführung des Eigenverwaltungsverfahrens.[35] So konnte der Schuldner beispielsweise zum Zeitpunkt der Antragstellung nicht abschätzen, ob die Eigenverwaltung tatsächlich im eröffneten Verfahren vom Gericht angeordnet oder ob das Insolvenzverfahren mit einem Insolvenzverwalter eröffnet wird.[36] Nach § 271 InsO gab und gibt es zwar die Möglichkeit, dass die Gläubigerversammlung eine vom Gericht abgelehnte Eigenverwaltung im bereits eröffneten Insolvenzverfahren billigt. In der Praxis kommt dies allerdings so gut wie nicht vor, weil dies in der Regel erst einige Zeit nach Verfahrenseröffnung geschehen kann. Hierdurch wird die im Geschäftsverkehr so wichtige Kontinuität der Unternehmensleitung – durch eine zwischenzeitliche Bestellung eines (vorläufigen) Insolvenzverwalters – unterbrochen.[37] Zudem traf den Schuldner die Beweislast dafür, dass die Anordnung der Eigenverwaltung keine Verfahrensverzögerung oder Nachteile für die Gläubiger mit sich bringt.[38] In der Praxis wurden folglich viele Anordnungen der Eigenverwaltung durch die Gerichte mit der Begründung abgelehnt, dass eine Gläubigerbenachteiligung nicht vollkommen auszuschließen sei, insbesondere wenn sich die Vorlage von Unterlagen verzögerte, Bilanzen fehlten

31 Vallender, GmbHR 2012, S. 445 (446); Wittig/Tetzlaff, in: Münchener Kommentar Insolvenzordnung, 2. Auflage 2008, Vorb. Vor §§ 270 bis 285, Rn. 18a; Bärenz, Anmerkung zu LG Bonn, Beschluss vom 23.07.2003, Az. 6 T 135/03, NZI 2003, S. 653 ff.

32 § 12 Abs. 1 InsVV.

33 Körner, NZI 2007, S. 270 (274); Huntemann/Dietrich, ZInsO 2001, S. 13 (15); Vallender, DB 2012, S. 1669 (1669).

34 Fiebig, in: Hamburger Kommentar, 5. Auflage 2015, Vorbem. zu §§ 270 ff. Rn. 5.

35 Vallender, GmbHR 2012, S. 445 (446); Foltis, in: Frankfurter Kommentar, vor §§ 270 Rn. 3.

36 BT-Drucksache 17/5712, S. 39 f.; Buchalik, ZInsO 2012, S. 349 (349 f.); Uhlenbruck/Vallender, NZI 2009, S. 1 (7) sehen in der Rechtsunsicherheit das Hauptproblem der Eigenverwaltung.

37 Kammel/Staps, NZI 2010, S. 791 (795 ff.).

38 Tetzlaff, in: Münchener Kommentar Insolvenzordnung, 3. Aufl. 2014, § 270 Rn. 20.

oder Mittelabflüsse im Vorfeld der Insolvenz nicht aufgeklärt worden sind.[39] Kreditgebende Banken und (internationale) Finanzinvestoren, die eine wichtige Rolle bei der Sanierung von Unternehmen des deutschen Mittelstandes spielen, haben auf Grund dieser Rechts- und Planungsunsicherheit erhebliche Vorbehalte gegenüber dem deutschen Insolvenzrecht bzw. dem Eigenverwaltungsverfahren.[40]

Von den Beteiligten wurde auch negativ bewertet, dass zwischen Insolvenzeröffnungsantrag und Insolvenzeröffnung ein vorläufiger Insolvenzverwalter mit umfangreichen Befugnissen eingesetzt wurde, wodurch die Kontinuität der Geschäftsführung unterbrochen und somit das Vertrauen der Gläubiger in die Sanierung geschwächt wurde.[41]

3. Zwischenergebnis

Insgesamt genießt das Eigenverwaltungsverfahren einen schlechten Ruf, nicht zuletzt weil das Management, das das Unternehmen heruntergewirtschaftet hat, die Kontrolle über das Unternehmen behält und somit nach Ansicht vieler der *Bock zum Gärtner* gemacht würde.[42] Hierbei ist allerdings zu berücksichtigen, dass insbesondere in großen, öffentlichkeitswirksamen Eigenverwaltungsverfahren der Schuldner von insolvenzrechtlich versierten Anwälten und Beratern begleitet wird und diese Verfahren gründlich vorbereitet wurden. Darüber hinaus wurden oftmals die Organe des Schuldners von Insolvenzspezialisten ersetzt oder zumindest ergänzt.[43]

4. Notwendigkeit der Reform des Insolvenzrechts

Eine Reform des Eigenverwaltungsverfahrens war zwingend erforderlich und wurde seit vielen Jahren gefordert. Es ist bislang statistisch nicht festgestellt und wahrscheinlich auch nicht feststellbar, wie viele insolvente Unternehmen durch ein verbessertes Eigenverwaltungsverfahren hätten saniert und wie viele Arbeitsplätze hätten erhalten werden können. Auch kann nicht vorausgesagt werden, in welcher Höhe sich der gesamtwirtschaftliche Schaden durch ein reformiertes Eigenverwaltungsverfahren verringern wird. In Anbetracht von 30.099 Unternehmensinsolvenzen im Jahr 2012, Forderungen i.H.v. Eur. 38,5 Mrd. und einem Arbeitsplatzverlust

39 Wittig/Tetzlaff, in: Münchener Kommentar Insolvenzordnung, 2. Aufl. 2008, § 270 Rn. 8a; AG Darmstadt, Beschluss vom 20.02.1999, ZIP 1999, S. 1495 f.

40 Wittig/Tetzlaff, in: Münchener Kommentar Insolvenzordnung, 2. Aufl. 2008, Vorb. § 270 bis 285 Rn. 18b.

41 Commandeur/Schaumann, NZG 2012, S. 620 (621).

42 Uhlenbruck/Vallender, NZI 2009, S. 1 (5); Römermann, NJW 2012, S. 645 (649); Huntemann/Dietrich, ZInsO 2001, S. 13 (15); Pape, ZIP 2013, S. 2285 (2285).

43 Dies war bei den Verfahren von Babcock Borsig und KirchMedia der Fall, Römermann, NJW 2012, S. 645 (649); Riggert, in: Braun, Insolvenzordnung, 6. Aufl. 2014, § 270 Rn. 2.

von ca. 346.000[44] Beschäftigten ist aber davon auszugehen, dass selbst eine geringe Steigerung der Eigenverwaltungsquote und eine damit verbundene Steigerung der Unternehmenssanierung einen erheblichen volkswirtschaftlichen Nutzen haben und für die betroffenen Menschen der Arbeitsplatz erhalten wird.

5. Die ESUG-Reform

Knapp zwölf Jahre nach dem Inkrafttreten der Insolvenzordnung[45] hat sich der Gesetzgeber der Unzulänglichkeiten des Unternehmensinsolvenzrechts angenommen und grundlegend gehandelt. Er hat das ESUG verabschiedet, das am 01.03.2012 zu großen Teilen in Kraft getreten ist. Wie der Name des Gesetzes[46] schon sagt, soll die Unternehmenssanierung – in einem Verfahren nach der Insolvenzordnung – erleichtert werden. Durch das ESUG wurden mehrere Reformvorhaben zum Insolvenzrecht umgesetzt und insgesamt über 50 Normen der Insolvenzordnung eingefügt, geändert oder ergänzt.[47] Unter anderem wurden das Verfahren der Eigenverwaltung nach §§ 270 ff. InsO geändert und ein neues sog. Eröffnungsverfahren nach § 270a InsO sowie die sog. Vorbereitung einer Sanierung[48] nach § 270b InsO eingefügt.[49]

6. Zielsetzung des ESUG

Der Gesetzgeber verfolgt mit der ESUG-Reform das Ziel, die Fortführung von Unternehmen zu erleichtern, indem der Zugang zum Eigenverwaltungsverfahren vereinfacht, die Sanierungschancen verbessert und zugleich Arbeitsplätze erhalten werden.[50] Durch das sog. Schutzschirmverfahren nach § 270b InsO, auch *Sanierungsvorbereitungsverfahren*[51], *Sanierungsvorverfahren*[52], *sanierungsvorbereitendes Eröffnungsverfahren*[53] oder kurz *Vorbereitungsverfahren*[54] genannt, soll der Schuldner

44 Daten der Creditreform Wirtschaftsforschung, Insolvenzen in Deutschland 2012, S. 6, abrufbar unter URL: https://www.creditreform.de/fileadmin/user_upload/crefo/download_de/news_termine/wirtschaftsforschung/insolvenzen-deutschland/Insolvenzen_in_Deutschland_2012.pdf, letzter Abruf am 31.12.2015.

45 Insolvenzordnung vom 5. Oktober 1994, BGBl. I S. 2866.

46 Gesetz zur weiteren Erleichterung der Sanierung von Unternehmen vom 07. Dezember 2011, BGBL I, 2011, S. 2582.

47 Fuhst, DStR 2012, S. 418 (418).

48 Nachfolgend wird die Vorbereitung einer Sanierung gemäß § 270b InsO auch als Schutzschirmverfahren bezeichnet.

49 Bei den Begriffen Eröffnungsverfahren und Vorbereitung einer Sanierung handelt es sich um die offizielle Bezeichnung des Gesetzgebers.

50 BT-Drucksache 17/5712, S. 2, 17; Urlaub, ZIP 2011, S. 1040 (1042).

51 Braun/Heinrich, NZI 2011, S. 505 (511); Hofmann, NZI 2010, S. 798 (801).

52 Richter/Pernegger, BB 2011, S. 876 (878); Undritz, in: Karsten Schmidt, Insolvenzordnung, 19. Auflage 2016, § 270b InsO Rn. 1.

53 Undritz, in: Festschrift Wehr, S. 340 (341).

54 Willemsen/Rechel, BB 2011, S. 834 (837).

dazu bewegt werden, frühzeitig einen Insolvenzantrag zu stellen, um eine Verbesserung von Sanierungschancen zu erreichen.[55] Als Anreiz wird dem Schuldner zwischen dem Insolvenzeröffnungsantrag und der Verfahrenseröffnung ein vom Gesetzgeber als *„eigenständiges Sanierungsverfahren"* bezeichnetes Verfahren zur Verfügung gestellt.[56] Der Schuldner, der während des Schutzschirmverfahrens verwaltungs- und verfügungsbefugt bleibt, erhält durch Beschluss des Gerichts die Möglichkeit, einen eigenen Insolvenzplan zu erstellen und diesen innerhalb einer Maximalfrist von drei Monaten bei Gericht einzureichen.[57] Der Schuldner kann innerhalb der garantierten Frist beantragen, dass Maßnahmen der Zwangsvollstreckung gem. § 21 Abs. 2 Nr. 3 InsO zu untersagen bzw. einstweilig einzustellen sind, soweit nicht Gegenstände des unbeweglichen Vermögens betroffen sind.[58] Nach § 1 InsO ist das vorrangige Ziel des Insolvenzverfahren, auch nach der ESUG-Reform, die bestmögliche Gläubigerbefriedigung.[59] Da die Unternehmenssanierung in einer freien marktwirtschaftlichen Ordnung kein Selbstzweck ist, kann diese nur dann durchgeführt werden, wenn der Fortführungswert des Unternehmens dessen Zerschlagungswert übersteigt.[60] Nur wenn die Verwertung über dem Zerschlagungswert liegt, erhalten die Gläubiger eine bessere Quote.[61] Daher wird das Schutzschirmverfahren nur bei drohender Zahlungsunfähigkeit oder Überschuldung und auch nur dann gewährt, wenn die angestrebte Sanierung nicht offensichtlich aussichtslos ist.[62] Nach § 270b Abs. 1 Satz 3 InsO hat der Schuldner diese Anordnungsvoraussetzungen durch eine mit Gründen versehene Bescheinigung nachzuweisen. Während der Dauer des Verfahrens steht der Schuldner unter der Kontrolle des Gerichts, und er erhält die Möglichkeit, die Person des vorläufigen Sachwalters vorzuschlagen.[63] Entscheidet sich das Gericht nach erfolgreich durchgeführtem Schutzschirmverfahren und nach Vorlage eines Sanierungsplans zur Eröffnung des Insolvenzverfahrens in Eigenverwaltung, so kann anschließend im

55 BT-Drucksache 17/5712, S. 38.
56 BT-Drucksache 17/5712, S. 40, 59.
57 § 270b Abs. 1 Satz 1, 2 InsO.
58 BT-Drucksache 17/5712, S. 41; § 270b Abs. 2 Satz 3 InsO.
59 BT-Drucksache 17/5712, S. 17; BGH, Urteil vom 21.04.2005, Az. IX 281/03, NZI 2005, S. 387 (388) = NJW 2005, S. 2015 = ZInsO 2005, S. 594; die Sanierung des Schuldners ist der bestmöglichen Gläubigerbefriedigung untergeordnet, Landfermann, WM 2012, S. 821 (822); Brinkmann/Zipperer, ZIP 2011, S. 1337 (1138). Zur Auslegung von § 1 InsO und zur Frage, ob der Erhalt von sanierungsfähigen Unternehmen zumindest neben der in § 1 InsO genannten Befriedigung der Gläubiger Ziel des Insolvenzverfahrens ist und zu alternativen gedanklichen Ansätzen der bestmöglichen Gläubigerbefriedigung nach ESUG siehe Buchalik, ZInsO 2015, S. 484 ff.
60 BT-Drucksache 17/5712, S. 17.
61 Bremen, NZI 2014, S. 137 (138).
62 § 270b Abs. 1 Satz 1 InsO.
63 BT-Drucksache 17/5712, S. 40.

eröffneten Verfahren über den Insolvenzplan nach den allgemeinen Vorschriften entschieden werden.[64]

II. Ziel der Untersuchung

Die Arbeit untersucht, ob die vom Gesetzgeber verfolgten Ziele, nämlich die erleichterte Unternehmenssanierung, durch die getroffenen Regelungen tatsächlich erreicht werden können. Es wird untersucht, ob die ESUG-Reform das Potential hat, zu einem Anstieg von Sanierung, Restrukturierung und Reorganisation zu führen, oder ob nach wie vor Liquidation und Zerschlagung an der Tagesordnung bleiben. Denn auch mehr als vier Jahre nach Inkrafttreten des ESUG ist die Frage noch nicht abschließend beantwortet, ob die ESUG-Reform als Erfolg gewertet werden kann und das Eigenverwaltungsverfahren als Sanierungsinstrument allgemein anerkannt wird.[65]

Auf Grund der unbestimmten Formulierung des gesetzlichen Tatbestandes der §§ 270 ff. InsO, ist vieles umstritten und auch noch nicht höchstrichterlich geklärt, so dass in der Praxis nach wie vor große Rechtsunsicherheit bei der Anwendung des vorläufigen Eigenverwaltungsverfahrens und des Schutzschirmverfahrens herrscht.[66]

Hierbei stellt sich insbesondere die Frage, ob eine etwaige erleichterte Unternehmenssanierung – wie durch das Gesetz gewollt, – für alle Unternehmen geschaffen wurde, oder ob sie in der Praxis nur auf bestimmte Unternehmen bzw. Unternehmensgrößen angewandt wird.

Darüber hinaus werden rechtliche und tatsächliche Probleme, die sich aus dem neu eingeführten Eröffnungsverfahren nach § 270a InsO und dem Schutzschirmverfahren nach § 270b InsO ergeben, wie zum Beispiel das Verhältnis zwischen dem Aussteller der Bescheinigung nach § 270 Abs. 1 Satz 3 InsO und dem vorläufigen Sachwalter, die Ausgestaltung und Auslegung der Bescheinigung, sowie die Veröffentlichung der Bestellung des Sachwalters, erörtert.

In diesem Zusammenhang wird auch auf das Verhältnis von § 270a InsO zu § 270b InsO sowie deren Vor- und Nachteile eingegangen und die Frage erörtert, ob für den Schuldner das Schutzschirmverfahren größere Vorteile mit sich bringt oder er eher das vorläufige Eigenverwaltungsverfahren mit der Bestellung eines vorläufigen Sachwalters wählen sollte.

III. Gang der Untersuchung

Die Arbeit ist neben der Einführung in Kapitel A. und den geschichtlichen Eckpunkten in Kapital B. in weitere Kapitel untergliedert. In einem ersten Schritt wird das Eigenverwaltungsverfahren nach § 270 InsO beleuchtet, Kapital C. Dies ist notwendig, da es sich zeitlich an das Eröffnungsverfahren nach § 270a InsO und das

64 BT-Drucksache 17/5712, S. 41.
65 Pape, ZIP 2013, S. 2285 (2285).
66 Henkel, ZIP 2015, S. 562 (562).

Schutzschirmverfahren nach § 270b InsO anschließt und maßgeblich zum Gelingen der Unternehmenssanierung beiträgt. Dabei wird in einem kurzen Überblick das Eigenverwaltungsverfahren historisch beleuchtet und aufgezeigt, weshalb dieses Verfahren bislang so wenig Anklang fand. Im Anschluss daran wird kurz das Gesetzgebungsverfahren zum ESUG dargestellt. Darauf folgt ein kurzer Überblick über die Vorteile des Eigenverwaltungsverfahrens und eine statistische Analyse zu diesem Verfahren. In Kapital D. wird das Eigenverwaltungsverfahren dargestellt.

Anschließend wird der Verfahrensablauf des Eröffnungsverfahrens nach § 270a InsO in Kapital E. veranschaulicht. Hier bestehen insbesondere noch Unklarheiten hinsichtlich der Vergütung des vorläufigen Sachwalters und der Möglichkeit zur Begründung von Masseverbindlichkeiten. Zu dieser Thematik haben Gerichte und Literatur unterschiedlichste Rechtsauffassungen, die in Kapital E. III. 2. und VII. dargestellt und bewertet werden.

Danach wird in Kapitel F. das Schutzschirmverfahren nach § 270b InsO veranschaulicht, und es wird auf rechtliche und praktische Probleme eingegangen.

Hier wird vor allem auf die Auslegung und den Anwendungsbereich der bei Gericht einzureichenden Bescheinigung, Kapitel E. VI. eingegangen. In diesem Zusammenhang hat der Gesetzgeber einige Punkte offen gelassen, z. B. wie alt die Bescheinigung zum Zeitpunkt des Antrags sein darf, ob und wie dem Gericht eine Überprüfungskompetenz bzgl. der Bescheinigung zusteht.

Auch gibt es noch Unklarheiten hinsichtlich des Ausstellers der Bescheinigung, der Mitwirkung der Gläubiger, und der öffentlichen Bekanntmachung der Anordnung der vorläufigen Sachwalterschaft.

Die Entscheidung des Gerichts über die Anträge wird in einem gesonderten Abschnitt erörtert. Es hat Entscheidungen über die Rechtsfolgen wie die Fristsetzung zur Vorlage eines Insolvenzplans, die Bestellung eines vorläufigen Sachwalters nach § 270a Abs. 1 Satz 2 InsO, die Anordnung von Sicherungsmaßnahmen nach § 21 Abs. 1, 2 Nr.1a, 3 bis 5 InsO oder die Begründung von Masseverbindlichkeiten durch den Schuldner § 270b Abs. 3 InsO zu treffen.

Bei der Darstellung des Verfahrensverlaufs wird auf die Erstellung/Ausarbeitung des Insolvenzplans, Verfahrensbeendigungsgründe sowie deren Rechtsfolge eingegangen.

Im Anschluss daran folgen eine Herausarbeitung der Unterschiede der beiden Verfahren und eine Gegenüberstellung der jeweiligen Vorteile und Unzulänglichkeiten, Kapitel G. Hier stellt sich insbesondere die Frage, ob ein Verfahren nach § 270b InsO neben § 270a InsO überhaupt eine Daseinsberechtigung hat, oder ob auf Grund rechtlicher und tatsächlicher Hindernisse besser nur das Verfahren nach § 270a InsO durchgeführt werden sollte.

Die Arbeit endet mit einer Zusammenfassung der wesentlichen Ergebnisse, Kapitel H.

B. Geschichtliche Eckpunkte des Insolvenzrechts

In diesem Kapitel wird zunächst ein kurzer geschichtlicher Überblick über die geschichtliche Entwicklung des Sanierungs- und Insolvenzrechts gegeben. Da es aber Regelungen für den Fall der Zahlungsunfähigkeit des Schuldners schon vor knapp fünftausend Jahren gab[67], und das Insolvenzrecht mit seinem Grundsatz „par conditio creditorum" seine Wurzeln im römischen Recht hat[68], soll hier nur kursorisch auf die Entwicklung der Unternehmenssanierung und Eigenverwaltung in jüngster Vergangenheit eingegangen werden.

I. Konkursordnung von 1877

Die Konkursordnung von 1877[69] galt als das beste aller Reichsjustizgesetze.[70] Sie war geprägt vom Leitbild der Gesamtvollstreckung, die den Einzelzugriff der Gläubiger auf das Schuldnervermögen ersetzt, und das bislang geltende Prioritätsprinzip zugunsten einer gleichmäßigen Gläubigerbefriedigung ablöste.[71] Hierdurch sollte ein Wettlauf der Gläubiger verhindert werden. Allerdings war die Konkursordnung durch die Verwertung des schuldnerischen Vermögens im Rahmen einer gerichtlich kontrollierten Liquidation geprägt.[72] Die einzige Möglichkeit, die Liquidation zu vermeiden, lag darin, dass der Konkursverwalter das Unternehmen fortführte

67 Zu den Einzelheiten der geschichtlichen Entwicklung siehe ausführlich Hess, in: Hess, InsO, Einl. Vor § 1 Rz. 15 ff; Frege/Keller/Riedel, Insolvenzrecht, 8. Auflage, Rn. 11 ff.

68 Frege/Keller/Riedel, Insolvenzrecht, 8. Auflage, Rn. 11.

69 Konkursordnung vom 10.02.1877, RGBl. S. 351; zur Geschichte des Insolvenzrechts und dem Recht der Konkursordnung siehe ausführlich Henckel, in: Jaeger, InsO, Einleitung Rn. 3 ff; Hess, in: Hess, InsO, Einleitung vor § 1 Rn. 98 ff; Hess, in: Hess, Kommentar zur Konkursordnung, 6. Aufl. 1998, Einleitung Rn. 9 ff; Uhlenbruck, DZWIR 2007, S. 1 ff.

70 Hess, in: Hess, InsO, Einl. vor § 1 Rz. 105; Gottwald, in: Gottwald, Insolvenzrechts-Handbuch, § 1 Rn. 8.

71 Gottwald, in: Gottwald, Insolvenzrechts-Handbuch, § 1 Rn. 10ff; Hess, in: Hess, Kommentar zur Konkursordnung, 6. Aufl. 1998, Einleitung Rn. 5 spricht in diesem Zusammenhang sehr schön vom *bellum omnium contra omnes*, dem Kampf aller gegen alle.

72 Schmerbach, in: Frankfurter Kommentar, § 1 Rn. 9; Hess, in: Hess, Kommentar zur Konkursordnung, 6. Aufl., Einleitung Rn. 2 und vor § 71 Rn. 3; Commandeur/Schaumann, NZG 2012, S. 620 (621) sprechen sogar von „Zerschlagungsrecht".

(§ 117 KO) oder einen Zwangsvergleich (§ 173 KO) anstrebte. Beide Möglichkeiten, waren in der Praxis jedoch die Ausnahme.[73]

Ein weiterer Nachteil der Konkursordnung lag darin, dass viele Verfahren mangels Masse abgewiesen werden mussten.[74] Ihr Anteil lag im Jahr 1950 bei ca. 27 Prozent und erhöhte sich auf durchschnittlich 75 Prozent seit dem Jahr 1980.[75] Die wenigen Konkursverfahren, die noch eröffnet wurden, führten nur zu einer geringen und ungleichmäßigen Gläubigerbefriedigung. Auch gab es große Unterschiede bei der Konkursquote zwischen den Gläubigern. Einfache Konkursgläubiger erhielten nur eine geringe Quote von ca. 5 Prozent, wohingegen bevorrechtigte Gläubiger durchschnittlich 20 Prozent bzw. 30 Prozent[76] erzielten.[77] Der Grund hierfür lag in der wachsenden Bedeutung von wertausschöpfenden Sicherheiten, die zu Gunsten einiger weniger Gläubiger bestellt wurden.[78] So wurde ein Großteil der Konkursmasse schon vor Verfahrenseröffnung durch Sicherungsrechte verteilt.[79] Zuletzt waren ca. 80 Prozent des Schuldnervermögens mit Aus- und Absonderungsrechten Dritter belastet, wodurch die Fortführung des Betriebs bzw. eine Veräußerung in den meisten Fällen unmöglich wurden.[80]

II. Vergleichsordnung von 1935

Auch das Vergleichsverfahren nach der Vergleichsordnung von 1935[81] hatte wenig praktische Bedeutung. Dieses Verfahren diente dazu, den Konkurs durch einen Vergleich mit den Gläubigern abzuwenden.[82] Im Gegensatz zur Konkursordnung, in der die liquidationsmäßige Zerschlagung im Mittelpunkt stand, verfolgte die Vergleichsordnung die Rettung des Unternehmens bzw. dessen wirtschaftlicher Werte, was für die Gläubiger i.d.R. zu einer höheren Befriedigung führen sollte.[83] Es wurde auch erkannt, dass ein Vergleich einen volkswirtschaftlichen Nutzen hat,

---

73 Hess, in: Hess, Kommentar zur Konkursordnung, 6. Aufl. 1998, Einleitung Rn. 26.

74 Hess, in: Hess, InsO, Einleitung vor § 1 Rn. 169.

75 Schmerbach, in: Frankfurter Kommentar, vor §§ 1 Rn. 13; Insolvenzstatistik 1996, abgedruckt in ZIP 1997, 1766 ff; Pape/Uhlenbruck/Voigt-Salus, Insolvenzrecht, 2. Auflage 2010, Kapital 8 Rn. 1.

76 Hess, in: Hess, InsO, Einleitung vor § 1 Rn. 190.

77 Hess, in: Hess, InsO, Einleitung vor § 1 Rn. 106 ff.; Schmerbach, in: Frankfurter Kommentar, vor §§ 1 Rn. 13; Gottwald, in: Gottwald, Insolvenzrechts-Handbuch, § 1 Rn. 21 spricht sogar von einem Verhältnis von 86 Prozent zu 3–8 Prozent (Zahlen aus dem Jahr 1978).

78 Hess, in: Hess, InsO, Einleitung vor § 1 Rn. 110, 191.

79 Henckel, in: Jaeger, InsO, Einleitung Rn. 28.

80 Schmerbach, in: Frankfurter Kommentar, vor §§ 1 Rn. 19.

81 Vergleichsordnung vom 26.02.1935, RGBl I S. 321, ber. S. 356.

82 Hess, in: Hess, InsO, Einleitung vor § 1 Rn. 129; Bley/Mohrbutter, Vergleichsordnung, 4. Aufl. Einl. Rn. 1.

83 Gottwald, in: Gottwald, Insolvenzrechts-Handbuch, § 1 Rn. 20.

indem das schuldnerische Unternehmen als wirtschaftliche Einheit bestehen sowie Arbeitsplätze und Produktionsstätten erhalten blieben.[84]

Allerdings wurde das Verfahren in der Praxis zunehmend seltener angewendet.[85] Auch hier lag der überwiegende Grund in der Massearmut bzw. Masselosigkeit der Verfahren.[86] Nach §§ 26, 27 Vergleichsordnung[87] konnten aus- und absonderungsberechtigte Gläubiger nicht am Vergleichsverfahren teilnehmen, obwohl es auf diese bei der Fortführung des Geschäftsbetriebs maßgeblich ankam.

Darüber hinaus stellte § 7 VerglO eine oftmals unüberwindbare Hürde dar. So musste nach § 7 Abs. 1 Satz 2 VerglO den Vergleichsgläubigern eine Mindestquote von 35 Prozent gewährt werden. War dies nicht zu erreichen, war die Eröffnung des Vergleichsverfahrens nach § 17 Nr. 1 VerglO abzulehnen. § 7 VerglO war nicht dispositiv. Auch wenn die Gläubigermehrheit mit einem geringeren Mindestsatz zufrieden war, durfte das Gericht eine Abstimmung über diesen Vorschlag nicht zulassen, da stets mit weiteren unbekannt gebliebenen Vergleichsgläubigern gerechnet werden musste.[88] Dies hatte – neben weiteren Gründen – zur Folge, dass die Vergleichsordnung die an sie gestellten Aufgaben, das Konkursverfahren abzuwenden, nicht mehr erfüllte.[89] Im Jahr 1984 wurden von 16760 Insolvenzverfahren nur noch 62[90], im Jahr 1997 nur noch 35 Vergleichsverfahren durchgeführt[91].

III. Zwischenergebnis

Die Funktionslosigkeit des Konkurs- und Vergleichsrechts und die fehlenden rechtlichen Rahmenbedingungen führten letztlich zu der Insolvenzrechtreform, durch die die Insolvenzordnung von 1999 geschaffen wurde.

IV. Insolvenzordnung von 1999

Der im Zusammenhang mit dem Wiederaufbau der Bundesrepublik Deutschland nach dem Zweiten Weltkrieg einhergehende Wirtschaftsaufschwung machte eine Reform des Sanierungs- und Insolvenzrecht mangels praktischer Relevanz zunächst

84 Böhle-Stamschräder/Kilger, Vergleichsordnung, 11. Auflage, 1986, Einl. S. 1; Gottwald, in: Gottwald, Insolvenzrechts-Handbuch, § 1 Rn. 20.

85 Zu den Missständen der Vergleichsverordnung siehe Bley/Mohrbutter, Vergleichsordnung, 4. Aufl. Einl. Rn. 2.

86 Im Jahr 1991 wurden 74,6 Prozent der Verfahren mangels Masse nicht durchgeführt, Kilger, in: Karsten Schmidt, Insolvenzgesetze KO//Vgl/GesO, 17. Auflage 1997, Einl KO S. 7; Kießner, in: Braun, Insolvenzordnung, 6. Aufl., 2014, Einf. Rn. 8.

87 Nachfolgend VerglO.

88 Bley/Mohrbutter, Vergleichsordnung, 4. Aufl., § 7 Rn. 3.

89 Böhle-Stamschräder/Kilger, Vergleichsordnung, 11. Auflage, 1986, Einl. S. 3.

90 Böhle-Stamschräder/Kilger, Vergleichsordnung, 11. Auflage, 1986, Einl. S. 3.

91 Insolvenzstatistik 1997, ZIP 1998, S. 1981 (1982); eine Übersicht der Vergleichsverfahren befindet sich bei Hess, in: Hess, InsO, Einleitung vor § 1 Rn. 176.

obsolet.[92] Erst nachdem der Wirtschaftsaufschwung abebbte und es im Zuge der sogenannten Ölkrise zu einem wirtschaftlichen Null-Wachstum kam, die Insolvenzzahlen anstiegen und das Konkurs- bzw. Insolvenzrecht in den Blickpunkt der Öffentlichkeit rückte, wurde begonnen, die Missstände aufzuarbeiten.[93] Schon im Jahr 1978 wurde eine Reformkommission zur Schaffung der Insolvenzordnung ins Leben gerufen.[94]

Die Insolvenzordnung, die seit dem 01.01.1999 als Ganzes in Kraft getreten ist[95], vereinheitlichte die unterschiedlichen Insolvenzrechte aus den neuen und alten Bundesländern und löste die Konkursordnung von 1877, die Vergleichsordnung von 1935 und die Gesamtvollstreckungsordnung i.d.F. von 1991 ab.[96] Im Gegensatz zur Konkurs- bzw. Vergleichsordnung, bei denen entweder das Konkursverfahren oder das Vergleichsverfahren angewandt wurde, bietet die Insolvenzordnung nun zwei gleichwertige Abwicklungsmöglichkeiten an: die Sanierung oder die Liquidation.

Durch die Insolvenzordnung wurden unter anderem das Insolvenzplanverfahren und die Eigenverwaltung ins Insolvenzrecht eingeführt, um die Unternehmenssanierung zu ermöglichen.[97] Mit dem Insolvenzplanverfahren, das als *Kernstück*[98] der Reform bezeichnet wurde, konnte bei Krisenunternehmen sowohl eine Sanierung als auch eine Liquidation vorgenommen werden, ohne den Beteiligten ein bestimmtes Verfahren zwingend vorzuschreiben.[99] Das Unternehmen sollte nach Möglichkeit erhalten bleiben, sofern dies ökonomisch vernünftig war.[100] Gleichzeitig wurde das Verfahren im Hinblick auf die Verwertung des schuldnerischen Vermögens flexibler und die Rechte der Gläubiger wurden gestärkt.[101]

Durch die Einführung der Eigenverwaltung sollte die Skepsis der Geschäftsleitung notleidender Unternehmen bezüglich einer frühzeitigen Insolvenzantragstellung und dem damit verbundenen Kotrollverlust gemindert werden.[102] Allerdings

---

92 Pape/Uhlenbruck/Voigt-Salus, Insolvenzrecht, 2. Auflage 2010, Kapital 8 Rn. 1.

93 Pape/Uhlenbruck/Voigt-Salus, Insolvenzrecht, 2. Auflage 2010, Kapital 8 Rn. 1.

94 Zur Reform-Kommission für das Insolvenzrecht siehe ausführlich Pape/Uhlenbruck/Voigt-Salus, Kapitel 8 Rn. 3 ff.; Schmerbach, in: Frankfurter Kommentar, vor §§ 1 Rn. 1; Hess, in: Hess, InsO, Einleitung vor § 1 Rn. 168; Gesetzentwurf der Bundesregierung zur Insolvenzordnung vom 15.04.1992, BT-Drucksache 12/2443, S. 103.

95 § 335 InsO, Art. 110 Abs. 1 Einführungsgesetz zur Insolvenzordnung. Bereits am 19.10.1994 sind in Kraft getreten die Ermächtigung der § 2 Abs. 2, § 7 Abs. 3 und § 305 Abs. 1 Nr. 1 InsO (Art. 110 Abs. 2 Einführungsgesetz zur Insolvenzordnung).

96 Hess, in: Hess, InsO, Einleitung vor § 1 Rn 178; Ganter/Lohmann, in: Münchener Kommentar zur Insolvenzordnung, 3. Aufl., 2013, § 1 Rn. 9.

97 Leithaus, in: Andres/Leithaus, Insolvenzordnung, 3. Aufl., 2014, § 1 Rn. 3, 5; Commandeur/Schaumann, NZG 2012, S. 620 (621); Fuhst, DStR 2012, S. 418 (418); Richter/Pernegger, BB 2011, S. 876 (876).

98 Maus, in: Kölner Schrift zur InsO, 2. Aufl., 2000, S. 931 Rn. 1.

99 BT-Drucksache 12/2443 S. 195; Uhlenbruck/Vallender, NZI 2009, S. 1 (4).

100 Pape, in: Uhlenbruck, Insolvenzordnung, 14. Aufl. 2015, § 1 Rn. 1.

101 Leithaus, in: Andres/Leithaus, Insolvenzordnung, 3. Aufl., 2014, § 1 Rn. 3.

102 Richter/Pernegger, BB 2011, S. 876 (876).

ist die Unternehmenssanierung auch nach Einführung der Insolvenzordnung noch immer kein primäres Verfahrensziel.[103] Der Erhalt von Unternehmen ist dem wesentlichen Verfahrensgrundsatz, der bestmöglichen Gläubigerbefriedigung („*par conditio creditorum*")[104], untergeordnet. Dieser Grundsatz gilt für jedes Verfahren nach der Insolvenzordnung und spiegelt sich in § 1 InsO wider. Mit welchen Mitteln die bestmögliche Gläubigerbefriedigung erreicht wird, ist im Gesetz nicht geregelt. Die Entscheidung, über welchen Weg die bestmögliche Gläubigerbefriedigung erreicht wird, unterliegt der Gläubigerautonomie.[105] Dies kommt auch in § 157 InsO zum Ausdruck, wonach die Entscheidung über den Fortgang des Verfahrens den Gläubigern überlassen ist, ob die Befriedigung durch die Erträge bei der Fortführung des Unternehmens, durch Veräußerung oder Liquidation erreicht werden soll.[106]

V. Gesetzgebungsverfahren der ESUG-Reform von 2012

Auf Grund der Wirtschafts- und Finanzkrise und der unbefriedigenden Entwicklung der Insolvenzzahlen, insbesondere im Zusammenhang mit Unternehmensinsolvenzen, fand eine abermalige Reform[107] des deutschen Insolvenzrechts statt. Die ESUG-Reform wurde vom Bundesministerium der Justiz zwischen 2007 und 2008 unter Einbeziehung von Wissenschaftlern und Praktikern, die die Schwächen des deutschen Sanierungsrechts aufgedeckt und mit den Sanierungsmöglichkeiten ausländischer Jurisdiktionen verglichen haben, vorbereitet.[108] Anschließend wurde in dem Koalitionsvertrag zwischen CDU, CSU und FDP für die 17. Legislaturperiode vom 26.10.2009 die Vereinfachung der Restrukturierung sanierungsbedürftiger Unternehmen und des Insolvenzplanverfahrens aufgenommen.[109]

---

103 BT-Drucksache 12/2443 S. 109; Pape, in: Uhlenbruck, Insolvenzordnung, 14. Aufl. 2015, § 1 Rn. 1.

104 BT-Drucksache 12/2443 S. 108; Kießner, in: Braun, Insolvenzordnung, 6. Aufl., 2014, § 1 Rn. 2; Pape, in: Uhlenbruck, Insolvenzordnung 14. Auflage 2015, § 1 Rn. 2.

105 Buchalik, ZInsO 2015, S. 484 (486).

106 Görg/Janssen, in: Münchener Kommentar zur Insolvenzordnung, 3. Auflage 2013, § 157 Rn. 1.

107 Zum chronologischen Ablauf des Gesetzgebungsverfahrens siehe auch Römermann, GmbHR 2012, S. 421 (424 f.).

108 Landfermann, WM 2012, S. 821 (822); zur Diskussion über die Reformbedürftigkeit des deutschen Insolvenzrechts vor ESUG siehe Westpfahl/Janjuah, Beilage zu ZIP 3/2008, S. 1–28; Piekenbrock, NZI 2012, S. 905 (906) zählt unterschiedliche Verfahren aus dem europäischen Ausland auf, die im Vorfeld des ESUG untersucht worden sind; u. a. company voluntary arrangement (England), procédure de sauvegarde (Frankreich) concordato preventivo (Italien); Bork, ZIP 2010, S. 397 (398); zum vorinsolvenzlichen Sanierungsverfahren siehe ausführlich Jacoby, ZGR 2010, S. 359 ff.

109 Koalitionsvertrag zwischen CDU, CSU und FDP, 17. Legislaturperiode, abrufbar u. a. beim Bundesministerium der Justiz unter URL: http://www.bmi.bund.de/SharedDocs/Downloads/DE/Ministerium/koalitionsvertrag.pdf?__blob=publicationFile, letzter Abruf am 31.12.2015.

Mit Bearbeitungsstand vom 01.09.2010 legte das Bundesministerium der Justiz einen ersten Diskussionsentwurf[110] vor, dem am 25.01.2011 ein Referentenentwurf[111] folgte. Am 23.02.2011 verabschiedete die Bundesregierung einen Regierungsentwurf, der dem Referentenentwurf inhaltlich entsprach.[112] Anschließend erfolgten Stellungnahmen von Interessenverbänden, der Insolvenzverwalter, der Richter und Rechtspfleger[113] sowie des Bundesrates[114]. Die Gegenäußerung der Bundesregierung, in der die vorgebrachten Einwände weitestgehend zurückgewiesen wurden, folgte kurz darauf.[115] Am 17. Mai 2011 wurde der Gesetzentwurf der Bundesregierung in den Bundestag eingebracht und u. a. an den Rechtsausschuss überwiesen, wo eine Sachverständigenanhörung durchgeführt wurde, in der noch eine ganze Reihe von Änderungen und Ergänzungen vorgeschlagen wurden.[116]

Am 27.10.2011 hat der Bundestag den Gesetzentwurf der Bundesregierung in der vom Rechtsausschuss geänderten Fassung verabschiedet. Obwohl der Rechts- und Finanzausschuss des Bundesrates einen Antrag auf Anrufung des Vermittlungsausschusses gestellt hat[117], wurde dieser nicht angerufen.[118]

---

110 Diskussionsentwurf für ein Gesetz zur weiteren Erleichterung der Sanierung von Unternehmen, Bearbeitungsstand 01.09.2010, veröffentlicht in ZIP 2010, Beil. 1 zu Heft 28. Der Diskussionsentwurf ist abrufbar über die Homepage des Bundesministerium der Justiz, URL: http://www.bmjv.de/SharedDocs/Gesetzgebungsver fahren/Archiv/Diskussionsentwurf_eines_Gesetzes_zur_weiteren_Erleichterung_der_Sanierung_von_Unternehmen.pdf?__blob=publicationFile&v=4 letzter Abruf am 31.12.2015. Eine Literaturübersicht über den DiskE-ESUG findet sich bei Frind, ZInsO 2011, S. 373.

111 Referentenentwurf des BMJ für ein Gesetz zur weiteren Erleichterung der Sanierung von Unternehmen, Bearbeitungsstand 25.01.2011, ZIP 2011, Beilage 1 zu Heft 6; Der Referentenentwurf ist abrufbar unter URL: http://www.rws-verlag.de/fileadmin/zbb-volltexte/2011-01-25_ESUG.pdf, letzter Abruf am 31.12.2015

112 Römermann, GmbHR 2012, S. 421 (425).

113 Stellungnahme des Verband Insolvenzverwalter e.V., Gravenbrucher Kreis und Bundesarbeitskreis Insolvenzgerichte vom 29.04.2011, abrufbar unter URL: http://www.vid.de/images/stories/pdf_stellungnahmen-vid/03_gemeinsame_stellung nahme_gk_vid_bakinso_110502_final.pdf, letzter Abruf am 31.12.2015.

114 Stellungnahme des Bundesrates zum Entwurf eines Gesetzes zur weiteren Erleichterung der Sanierung von Unternehmen vom 15.04.2011, BR-Drucksache 127/11(B), abrufbar unter URL: http://dipbt.bundestag.de/dip21/brd/2011/0127-11B.pdf, letzter Abruf am 31.12.2015.

115 BT-Drucksache 17/5712, S. 67 ff; nachfolgend BT-Drucksache 17/5712.

116 Beschlussempfehlung und Bericht des Rechtsausschusses, BT-Drucksache 17/7511 vom 26.10.2011, abrufbar unter http://dipbt.bundestag.de/dip21/btd/17/075/1707511.pdf, letzter Abruf am 31.12.2015.

117 Sitzung des Bundesrates vom 25.11.2011, BR-Drucksache. 679/1/11 (Beschluss) abrufbar unter URL: http://dipbt.bundestag.de/dip21/brd/2011/0679-1-11.pdf, letzter Abruf am 31.12.2015.

118 Landfermann, WM 2012, S. 821 (822).

Am 25.11.2011 hat der Bundesrat das ESUG ohne Änderungen passieren lassen.[119] Das Gesetz wurde am 07.12.2011 ausgefertigt und am 13.12.2011 im Bundesgesetzblatt 2011, Teil 1 Nr. 64, S. 2582 verkündet.[120] Die Änderungen der Insolvenzordnung sind am 01.03.2012 in Kraft getreten.[121]

Die Neuerungen gelten allerdings nur für Insolvenzverfahren, die ab dem 01.03.2012 beantragt worden sind.[122] Die im ESUG enthaltenen Änderungen zum Insolvenzstatistikgesetz, von Gerichtsverfassungs- und Rechtspflegegesetz sind am 01.01.2013 in Kraft getreten.

Seit der Einführung der Insolvenzordnung im Jahr 1999 ist das ESUG bereits die 37. Gesetzesänderung.[123]

1. Hintergrund und Zielsetzung der Reform

Das ESUG ist die erste von drei Stufen einer umfassenden Reform des deutschen Insolvenzrechts.[124] Neben der erleichterten Fortführung sanierungsfähiger Unternehmen und dem damit verbundenen Erhalt von Arbeitsplätzen soll auch der Insolvenztourismus von Unternehmen beschränkt bzw. verhindert werden.[125] Die Sanierungsinstrumente des deutschen Insolvenzrechts, insbesondere das Insolvenzplanverfahren und die Eigenverwaltung, haben die an sie gestellten Erwartungen bislang nicht erfüllt. Das deutsche Insolvenzrecht gilt im internationalen Vergleich als sanierungsunfreundlich.[126] Ausländische Investoren bemängeln vor allem, dass der Ablauf des deutschen Insolvenzverfahrens nicht plan- und berechenbar sei und auch kaum Einfluss auf die Auswahl des Insolvenzverwalters genommen werden könne.[127] Daneben spiele die Verfahrensdauer und die Möglichkeit der Einlegung sanierungsblockierender Rechtsmittel eine große Rolle.

---

119 Beschluss des Bundesrates, BR-Drucksache. 676/11(B)), abrufbar unter URL: http://dipbt.bundestag.de/dip21/brd/2011/0679-11B.pdf, letzter Abruf am 31.12.2015.

120 Zwischenzeitlich fand am 19.12.2011 noch eine geringfügige Änderung des Gesetzes zur weiteren Erleichterung der Sanierung von Unternehmen statt, BGBl. I S. 2800.

121 Art. 10 Satz 3 des Gesetzes zur weiteren Erleichterung der Sanierung von Unternehmen, BGBl. I S. 2582 (2591).

122 Art. 3 des Gesetzes zur weiteren Erleichterung der Sanierung von Unternehmen, BGBl. I S. 2582 (2591). i.V.m. Art 103g EGInsO.

123 Flöther, ZIP 2012, S. 1833 (1836).

124 Kammel/Staps, NZI 2010, S. 791 (791); Weitere Stufen der Reform sind die Schaffung eines Konzerninsolvenzrechts und eine Reform des Verbraucherinsolvenzverfahrens.

125 BT-Drucksache 17/5712, S. 17; Römermann, NJW 2012, S. 645 (645).

126 Römermann, GmbHR 2012, S. 421 (421).

127 BT-Drucksache 17/5712, S. 1.

Folglich nutzten einige Unternehmen die Gestaltungsmöglichkeiten des ausländischen Insolvenzrechts und verlegten ihren Sitz oder das „*Center of Main Interests*“[128] ins Ausland, um sich gezielt dem ausländischen Insolvenzrecht zu unterwerfen. Sie erhofften sich hierdurch, ihre Sanierungschancen zu erhöhen.[129] Insbesondere war seit 2005 zu verzeichnen, dass in die Krise geratene Unternehmen bevorzugt England als Sanierungsstandort wählten.[130] Auslöser war wohl die Reform des englischen Insolvenzrechts durch den Enterprise Act 2002.[131] Aus der Praxis sind insbesondere die Verfahren des Automobilzulieferers *Schefenacker-AG*[132], der *Deutschen Nickel AG*[133] sowie der *Hans Brochier GmbH & Co. KG*[134] bekannt, die sich dem deutschen Insolvenzrecht entzogen haben.

Ziel des ESUG ist es daher auch, den Sanierungsstandort Deutschland zu stärken und zu verhindern, dass sanierungsfähige Unternehmen sich einem (vor-) insolvenzrechtlichen Sanierungsverfahren anderer Jurisdiktion unterziehen und es zu einem Wettlauf des Insolvenzrechts bzw. zu einem Sanierungstourismus kommt.[135] Auch soll durch die Reform ein Mentalitätswechsel bei den Verfahrensbeteiligten geschaffen werden, der zu einer neuen *Sanierungskultur*[136] führen soll.[137]

---

128 Hierunter wird der Mittelpunkt der hauptsächlichen Interessen des Insolvenzschuldners verstanden, Art. 3 Abs. 1 Insolvenzverfahrensverordnung.

129 BT-Drucksache 17/5712, S. 1.

130 Vallender, NZI 2007, S. 129 (129); Andres/Grund, NZI 2007, S. 137 (137 f.).

131 Weller, ZGR 2008, S. 835 (836).

132 Siehe ausführlich zur Insolvenztourismus der *Schefenacker AG* und dem in diesem Verfahren einschlägigen Company Voluntary Arrangement Rumberg, RIW 2010, S. 358 (359 ff.); Griffiths/Hellmig, NZI 2008, S. 418 (419); Martin-W. Buchenau, Schefenacker strebt Insolvenz nach britischem Recht an, Handelsblatt vom 06.11.2006, URL: http://www.handelsblatt.com/unternehmen/industrie/unkonventioneller-rettungsversuch-schefenacker-strebt-insolvenz-nach-britischem-recht-an/2728708.html, letzter Abruf am 31.12.2015; zur *Schefenacker*-Insolvenz und den damit verbundenen Insolvenztourismus siehe auch Fröndhoff, Bernd, Zur Sanierung auf die britische Insel, Handelsblatt vom 15.05.2007, URL: http://www.handelsblatt.com/unternehmen/management/strategie/insolvenz-zur-sanierung-auf-die-britische-insel/2808508.html, letzter Abruf am 31.12.2015.

133 Zum Insolvenzverfahren der Deutschen Nickel AG vgl. Johann, Bernd, Focus-Money vom 06.08.2008, URL: http://www.focus.de/finanzen/boerse/deutsche-nickel-wende-im-stillen_aid_322663.html, letzter Abruf: 31.12.2015; Vallender, NZI 2007, S. 129 (131 ff.)

134 Vertiefend zur Insolvenzflucht und dem Insolvenzverfahren der *Hans Brochier Holdings Ltd* siehe Andres/Grund, NZI 2007, S. 137ff.

135 Der Gesetzgeber sprich ausdrücklich von möglichen Unternehmenssitzverlegungen nach England, da eine Sanierung nach englischem Recht vorteilhafter sei, BT-Drucksache 17/5712, S. 1; Buchalik, ZInsO 2012, S. 349 (349); Hölzle, ZIP 2012, S. 855 (855); Beissenhirtz, ZInsO 2011, S. 57 (58).

136 Vallender, NZI 2010, S. 838 (839 und 842); Vallender, DB 2012, S. 1669 (1670).

137 Unterrichtung des Bundesrates über Gesetzesbeschluss des Bundestages, BR-Drucksache 679/11, S. 13.

2. Vorbilder der Eigenverwaltung

Nachfolgend werden kurz die Vorbilder des Eigenverwaltungsverfahrens, sowie Verfahren dargestellt, die Ähnlichkeiten zur Eigenverwaltung aufweisen.

Die Eigenverwaltung hat ihre Vorbilder in vielen unterschiedlichen Rechtssystemen. Neben dem französischen, englischen und österreichischen Recht[138], wurde vor allem das US-amerikanische Insolvenzrecht in die Reformüberlegungen zur Insolvenzordnung mit einbezogen.[139]

Hier wurde insbesondere das Reorganisationsverfahren nach Kapitel 11 des U.S. Bankruptcy Codes mit seinem eigenverwaltenden Schuldner, dem sog. *„debtor in possession"* herangezogen.[140] Auch aus dem deutschen Recht gab es Vorbilder für das Eigenverwaltungsverfahren. Neben Elementen aus der Konkursordnung und dem Vergleichsverfahren nach der Vergleichsordnung wurden auch Elemente aus der Eigenzwangsverwaltung landwirtschaftlicher Betriebe nach § 150b des Gesetzes über die Zwangsversteigerung und die Zwangsverwaltung[141] übernommen.[142]

a) Reorganisationsverfahren nach Chapter 11

Der Gesetzgeber hat sich bei der Schaffung der Eigenverwaltung an den aus dem US-amerikanischen Recht stammenden Reorganisationsverfahren[143], insbesondere am Rechtsinstitut des *„debtor in possession"* orientiert.[144] Bei dem Reorganisationsverfahren nach Chapter 11 U.S. Bankruptcy Code bleibt die Verwaltungs- und Verfügungsmacht in der Regel beim Schuldner, dem sog. *debtor in possession.*[145]

Der Schuldner nimmt die Aufgaben in erster Linie nicht im eigenen Namen wahr, sondern als Treuhänder für die Gläubiger.[146] Der Schuldner wird dabei vornehmlich durch Gläubigerausschüsse, sog. *creditors' committees*, kontrolliert, die ein

---

138 Im Rahmen der Insolvenzrechtsreform wurde auch die Insolvenzrechts-Entwicklung in skandinavischen Staaten, der Schweiz, Italien und Japan berücksichtigt, vgl. BT-Drucksache 12/2443, S. 105; nachfolgend BT-Drucksache 12/2443.

139 BT-Drucksache 12/2443, S. 105; Bremen, NZI 2014, S. 137 (137).

140 Foltis, in: Frankfurter Kommentar, vor §§ 270 ff. Rn. 1.; Schneider/Höpfner, BB 2012, S. 87 (88 Fn. 12).

141 Nachfolgend ZVG.

142 BT-Drucksache 12/2443, S. 222 f.; Foltis, in: Frankfurter Kommentar, vor §§ 270 ff. Rn. 2; Schneider/Höpfner, BB 2012, S. 87 (88 Fn. 12); Tetzlaff, in: Münchener Kommentar, 3. Aufl. 2014, Vorb. Vor §§ 270 bis 285 Rn. 8, 12 ff.

143 U.S. Code: Title 11 – Bankruptcy, Chapter 11 Reorganization (§§ 1101–1174).

144 Vallender, WM 1998, S. 2129 (2130); Berner, in: NWB Kommentar zum Insolvenzrecht, § 270 Rn. 1; Flöther, ZIP 2012, S. 1833 (1834); Schneider/Höpfner, BB 2012, S. 87 (88 Fn. 12); Pape, in: KPB, InsO, § 270 Rn. 3.

145 Braun/Uhlenbruck, Unternehmenssanierung, S. 438 und 499 f.; Hass, in: Gottwald, Insolvenzrechts-Handbuch, 5. Aufl., 2015, § 86 Rn. 10.

146 Riggert, in: Nerlich/Römermann, Insolvenzordnung, 29. Ergänzungslieferung Januar 2016, Vorb. vor §§ 270 bis 285 Rn. 3.

Prüfungsrecht in Bezug auf die Geschäftsführung des Schuldners haben.[147] Nur in Ausnahmefällen steht der Schuldner unter der Aufsicht des Gerichts.[148]

Bei der Durchführung des Verfahrens nach Chapter 11 U.S. Bankruptcy Code werden in aller Regel keine Verwalter, sog. *trustees*, eingesetzt.[149] Die Gläubiger werden aber vor Missbrauch geschützt, indem nach § 1104 U.S. Bankruptcy Code die Möglichkeit besteht, einen Verwalter mit beschränkter Aufgabenstellung zu bestellen. Dieser sog. *examiner*, kann bei Verdachtsfällen, die auf grob geschäftswidrige oder kriminelle Maßnahmen des Schuldners hindeuten, Untersuchungsmaßnahmen durchführen.[150]

Nach § 1121 (b) U.S. Bankruptcy Code steht dem Schuldner im Reorganisationsverfahren das exklusive Recht zu, innerhalb von 120 Tagen ab Verfahrensanordnung einen Reorganisationsplan auszuarbeiten und einzureichen. Während dieser Zeit gilt nach § 362 U.S. Bankruptcy Code der sog. *automatic stay*. Jegliche Form der Zwangsvollstreckung in das Schuldnervermögen (inkl. Immobiliarvermögen) ist untersagt.[151]

Die größten Unterschiede zwischen dem Verfahren nach Chapter 11 U.S. Bankruptcy Code und dem Eigenverwaltungsverfahren nach §§ 270 ff. InsO bestehen in der Zielsetzung der Verfahren. Die Regelungen der Eigenverwaltung unterliegen der in § 1 InsO festgeschriebenen gemeinschaftlichen und bestmöglichen Befriedigung aller Gläubiger, wobei unbeachtlich ist, ob diese durch Zerschlagung des Unternehmens, durch Liquidation des Unternehmens im Wege der übertragenden Sanierung oder durch Reorganisation des alten Unternehmensträgers erreicht wird.[152]

Das Reorganisationsverfahren nach Chapter 11 U.S. Bankruptcy Code hingegen zeichnet sich durch einen ausgeprägten Schuldnerschutz aus.[153] Sofern das Unternehmen nach dieser Vorschrift reorganisiert wird, wird dem Schuldner ein unbelasteter wirtschaftlicher Neuanfang gewährt, sog. *fresh start*.[154] Ein weiterer maßgeblicher Unterschied besteht in der Kontrolle des eigenverwaltenden Schuldners. Das Verfahren nach Chapter 11 U.S. Bankruptcy Code ist als verwalterloses Verfahren konzipiert, wohingegen im Eigenverwaltungsverfahren zwingend ein Sachwalter zu bestellen ist.[155]

---

147 § 1103 U.S. Bankruptcy Code.

148 Smid, WM 1998, S. 2489 (2506).

149 Braun/Uhlenbruck, Unternehmenssanierung, S. 500.

150 Riggert, in: Nerlich/Römermann, Insolvenzordnung, 29. Ergänzungslieferung Januar 2016, Vorb. vor §§ 270 bis 285 Rn. 3; Braun/Uhlenbruck, Unternehmenssanierung, S. 500.

151 Gebler, NZI 2010, S. 665 (666).

152 Jaffé, ZHR 175 (2011), S. 38 (40).

153 Schlegel, Die Eigenverwaltung in der Insolvenz S. 38.

154 Haas, in: Gottwald, Insolvenzrechts-Handbuch, § 86 Rn. 10; Smid, WM 1998, S. 2489 (2506 m.w.N); Braun/Uhlenbruck, Unternehmensinsolvenzen, S. 427 ff.

155 Nach § 270 Abs. 1 Satz 1 InsO ist im eröffneten Verfahren ein Sachwalter zu bestellen. Im Eröffnungsverfahren nach § 270a InsO und Schutzschirmverfahren

b) *Vergleichsordnung*

Auch aus der Vergleichsordnung wurden Elemente für das Eigenverwaltungsverfahren übernommen.[156] Nach dem Vergleichsverfahren der Vergleichsordnung bestand die Möglichkeit, die Verfügungs- und Verwaltungsbefugnis beim Schuldner zu belassen und ihm einen Vergleichsverwalter zur Überwachung zur Seite zu stellen.[157] Die Interessen der Gläubiger wurden dadurch geschützt, dass der Vergleichsverwalter gemäß § 39 VerglO die wirtschaftliche Lage des Schuldners zu prüfen und die Geschäftsführung sowie die Ausgaben für die Lebensführung des Schuldners und seiner Familie zu überwachen hatte. Daneben oblagen dem Vergleichsverwalter gewisse Zustimmungsvorbehalte und Einspruchsmöglichkeiten.

Der Vergleichsverwalter konnte bei Geschäften des Schuldners, die zum gewöhnlichen Geschäftsbetrieb gehörten, Einspruch erheben; ungewöhnliche Geschäfte waren von seiner Zustimmung abhängig, § 57 Abs. 1 Satz 1, 2 VerglO.

Dieses Verfahren hatte u. a. die Vorteile, dass etwa die Kenntnisse und Erfahrungen der bisherigen Geschäftsleitung (weiterhin) am besten genutzt werden könnten, langwierige Einarbeitungszeit durch einen externen Verwalter vermieden wurde und insgesamt die Eigenverwaltung unter Aufsicht eines Sachwalters weniger Kosten und Aufwand bereitete.[158] Diese Vorteile wurden vom Gesetzgeber erkannt und in das Eigenverwaltungsverfahren übertragen.[159]

Der größte Unterschied zwischen den Regelungen der Vergleichsordnung und dem Eigenverwaltungsverfahren lag in der Zielsetzung des jeweiligen Verfahrens. § 1 VerglO legte als Verfahrensziel die Abwendung des Konkurses fest, wohingegen sich das Eigenverwaltungsverfahren an § 1 InsO, d. h. der gemeinschaftlichen Befriedigung der Gläubiger zu orientieren hat, welche sowohl durch Sanierung als auch durch Liquidation erreicht werden konnte.

c) *Eigenzwangsverwaltung landwirtschaftlicher Grundstücke*

Bestimmte Ähnlichkeiten bestehen auch zwischen der Eigenverwaltung und § 150b ZVG.[160] Demnach ist bei der Zwangsverwaltung eines landwirtschaftlichen, forstwirtschaftlichen oder gärtnerischen Grundstücks der Schuldner zum Verwalter zu

nach § 270b InsO ist seit der ESUG-Reform ein vorläufiger Sachwalter zu bestellen, §§ 270a Abs. 1 Satz 2, 270b Abs. 2 Satz 1, 274, 275 InsO.

156 Berner, in: NWB Kommentar zum Insolvenzrecht, § 270 Rn. 1; Schneider/Höpfner, BB 2012, S. 87 (88 Fn. 12); Pape, in: KPB, InsO, § 270 Rn. 3.

157 Vallender, WM 1998, S. 2129 (2130); Hass, in: Gottwald, Insolvenzrechts-Handbuch, § 86 Rn. 7.

158 Vallender, WM 1998, S. 2129 (2130); Foltis, in: Frankfurter Kommentar, vor §§ 270 Rn. 7.

159 BT-Drucksache 12/2443, S. 222 f.

160 Foltis, in: Frankfurter Kommentar, vor §§ 270 ff. Rn. 2; Schneider/Höpfner, BB 2012, S. 87 (88 Fn. 12); Smid, WM 1998, S. 2489 (2506); Haas, in: Gottwald, Insolvenzrechts-Handbuch, § 86 Rn. 12.

bestellen.[161] Die Bestellung des Schuldners ist hier nicht die Ausnahme, sondern die Regel.[162] Liegen die Voraussetzungen der Norm vor, muss der Schuldner zum Zwangsverwalter bestellt werden; ein Ermessensspielraum für das Vollstreckungsgericht besteht nicht.[163] Von einer Bestellung des Schuldners ist nur abzusehen, wenn er nicht dazu bereit oder nach Lage der Verhältnisse eine ordnungsgemäße Führung der Verwaltung durch ihn nicht zu erwarten ist.[164]

Um die Interessen der Gläubiger zu wahren, unterliegen der Schuldner und dessen Betrieb mit dem Zeitpunkt der Verfahrensanordnung nach § 150c ZVG der Kontrolle einer Aufsichtsperson und des Gerichts.[165] Verstößt der Schuldner gegen Pflichten als Verwalter, hat die Aufsichtsperson dies dem Gericht unverzüglich anzuzeigen.[166] Nur mit der Zustimmung der Aufsichtsperson darf der Schuldnerverwalter über Nutzungen und Erlöse verfügen.[167]

Die Eigenzwangsverwaltung dient dazu, den Zwangsverwalter in haftungs-, arbeits- und steuerrechtlicher Hinsicht zu entlasten.[168] Darüber hinaus wären sowohl Zwangsverwalter als auch Dritte meist mit der spezifischen Grundstücksverwaltung überfordert, was mit Nachteilen der Gläubiger verbunden wäre.[169] Daher soll die Verwaltung dem Schuldner auferlegt werden, da er über die besten zur Bewirtschaftung des Grundstücks erforderlichen Qualifikationen, Kenntnisse und Erfahrungen verfügt.[170] Auch ist die Verwaltung durch den Schuldner kostengünstiger, da er keine Vergütung, sondern nur einen bescheidenen Unterhalt bekommt.[171]

VI. Zwischenergebnis

Auf Grund der dargestellten Schwachstellen des Insolvenzrechts bis zur ESUG-Reform und eines nach wie vor großen Sanierungsbedarfs in den kommenden Jahren, insbesondere auf Grund der anhaltenden Kreditklemme durch die Finanz- und Staatsschuldenkrise, war eine Reform der Insolvenzordnung unerlässlich. Die Änderungen durch das ESUG haben auf den ersten Blick das Potential, dass künftig Insolvenzanträge mit dem Ziel der Sanierung des Unternehmens frühzeitig gestellt werden und die Möglichkeit der Sanierung hierdurch erhöht wird. Allerdings

161 § 150b Abs. 1 S. 1 ZVG.
162 Rainer/Sievers, in: Kindl/Meller-Hannich/Wolf, 3. Aufl., 2015, § 150 b ZVG Rn. 2.
163 Keller, in: Böttcher, ZVG, §§ 150b-e Rn. 2.
164 § 150b Abs. 1 Satz 2 ZVG.
165 Rainer/Sievers, in: Kindl/Meller-Hannich/Wolf, 3. Aufl., 2015, § 150b Rn. 10.
166 § 150c Abs. 3 ZVG.
167 § 150d ZVG.
168 Rainer/Sievers, in: Kindl/Meller-Hannich/Wolf, 3. Aufl., 2015, § 150b Rn. 1.
169 Stöber, Kurt, Kommentar zum ZVG, 21. Aufl., 2016, § 150b Rn. 1.
170 Rainer/Sievers, in: Kindl/Meller-Hannich/Wolf, 3. Aufl., 2015, § 150b Rn. 1; Stöber, Kurt, Kommentar zum ZVG, 21. Aufl., 2016, § 150b Rn. 1; Keller, in: Böttcher, ZVG, §§ 150b-e Rn. 1.
171 § 150e ZVG.

können aus der geschichtlichen Entwicklung der Eigenverwaltung und ähnlichen deutschen und ausländischen Verfahren keine unmittelbaren Rückschlüsse über den Erfolg des Eigenverwaltungs- Eröffnungs- oder Schutzschirmverfahrens gezogen werden, da die jeweiligen Reformen zeitlich sehr weit auseinander liegen und sich die wirtschaftlichen und politischen Rahmenbedingungen stark verändert haben bzw. unterscheiden.

C. Überblick über das Eigenverwaltungsverfahren

Nachfolgend werden die Vor- und Nachteile des Eigenverwaltungsverfahrens nach §§ 270 ff. InsO sowie die häufigsten Ursachen der Insolvenz dargestellt. Im Anschluss daran folgen eine Darstellung der praktischen Relevanz des Eigenverwaltungsverfahrens und eine Auswertung von statistischen Erhebungen im Zusammenhang mit Unternehmensinsolvenzen.

I. Ursachen der Insolvenz

Für die Insolvenz von Unternehmen gibt es zahlreiche Gründe. Häufigste Ursache für eine wirtschaftliche Schieflage eines Unternehmens dürften allerdings Managementfehler sein.[172] Diese sind für ca. 90 Prozent aller Insolvenzen in Deutschland verantwortlich.[173] In vielen Fällen sind Auslöser einer wirtschaftlichen Krise fehlendes Marktverständnis und fehlender Weitblick.[174] Daneben gehören zu den häufigsten Managementfehlern auch die Bildung von zu geringen Rücklagen, ein zu langes Festhalten an überholten Strategien, ein zögerlicher Personalabbau bei rückläufigem Umsatz, schlecht organisierte Produktionsabläufe, die Wahl eines falschen Investitionszeitpunktes und Fehler in der Preispolitik.[175] Oftmals werden neue Trends verschlafen. Beispiele für Managementfehler gibt es bei bekannten Großunternehmen zu genüge, wie z. B. der Insolvenz der Drogeriemarktkette *Schlecker*.[176]

Neben internen Faktoren können aber auch externe Faktoren zur wirtschaftlichen Schieflage bzw. Insolvenz von Unternehmen führen. So können sich beispielsweise wirtschaftliche und politische Rahmenbedingungen ändern und Unternehmen oder gar ganze Industriezweige in wirtschaftliche Bedrängnis bringen.[177] Dies ist

172 Jaffé, ZHR 175 (2011) S. 38 (42); Flöther, ZIP 2012, S. 1833 (1835).

173 Ganter/Lohmann, in: Münchener Kommentar zur Insolvenzordnung, 3. Auflage 2013, § 1 Rn. 120; Grub, WM 1994, S. 880 (881).

174 Flöther, ZIP 2012, S. 1833 (1835).

175 Pape/Uhlenbruck/Voigt-Salus, Insolvenzrecht, 2. Auflage 2010, Kapitel 4 Rn. 3.

176 Flöther, ZIP 2012, S. 1833 (1835); manager magazin vom 09.07.2012, *Ex-Berater wirft Anton Schlecker Versagen vor*, abrufbar unter URL: http://www.manager-magazin.de/unternehmen/handel/a-843307.html, letzter Abruf am 31.12.2015; Jacobsen, Lenz/Pennekamp, Johannes, *Die Fehler der Familie Schlecker*, Zeit Online, 20. Januar 2012, abrufbar unter URL: http://pdf.zeit.de/wirtschaft/unternehmen/2012-01/schlecker-insolvenz-analyse.pdf, letzter Abruf am 31.12.2015; Marquart, Maria, *Ladenschluss im Drogerie-Imperium*, Spiegel Online, 01.06.2012, abrufbar unter URL: http://www.spiegel.de/wirtschaft/unternehmen/zerschlagung-von-schlecker-gruende-fuer-die-pleite-a-835436-druck.html, letzter Abruf am 31.12.2015.

177 Flöther, ZIP 2012, S. 1833 (1835).

z. B. mit großen Teilen der deutschen Solarbranche geschehen, die auf Grund hoher staatlicher Subventionen (u. a. Einspeisevergütung) rasant gewachsen ist und nach Verringerung bzw. Auslaufen der Subventionen, zunehmender ausländischer Konkurrenz verbunden mit einem harten internationalen Preiskampf nahezu zusammengebrochen ist.[178]

Auch im Zusammenhang mit der Ukrainekrise und den damit verbunden gegenseitigen Embargos der Europäischen Union und Russlands, ist nicht auszuschließen, dass es zu einem Anstieg der Unternehmensinsolvenzen, insbesondere im deutschen Mittelstand, kommen wird, ohne dass das Management der betroffenen Unternehmen hierzu beigetragen hat.

Ein weiterer wesentlicher Grund für die Insolvenzanfälligkeit deutscher Unternehmen ist in der geringen Eigenkapitalausstattung, die bei unter 20 Prozent liegt, zu sehen.[179] So ist nicht verwunderlich, dass im Zuge der Finanz- und Wirtschaftskrise in den Jahren 2008 und 2009 die Zahl der Unternehmensinsolvenzen in den Jahren 2009 und 2010 gestiegen ist.[180] Hier kam es zum Zusammenspiel von zu geringer Eigenkapitalausstattung, allgemeiner Konjunkturschwäche sowie einer Kreditklemme auf Seiten der Banken.[181]

Obwohl die Krise vorhersehbar war und teilweise auch davor gewarnt wurde, wurde zahlreich auf die rechtzeitige Einleitung einer Restrukturierung verzichtet, wodurch letztlich nur noch die Insolvenz blieb.[182]

II. Vorteile der Eigenverwaltung

Der Gesetzesbegründung zur Insolvenzordnung ist zu entnehmen, dass der Gesetzgeber mit der Einführung des Eigenverwaltungsverfahrens für den Schuldner einen Anreiz zur rechtzeitigen Insolvenzantragstellung schaffen wollte, wobei die Kenntnisse und Erfahrungen der bisherigen Geschäftsführung genutzt, sowie die Kosten des Verfahrens verringert werden sollten.[183]

---

178 Handelsblatt vom 22.03.2012, Politik will Solarwirtschaft entgegenkommen, http://www.handelsblatt.com/unternehmen/industrie/sinkende-garantiepreise-politik-will-solarwirtschaft-entgegenkommen-seite-all/6363034-all.html, letzter Abruf am 31.12.2015; Annika Graf/Georg Ismar, in: Stern, 26. März 2013, *Deutsche Solarindustrie kämpft gegen den Untergang*, http://www.stern.de/wirtschaft/news/branche-in-der-krise-deutsche-solarindustrie-kaempft-gegen-den-untergang-1989524.html, letzter Abruf am 31.12.2015; FAZ vom 30.04.2013, *Solarworld ringt ums Überleben*, http://www.faz.net/aktuell/wirtschaft/glaeubiger-verzichten-solarworld-ringt-ums-ueberleben-12168025.html, letzter Abruf am 31.12.2015.

179 Pape/Uhlenbruck/Voigt-Salus, Insolvenzrecht 2. Auflage 2010, Kapitel 4 Rn. 2.

180 Eidenmüller, ZIP 2010, S. 649 (650).

181 Pape/Uhlenbruck/Voigt-Salus, Insolvenzrecht 2. Auflage 2010, Kapitel 4 Rn. 2.

182 Flöther, ZIP 2012, S. 1833 (1835).

183 BT-Drucksache 12/2443, S. 222 f.

1. Frühzeitige Antragstellung

Der entscheidende Vorteil der Eigenverwaltung ist der Anreiz des Schuldners zu einer frühzeitigen Antragstellung, durch die sich die Sanierungschancen erheblich erhöhen.[184] Dem Schuldner bzw. der bisherigen Geschäftsführung wird eine reale Möglichkeit eingeräumt, die Verwaltungs- und Verfügungsbefugnis behalten zu können und somit finanzielle Einbußen und persönliche Imageverluste zu vermeiden bzw. zu minimieren.

Dies ist für viele Schuldner bzw. Geschäftsführer das maßgebende Argument, zumal diese nichts mehr fürchten, als die Geschäftsleitung und Einflussnahme zu verlieren und daher die Insolvenzanträge zu spät stellen.[185]

Eine Vorverlagerung der Insolvenzantragstellung und die darauf folgenden früheren Sanierungsmaßnahmen können maßgeblich dazu beitragen, dass die Aufzehrung von Vermögenswerten verhindert wird und die noch vorhandenen liquiden Mittel des Unternehmens zu einer Erhöhung der Sanierungschancen genutzt werden können.[186] Darüber hinaus können auch Führungskräfte und erfahrene Mitarbeiter im Unternehmen gehalten werden, die im Regelinsolvenzverfahren und dessen schlechtem Image eine Zerschlagung fürchten mussten und sich oftmals mit Kenntnis der Insolvenzantragstellung nach einem neuen Arbeitsplatz umgesehen haben bzw. von solventen Konkurrenten abgeworben wurden.[187]

2. Erfahrung der bisherigen Geschäftsführung

Ein weiterer Vorteil der Eigenverwaltung besteht darin, dass die Kenntnisse und Erfahrungen der bisherigen Geschäftsführung weiterhin genutzt werden können.[188] Die Geschäftsführung des Schuldners wird in aller Regel die ökonomische Entwicklung, die Organisation und die Eigenarten des Unternehmens am besten kennen und einschätzen können.[189] Dies ist insbesondere in denjenigen Geschäftsgebieten vorteilhaft, in denen besondere Branchen- und Fachkenntnisse erforderlich sind, bzw. in Branchen, in denen auf schnell wachsende Trends reagiert werden muss.[190] Hier besteht die Gefahr, dass sich ein Insolvenzverwalter die Fachkenntnis nicht,

184 Flöther, ZIP 2012, S. 1833 (1834); Dietrich, Die Eigenverwaltung als Sanierungsweg nach dem neuen Insolvenzrecht, S. 41; Jaffé, ZHR 2011, S. 38 (45).

185 Bork, Sanierungsrecht in Deutschland und England, Rn. 3.8; Flöther, ZIP 2012, S. 1833 (1834); Jaffé, ZHR 175 (2011), S. 38 (45).

186 Richter/Pernegger, BB 2011, S. 876 (877).

187 Um die Mitarbeiter zu halten, sollte im Vorfeld des Insolvenzantrages die Insolvenzgeldvorfinanzierung unbedingt so vorbereitet sein, dass es bei der Zahlung von Gehältern und Löhnen zu keinen Verzögerungen kommt, von Buchwaldt, BB 2015, S. 3017 (3020).

188 Vallender, GmbHR 2012, S. 450 (450).

189 Körner, NZI 2007, S. 270 (270).

190 Jaffé, ZHR 175 (2011), S. 38 (42); Körner NZI 2007, S. 270 (273).

oder nicht zeitnah aneignen kann, was zu sanierungshemmenden Reibungsverlusten führen könnte.[191] Gerade bei Unternehmen, bei denen der Geschäftsbetrieb 24 Stunden, d. h. rund um die Uhr aufrechterhalten werden muss, könnten schon kurze Unterbrechungen einen immensen Schaden anrichten, der eine Sanierung schwierig bzw. unmöglich macht.[192]

Zwar sehen die §§ 97, 101 InsO gewisse Mitwirkungspflichten der Geschäftsführung für das Regelinsolvenzverfahren vor, allerdings kann hierauf nicht vertraut werden, zumal eine konstruktive Zusammenarbeit der Geschäftsführung mit dem Insolvenzverwalter in der Praxis nicht bzw. nur eingeschränkt einklagbar ist.[193]

Ferner sind Vertrauensverhältnisse der Vertragsparteien im Geschäftsverkehr von wesentlicher Bedeutung. Es gibt sogar bestimmte Geschäftsfelder, in denen es auf ein besonderes Vertrauensverhältnis bzw. den persönlichen Kontakt zwischen den Vertragsparteien ankommt, d. h. dass nur mit bestimmten Personen verhandelt und Verträge abgeschlossen werden. Dieses Vertrauensverhältnis kann durch eine Insolvenzantragstellung und die Einsetzung eines Insolvenzverwalters erheblich gestört werden. Da in der Eigenverwaltung der Schuldner die Geschäfte weiterführt, kann ein Vertrauensbruch mit den Gläubigern, Lieferanten und Kunden vermieden werden, sofern diese von dem Schuldner vollumfänglich über die Insolvenzantragstellung und den Ablauf des Eigenverwaltungsverfahrens unterrichtet werden.[194]

Dennoch ist stets zu berücksichtigen, dass es sich auch bei dem Eigenverwaltungsverfahren um ein Insolvenzverfahren handelt, das von der Öffentlichkeit und dem Geschäftsverkehr mit einem negativen Image behaftet ist.[195]

3. Kostenvorteil durch geringere Vergütung des Sachwalters

Die Eigenverwaltung sollte kostengünstiger als das Regelinsolvenzverfahren sein und somit zu einer höheren Insolvenzquote für die Gläubiger führen. Die Kostenreduzierung sollte durch eine geringere Vergütung des Sachwalters gegenüber der Vergütung des Insolvenzverwalters erreicht werden.[196]

Nach § 12 Abs. 1 der insolvenzrechtlichen Vergütungsordnung[197] erhält der im Rahmen einer Eigenverwaltung eingesetzte Sachwalter in der Regel 60 Prozent der für den Insolvenzverwalter bestimmten Vergütung.[198] Nach § 12 Abs. 2 InsVV kann eine Erhöhung der Vergütung des Sachwalters dann erfolgen, wenn das Gericht

---

191 Jaffé, ZHR 175 (2011), S. 38 (42).

192 Körner, NZI 2007, S. 270 (273); Jaffé, ZHR 2011, S. 38 (42).

193 Jaffé, ZHR 175 (2011), S. 38 (42).

194 Flöther, ZIP 2012, S. 1833 (1834).

195 Flöther, ZIP 2012, S. 1833 (1834).

196 Flöther, ZIP 2012. S. 1833 (1834).

197 Insolvenzrechtliche Vergütungsverordnung vom 19. August 1998, BGBl. I S. 2205, nachfolgend InsVV.

198 Ehlers, ZInsO 2010, S. 257 (259).

nach § 277 Abs. 1 InsO die Zustimmungsbedürftigkeit bestimmter Rechtsgeschäfte des Schuldners anordnet.

In einigen Fällen ist somit die Eigenverwaltung die einzige Möglichkeit, ein Insolvenzverfahren durchzuführen, weil ein Regelinsolvenzverfahren wegen der höheren Kosten für den Insolvenzverwalter mangels Masse hatte abgewiesen werden müssen.[199]

4. Kostenvorteil durch Wegfall oder geringere Einarbeitungszeit

Ein weiterer Kostenvorteil kann dadurch realisiert werden, dass der Schuldner, bzw. die Geschäftsführung des Schuldners die Geschicke des Unternehmens weiterhin leiten und somit kein Insolvenzverwalter bzw. branchen- und fachfremder Sanierungsexperte sich in die schuldnerische Materie einarbeiten muss.[200] Neben einem möglichen Kostenvorteil wird hierdurch auch viel Einarbeitungszeit vermieden.

Allerdings ist zu berücksichtigen, dass insbesondere bei Großunternehmen und Konzernen vor Antragstellung meist externe Sanierungsexperten beauftragt oder sogar in die Unternehmensführung eingesetzt werden oder diese komplett ersetzen.[201] Die Kosten für die Sanierungsexperten sind meist sehr hoch, so dass diese Kosten, zusammen mit den Kosten für den Sachwalter die Kosten des Insolvenzverwalters übersteigen können.[202]

Ob und in welchem Umfang ein Kostenvorteil realisiert werden kann, hängt letztlich maßgeblich von der Art und Größe des schuldnerischen Unternehmens, der Anzahl und Art der Gläubiger sowie der Komplexität des Verfahrens ab.

5. Sonstige Vorteile

Daneben ist ein Insolvenzverfahren in Eigenverwaltung vor allem dann vorteilhaft, wenn der Schuldner Rechtspositionen, wie z. B. öffentlich-rechtliche Genehmigungen, Lizenzen oder Konzessionen innehat, die nicht ohne Umstände auf einen anderen Rechtsträger z. B. übertragen werden können.[203]

---

199 Jaffé, ZHR 175 (2011), S. 38 (44).

200 Schneider/Höpfner, BB 2012, S. 87 (88); Vallender, MDR 2012, S. 125 (128); Vallender, GmbHR 2012, S. 450 (450); Flöther, ZIP 2012, S. 1833 (1834).

201 Jaffé, ZHR 175 (2011), S. 38 (43); Flöther, ZIP 2012, S. 1833 (1834, 1841).

202 Wallner, ZIP 2015, S. 997 (999).

203 Kolmann, Schutzschirmverfahren, Rn. 219; Zipperer, in: Uhlenbruck, Insolvenzordnung, 14. Auflage 2015, § 270 Rn. 4; Landfermann, WM 2012, S. 821 (823); OVG Berlin, Beschluss vom 18.06.2002, Az. OVG 5 S 14.02, BeckRS 2002, 15364 = ZVI 2004, S. 620, bei dem es um eine Apothekenerlaubnis ging; suchen zur Insolvenz von Apotheken siehe Hirte, in: Uhlenbruck, Insolvenzordnung, 14. Auflage 2015, § 35 Rn. 296 ff.

Auch ist das Eigenverwaltungsverfahren mit einer geringeren Kostenbelastung absonderungsberechtigter Gläubiger verbunden, da diese nach § 282 Abs. 1 Satz 2 InsO keine Feststellungskosten tragen müssen.[204] Diese Feststellungskosten betragen im Regelinsolvenzverfahren nach § 171 Abs. 1 Satz 2 InsO pauschal 4 Prozent des Verwertungserlöses, was sich insbesondere bei besonders hohen Vermögenswerten bemerkbar macht.[205] Darüber hinaus dürfen Verwertungskosten nur in der Höhe in Ansatz gebracht werden, in denen sie tatsächlich entstanden sind und auch erforderlich waren.[206] Da allerding auch im Rahmen der Eigenverwaltung die Verwertung nicht unentgeltlich ist, sondern auf Grund vertraglicher Verwertungsarbeit erfolgt, die sogar über den gesetzlichen Kostenbeiträgen liegen kann, besteht hinsichtlich der vorstehend genannten Kosten nur ein theoretischer Unterschied.[207]

6. Zwischenergebnis

Es lässt sich zusammenfassend sagen, dass die Eigenverwaltung erhebliche Vorteile für alle Verfahrensbeteiligten und die gesamte Volkswirtschaft mit sich bringen kann. Zunächst ist im Eigenverwaltungsverfahren ein Kostenvorteil gegenüber einem Regelinsolvenzverfahren und somit eine höhere Insolvenzquote möglich. Der Kostenvorteil, der durch die verringerte Vergütung des Sachwalters gegenüber dem Insolvenzverwalter entsteht, hat allerdings nur auf diejenigen Insolvenzverfahren besondere Auswirkungen, bei denen die Vergütung den Großteil der gesamten Verfahrenskosten ausmachten. In aufwendigen, insbesondere großen Verfahren, in denen neben diesen erhebliche anderweitige Kosten anfallen, wird dieser Aspekt allerdings nur eine untergeordnete Rolle spielen. Letztlich ist der Kostenvorteil aber vom konkreten Einzelfall abhängig.

Darüber hinaus spielt die Eigenverwaltung im Hinblick auf die Kontinuität der Geschäftsführung eine nicht zu unterschätzende Rolle. Das Vertrauensverhältnis zu Geschäftspartnern kann gewahrt bleiben und eine unter Umständen langwierige Einarbeitungszeit eines Insolvenzverwalters ausbleiben.

Der Anreiz einer frühzeitigen Insolvenzantragsstellung ist insgesamt betrachtet der wichtigste Aspekt der Eigenverwaltung. Die Insolvenzanträge werden nach wie vor viel zu spät gestellt. Im Durchschnitt liegt schon zehn Monate vor Antragstellung die materielle Insolvenz vor.[208] Ausschließlich durch eine rechtzeitige Antragstellung besteht die Möglichkeit, das schuldnerische Unternehmen zu sanieren und Vermögenswerte des Schuldners sowie Arbeitsplätze zu erhalten.

Sollte eine Sanierung trotz frühzeitiger Antragstellung nicht möglich sein, besteht weiterhin die realistische Möglichkeit, dass die frühzeitige Antragstellung positive

204 Tetzlaff/Kern, in: Münchener Kommentar zur Insolvenzordnung, 3. Auflage 2014, § 282 Rn. 22.
205 Jaffé, ZHR 175 (2011), S. 38 (44).
206 § 282 Abs. 1 Satz 3 InsO.
207 Jaffé, ZHR 175 (2011), S. 38 (44).
208 Siehe hierzu Fußnote 17.

Auswirkung auf die Insolvenzquote hat. Diese Vorteile müssen allerdings auch erkannt und genutzt werden, was in der Vergangenheit meist nicht der Fall war.

Die Anzahl von Schuldneranträgen auf Anordnung der Eigenverwaltung blieb seit Einführung des Eigenverwaltungsverfahrens hinter den Erwartungen, die mit der Annahme dieses Rechtsinstituts durch die Schuldner verknüpft waren, zurück.[209]

Es ist zu vermuten, dass die geringe Akzeptanz des Eigenverwaltungsverfahrens damit zusammenhängen könnte, dass es nur sehr wenige erfolgreich abgeschlossene, große, überregionale und öffentlichkeitswirksame Eigenverwaltungsverfahren gab, die die Vorteile dieses Verfahrens aufzeigen konnten.[210]

III. Kritik an der Eigenverwaltung

Die Einführung des Eigenverwaltungsverfahrens in die Insolvenzordnung war von Anfang an erheblicher Kritik ausgesetzt. Insbesondere wurde angeführt, dass beim Eigenverwaltungsverfahren der *„Bock zum Gärtner"* gemacht werde.[211] Der Bock, der den Karren an die Wand gefahren hat, werde zum Gärtner gemacht, der Karren und Wand nun reparieren solle.[212]

Dieser Kritikpunkt ist nicht unberechtigt. Denn Managementfehler sind für ca. 90 Prozent aller Insolvenzen in Deutschland verantwortlich und bei ca. 80 Prozent aller Firmenzusammenbrüche werden zudem noch Insolvenzstraftaten verübt.[213] Dies führt dazu, dass in aller Regel kein oder nur geringes Vertrauen in die Unabhängigkeit bzw. die Befähigung des Schuldners bzw. dessen Geschäftsführung zur Durchführung eines Eigenverwaltungsverfahrens seitens der Gläubiger besteht.

Darüber hinaus wurde eingewandt, dass ein Insolvenzverfahren ohne Insolvenzverwalter einen Widerspruch in sich darstelle, da in einem Verfahren der Gesamtvollstreckung die Beschlagnahme des zur Insolvenzmasse gehörenden Vermögens durch einen Insolvenzverwalter gehöre.[214] Um zu retten, was noch zu retten ist, sei der Schuldner zu entmachten, insbesondere weil diesem schon wegen des Insolvenzverfahrens Misstrauen entgegenzubringen sei.[215]

Auch wurde bemängelt, dass eine Anreicherung der Insolvenzmasse durch eine Reduzierung der Verfahrenskosten auf Grund der Einsetzung eines Sachwalters mit dem Preis der Marktmanipulationsmöglichkeit erkauft würde.[216]

---

209 Vallender, DStR 1999, S. 2034 (2041); Huntemann/Dietrich, ZInsO 2001, S. 13 (14).

210 Uhlenbruck/Vallender, NZI 2009, S. 1 (5).

211 Uhlenbruck/Vallender, NZI 2009, S. 1 (5); Römermann, NJW 2012, S. 645 (649); Huntemann/Dietrich, ZInsO 2001, S. 13 (15); Pape, ZIP 2013, S. 2285 (2285).

212 Paulus, DStR 2003, S. 31 (36).

213 Grub, WM 1994, S. 880 (881); Ganter/Lohmann, in: Münchener Kommentar zur Insolvenzordnung, 3. Auflage 2013, § 1 Rn. 120.

214 Leipold, Dieter, Insolvenzrecht im Umbruch, 1991, S. 168.

215 Leipold, Dieter, Insolvenzrecht im Umbruch, 1991, S. 168.

216 Gravenbrucher Kreis, ZIP 1990, S. 476 (477).

Daneben sei nicht auszuschließen, dass die Eigenverwaltung zu gläubigerschädigenden Handlungen, der Verletzung des Gleichbehandlungsgebots, insolvenzzweckwidrigen Verfügungen oder der Zweckentfremdung von Geldern führt.[217] Teilweise könne die Eigenverwaltung sogar die Insolvenz fördern, wenn Schuldner die außergerichtliche Sanierung etwa durch Kapitalerhöhung oder private Kredite unterlassen und die Eigenverwaltung als Sanierungsmittel einsetzen.[218]

IV. Stellungnahme

Die Kritik an dem Eigenverwaltungsverfahren ist in gewisser Weise nachvollziehbar und berechtigt. Für die Akzeptanz des Eigenverwaltungsverfahrens ist maßgeblich, dass die beteiligten Parteien von der Seriosität des Verfahrens und der des Schuldners bzw. dessen Geschäftsführung überzeugt sind.[219] Hierfür ist ausschlaggebend, dass die Gläubiger dem Schuldner bzw. dessen Geschäftsführung Vertrauen entgegenbringen.[220] Hiermit steht und fällt das Eigenverwaltungsverfahren.

Das Eigenverwaltungsverfahren darf nicht den Anschein erwecken, dass es zum reinen Selbstzweck des Schuldners durchgeführt oder – noch schlimmer – zu gläubigerschädigenden Handlungen genutzt wird.[221] Dennoch ist zu berücksichtigen, dass in Deutschland bislang noch kein nennenswerter Missbrauch der Eigenverwaltung bekannt geworden ist.[222] Die Gläubiger sind durch die Prüfung bzw. Überwachung des Gerichts und eigene Mitwirkungsrechte z. B. über den Gläubigerausschuss hinreichend geschützt. Ein möglicher Missbrauch kann durch die Ablehnung des Eigenverwaltungsantrags oder die Aufhebung des Verfahrens durch das Gericht oder die Gläubiger verhindert bzw. reduziert werden.

V. Praktische Relevanz der Eigenverwaltung

Eigenverwaltungsverfahren, spielten – abgesehen von einigen wenigen, dafür aber besonders brisanten und medienwirksamen Großverfahren – in der Vergangenheit kaum eine Rolle. Nur einigen wenigen Großverfahren ist es zu verdanken, dass das Eigenverwaltungsverfahren nach der Insolvenzordnung überhaupt in den Blickpunkt der Öffentlichkeit gelangt ist.

Zu diesen Großverfahren zählt allen voran das Verfahren über die *Phillip Holzmann AG*, die am 23. November 1999 beim Amtsgericht Frankfurt am Main einen Insolvenzantrag stellte. Durch Vermittlungsbemühungen des damaligen Bundeskanzlers

---

217 Zipperer, in: Uhlenbruck, InsO 14. Auflage 2015, § 270 Rn. 2; Vallender, WM 1998, S. 2129 (2137 ff.).
218 Grub, WM 1994, S. 880 (881).
219 Pape, ZIP 2013, S. 2285 (2286).
220 Körner, NZI 2007. S. 270 (273); Pape, ZIP 2013, S. 2285 (2287).
221 Pape, ZIP 2013, S. 2285 (2285).
222 Pape/Uhlenbruck/Voigt-Salus, Insolvenzrecht, 2. Auflage 2010, Kapitel 39 Rn. 7; Pape, in: KPB, InsO, § 270 Rn. 28, Rn. 30.

Gerhard Schröder und Bundeskredite und -bürgschaften i.H.v. EUR 125 Mio. konnte er am 24. November 1999 vom Balkon der Firmenzentrale in Frankfurt mit den Worten *„Liebe Freunde, wir haben es geschafft"*, die (vorzeitige) Firmenrettung verkünden.[223]

Trotz lukrativer Bauprojekte, u. a. der ICE-Hochgeschwindigkeitsstrecke von Frankfurt nach Köln, musste die Phillip Holzmann AG am 21.3.2002 beim Amtsgericht Frankfurt am Main Insolvenz wegen Zahlungsunfähigkeit beantragen.[224] Von der Insolvenz waren ca. 25.000 Mitarbeiter und 9.000 Gläubiger mit Forderungen i.H.v. ca. EUR 1,7 Mrd. betroffen.[225]

Daneben sind vor allem die schon in der Einleitung erwähnten Verfahren der *Babcock Borsig AG*[226], *KirchMedia GmbH&Co.KG*[227], *AgfaPhoto GmbH* und *Ihr Platz GmbH& Co. KG* bekannt.[228]

1. Eigenverwaltungsverfahren im Überblick

Nachfolgend werden Statistiken zu Unternehmensinsolvenzen und Eigenverwaltungsverfahren dargestellt. Die erste Statistik belegt, dass die Anzahl der angeordneten Eigenverwaltungsverfahren seit ihrer Einführung im Jahr 1999 bis zum Inkrafttreten des ESUG bezogen auf die Anzahl der eröffneten Verfahren so gut wie keine Bedeutung hat.

Die Eigenverwaltungsquote lag zwischen 0,6 Prozent und 2,1 Prozent, der Mittelwert lag bei 0,97 Prozent. Setzt man allerdings die Anzahl der angeordneten Eigenverwaltungen ins Verhältnis zu den Unternehmensinsolvenzen und nicht ins Verhältnis zu den eröffneten Verfahren, so ergibt sich mit 0,56 Prozent eine noch schlechtere Quote.

Erstaunlich ist, dass die höchste Eigenverwaltungsquote im Jahr 1999, dem Jahr des Inkrafttretens der Insolvenzordnung, erreicht wurde. Dies dürfte zum einen daran liegen, dass im Jahr 1999 die Eröffnungsquote wesentlich geringer war, als in den folgenden Jahren und zum anderen daran, dass die Eigenverwaltung viele

223 Balk, Michael, Frankfurter Neue Presse, *Holzmann lebt weiter* vom 21.03.2012, URL: http://www.fnp.de/nachrichten/wirtschaft/Holzmann-lebt-weiter;art686,386878, letzter Abruf am 31.12.2015.

224 Budras, Corinna, Frankfurter Allgemeine Zeitung, *Holzmann Konzern wird zur Dauerbaustelle* vom 06.10.2010, http://www.faz.net/aktuell/wirtschaft/unternehmen/insolvente-baufirma-holzmann-konzern-wird-zur-dauerbaustelle-11055930.html, letzter Abruf am 31.12.2015.

225 Balk, Michael, Frankfurter Neue Presse, *Holzmann lebt weiter* vom 21.03.2012, URL: http://www.fnp.de/nachrichten/wirtschaft/Holzmann-lebt-weiter;art686,386878, letzter Abruf am 31.12.2015.

226 AG Duisburg, Beschluss vom 01.09.2002, Az. 62 IN 167/02, NZI 2002, S. 556 ff. = DStR 2002, S. 2092 = ZIP 2002, S. 1636.

227 AG München, Beschluss vom 09.09.2002, Az. 1502 IN 879/02, BeckRS 2009, 22675.

228 Zur praktischen Bedeutung des Eigenverwaltungsverfahrens siehe Landfermann, in: Heidelberger Kommentar, 7. Auflage 2014, vor §§ 270 Rn. 18 ff.

Vorschusslorbeeren genoss und man sich von diesem Rechtsinstitut viel versprach. In den ersten drei Jahren seit Inkrafttreten des ESUG, für die es verlässliche Daten des statistischen Bundesamtes gibt, hat sich die angeordnete Eigenverwaltung bezogen auf Unternehmensinsolvenzen (1,3 Prozent) bzw. eröffneten Insolvenzverfahren (1,76 Prozent) in etwa verdoppelt. Dabei ist beachtlich, dass es zwischen den Jahren erhebliche Schwankungen gibt. Die allgemeine Relevanz von Eigenverwaltungsverfahren bleibt allerdings weiterhing sehr gering.

Abb. 1: Angeordnete Eigenverwaltungsverfahren in Relation zu den Unternehmensinsolvenzen.

Jahr	**Unternehmensinsolvenzen**[229]	**Eröffnete Regelverfahren**[230]	**Eröffnungsquote**[231]	**Angeordnete Eigenverwaltung absolut**[232]	**Eigenverwaltungsverfahren je Unternehmensinsolvenz**	**Eigenverwaltung je eröffneten Verfahren**[233]
1999	26.476	9.564	36,1	204	0,8	2,1
2000	28.235	11.673	41,3	132	0,5	1,1
2001	32.278	14.646	45,4	240	0,7	1,6
2002	37.579	21.513	57,2	253	0,7	1,2
2003	39.320	23.060	58,6	184	0,5	0,8
2004	39.213	23.897	60,9	173	0,4	0,7
2005	36.843	23.247	63,1	147	0,4	0,6
2006	34.137	23.293	68,2	159	0,5	0,7
2007	29.160	20.491	70,3	147	0,5	0,7
2008	29.291	21.359	72,9	160	0,5	0,7

229 Quelle: Daten des Statistischen Bundesamtes, Fachserie 2, Reihe 4.1, 11/2015, S. 3, URL: https://www.destatis.de/DE/Publikationen/Thematisch/UnternehmenHandwerk/Insolvenzen/Insolvenzen2020410151114.pdf?__blob=publicationFile, letzter Abruf am 31.12.2015.

230 Quelle: Institut für Mittelstandsforschung Bonn, URL: http://www.ifm-bonn.org/fileadmin/data/redaktion/statistik/gruendungen-und-unternehmensschliessungen/dokumente/Eigenverwaltung_D_1999-2014.pdf, letzter Abruf am 31.12..2015.

231 Quelle: Institut für Mittelstandsforschung Bonn, URL: http://www.ifm-bonn.org/fileadmin/data/redaktion/statistik/gruendungen-und-unternehmensschliessungen/dokumente/Eigenverwaltung_D_1999-2014.pdf, letzter Abruf am 31.12..2015.

232 Quelle: Institut für Mittelstandsforschung Bonn, URL: http://www.ifm-bonn.org/fileadmin/data/redaktion/statistik/gruendungen-und-unternehmensschliessungen/dokumente/Eigenverwaltung_D_1999-2014.pdf, letzter Abruf am 31.12..2015.

233 Eigene Berechnung des Verfassers, gerundet auf die erste Nachkommastelle.

Jahr	Unternehmensinsolvenzen[229]	Eröffnete Regelverfahren[230]	Eröffnungsquote[231]	Angeordnete Eigenverwaltung absolut[232]	Eigenverwaltungsverfahren je Unternehmensinsolvenz	Eigenverwaltung je eröffneten Verfahren[233]
2009	32.687	24.315	74,4	157	0,5	0,7
2010	31.998	23.531	73,5	214	0,7	0,9
2011	30.099	22.393	74,4	192	0,6	0,9
2012	28.297	21.311	70,8	346	1,2	1,6
2013	25.995	19.488	75	420	1,6	2,2
2014	24.085	17.877	74,2	277	1,1	1,5
1999–2011 Ø[234]	32.870	20.229	61,2	181,7	0,56	0,97
2011–2014 Ø[235]	26.125	19.558	73,3	347,6	1,3	1,76

2. Eigenverwaltungsverfahren nach Unternehmensgröße

Die ESUG-Reform wurde geschaffen, um das Eigenverwaltungsverfahren für alle Unternehmen attraktiver zu machen. Hier stellt sich die Frage, ob durch das ESUG allen Unternehmen der Zugang zum Eigenverwaltungsverfahren erleichtert wird, oder ob dies nur für bestimmte Unternehmen bzw. Großunternehmen gilt. Seit Inkrafttreten des ESUG gab es in Deutschland schon eine Reihe von Eigenverwaltungsverfahren, die das Eröffnungs- oder Schutzschirmverfahren nach den § 270a und § 270b InsO durchlaufen haben. Hierzu zählen u. a. die Verfahren des *IVG Immobilien AG*, der *Suhrkampverlag GmbH & Co. KG*[236], der *Loewe AG*, *Centrotherm Photovoltaics AG* oder *Solarwatt AG*. Bei all diesen Unternehmen handelt es sich um große, bekannte und in der Öffentlichkeit stehende Unternehmen, die allerdings nur einen kleinen Teil der Unternehmensinsolvenzen ausmachen.[237]

Ob das Schutzschirmverfahren auch für kleine- und mittelständische Unternehmen, die den Großteil der Unternehmensinsolvenzen in Deutschland ausmachen, in Zukunft vermehrt beantragt wird, kann derzeit noch nicht eindeutig statistisch belegt werden. Die bislang veröffentlichten Daten deuten aber darauf hin, dass die Attraktivität des Eigenverwaltungsverfahrens mit Unternehmensgröße steigt.

234 Eigene Berechnung des Verfassers.

235 Eigene Berechnung des Verfassers.

236 Zur Causa Suhrkamp siehe Westermann, NZG 2015, S. 134 ff.; Böcker, DZWIR, S. 331 ff, 440 ff, 577 ff.

237 Flöther, ZIP 2012, S. 1833 (1838).

Aus den Studien der Unternehmensberatung TheBostonConsultingGroup von März 2013, März 2014 und Mai 2015 geht hervor, dass die typischen Unternehmen, die die Eigenverwaltung bzw. eines der Vorverfahren beantragt haben, einen durchschnittlichen Umsatz von EUR 18 (11/6) Mio. und 130 (80/40–50) Mitarbeiter haben.[238]

Auch wenn sich die typische Unternehmensgröße in den letzten Jahren erheblich reduziert hat, sind die Unternehmen, die das Eigenverwaltungsverfahren beantragen, weiterhin deutlich größer als der Durchschnitt aller Unternehmen, die ein Insolvenzverfahren beantragen.[239]

Bei großen Unternehmen ist das Eigenverwaltungsverfahren nach wie vor sehr beliebt. Im Jahr 2012 (2013/2014) haben von den 50 größten Unternehmensinsolvenzen 44 (23/31) Prozent die Eigenverwaltung beantragt.[240]

3. Verhältnis Eröffnungs- zu Schutzschirmverfahren

Zwischen März 2012 und Februar 2015 wurden 784 Insolvenzverfahren in Eigenverwaltung beantragt.[241]

Aus den Studie geht hervor, dass ca. ¾ der Unternehmen das Eröffnungsverfahren nach § 270a InsO und nur ¼ das Schutzschirmverfahren nach § 270b InsO gewählt haben.[242] In diesem Zusammenhang ist insbesondere erwähnenswert, dass das Schutzschirmverfahren von Unternehmen gewählt wurde, die tendenziell größer waren, als diejenigen, die ihren Antrag auf § 270a InsO gestützt haben.[243]

Unternehmen, die einen Antrag auf das Schutzschirmverfahren gestellt haben, haben einen durchschnittlichen Umsatz an ca. EUR 18 Mio. und durchschnittlich 125 Mitarbeiter. Bei Unternehmen, die das Eröffnungsverfahren nach § 270a InsO gewählt haben, lag der Umsatz bei EUR 5 Mio. und die Mitarbeiterzahl bei 35.[244] Auf Großunternehmen mit einem Umsatz von mehr als EUR 300 Mio. hat die ESUG-Reform

---

238 TheBostonConsultingGroup: Das erste Jahr ESUG, Stand März 2013, S. 4, URL: http://www.bcg.de/documents/file188855.pdf; Zwei Jahre ESUG, Stand März 2014, S. 4, URL: http://www.bcg.de/documents/file157509.pdf; Drei Jahre ESUG, Stand Mai 2015, S. 4, URL: http://www.bcg.de/documents/file188855.pdf; jeweils zuletzt abgerufen am 31.12.2015.

239 TheBostonConsultingGroup: Drei Jahre ESUG, Stand Mai 2015, S. 4, URL: http://www.bcg.de/documents/file188855.pdf, letzter Abruf am 31.12.2015; so auch Pape, ZIP 2013, S. 2285 (2286).

240 TheBostonConsultingGroup: Drei Jahre ESUG, Stand Mai 2015, S. 4, URL: http://www.bcg.de/documents/file188855.pdf, letzter Abruf am 31.12.2015.

241 TheBostonConsultingGroup: Drei Jahre ESUG, Stand Mai 2015, S. 1, 5, URL: http://www.bcg.de/documents/file188855.pdf, letzter Abruf am 31.12.2015.

242 TheBostonConsultingGroup: Drei Jahre ESUG, Stand Mai 2015, S. 5, URL: http://www.bcg.de/documents/file188855.pdf, letzter Abruf am 31.12.2015.

243 TheBostonConsultingGroup: Drei Jahre ESUG, Stand Mai 2015, S. 7, URL: http://www.bcg.de/documents/file188855.pdf, letzter Abruf am 31.12.2015.

244 TheBostonConsultingGroup: Drei Jahre ESUG, Stand Mai 2015, S. 7, URL: http://www.bcg.de/documents/file188855.pdf, letzter Abruf am 31.12.2015.

wohl keine Auswirkungen.[245] Solche Unternehmen wählen nicht das Eigenverwaltungsverfahren, sondern werden nach wie vor überwiegend außergerichtlich saniert oder durchlaufen das Regelinsolvenzverfahren.

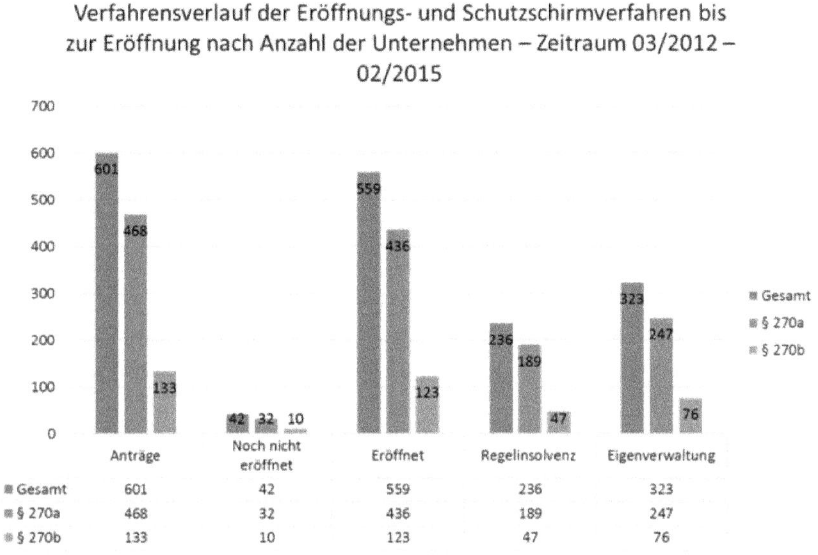

	Anträge	Noch nicht eröffnet	Eröffnet	Regelinsolvenz	Eigenverwaltung
Gesamt	601	42	559	236	323
§ 270a	468	32	436	189	247
§ 270b	133	10	123	47	76

Quelle: BCG: Drei Jahre ESUG, Stand Mai 2015[246]

In insgesamt 42 Fällen wurde kein Insolvenzverfahren eröffnet. In zehn Fällen wurde dem Schutzschirmverfahren nicht nachgekommen, was einer Quote von acht Prozent der Anträge auf Anordnung des Schutzschirmverfahrens entspricht. Beim Eröffnungsverfahren wurde 32 Anträgen auf Anordnung des Eröffnungsverfahrens nicht nachgekommen, was einer Quote von sieben Prozent entspricht. Daraus lässt sich schließen, dass beide Verfahren in gleicher Weise vorbereitet werden. Von 559 eröffneten Verfahren wurden 236 als Regelinsolvenzverfahren und 323 als Eigenverwaltungsverfahren eröffnet, was einer Eigenverwaltungs-Eröffnungsquote von 58 Prozent entspricht. Dabei gibt es leichte Vorteile zu Gunsten des Schutzschirmverfahrens. Nach Durchführung des Schutzschirmverfahrens wurde in 62 Prozent der Fälle das Eigenverwaltungsverfahren eröffnet, wohingegen das Eröffnungsverfahren nur in 57 Prozent der Fälle in die Eigenverwaltung mündete.

245 Das zweite Jahr ESUG, TheBostonConsultingGroup, Stand März 2014, S. 10, URL: http://www.bcg.de/documents/file157509.pdf, letzter Abruf am 31.12.2015.

246 Die Studie unterscheidet bei der Anzahl der beantragten Eigenverwaltungsverfahren zwischen Unternehmen (601) und Einzelverfahren (784).

4. Gesamtwirtschaftlicher Zusammenhang

a) Schäden durch Unternehmensinsolvenzen in Deutschland

Jahr	Schäden in EUR Mrd.	Schäden privater Gläubiger in EUR Mrd.	Schäden öffentliche Hand in EUR Mrd.	Ø Schäden je Insolvenzfall in EUR
2004	39,4	27,5	11,9	700.000
2005	37,5	26,7	10,8	725.000
2006	31,1	22,4	8,7	658.000
2007	29,2	21,2	8,0	727.000
2008	29	21	8,0	710.000
2009	78,9	63,8	15,1	1.937.000
2010	32,1	22,9	9,2	714.000
2011	21,5	15,4	6,1	511.000
2012	38,5	26,2	12,3	912.000
2013	26,9	18,9	8,0	719.000
2014	26,1	18,8	7,3	790.000

Quelle: Creditreform, Insolvenzen in Deutschland 2014.[247]

b) Arbeitsplatzverlust durch Unternehmensinsolvenzen

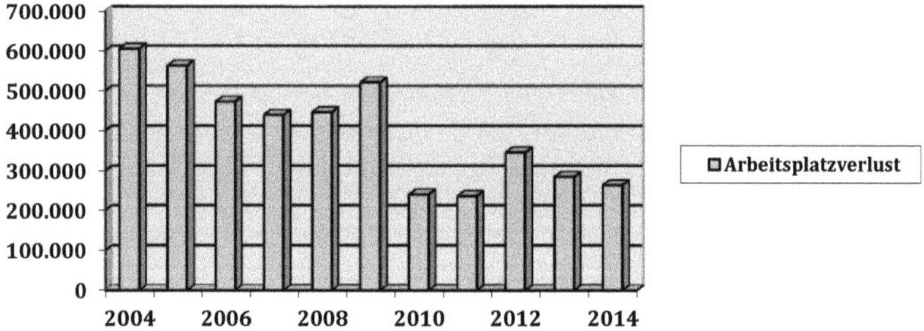

Quelle: Creditreform, Insolvenzen in Deutschland, 2014.[248]

247 Creditreform, Insolvenzen in Deutschland, 2014, S. 7, URL: https://www.creditreform.de/fileadmin/user_upload/crefo/download_de/news_termine/wirtschaftsforschung/insolvenzen-deutschland/Analyse_Insolvenzen_in_Deutschland__Jahr_2014.pdf, letzter Abruf 31.12.2015.

248 Creditreform, Insolvenzen in Deutschland, 2014, S. 10, URL: https://www.creditreform.de/fileadmin/user_upload/crefo/download_de/news_termine/wirtschaftsforschung/insolvenzen-deutschland/Analyse_Insolvenzen_in_Deutschland__Jahr_2014.pdf, letzter Abruf 31.12.2015.

c) *Unternehmensinsolvenzen nach Anzahl der Beschäftigten (Angaben in Prozent)*

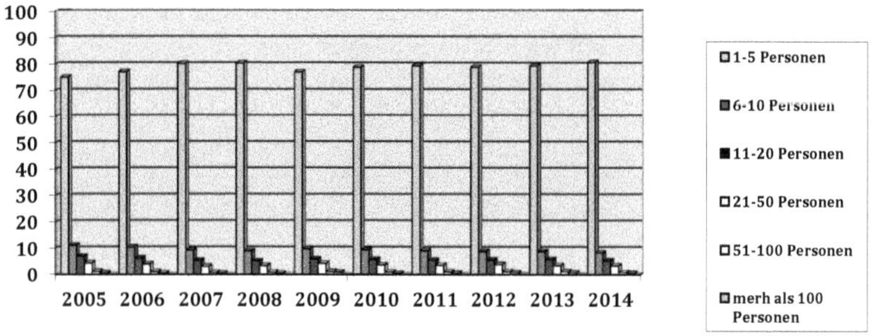

Quelle: Creditreform, Insolvenzen in Deutschland, 2014.[249]

d) *Unternehmensinsolvenzen nach Umsatzgröße*

Umsatz EUR Mio.	Absolut	Anteil in Prozent
Bis 0,1	6.430	27,0
0,1–0,25	5.280	22,2
0,25–0,5	3.900	16,4
0,5–5,0	7.000	29,4
5,0–25,0	980	4,1
25,0–50,0	120	0,5
Mehr als 50,0	90	0,4

Quelle: Creditreform, Insolvenzen in Deutschland, 2014.[250]

249 Creditreform, Insolvenzen in Deutschland, 2014, S. 12, URL: https://www.creditreform.de/fileadmin/user_upload/crefo/download_de/news_termine/wirtschaftsforschung/insolvenzen-deutschland/Analyse_Insolvenzen_in_Deutschland__Jahr_2014.pdf, letzter Abruf 31.12.2015.

250 Creditreform, Insolvenzen in Deutschland, 2014, S. 13, URL: https://www.creditreform.de/fileadmin/user_upload/crefo/download_de/news_termine/wirtschaftsforschung/insolvenzen-deutschland/Analyse_Insolvenzen_in_Deutschland__Jahr_2014.pdf, letzter Abruf 31.12.2015.

e) *Zwischenergebnis*

Die Zahl der Unternehmensinsolvenzen ist mit 24.085 gemeldeten Fällen im Jahr 2014 seit Jahren rückläufig, allerdings ist der damit verbundene volkswirtschaftliche Schaden in Deutschland nach wie vor immens groß.

Die insolvenzbedingten Gesamtschäden sind mit EUR 26,9 Mrd. bzw. EUR 26,1 Mrd. vergleichsweise niedrig. Interessant ist, dass sich der Gesamtschaden im Jahr 2014 verringert hat, der durchschnittliche Schaden je Insolvenzfall – abgesehen von den Rekordjahren 2009 und 2012 – je Insolvenzverfahren jedoch erhöht hat. Dies lässt den Schluss zu, dass sich die Anzahl von nachhaltigen Sanierungen nicht erhöht und/oder eine verbesserte Insolvenzquote nicht erreicht werden konnte.

Der durch Insolvenzen verursachte Arbeitsplatzverlust hat sich bezogen auf das Jahr 2004 mehr als halbiert. Seit 2010 ist der Arbeitsplatzverlust jedoch relativ konstant. Eine wesentliche Verbesserung ist seit 2010 nicht zu erkennen.

Hervorzuheben ist, dass die überwiegende Mehrzahl der Unternehmensinsolvenzen mittlerweile sehr kleine Unternehmen betrifft. In knapp 80 Prozent der Fälle lag die Mitarbeiterzahl bei maximal fünf Personen. Unter zwei Prozent der betroffenen Unternehmen beschäftigten im Zeitpunkt der Insolvenzantragstellung mehr als 50 Mitarbeiter. Ein ähnliches Bild zeichnet sich für die Umsatzgröße ab. Bei einem Viertel der Unternehmen beträgt der Umsatz unter EUR 100.000, bei einem weiteren Viertel unter EUR 250.000. Bei lediglich fünf Prozent der insolventen Unternehmen betrug der Umsatz zwischen EUR 5–25 Mio. Unternehmen mit Umsätzen zwischen EUR 25–50 Mio. und mehr als EUR 50 Mio. machen jeweils nur ein halbes Prozent der Unternehmensinsolvenzen aus.

Vergleicht man nun die Unternehmensinsolvenzstatistik mit den nach ESUG beantragten Eigenverwaltungsverfahren, so wird ersichtlich, dass das Eigenverwaltungsverfahren nach wie vor an der Praxis vorbeigeht und die Sanierungsmöglichkeit von der überwiegenden Mehrzahl der insolventen Unternehmen nicht in Anspruch genommen wird.

Aus dem Umsatz, der Mitarbeiterzahlen und der Bilanzsumme der Unternehmen, die das Eigenverwaltungs- bzw. eines der Vorverfahren seit Inkrafttreten des ESUG beantragt haben, geht hervor, dass diese nur ca. 5 Prozent der Unternehmensinsolvenzen ausmachen.[251] Von den anderen 95 Prozent wird das Eigenverwaltungsverfahren nach wie vor in der Praxis nicht angenommen.

251 Siehe hierzu C.V.3.

D. Eigenverwaltung nach § 270 InsO

Um die ESUG-Reform hinsichtlich der Eigenverwaltung, d. h. in erster Linie die Einführung des allgemeinen Eröffnungsverfahrens nach § 270a InsO und des Schutzschirmverfahrens nach § 270b InsO beurteilen zu können, müssen zunächst die Grundzüge der Eigenverwaltung im eröffneten Verfahren dargestellt werden. Zwar wird das Eigenverwaltungsverfahren nach § 270 InsO als eröffnetes Verfahren zeitlich nach dem Schutzschirmverfahren und dem Eröffnungsverfahren durchgeführt, allerdings gibt es zahlreiche Überschneidungspunkte. Beide Eröffnungsverfahren bauen auf dem Eigenverwaltungsverfahren auf und werden im Idealfall durch dieses fortgesetzt.

I. Einführung

Normalerweise geht beim Insolvenzverfahren spätestens mit der Verfahrenseröffnung gem. § 80 Abs. 1 InsO die Verwaltungs- und Verfügungsbefugnis vom Schuldner auf den Insolvenzverwalter über. Allerdings kann sie auch schon im Eröffnungsverfahren auf den vorläufigen Insolvenzverwalter übergehen, sofern dem Schuldner ein allgemeines Veräußerungsverbot auferlegt wurde.[252] Dieses in der Insolvenzordnung geltende Grundprinzip dient dazu, die Einwirkungsmöglichkeiten des Schuldners auf das zur Insolvenz gehörende Vermögen zu verhindern und eine bestmögliche, gemeinschaftliche Gläubigerbefriedigung herbeizuführen.[253]

Da auch die Möglichkeit besteht, das Unternehmen mittels eines Insolvenzplans weiterzuführen, dient § 80 Abs. 1 InsO neben dem Gläubigerschutz auch dem Erhalt der Insolvenzmasse.[254]

Die Grundzüge der Eigenverwaltung sehen vor, dass die Verwaltungs- und Verfügungsbefugnis über das haftende Vermögen dem Schuldner neu zugewiesen wird, er anstelle des Insolvenzverwalters die wesentlichen Aufgaben und Befugnisse wahrnimmt und hierbei unter der Aufsicht eines Sachwalters steht.[255]

---

252 §§ 21 Abs. 2 Nr. 2, Alt. 22 Abs. 1 InsO.

253 Ott/Vuia, in: Münchener Kommentar zur Insolvenzordnung, 3. Aufl., 2013, § 80 Rn. 1 f.; Berner, in: NWB Kommentar zum Insolvenzrecht, § 270 Rn. 1; zu alternativen gedanklichen Ansätzen der bestmöglichen Gläubigerbefriedigung siehe Buchalik, ZInsO 2015, S. 484 (486).

254 Ott/Vuia, in: Münchener Kommentar zur Insolvenzordnung, 3. Aufl., 2013, § 80 Rn. 1.

255 So die überwiegende Auffassung der Literatur, Tetzlaff, in: Münchener Kommentar Insolvenzordnung, 3. Auflage 2014, § 270 Rn. 149; Foltis, in: Frankfurter Kommentar, § 270 Rn. 16, 19; Undritz, in: Karsten Schmidt, Insolvenzordnung, 19. Auflage 2016, § 270 Rn. 17; Bierbach, in: Kübler, HRI, § 11 Rn. 6; Undritz, in: FS Wehr, S. 341 (347 f.).

Das Eigenverwaltungsverfahren knüpft durch den Verweis in § 270 Abs. 1 Satz 2 InsO auf die allgemeinen Verfahrensvorschriften an das Regelinsolvenzverfahren an, weicht von diesem jedoch im Hinblick auf – in §§ 270 bis 285 InsO geregelte – besondere Abwicklungsmethoden ab und stellt kein selbstständiges Verfahren dar.[256] Soweit für das Eigenverwaltungsverfahren keine Sonderregelungen in den §§ 270 ff. InsO getroffen werden, sind die allgemeinen Verfahrensregelungen anwendbar. Daher hat der Verweis in § 270 Abs. 1 Satz 2 InsO lediglich deklaratorische Bedeutung.[257]

Im Übrigen haben die §§ 270 ff. InsO als *leges speciales* Vorrang vor den allgemeinen Verfahrensregelungen der §§ 11 ff. InsO.[258]

Das Eigenverwaltungsverfahren dient wie jedes andere Verfahren der Insolvenzordnung dazu, die subjektiven Rechte der Insolvenzgläubiger zu verwirklichen.[259] Zwar soll durch das Eigenverwaltungsverfahren eine Sanierung des Schuldners ermöglich werden, dabei ist diese jedoch nur ein mögliches Mittel zur bestmöglichen und gleichmäßigen Befriedigung der Insolvenzgläubiger.[260] Auch wenn der Schuldner während des Eigenverwaltungsverfahrens die Verwaltungs- und Verfügungsbefugnis innehat, so hat er während des Verfahrens seine eigenen Interessen hinter die der Gläubiger zurückzustellen und die gesamte Abwicklung des Verfahrens an den Interessen der Gläubiger auszurichten.[261]

II. Entstehungsgeschichte der Norm

Vor Inkrafttreten des ESUG durfte das Insolvenzgericht dem Antrag auf Eigenverwaltung nach § 270 Abs. 2 Nr. 3 InsO nur dann stattgeben, wenn nach den konkreten Umständen zu erwarten war, dass keine Nachteile für Gläubiger zu befürchten sind und auch keine Verfahrensverzögerung im Raum stand.[262] Hatte das Gericht auch nur geringe Zweifel, ob Nachteile für Gläubiger oder eine Verfahrensverzögerung

---

256 Undritz, in: Karsten Schmidt, Insolvenzordnung, 19. Auflage 2016, § 270 Rn. 1; Tetzlaff, in: Münchener Kommentar Insolvenzordnung, 3. Auflage 2014, Vorb. v. §§ 270 bis 285 Rn. 45; BGH, Beschluss vom 11.01.2007, Az. IX ZB 85/05, NZI 2007, S. 238 (239); BGH, Beschluss vom 11.01.2007, Az. IX ZB 10/05, NZI 2007, S. 240 (240); a. A. Riggert, in: Nerlich/Römermann, Insolvenzordnung 29. Ergänzungslieferung Januar 2016, Vorb. v. § 270 bis 285 Rn. 1 der in diesem Zusammenhang von einer „Modifikation des Regelinsolvenzverfahrens" spricht.

257 Undritz, in: Karsten Schmidt, Insolvenzordnung, 19. Auflage 2016, § 270 Rn. 2.

258 Tetzlaff, in: Münchener Kommentar Insolvenzordnung, 3. Auflage 2014, Vorb. v. §§ 270 bis 285 Rn. 45; Riggert, in: Nerlich/Römermann, Insolvenzordnung 29. Ergänzungslieferung Januar 2016, Vorb. v. § 270 bis 285 Rn. 2.

259 Brinkmann/Zipperer, ZIP 2011, S. 1337 (1338).

260 Brinkmann/Zipperer, ZIP 2011, S. 1337 (1338).

261 BGH, Beschluss vom 07.12.2006, Az. V ZB 93/06, NZI 2007, S. 188 (189); BGH, Beschluss vom 11.1.2007, Az. IX ZB 10/05, NZI 2007, S. 240; Foltis, in: Frankfurter Kommentar, § 270 Rn. 21; Zipperer, in: Uhlenbruck, Insolvenzordnung, 14. Auflage 2015, § 270 Rn. 12; Henkel, ZIP 2015, S. 562 (563).

262 Hofmann, NZI 2010, S. 798 (798).

zu befürchten sind, so ging dies zu Lasten der Schuldner.[263] Das Eigenverwaltungsverfahren war somit nicht das Regel-, sondern das Ausnahmeverfahren.[264] Wurde der Eröffnungsantrag von einem Gläubiger gestellt, musste dieser dem Eigenverwaltungsantrag des Schuldners zustimmen.[265]

Durch das ESUG wurden die Anordnungsvoraussetzungen zum Eigenverwaltungsverfahren nach § 270 InsO erleichtert.[266] Zum einen ist die Zustimmung des antragstellenden Gläubigers bei einem Drittantrag nicht mehr erforderlich, zum anderen wurde die Nachteilsprognose[267] entschärft. Nun soll das Gericht den Antrag auf Eigenverwaltung nur dann ablehnen können, wenn Umstände bekannt sind, die erwarten lassen, dass die Anordnung zu Nachteilen für die Gläubiger führen wird.[268] Bei Zweifeln wird nun zu Gunsten des Schuldners bzw. des Eigenverwaltungsverfahrens entschieden, so dass die Anordnung der Eigenverwaltung nun zur gesetzlichen Regel geworden ist.[269]

Die jetzige Fassung stimmt nunmehr mit dem Regierungsentwurf zu § 331 Abs. 2 Nr. 3 InsO der Insolvenzordnung vom 01.01.1999 überein, die damals allerdings noch wegen der Kritik des Rechtsausschusses abgeändert, d. h. verschärft wurde.[270]

III. Anordnungsvoraussetzung

§ 270 InsO regelt zum einen die Voraussetzungen der Anordnung der Eigenverwaltung sowie deren wesentliche Rechtsfolgen und grenzt diese von anderen Verfahrensarten, wie dem regulären Insolvenzverfahren, dem Verbraucherinsolvenzverfahren oder dem Insolvenzplanverfahren ab.[271]

---

263 Tetzlaff, in: Münchener Kommentar Insolvenzordnung, 3. Auflage 2014, § 270 Rn. 11; Hofmann, NZI 2010, S. 798 (798).

264 Beschlussempfehlung und Bericht des Rechtsausschusses zum Gesetzentwurf der Bundesregierung zur Insolvenzordnung vom 19.04.1994, BT-Drucksache 12/7302, zu § 331 Absatz 2, S. 185; Tetzlaff, in: Münchener Kommentar Insolvenzordnung, 3. Auflage 2014, § 270 Rn. 18.

265 § 270 Abs. 2 Nr. 2 InsO a.F.

266 BT-Drucksache 17/5712, S. 38.

267 § 270 Abs. 2 Nr. 3 a. F. InsO: *Die Anordnung setzt voraus, das nach den Umständen zu erwarten ist, dass die Anordnung nicht zu einer Verzögerung des Verfahrens oder zu sonstigen Nachteilen für die Gläubiger führen wird.*

268 § 270 Abs. 2 Nr. 2 InsO.

269 Hölzle, ZIP 2012, S. 158 (159); AG Charlottenburg, Urteil vom 20.6.2013, Az. 36s IN 2196/13, ZInsO 2013, S. 2501 (2504); Tetzlaff, in: Münchener Kommentar Insolvenzordnung, 3. Auflage 2014, § 270 Rn. 18; Ringstmeier, in: A/G/R, § 270 Rz. 3; Hofmann, NZI 2010, S. 798 (798); a.A. Vallender, DB 2015, S. 231 (231); Henkel, ZIP 2015, S. 562 (563); Fiebig, in: Hamburger Kommentar, 5. Auflage 2015, § 270 Rn. 2.

270 BT-Drucksache 17/5712, S. 38; Vallender, GmbHR 2012, S. 445 (446).

271 Andres, in: Andres/Leithaus, Insolvenzordnung, 3. Auflage 2014, § 270 Rn. 1; Tetzlaff, in: Münchener Kommentar zur Insolvenzordnung, 3. Auflage 2014, § 270

In § 270 Abs. 2 InsO sind die Voraussetzungen geregelt, bei deren Vorliegen das Insolvenzgericht die Eigenverwaltung anordnen kann. Hierbei wird zwischen formellen und materiellen Voraussetzungen unterschieden.

In formeller Hinsicht ist ein Antrag[272] des Schuldners nach § 270 Abs. 2 Nr. 1 InsO erforderlich, in materieller Hinsicht das Fehlen von Umständen, die bei Anordnung zu Nachteilen für die Gläubiger führen werden, § 270 Abs. 2 Nr. 2 InsO. Die Anordnungsvoraussetzungen sind vom Schuldner zu begründen und darzulegen und vom Insolvenzgericht bei Verfahrenseröffnung zu prüfen.[273] Eine Glaubhaftmachung durch den Schuldner ist auf Grund fehlender gesetzlicher Regelungen nicht erforderlich.[274]

Die Anordnungsvoraussetzungen spielen allerdings nicht nur für die Anordnung der Eigenverwaltung nach § 270 InsO eine Rolle, sondern auch schon bei beiden Varianten des Eröffnungsverfahrens. Über den Verweis in § 270a Abs. 1 InsO und die Verweiskette nach § 270b Abs. 2 Satz 1 InsO i.V.m. § 270a Abs. 1 InsO müssen diese Voraussetzungen auch bei der Beantragung der vorläufigen Eigenverwaltung und dem Schutzschirmverfahren vorliegen.

1. Antrag auf Eröffnung eines Insolvenzverfahrens

Ebenso wie das Regelinsolvenzverfahren beginnt das Eigenverwaltungsverfahren mit einem Antrag auf Insolvenzeröffnung der den Anforderungen des § 13 InsO zu genügen hat und durch den Schuldner oder einen Gläubiger gestellt werden kann.[275]

Der Antrag ist gemäß § 13 Abs. 1 Satz 1 InsO unter Wahrung der Fristform beim Insolvenzgericht zu stellen.[276] Der Gesetzgeber hat durch das ESUG auch ein neues Rechtsinstitut, den vorläufigen Gläubigerausschuss, geschaffen, dem beim Eigenverwaltungsverfahren sowie dessen Vorverfahren besondere Mitbestimmungs- und Anhörungsrechte zustehen. In diesem Zusammenhang wurden die Anforderungen

---

Rn. 1; Riggert, in: Nerlich/Römermann, Insolvenzordnung 29. Ergänzungslieferung Januar 2016, § 270 Rn. 1.

272 Zu Problemen der Eigenantragstellung siehe Pape, ZInsO 2013, S. 2077 (2078 f.). 90 Prozent der bei Gericht eingehenden Eigenanträge sollen unzulässig sein, überwiegend weil der Schuldner kein Gläubiger- und Forderungsverzeichnis bzw. Versicherung der Richtigkeit der Verzeichnisse vorgelegt hat, vgl. Pape, ZInsO 2013, S. 2129 (2131). Hierzu AG Hamburg, Beschluss vom 01.06.2012, Az. 67 c IN 49/12, NZI 2012, S. 850 ff. = NJW-Spezial 2012, S. 567 ff.; und AG Mönchengladbach, Beschluss vom 04.10.2012, Az. 45 IN 90/12, BeckRS 2014, 15671.

273 Riggert, in: Nerlich/Römermann, Insolvenzordnung 29. Ergänzungslieferung Januar 2016, § 270 Rn. 16; Henkel, ZIP 2015, S. 562 (570).

274 Henkel, ZIP 2015, S. S. 562 (570).

275 Tetzlaff, in: Münchener Kommentar Insolvenzordnung, 3. Auflage 2014, Vorb. v. §§ 270 bis 285, Rn. 52.

276 In besonderen Fällen kann der Eröffnungsantrag auch durch Telekopie oder E-Mail gestellt werden (§ 130 Abs. 6, § 130a ZPO), vgl. Schmahl/Vuia, in: Münchener Kommentar zur Insolvenzordnung, 3. Auflage 2013, § 13 Rn. 90.

für den Schuldner bei der Antragstellung dahingehend erhöht, dass er dem Gericht bestimmte Angaben machen soll, die im Verlauf des Verfahrens eine wichtige Rolle spielen.[277] So hat der Schuldner dem Gericht möglichst detaillierte Informationen über sein Unternehmen sowie über Art und Zusammensetzung der Gläubiger zu Verfügung zu stellen, damit es auf dieser Basis u. a. beurteilen kann, ob die Einsetzung eines vorläufigen Gläubigerausschusses verpflichtend ist und wie dieser zusammenzusetzen ist.[278] Nach § 13 Abs. 1 Satz 3 InsO hat der Schuldner dem Antrag zwingend ein Verzeichnis seiner Gläubiger und deren Forderungen beizufügen.

Bei der Beantragung des Schutzschirm- oder Eigenverwaltungsantrages hat der Schuldner zusätzlich zwingend Angaben zu bestimmten Forderungsgruppen zu machen.[279] So hat der Schuldner gem. § 13 Abs. 1 Satz 4 InsO Angaben zu höchsten (gesicherten) Forderung, zur Forderungen der Finanzverwaltung, der Sozialversicherungsträger sowie aus betrieblicher Altersversorgung zu machen.

Da im Eigenverwaltungsverfahren der Geschäftsbetrieb des Schuldners nicht eingestellt ist, hat er darüber hinaus gem. § 13 Abs. 1 Satz 5 InsO auch noch Angaben zur Bilanzsumme, zu den Umsatzerlösen sowie der durchschnittlichen Anzahl der Arbeitnehmer des vorangegangenen Geschäftsjahres zu machen.

Um den Antrag zu vervollständigen, muss der Schuldner zu den voranstehend genannten Angaben gem. § 13 Abs. 1 Satz 7 InsO eine Richtigkeitserklärung abgeben, mit der er versichert, dass die gemachten Angaben vollständig und richtig sind. Hierdurch soll verhindert werden, dass der Schuldner verfahrensrelevante Tatsachen zurückhält.

Von einer Versicherung an Eides statt, die vom Gesetzgeber zunächst vorgesehen war, wurde abgesehen, weil dies für den Schuldner abschreckende Wirkung entfalten und sich negativ auf eine frühzeitige Antragstellung auswirken könnte.[280]

In der Literatur sind die neuen erhöhten Antragsanforderungen vielfach kritisiert worden.[281] Es wurde bemängelt, dass es zu praktischen Schwierigkeiten bei der Beschaffung von aktuellen und verlässlichen Unternehmensdaten kommen könnte und der mit einer ordnungsgemäßen Antragstellung verbundene erhöhte finanzielle Aufwand insbesondere für kleine Unternehmen eine große Hürde darstellen könnte.[282] Auch habe der Gesetzgeber keine eindeutige Regelung geschaffen, welche Rechtsfolge bei einer unvollständigen oder fehlerhaften Insolvenzantragsstellung eintritt.[283]

---

277 Schmahl/Vuia, in: Münchener Kommentar zur Insolvenzordnung, 3. Auflage 2013, § 13 Rn. 4.

278 BT-Drucksache 17/5712, S. 23.

279 § 13 Abs. 1 Satz 6 i.V.m. Satz 4 InsO.

280 Beschlussempfehlung des Rechtsausschusses vom 26.10.2011, BT-Drucksache 17/7511, S. 33.

281 Frind, ZInsO 2011, S. 2249 (2254); Willemsen/Rechel, BB 2011, S. 834 (835); Vallender, MDR 2012, S. 61 (61 f.).

282 Fuhst, DStR 2012, S. 418 (418).

283 Göb, NZG 2012, S. 371 (372); Fuhst, DStR 2012, S. 418 (418).

Aus der Gesetzesbegründung geht zwar hervor, dass ein fehlendes Verzeichnis zur Unzulässigkeit des Antrags führt, hierdurch die Zulässigkeit der Antragstellung jedoch nicht beeinträchtigt wird, wenn es trotz *„gebührender Anstrengung“* des Schuldners zur Unvollständigkeit oder inhaltlichen Unrichtigkeit des Verzeichnisses kommt.[284] Das Gericht muss in diesem Fall dem Schuldner eine kurze Ergänzungsfrist setzen und ihm Gelegenheit geben, seinen Antrag zu vervollständigen und dadurch die Zulässigkeit des Antrags herzustellen.[285] Erst nach dem fruchtlosen Ablauf der Nachbesserungsfrist muss der Antrag als unzulässig zurückgewiesen werden.[286]

Da jedoch vom Gesetzgeber nicht festgelegt und für das erkennende Gericht auch nicht ersichtlich ist, in welchem Fall *„gebührender Anstrengung“* des Schuldners vorliegt, besteht ein gewisser Ermessensspielraum, ob eine Nachfrist zur Vervollständigung gesetzt oder der Antrag als unzulässig zurückgewiesen wird. Daran ändert sich auch nichts dadurch, dass der Schuldner im Einzelnen darzulegen hat, welche gebührenden Anstrengungen er unternommen hat. Die Möglichkeit der Nachbesserung eines zunächst unzulässigen Antrags ist zwar positiv zu bewerten, allerdings muss berücksichtigt werden, dass gerade im Eigenverwaltungs-(vor)verfahren eine zeitliche Verzögerung negative Folgen nach sich zieht und eine nachhaltige Sanierung verhindern kann.

Durch diese Rechtsunsicherheit, die Komplexität der Antragstellung und die damit verbundenen Kosten bestehen erhebliche Zweifel, ob durch die Neuregelungen eine vermehrte und frühzeitige Antragstellung gerade bei kleinen Unternehmen gefördert wird. Vor dem Hintergrund, dass schon vor der ESUG-Reform ein nicht unerheblicher Teil der Insolvenzanträge unzulässig war[287] und sich dieser Trend fortzusetzen scheint[288], ist eine Verschärfung der Antragsvoraussetzungen nicht sanierungsförderlich. Dies gilt insbesondere für kleine Unternehmen, die den Großteil der Unternehmensinsolvenzen ausmachen, da sich diese in aller Regel keine professionelle Hilfe einkaufen können.[289] In diesem Zusammenhang ist auch zu bedenken, dass eine auch fahrlässig unrichtige Antragstellung zu einer Insolvenzverschleppung im strafrechtlichen Sinne nach § 15a Abs.4, 5 InsO führen kann.[290]

---

284 BT-Drucksache 17/5712, S. 23.
285 Beth, NZI 2014, S. 487 (488).
286 Beth, NZI 2014, S. 487 (488).
287 Ohne genaue Angaben Beth, NZI 2014, S. 487 (488).
288 Nach einer Erhebung des AG Charlottenburg von August 2012 waren über 90 Prozent der gestellten Anträge nach neuem Recht unzulässig, vgl. Haarmeyer/Buchalik/Haase, ZInsO 2013, S. 26 (27).
289 Siehe hierzu Tabelle unter C.V.4.c.
290 Leithaus, in: Andres/Leithaus, Insolvenzordnung, 3. Auflage 2014, § 13 Rn. 12.

2. Antrag auf Eigenverwaltung

Der Antrag auf Eigenverwaltung muss nach § 270 Abs. 2 Nr. 1 InsO vom Schuldner selbst gestellt werden.[291] Im Gegensatz zum Insolvenzantrag sind hier keine besonderen Formvorschriften zu beachten, so dass der Eigenverwaltungsantrag schriftlich oder mündlich zu Protokoll bei der Geschäftsstelle des Gerichts gestellt werden kann.[292] Sofern der Eröffnungsantrag vom Schuldner gestellt wird, ist davon auszugehen, dass dieser zugleich auch den Eigenverwaltungsantrag stellen wird.

Die Antragstellung durch den Schuldner ist zwingend erforderlich. Ohne einen solchen Antrag darf die Eigenverwaltung vom Gericht nicht angeordnet werden. Eine Antragstellung durch Gläubiger oder Insolvenzgericht selbst ist im Gesetz nicht vorgesehen und daher unzulässig.[293]

Dies folgt daraus, dass der Schuldner bzw. seine Organe nicht zur aktiven Verfahrensabwicklung gezwungen werden können und die Eigenverwaltung nur dann erfolgversprechend sein kann, wenn sie vom Schuldner freiwillig übernommen wird und der Schuldner sich aktiv am Verfahren beteiligt.[294]

Wird der Insolvenzeröffnungsantrag von einem Gläubiger gestellt, muss das Insolvenzgericht nun dem Schuldner die Gelegenheit geben, einen Antrag auf Eigenverwaltung zu stellen.[295]

Diese Vorgehensweise ist neu und wurde erst durch die Streichung des § 270 Abs. 2 Nr. 2 InsO a.F. möglich, wonach der antragstellende Gläubiger dem Antrag des Schuldners auf Eigenverwaltung zustimmen musste. Da hierdurch dem antragstellenden Gläubiger eine gewisse Blockademöglichkeit einräumt wurde und eine Unternehmenssanierung hierdurch verhindert werden konnte[296], wurde § 270 Abs. 2 Nr. 2 InsO a. F. gestrichen. Ein faktisches Vetorecht der Gläubiger besteht somit nicht mehr.[297]

291 Tetzlaff, in: Münchener Kommentar Insolvenzordnung, 3. Auflage 2014, Vorb. v. §§ 270 bis 285, Rn. 52.

292 Tetzlaff, in: Münchener Kommentar zur Insolvenzordnung, 3. Auflage 2014, § 270 Rn. 24.

293 Riggert, in: Nerlich/Römermann, Insolvenzordnung 29. Ergänzungslieferung Januar 2016, § 270 Rn. 17; Foltis, in: Frankfurter Kommentar, § 270 Rn. 41.

294 Bork, Sanierungsrecht in Deutschland und England, Rn. 7.13; Tetzlaff, in: Münchener Kommentar Insolvenzordnung, 3. Auflage 2014, § 270 Rn. 23; Ringstmeier, in: A/G/R, § 270 Rn. 7.

295 Riggert, in: Nerlich/Römermann, Insolvenzordnung 29. Ergänzungslieferung Januar 2016, § 270 Rn. 19.

296 BT-Drucksache 17/5712, S. 38.

297 Riggert, in: Nerlich/Römermann, Insolvenzordnung 29. Ergänzungslieferung Januar 2016, § 270 Rn. 19.

3. Zeitpunkt des Antrags auf Eigenverwaltung

Zu welchem Zeitpunkt der Schuldner den Antrag auf Eigenverwaltung zu stellen hat, ist im Gesetz nicht ausdrücklich geregelt. Aus § 270 Abs. 1 Satz 1 InsO ergibt sich aber mittelbar, dass der Antrag auf Eigenverwaltung bis zum entsprechenden Eröffnungsbeschluss des Insolvenzgerichts gestellt werden kann bzw. bis zur gerichtlichen Entscheidung aufrecht erhalten bleiben muss, zumal im Eröffnungsbeschluss förmlich über die Eigenverwaltung entschieden wird.[298] Nach diesem Zeitpunkt ist eine Antragstellung durch den Schuldner nicht mehr möglich.[299] Eine nachträgliche Anordnung der Eigenverwaltung, d. h. nach Eröffnung des Verfahrens, ist jedoch bei einem Antrag der Gläubigerversammlung und Zustimmung des Schuldners unter den Voraussetzungen des § 271 InsO weiterhin möglich.

Dies bedeutet, dass der Antrag auf Eröffnung eines Insolvenzverfahrens mit dem Antrag auf Eigenverwaltung theoretisch auseinanderfallen kann. In der Praxis dürfte dies allerdings recht selten vorkommen, zumal der Schuldner meist zusammen mit dem Eröffnungsantrag nun auch die Anträge nach §§ 270a, bzw. 270b InsO stellen wird.

4. Keine Gläubigerbenachteiligung

Nach § 270 Abs. 2 Nr. 3 a.F. InsO durfte das Insolvenzgericht die Eigenverwaltung nur dann anordnen, wenn nach den Umständen zu erwarten war, dass die Eigenverwaltung nicht zu einer Verzögerung des Verfahrens oder zu sonstigen Nachteilen für die Gläubiger führen wird. Nach der alten Fassung musste das Gericht für die Anordnung der Eigenverwaltung zu einer positiven Prognoseentscheidung kommen, d. h. dass die Eigenverwaltung nur dann angeordnet werden durfte, wenn hierdurch den Gläubigern keine Nachteile gegenüber dem Regelinsolvenzverfahren entstanden.[300] Bestanden Unklarheiten, ob die Eigenverwaltung zu Nachteilen der Gläubiger führen wird, ging dies zu Lasten des Schuldners und der Eigenverwaltungsantrag wurde abgelehnt. Im Zweifel war die Eigenverwaltung somit nicht anzuordnen.[301]

---

298 Neußner, in: Kübler, HRI, § 6 Rn. 103; Undritz, in: Karsten Schmidt, Insolvenzordnung, 19. Auflage 2016, § 270 Rn. 4; Riggert, in: Nerlich/Römermann, Insolvenzordnung 29. Ergänzungslieferung Januar 2016, § 270 Rn. 18; Tetzlaff, in: Münchener Kommentar Insolvenzordnung, 3. Auflage 2014, § 270 Rn. 25, 36; Foltis, in: Frankfurter Kommentar, § 270 Rn. 45 m.w.N.

299 Andres, in: Andres/Leithaus, Insolvenzordnung, 3. Auflage 2014, § 270 Rn. 3; Zipperer, in: Uhlenbruck, Insolvenzordnung 14. Auflage 2015, § 270 Rn. 41.

300 Zipperer, in: Uhlenbruck Insolvenzordnung, 14. Aufl. 2015, § 270 Rn. 45; Tetzlaff, in: Münchener Kommentar zur Insolvenzordnung, 3. Aufl. 2014, § 270 Rn. 20.

301 Beschlussempfehlung und Bericht des Rechtsausschusses zum Gesetzentwurf der Bundesregierung zur Insolvenzordnung vom 19.04.1994, BT-Drucksache 12/7302, S. 185.

Ob ein Nachteil[302] für die Gläubiger vorliegt, ist durch einen Vergleich der Anordnung der Eigenverwaltung mit der möglichen Anordnung eines Regelinsolvenzverfahrens zu ermitteln.[303]

Beim Begriff der „*Nachteile*“ i.S.d. § 270 Abs. 2 Nr. 2 InsO handelt es sich um ein ungeschriebenes Tatbestandsmerkmal, das weit auszulegen ist und bei dem die gesamten Interessen aller Verfahrensbeteiligten, d. h. die der Insolvenzgläubiger i.S.d. § 38 InsO, der Absonderungsberechtigten und der Massegläubiger[304] zu berücksichtigen sind.[305]

Nachteile für die Gläubiger sind vor allem dann anzunehmen, wenn diese gegenüber dem Regelinsolvenzverfahren eine geringere Insolvenzquote erhalten.[306] Auch Gesetzesverstöße durch den Schuldner wie z. B. Insolvenzverschleppung[307], Vorstrafen der Geschäftsführung[308], Führungslosigkeit, gläubigerschädigende Handlungen, mangelnde Kooperationsbereitschaft des Schuldners oder eine Verzögerung des Verfahrens können auf Nachteile der Gläubiger hindeuten.[309]

Um das Gericht davon zu überzeugen, dass vom Schuldner bzw. dessen Geschäftsführern in Zukunft keine gläubigerschädigenden Handlungen ausgehen,

---

302 Das Gesetz spricht missverständlich von „Nachteilen“. Allerdings genügt es nach h.M., wenn ein einziger Nachteil vorliegt, vgl. Riggert, in: Nerlich/Römermann, Insolvenzordnung 29. Ergänzungslieferung Januar 2016, § 270 Rn. 20.

303 Riggert, in: Nerlich/Römermann, Insolvenzordnung 29. Ergänzungslieferung Januar 2016, § 270 Rn. 20; Riggert, in: Braun, Insolvenzordnung, 6. Auflage 2014, § 270 Rn. 5; Anmerkung von Lüke, Wolfgang, zu LG Cottbus, Beschluss vom 17.07.2001, Az. 7 T 421/00, ZIP 2001, S. 2188 (2189).

304 a.A. Neußner, in: Kübler, HRI, § 10 Rz. 46.

305 AG Köln, Beschluss vom 01.07.2013, Az. 72 IN 211/13, ZIP 2013, S. 1390 (1390) = EWiR 2013, S. 625; Undritz, in: Karsten Schmidt, Insolvenzordnung, 19. Auflage, 2016, § 270 Rn. 8; Hölzle, ZIP 2012, S. 158 (159); Pape, in: KPB, InsO, § 270 Rn. 115; Henkel, ZIP 2015, S. 562 (563); Tetzlaff, in: Münchener Kommentar zur Insolvenzordnung, 3. Aufl 2014, § 270 Rn. 1; Vallender, DB 2015, S. 231 (231).

306 AG Essen, Beschluss vom 03.02.2015, Az. 163 IN 14/15, BeckRS 2015, 03320 = ZIP 2015, S. 841 = ZInsO 2015, S. 700; Riggert, in: Braun, Insolvenzordnung, 6. Auflage 2014, § 270 Rn. 4.

307 Tetzlaff, in: Münchener Kommentar zur Insolvenzordnung, 3. Aufl. 2014, § 270 Rn. 54 mit Verweis auf AG Potsdam, Beschluss vom 01.04.1999, Az. 35 IN 271/99 (unveröffentlicht).

308 Insbesondere Insolvenzstraftaten nach §§ 283 ff. StGB.

309 Undritz, in: Karsten Schmidt, Insolvenzordnung, 19. Auflage, 2016, § 270 Rn. 10; Zipperer, in: Uhlenbruck, Insolvenzordnung 14. Auflage 2015, § 270 Rn. 46; Riggert, in: Nerlich/Römermann, Insolvenzordnung 29. Ergänzungslieferung Januar 2016, § 270 Rn. 20. Eine reine Verfahrensverzögerung hat für die Anordnung der Eigenverwaltung keine Bedeutung mehr, es sei denn, dass hiermit Nachteile für die Gläubiger einhergehen, KPB/Pape, InsO, § 270 Rn. 99 f; eine Übersicht zu möglichen Nachteilen befindet sich bei Fiebig, in: Hamburger Kommentar, 5. Auflage 2015, § 270 Rn. 21.

können dem Gericht u. a. ein polizeiliches Führungszeugnis, Lebenslauf, Referenzen von Geschäftspartner und einer Berufsvertretung vorlegt werden.[310]

Ist nach den dem Gericht bekannten Umstände und Informationen von vornherein wahrscheinlich, dass sich Lieferanten, Waren- und/oder Kreditgeber nicht an einer Sanierung beteiligen werden, liegt es nahe, von Nachteilen der Gläubiger auszugehen.[311]

Ein Nachteil kann auch darin liegen, dass der Schuldner nicht über die erforderliche insolvenzrechtliche Kompetenz – Transparenz, Zuverlässigkeit und Integrität vorausgesetzt – verfügt, die insbesondere bei der Fortführung eines Unternehmens in der Insolvenz sehr komplex sein kann.[312]

In der Regel wird der Schuldner kaum oder keine Erfahrung mit der Durchführung von Insolvenzverfahren in Eigenverwaltung aufweisen. Um Gericht, Kunden, Lieferanten und kreditgebenden Banken das notwendige Vertrauen zu schaffen, kann der Schuldner sich aber das erforderliche Know-how von externen Dritten – i.d.R. Sanierungsberater und Rechtsanwälte – einkaufen oder restrukturierungs- und insolvenzerfahrene Personen als Sanierungsgeschäftsführe (Chief Restructuring Officer (CRO)) in die Geschäftsführung berufen.[313] Dieses Vorgehen wird insbesondere bei großen Unternehmen beobachtet.[314] Sofern das spezifische Unternehmenswissen im Unternehmen verbleibt, dürfte eine Gläubigerbenachteiligung durch ein solches Vorgehen nicht zu erwarten sein.[315] Um die Höhe der voraussichtlichen Massekosten dieser Beratungsleistungen beurteilen zu können, sollte der Schuldner dem Gericht bzw. dem Sachwalter die Beraterverträge vorlegen.[316]

Nachteile, die Gläubiger sowohl bei der Durchführung eines Regelinsolvenzverfahrens, als auch bei der Durchführung des Eigenverwaltungsverfahrens treffen würden, sind hingegen nicht zu berücksichtigen.

5. Zwischenergebnis

Hinsichtlich der Insolvenzantragstellung bestehen nach § 13 InsO nun strengere Anforderungen. Die in dem Antrag enthaltenen Informationen dienen dem Gericht dazu, sich ein Bild über den Schuldner zu machen und einen geordneten Verfahrensablauf und eine bessere Gläubigerbeteiligung zu ermöglichen.

---

310 Westrick, NZI 2003, S. 65 (67).

311 AG Köln, Beschluss vom 01.07.2013, Az. 72 IN 211/13, ZIP 2013, S. 1390 (1390) = NZI 2013, S. 796 = ZInsO 2013, S. 1476; Hölzle, ZIP 2012, S. 158 (160).

312 Hierzu zählt u. a. der Umgang mit Drittrechten, Eigentumsvorbehalt und Pfandrechten, Liquiditätsplanung, sowie die Vermeidung insolvenzzweckwidriger Zahlungen, Henkel: ZIP 2015, S. 562 (564).

313 Buchwaldt, BB 2015, S. 3017 (3018); Wallner, ZIP 2015, S. 997 (999).

314 Frege/Keller/Riedel, Insolvenzrecht, 8. Auflage, Rn. 2020 f.

315 Undritz, in: Karsten Schmidt, Insolvenzordnung, 19. Auflage 2016, § 270 Rn. 13.

316 Frind, NZI 2014, S. 937 (941) m.w.N.; Henkel, ZIP 2015, S. 562 (564).

Allerdings bergen die strengeren Anforderungen für den Schuldner ein erhöhtes Gefahrenpotential. Denn je umfangreicher und komplizierter die Anforderungen sind, desto fehleranfälliger ist das Antragsverfahren. Eine ordnungsgemäße Antragstellung ohne professionelle Hilfe wird daher kaum möglich sein, was sich insbesondere auf die Antragstellung für kleine Unternehmen negativ auswirken könnte.

Da viele Verfahren schon an einer ordnungsgemäßen Antragstellung scheitern, ist die Verschärfung des § 13 InsO nicht zu begrüßen.

Hingegen ist positiv zu bewerten, dass dem Schuldner die Möglichkeit gegeben wird, einen Eigenverwaltungsantrag zu stellen nachdem ein Gläubiger einen Insolvenzantrag gestellt hat.

Einzelnen Gläubigern wird somit eine Blockademöglichkeit genommen, was neben dem Schuldner auch den anderen Gläubigern zu Gute kommt, die einem Eigenverwaltungsverfahren positiv gegenüberstehen.

Fraglich ist allerdings, ob diese Neuerung wirklich zu einem Vorteil des Eigenverwaltungsverfahren und der Unternehmenssanierung führt. In den Fällen, in denen der Gläubiger den Insolvenzantrag stellt, ist die Lage des Schuldners meist derartig dramatisch, dass eine Fortführung des Geschäftsbetriebs wegen fortgeschrittener Aufzehrung von Vermögenswerten häufig nicht mehr möglich ist. Darüber hinaus kann in diesem Fall davon ausgegangen werden, dass das Vertrauensverhältnis zum Schuldner bzw. zu dessen Geschäftsführung besonders gestört ist, da diese die wirtschaftliche Krise nicht erkannt haben oder erkennen wollten und nicht selbst Sanierungsschritte eingeleitet haben. Positive Impulse und eine große praktische Relevanz sind daher wohl kaum vom Wegfall der Blockademöglichkeit zu erwarten.

Die Entschärfung der Nachteilsprognose ist hingegen positiv zu bewerten. Dass nunmehr im Zweifelsfall nicht mehr gegen die Eigenverwaltung entschieden werden soll, kann und wird sich langfristig positiv auf das Verfahren auswirken.

Wie voranstehend dargestellt, ist der Rechtsbegriff der „Nachteile für die Gläubiger" wenig aussagekräftig und lässt einen großen Interpretations- und Ermessensspielraum der Gerichte zu, so dass ein Sachverhalt bei unterschiedlichen Gerichten unterschiedlich bewertet werden könnte. Dies führt zur Rechtsunsicherheit bei den Schuldnern. Eine bessere Planbarkeit, die durch das ESUG eigentlich angestrebt war, wird hierdurch nicht erreicht.[317]

Alles in allem hat der Gesetzgeber jedoch die Chance verpasst, durch das ESUG die Anforderungen an eine ordnungsgemäße Antragstellung zu vereinfachen und damit die Durchführung des Eigenverwaltungsverfahrens zu stärken.

---

317 Henkel, ZInsO 2015, S. 2477 (2477).

IV. Amtsermittlung in der Eigenverwaltung

Für das Eigenverwaltungsverfahren gilt die Amtsermittlungspflicht des Insolvenzgerichts nach § 5 Abs. 1 InsO, so dass dieses die Voraussetzungen der Anordnung bzw. Versagung der Eigenverwaltung zu überprüfen hat.[318] Das Gericht bestimmt Art und Umfang der Amtsermittlung nach pflichtgemäßem Ermessen.[319] Sowohl der Insolvenzgrund als auch die Voraussetzung der Eigenverwaltung müssen zur vollen Überzeugung des Gerichts feststehen.[320] Damit das Gericht seine Prognoseentscheidung treffen kann, ob die Gläubiger im Eigenverwaltungsverfahren nicht gegenüber dem Regelinsolvenzverfahren benachteiligt werden, ist es auf Informationen des Schuldners angewiesen. Hieraus ergibt sich die verfahrensrechtliche Obliegenheit des Schuldners, seinen Antrag auf Eigenverwaltung zu begründen.[321] Sofern das Gericht Nachfragen hat oder weitere Informationen benötigt, sollte der Schuldner dem nachkommen, da sonst der Anschein mangelnder Kooperationsbereitschaft vorliegen könnte, der zu Gefährdung von Gläubigerinteressen und somit zur Antragsablehnung führen könnte.[322]

Liegen die Voraussetzungen vor, hat das Gericht die Eigenverwaltung anzuordnen. Ein Ermessen steht dem Gericht nicht zu.[323] Dabei ist es die alleinige Aufgabe des Schuldners, das Gericht von den Anordnungsvoraussetzungen, insbesondere davon zu überzeugen, dass die Anordnung nicht mit Nachteilen für die Gläubiger verbunden ist.[324]

Bei Zweifeln darf sich das Gericht allerdings nicht ausschließlich auf die Angaben des Schuldners bzw. dessen organschaftlichen Vertreters verlassen, sondern hat ergänzende Unterlagen anzufordern und erforderlichenfalls einen Gutachter zu Rate zu ziehen.[325] Eine Verpflichtung des Gerichts hierzu besteht jedoch nicht.[326]

---

318 Vallender, WM 1998, S. 2129 (2131); Zipperer, in: Uhlenbruck, Insolvenzordnung 14. Auflage 2015, § 270 Rn. 53; Smid, ZInsO 2013, S. 209 (209); Undritz, in: Karsten Schmidt, Insolvenzordnung, 19. Auflage 2016, § 270 Rn. 2.

319 Frege/Keller/Riedel, Insolvenzrecht, 8. Auflage, Rn. 487.

320 Vallender, WM 1998, S. 2129 (2131).

321 Undritz, in: Karsten Schmidt, Insolvenzordnung, 19. Auflage 2016, § 270 Rn. 9; Hölzle, in: Bork/Hölzle, Handbuch Insolvenzrecht, Kapitel 14 Rn. 15.

322 Landfermann, in: Heidelberger Kommentar, 7. Auflage 2014, § 270 Rn. 11.

323 Andres, in: Andres/Leithaus, Insolvenzordnung 3. Aufl. 2014, § 270 Rn. 6.

324 Schmahl/Vuia, in: Münchener Kommentar zur Insolvenzordnung, 3. Auflage 2013, § 16 Rn. 12.

325 Zipperer, in: Uhlenbruck, Insolvenzordnung 14. Auflage 2015, § 270 Rn. 37; Vallender WM 1998, S. 2129, (2131); Vallender, GmbHR 2012, S. 445 (447); Undritz, in: Karsten Schmidt, Insolvenzordnung, 19. Auflage 2015, § 270 Rn. 9; Wittig/Tetzlaff, in: Münchener Kommentar Insolvenzordnung, 2. Auflage 2008, § 270 Rn. 34; AG Darmstadt, Beschluss vom 20.02.1999, Az. 9 IN 1/99, ZIP 1999, S. 1494 (1496); a.A. Hölzle, in: Bork/Hölzle, Handbuch Insolvenzrecht, Kapitel 14 Rn. 17.

326 Riggert, in: Nerlich/Römermann, Insolvenzordnung 29. Ergänzungslieferung Januar 2016, § 270 Rn. 20; Riggert, in: Braun, Insolvenzordnung, 6. Auflage 2014,

Es ist auch nicht Aufgabe des Gerichts, zugunsten des Schuldners solche Umstände von Amts wegen zu ermitteln.[327] Werden vom Schuldner nicht genügend Tatsachen vorgetragen und bewiesen, die dafür sprechen, dass die Eigenverwaltung zu keinen Nachteilen der Gläubiger führen wird, hat das Gericht den Antrag des Schuldners abzulehnen.[328]

Vorteile des Eigenverwaltungsverfahrens müssen vom Schuldner jedoch nicht dargelegt werden.[329] Dies ergibt sich aus dem eindeutigen Wortlaut des Gesetzestextes und der Gesetzesbegründung.

V. Rechtstellung und Aufgaben des Schuldners

Im Unterschied zum Regelinsolvenzverfahren bleibt der Schuldner im Eigenverwaltungsverfahren verwaltungs- und verfügungsbefugt. Dabei handelt er nach herrschender Meinung nicht kraft eigener Privatautonomie, sondern ebenso wie der Insolvenzverwalter als Amtswalter.[330] Im Unterschied zum Insolvenzverwalter ist der Schuldner allerdings in eigener Sache tätig.[331] Dogmatisch wird dies zum einen mit dem gerichtlichen Anordnungsakt, zum anderen mit den insolvenzrechtlich geprägten Befugnissen, zum Beispiel dem Wahlrecht nach § 103 Abs. 2 InsO begründet.[332] Zu berücksichtigen ist, dass das Eigenverwaltungsverfahren dennoch nicht primär den Interessen des Schuldners bzw. Schuldnerunternehmens dient, sondern der gemeinschaftlichen Befriedigung der Gläubiger.[333]

Allein der Schuldner ist für das wirtschaftliche und juristische Handeln verantwortlich, er nimmt Kundenaufträge entgegen, tätigt Einkäufe, spricht Kündigungen aus und bestimmt letztlich Art und Umfang sowie die Durchführung von

---

§ 270 Rn. 6; AG Potsdam, Beschluss vom 07.06.2000, Az. 35 IN 224/00, DZWIR 2000, S. 343 (343).

327 AG Potsdam, Beschluss vom 07.06.2000, Az. 35 IN 224/00, DZWIR 2000, S. 343 (343).

328 Huhn, Christoph, Die Eigenverwaltung im Insolvenzverfahren, 2003, Rn. 364.

329 Fiebig, in: Hamburger Kommentar, 5. Auflage 2015, § 270 Rn. 24; Riggert, in: Braun, Insolvenzordnung, 6. Auflage 2014, § 270 Rn. 6.

330 Undritz, in: Karsten Schmidt, Insolvenzordnung, 19. Auflage 2016, § 270 Rn. 17; Lakies, BB 1999, S. 1759 (1760); Zipperer, in Uhlenbruck, Insolvenzordnung, 14. Auflage 2015 § 270 Rn. 12; Tetzlaff, in: Münchener Kommentar Insolvenzordnung, 3. Aufl. 2014, § 270 Rn. 141; Riggert, in: Braun, Insolvenzordnung, 6. Auflage 2014, § 270 Rn. 1; zum Meinungsstreit ausführlich Pape, in: KPB, InsO, § 270 Rn 1f.; Noack, ZIP 2002, S. 1873 (1873).

331 M. Hofmann, in: Kübler, HRI, § 6 Rn. 30; Bierbach, in Kübler, HRI, § 11 Rn. 6.

332 M. Hofmann, in: HRI, § 7 Rn. 30; Tetzlaff, in: Münchener Kommentar Insolvenzordnung, 3. Auflage 2014, § 270 Rn. 149.

333 BGH, Beschluss vom 11. 01. 2007, Az. IX ZB 10/05, NZI 2007, S. 240 (240) = NJW-RR 2007, S. 559 = ZInsO 2007, S. 207; BGH, Beschluss vom 07. 12. 2006, Az. V ZB 93/06, BeckRS 2007, 00613, Rn. 8 und 9 = NJW-RR 2007, S. 629 = ZInsO 2007, S. 100.

Sanierungsmaßnahmen.[334] Aus der Verwaltungs- und Verfügungsbefugnis folgt auch, dass beim Schuldner die Prozessführungsbefugnis und die Arbeitgeberbefugnis verbleiben.[335] Über den Verweis des § 279 InsO ist der eigenverwaltende Schuldner für die Rechtsgeschäfte der §§ 103–128 InsO verantwortlich, d. h. er entscheidet über die Fortsetzung nicht erfüllter Vertragsverhältnisse sowie über die Aufnahme von Prozessen.

Die vorgenannten Rechtsgeschäfte bzw. Handlungen kann der Schuldner mit Wirkung gegen die Insolvenzmasse vornehmen; evident insolvenzzweckwidrige Handlungen sind hingegen unwirksam.[336] Verbindlichkeiten, die vom Schuldner nach Anordnung des Eigenverwaltungsverfahrens begründet wurden, sind Masseverbindlichkeiten im Sinne von § 55 Abs. 1 Nr. 1 InsO.[337] Da der Schuldner als Eigenverwalter die Aufgaben des Insolvenzverwalters wahrnimmt, gelten die Regelungen zur Begründung von Masseverbindlichkeiten durch den Insolvenzverwalter entsprechend.[338] Darüber hinaus treffen den Schuldner die Rechnungslegungs- und Berichtspflichten, die im Regelinsolvenzverfahren dem Insolvenzverwalter nach den §§ 66, 151 ff, 281 InsO obliegen.[339]

VI. Rechtstellung und Aufgaben des Sachwalters

Nachfolgend werden Rechtstellung und Aufgaben des Sachwalters näher beleuchtet.

1. Rechtstellung des Sachwalters

Die Eigenverwaltung ist nur unter der Aufsicht eines Sachwalters möglich, der vom Insolvenzgericht anstelle des Insolvenzverwalters bestellt wird.[340] Der Sachwalter ist die zentrale Figur im Eigenverwaltungsverfahren, er soll die Funktionsfähigkeit des Verfahrens gewährleisten und eine Gefährdung der Gläubigerinteressen verhindern.[341] Auf Grund seines im Vergleich zum Insolvenzverwalter und zum Schuldner

334 Vallender, WM 1998, S. 2129 (2135).

335 BGH, Beschluss vom 07. 12. 2006, Az. V ZB 93/06, BeckRS 2007, 00613, Rn. 8 und 9 = NJW-RR 2007, S. 629 = ZInsO 2007, S. 100; Lakies, BB 1999, S. 1759 (1761); Andres, in: Andres/Leithaus, Insolvenzordnung, 3. Auflage 2014, § 270 Rn. 12.

336 Tetzlaff, in: Münchener Kommentar Insolvenzordnung, 3. Auflage 2014, § 270 Rn. 149; Undritz, in: Karsten Schmidt, Insolvenzordnung, 19. Auflage 2016, § 270 Rn. 17; Pape, in: KPB, InsO, § 270 Rn. 1.

337 Tetzlaff, in: Münchener Kommentar Insolvenzordnung, 3. Auflage 2014, § 270 Rn. 160.

338 Ringstmeier, in: Beck/Depré, Praxis der Insolvenz, 2. Auflage 2010, § 12 Rn. 29.

339 Eine Übersicht der Aufgaben des Schuldners befindet sich bei Tetzlaff, in: Münchener Kommentar zur Insolvenzordnung, 3. Auflage 2014, Vorb. §§ 270 bis 285 Rn. 65ff.; Viniol, in: Beck/Depré, Praxis der Insolvenz, 2. Auflage 2010, § 44 Rn. 45ff.

340 § 270 Abs. 1, Abs.3 InsO.

341 Lakies, BB 1999, S. 1759 (1760); Vallender WM 1998, S. 2129 (2136); Ehlers, ZInsO 2015, S. 1417.

eingeschränkten Tätigkeitsbereichs ist er weder Amtstreuhänder noch gesetzlicher Vertreter des Schuldners, sondern im Wesentlichen auf eine prüfende und überwachende Tätigkeit beschränkt.[342]

Der Sachwalter übt seine Tätigkeit in einer amtsähnlichen Stellung als Organ der staatlich kontrollierten Gläubigerverwaltung aus und ist als sachkundiger und unparteiischer Gehilfe des Insolvenzgerichts tätig.[343] Neben der Eignung des Schuldners bzw. dessen Geschäftsführung hängt das Eigenverwaltungsverfahren im Wesentlichen von der fachlichen Fähigkeit des Sachwalters sowie dessen Integrität ab.[344]

Die Rechtstellung des Sachwalters ist in § 274 InsO geregelt. Nach § 274 Abs. 1 Satz 1 InsO finden im Hinblick auf die Stellung des Sachwalters zum Insolvenzgericht, auf die Haftung und die Vergütung des Sachwalters die den Insolvenzverwalter betreffenden Vorschriften entsprechend Anwendung.[345] In den §§ 274–285 InsO sind die übrigen Rechte und Pflichten des Sachwalters geregelt und gegenüber der Rechtstellung des Schuldners abgegrenzt.[346]

Die Rechtstellung des Sachwalters ist an die des Insolvenzverwalters angelehnt, weist aber erhebliche Unterscheide auf, insbesondere weil der Sachwalter ausnahmslos keine Verwaltungs- und Verfügungsbefugnis über das Vermögen des Schuldners erhält.[347] Die Abgrenzung bzw. Aufgabenaufteilung folgt dem Leitbild, dass die laufenden Geschäfte vom Schuldner geführt werden sollen und der Sachwalter die Geschäftsführung kontrolliert und unterstützt, sowie diejenigen Aufgaben übernimmt, die im Regelinsolvenzverfahren vom Insolvenzverwalter im Interesse der Gläubiger wahrzunehmen sind.[348] Hierzu zählen insbesondere die Entgegennahme von Forderungsanmeldungen gem. § 270 Abs. 3 Satz 2 InsO a.F., die Anfechtung von gläubigerbenachteiligenden Rechtshandlungen gem. § 129 ff InsO, die Durchsetzung von Ansprüchen auf Ersatz des Gesamtschadens gem. § 280 InsO, sowie die Anzeige der Masseunzulänglichkeit gem. § 285 InsO.[349] Durch

---

342 Tetzlaff/Kern, in: Münchener Kommentar Insolvenzordnung, 3. Auflage 2014, § 274 Rn. 45.

343 Riggert, in: Braun, Insolvenzordnung, 5. Auflage 2012, § 274 Rn. 4; Hess, in: Hess, InsO, 2. Auflage 2013, § 274 Rn. 5f; Tetzlaff/Kern, in: Münchener Kommentar Insolvenzordnung, 3. Auflage 2014, § 274 Rn. 45.

344 Lakies, BB 1999, S. 1759 (1760).

345 Tetzlaff/Kern, in: Münchener Kommentar Insolvenzrecht, 3. Auflage 2014, § 274 Rn. 2.

346 Vallender, WM 1998, S. 2129 (2133); Tetzlaff, in: Münchener Kommentar Insolvenzordnung, 3. Auflage 2014, Vorb. v. §§ 270 bis 285 Rn. 47.

347 Bierbach, in: Kübler, HRI, § 11 Rn. 21 ff; Huhn, Christoph, Die Eigenverwaltung im Insolvenzverfahren, 2003 Rn. 643.

348 BT-Drucksache 12/2443, S. 223.

349 Tetzlaff, in: Münchener Kommentar Insolvenzordnung, 3. Auflage 2014, Vorb. v. §§ 270 bis 285 Rn. 47; zu weiteren Pflichten des Sachwalters siehe Zipperer, in: Uhlenbruck, Insolvenzordnung, 14. Auflage 2015, § 274 Rn. 14 f.

diese Verteilung der Aufgaben wird deutlich, dass dem Sachwalter hinsichtlich der Geschäftsführung nur eine Aufsichtsfunktion zukommt.[350]

Von besonderer Bedeutung für den Gläubigerschutz sind die Prüfungs-, Informations- und Mitwirkungspflichten des Sachwalters, die sowohl im Eigenverwaltungsverfahren als auch im Eröffnungsverfahren nach § 270a InsO und Schutzschirmverfahren nach § 270b InsO zur Geltung kommen. Diese Pflichten werden nachfolgend eingehend dargestellt.

2. Prüfungs-, Überwachungs- und Anzeigepflichten des Sachwalters § 274 Abs. 2 und Abs. 3 InsO

Im Eigenverwaltungsverfahren kommen der Prüfungs-, Überwachungs- und Anzeigepflicht des Sachwalters nach § 274 Abs. 2, Abs. 3 InsO besondere Bedeutung zu. Der Schuldner ist im Eigenverwaltungsverfahren sein eigener Verwalter und steht – da § 58 InsO nur für den Insolvenzverwalter Anwendung findet – nicht unter der Aufsicht des Insolvenzgerichts.[351] Damit im Eigenverwaltungsverfahren keine gläubigergefährdende Kontrolllücke entsteht, übernimmt der Sachwalter die Aufsicht über den Schuldner bzw. über das Eigenverwaltungsverfahren. Der Sachwalter wiederum steht unter der Aufsicht des Insolvenzgerichts, § 274 Abs. 1 InsO i.V.m. § 58 InsO.[352] Über den Verweis des § 274 Abs. 1 InsO auf § 58 Abs. 1 InsO kann das Gericht vom Sachwalter jederzeit einzelne Auskünfte oder einen Bericht über den Sachstand und die Geschäftsführung verlangen. Kommt der Sachwalter dem nicht nach, so kann das Gericht Zwangsgelder festsetzen oder bei besonders groben Pflichtverletzungen als „*ultima ratio*“ den Sachwalter aus seinem Amt entlassen, § 59 Abs. 1 InsO.[353] Eine Entlassung des Sachwalters ist jedoch nur dann zulässig, wenn gleichzeitig ein neuer Sachwalter bestellt wird.[354] Um ein ordnungsgemäßes Verfahren zu gewährleisten und um Verzögerungen zu vermeiden, muss während des Verfahrens stets eine handlungsfähige Person vorhanden sein, die die Pflichten des Sachwalters ausübt.[355]

Nach § 274 Abs. 2 1. Alt. InsO obliegen dem Sachwalter die Überprüfung der wirtschaftlichen Lage des Schuldners sowie die Überwachung der Geschäftsführung und der Ausgaben für die Lebensführung. Auf letzteres wird hier nicht näher eingegangen.

---

350 Tetzlaff/Kern, in: Münchener Kommentar Insolvenzordnung, 3. Auflage 2014. § 274 Rn. 2.

351 Zipperer, in: Uhlenbruck, Insolvenzordnung 14. Auflage 2015, § 270 Rn. 28.

352 Tetzlaff/Kern, in: Münchener Kommentar Insolvenzordnung, 3. Auflage 2014, § 274 Rn. 40.

353 Zipperer, in: Uhlenbruck, Insolvenzordnung, 14. Auflage 2015, § 274 Rn. 6.

354 Foltis, in: Frankfurter Kommentar, § 274 Rn. 17.

355 Graeber, in: Münchener Kommentar zur Insolvenzordnung, 3. Aufl. 2013, § 59 Rn. 61.

a) *Überprüfung der wirtschaftlichen Lage*

Die Überprüfung der wirtschaftlichen Lage des Schuldners soll dem Sachwalter ermöglichen, seinen auferlegten Pflichten nachzukommen.[356] Nur so kann der Sachwalter beurteilen, ob der Schuldner insolvenzrechtliche Vorschriften und Grundsätze, -insbesondere mit dem Ziel der Gläubigergleichbehandlung- beachtet und ob die wirtschaftlichen Folgen der unternehmerischen Entscheidung des Schuldners sich positiv auf die Gläubiger auswirken.[357] Die Überprüfungspflicht der wirtschaftlichen Lage ist derart ausgestaltet, dass sie sich auf den gesamten Verfahrenszeitraum bezieht, somit nicht einmalig oder rückwirkend möglich ist.[358] Nur so kann der Sachwalter die nach § 281 Abs. 1 InsO vom Schuldner zu erstellenden Verzeichnisse (Gläubiger-, Massegegenstände- und Vermögensübersicht) überprüfen und zu diesen Stellung nehmen sowie die ihm obliegende Insolvenzanfechtung vorbereiten und durchführen.[359] Auch ist eine stetige wirtschaftliche Überwachung erforderlich, um sachkundig die laufende Geschäftsführung überwachen zu können.[360]

Um seiner Prüfungspflicht ordnungsgemäß nachkommen zu können, ist der Sachwalter auf Grund des Verweises des § 274 Abs. 2 a.E. InsO auf § 22 Abs. 3 InsO berechtigt, die Geschäftsräume des Schuldners zu betreten und Einsicht in dessen Bücher, Konten, Geschäftspapiere und Datenträger vorzunehmen sowie Forderungen und Immobilien und Warenbestände zu schätzen.[361] Diesbezüglich hat der Schuldner dem Sachwalter alle erforderlichen Auskünfte zu erteilen und ihn bei der Erfüllung seiner Aufgaben zu unterstützen, § 22 Abs. 3 Satz 3 InsO.

Diese Informationsrechte können nach § 22 Abs. 3 Satz 3 InsO i.V.m. §§ 97 ff. InsO erzwungen werden, so dass das Insolvenzgericht die Abgabe einer eidesstattlichen Versicherung bzw. die zwangsweise Vorführung des Schuldners anordnen kann. Dies dürfte im Eigenverwaltungsverfahren aber nur selten vorkommen, da in diesen Fällen von Nachteilen der Gläubiger auszugehen ist und das Eigenverwaltungsverfahren in aller Regel beendet wird.

Sofern der Schuldner keine natürliche Person ist, trifft die Auskunfts- und Mitwirkungspflicht die Mitglieder des Vertretungs- oder Aufsichtsorgans sowie die vertretungsberechtigten persönlich haftenden Gesellschafter des Schuldners, auch wenn sie in den letzten zwei Jahren vor dem Eröffnungsantrag ausgeschieden sind, § 101 Abs. 1 InsO.

---

356 Andres, in: Andres/Leithaus, Insolvenzordnung 3. Auflage 2014, § 274 Rn. 10.

357 Kolmann, Schutzschirmverfahren, Rn. 435.

358 Vallender, WM 1998, S. 2129 (2136); Tetzlaff/Kern, in: Münchener Kommentar Insolvenzordnung, 3. Auflage 2014, § 274 Rn. 49; Pape, Die Eigenverwaltung des Schuldners nach der Insolvenzordnung, in Kölner Schrift, 2. Aufl. 2000, S. 895 ff.

359 Tetzlaff/Kern, in: Münchener Kommentar Insolvenzordnung, 3. Auflage 2014, § 274 Rn. 49.

360 Tetzlaff/Kern, in: Münchener Kommentar Insolvenzordnung, 3. Auflage 2014, § 274 Rn. 53.

361 Riggert, in: Nerlich/Römermann, Insolvenzordnung 29. Ergänzungslieferung Januar 2016, § 274 Rn. 5.

b) *Überwachung der Geschäftsführung*

Die Überwachung der Geschäftsführung dient dem Schutz der Insolvenzmasse sowie dem Grundsatz der Gläubigergleichbehandlung.[362] Es soll verhindert werden, dass Vermögensgegenstände aus der Insolvenzmasse beiseite geschafft, bzw. bestimmte Gläubiger bevorzugt werden.[363] Hierzu zählt auch, dass weder unnötige Verbindlichkeiten begründet noch Altverbindlichkeiten beglichen werden, sofern dies nicht zwingend für die Betriebsfortführung notwendig ist.[364] Um die Geschäftsführung überwachen und die Geschäftsabläufe beurteilen zu können, sind eine besondere Nähe zum schuldnerischen Unternehmen sowie hinsichtlich des täglichen Geschäfts ein umfangreiches Detailwissen erforderlich. Der Sachwalter muss quasi zum *Schatten der Geschäftsführung* werden, wodurch seine Arbeit sehr zeit- und arbeitsintensiv werden kann.[365]

Die in § 274 Abs. 2 InsO normierte allgemeine Überwachungspflicht findet ihre Konkretisierung in § 275 Abs. 1 Satz 2 InsO, §§ 103–128 und § 282 Abs. 2 InsO. Hinsichtlich der Überwachung der Geschäftsführung muss der Sachwalter Fingerspitzengefühl beweisen und das richtige Maß finden, um die Einschränkung des Geschäftsbetriebs so gering wie möglich zu halten.

c) *Anzeigepflichten*

Aus § 274 Abs. 3 InsO ergeben sich die Anzeigepflichten des Sachwalters. Er hat dem Insolvenzgericht und dem Gläubigerausschuss[366] gem. § 274 Abs. 3 InsO unverzüglich[367] anzuzeigen, wenn er Umstände feststellt, die bei der Fortsetzung der Eigenverwaltung Nachteile für die Gläubiger erwarten lassen.

---

362 Andres, in: Andres/Leithaus, Insolvenzordnung, 3. Auflage 2014, § 274 Rn. 11; Riggert, in: Braun, Insolvenzordnung, 6. Auflage 2014, § 274 Rn. 11.

363 Tetzlaff/Kern, in: Münchener Kommentar Insolvenzordnung, 3. Auflage 2014, § 274 Rn. 51; Riggert, in: Nerlich/Römermann, Insolvenzordnung 29. Ergänzungslieferung Januar 2016, § 274 Rn. 6.

364 Flöther, ZInsO 2014, S. 465 (467).

365 Flöther, ZInsO 2014, S. 465 (467) spricht von täglichen Kontrollen der Geschäftsführung. Nach Auffassung von Frind, NZI 2014, S. 937 (939) sei eine tägliche Überwachung in der Praxis nicht möglich und auch nicht gesetzlich gefordert. Im Anfangsstadium sollten kleinere Betriebe ca. zweimal die Woche, größere Betriebe drei- bis viermal die Woche kontrolliert werden, sofern die Kassenführungsbefugnis nicht auf den (vorläufigen) Sachwalter übertragen worden ist. Nach Fiebig, in: Hamburger Kommentar, 5. Auflage 2015, § 270a InsO Rn. 10, soll in der Anfangsphase des Verfahrens eine höhere Prüfdichte und -intensität stattfinden, die bei Kooperationsbereitschaft und Zuverlässigkeit des Schuldners abnehmen könne.

366 Ist kein Gläubigerausschuss bestellt, so hat der Sachwalter die (bekannten) Gläubiger, die Forderungen angemeldet haben, sowie absonderungsberechtigte Gläubiger zu unterrichten; § 274 Abs. 3 Satz 2 InsO.

367 Insoweit gilt § 121 Abs. 1 Satz 1 BGB entsprechend.

Dies sind vor allem Verstöße gegen Obliegenheiten des Schuldners, mangelnde Kooperation mit dem Sachwalter, z. B. Nichteinholung der gebotenen Zustimmung nach § 275 Abs. 1 Satz 1 InsO, eine (nachteilige) Verzögerung der Verfahrensabwicklung, eine unsachgemäße Buchführung oder Unregelmäßigkeiten in finanzieller Hinsicht.[368] Aus dem Grundsatz der Gläubigerautonomie ergibt sich, dass dem Sachwalter hinsichtlich seiner Anzeigepflichten gegenüber dem Gericht und den Gläubigern kein Ermessensspielraum zusteht, er somit nicht zuerst auf den Schuldner einwirken kann, sondern unverzüglich Gericht und Gläubiger informieren muss.[369]

Durch diese Informationen über das Verfahren sollen die Gläubiger in die Lage versetzt werden, rechtzeitig einen Antrag auf Zustimmungsbedürftigkeit (Verfügungsbeschränkungen) nach § 277 InsO bzw. als *„ultima ratio"* einen Antrag auf Aufhebung des Eigenverwaltungsverfahrens nach § 272 InsO zu stellen.[370] Daher stellt die Anzeigepflicht gem. § 274 Abs. 3 InsO ein wichtiges Druckmittel dar, um den Schuldner zur angemessenen Kooperation anzuhalten.[371]

Um seinen Prüfungs-, Überwachungs- und Anzeigepflichten nachkommen zu können, ist der Sachwalter darauf angewiesen, dass der Schuldner ihn laufend informiert und seine Handlungen mit ihm abspricht bzw. vollständig in Unternehmensführung eingebunden ist.[372] Kommt der Schuldner dem nicht nach, könnte die Mitwirkung zwar gegebenenfalls mit Zwangsmitteln nach §§ 22 Abs. 3, 98 InsO durchgesetzt werden. Da in diesem Fall das Vertrauensverhältnis zwischen Schuldner und Sachwalter bzw. Gläubigern gestört sein dürfte und i.a.R. von Nachteilen für die Gläubiger auszugehen ist, bleibt in diesem Fall letztlich nur die Aufhebung des Eigenverwaltungsverfahrens.

3. Mitwirkungsrechte des Sachwalters § 275 InsO

Neben den Prüfungs-, Überwachungs- und Anzeigepflichten des § 274 InsO sieht § 275 InsO gewisse Mitwirkungsrechte des Sachwalters vor. Hierzu zählen das Widerspruchsrecht und der Zustimmungsvorbehalt.

---

368 Tetzlaff/Kern, in: Münchener Kommentar Insolvenzordnung, 3. Auflage 2014, § 274 Rn. 59; Riggert, in: Nerlich/Römermann, Insolvenzordnung 29. Ergänzungslieferung Januar 2016, § 274 Rn. 20; Flöther, ZInsO 2014, S. 465 (467); zu weiteren Anzeigepflichtigen Sachverhalten siehe Frind, NZI 2014, S. 937 (940).

369 Andres, in: Andres/Leithaus, Insolvenzordnung, 3. Auflage 2014, § 274 Rn. 13; Tetzlaff/Kern, in: Münchener Kommentar Insolvenzordnung, 3. Auflage 2014, § 274 Rn 60.

370 Tetzlaff/Kern, in: Münchener Kommentar Insolvenzordnung, 3. Auflage 2014, § 274 Rn 61; Andres, in: Andres/Leithaus, Insolvenzordnung, 3. Auflage 2014, § 274 Rn. 13.; Riggert, in: Braun, Insolvenzordnung, 6. Auflage 2014, § 274 Rn. 12.

371 Vallender, WM 1998, S. 2129 (2136).

372 Flöther, ZInsO 2014, S. 465 (467); Tetzlaff/Kern, in: Münchener Kommentar Insolvenzordnung, 3. Auflage 2014 § 274 Rn. 53.

a) Zustimmungsvorbehalt

Nach § 275 Abs. 1 Satz 1 InsO soll der Schuldner Verbindlichkeiten, die nicht zum gewöhnlichen Geschäftsbetrieb gehören, nur mit Zustimmung des Sachwalters eingehen. Gehören die Verbindlichkeiten zum normalen Geschäftsbetrieb, hat aber der Sachwalter widersprochen, so soll der Schuldner auch diese Verbindlichkeiten nicht begründen.[373] Dabei erfasst der Begriff der Verbindlichkeit nicht nur Zahlungsverpflichtungen, sondern Verpflichtungsgeschäfte jeder Art, durch die sich der Schuldner zur Erbringung einer bestimmten Leistung verpflichtet.[374]

Die Regelung zum Zustimmungsvorbehalt dient auf der einen Seite dazu, die Verwaltungs- und Verfügungsbefugnis des Schuldners zu kontrollieren und die Insolvenzmasse vor einer Aushöhlung zu schützen.[375] Auf der anderen Seite dient sie der Aufrechterhaltung des Geschäftsbetriebs, indem dem Sachwalter nur hinsichtlich bestimmter Geschäfte Mitwirkungsrechte eingeräumt werden und der Schuldner somit grundsätzlich alle anderen Geschäfte selbst vornehmen kann und darf.[376]

Die Verbindlichkeiten müssen dem Geschäftsbetrieb zuzuordnen sein, d. h. der Ermöglichung, Förderung oder dem Erhalt des Handelsgeschäftes dienen bzw. hierzu ein Hilfsgeschäft darstellen und sind von Geschäften der Lebensführung nach § 278 InsO abzugrenzen.[377] Ob die Verbindlichkeit zum gewöhnlichen Geschäftsbetrieb gehört oder nicht, ist durch einen Vergleich des jeweiligen Geschäfts nach Art und Umfang der begründeten Verbindlichkeiten mit Art und Umfang des bisherigen Schuldnergeschäfts festzustellen.[378] Ob das Geschäft eine große wirtschaftliche Bedeutung hat oder nicht, ist für diese Frage unerheblich.[379]

Gewöhnlich sind i.a.R. solche Geschäfte, die den satzungsmäßigen Unternehmensgegenstand verwirklichen, vorausgesetzt, dass Art und Umfang vergleichbar sind.[380]

---

373 § 275 Abs. 1 Satz 2 InsO.

374 Flöther, ZInsO 2014, S. 465 (469); Pape, in: KPB, InsO, § 275 Rn. 7.

375 Zipperer, in: Uhlenbruck, Insolvenzordnung, 14. Auflage 2015, § 275 Rn. 1; Tetzlaff/Kern, in: Münchener Kommentar Insolvenzordnung, 3. Auflage 2014, § 275 Rn. 1.

376 Zipperer, in: Uhlenbruck, Insolvenzordnung, 13. Auflage 2015, § 275 Rn. 1.

377 Riggert, in: Braun, Insolvenzordnung, 6. Auflage 2014, § 275 Rn. 3.

378 Tetzlaff/Kern, in: Münchener Kommentar Insolvenzordnung, 3. Auflage 2014, § 275 Rn. 8; Riggert, in: Nerlich/Römermann, Insolvenzordnung 29. Ergänzungslieferung Januar 2016, § 275 Rn. 3; Riggert, in: Braun, Insolvenzordnung, 6. Auflage 2014, § 275 Rn. 4; Andres, in: Andres/Leithaus, Insolvenzordnung, 3. Auflage 2014, § 275 Rn. 2.

379 Zipperer, in: Uhlenbruck, Insolvenzordnung, 14. Auflage 2015, § 275 Rn. 3.

380 Riggert, in: Nerlich/Römermann, Insolvenzordnung 29. Ergänzungslieferung Januar 2016, § 275 Rn. 3; Tetzlaff/Kern, in: Münchener Kommentar Insolvenzordnung, 3. Auflage 2014, § 275 Rn. 8; Andres, in: Andres/Leithaus, Insolvenzordnung, 3. Auflage 2014, § 275 Rn. 2; Riggert, in: Braun, Insolvenzordnung, 3. Auflage 2014, § 275 Rn. 4.

Ungewöhnlich sind hingegen i.d.R. Geschäfte, die die Veräußerung oder die Belastung von Grundstücken, die Aufnahme von Darlehen oder den Verzicht von Forderungen betreffen.[381] Um im Voraus Rechtsunsicherheiten auszuräumen, ist es ratsam, dass sich Sachwalter und Schuldner vorab bzgl. des Begriffes des gewöhnlichen und außergewöhnlichen Geschäftsbetriebs abstimmen.[382]

Da es sich bei § 275 InsO um eine „Soll-Vorschrift" handelt und der Geschäftsverkehr auf die Handlungsfähigkeit des Schuldners vertrauen dürfen muss, führt ein Verstoß des Insolvenzschuldners nicht zur Unwirksamkeit der Rechtshandlung, solange kein kollusives Zusammenwirken des Insolvenzschuldners und des Dritten zum Nachteil der Gläubiger vorliegt.[383] Verletzt der Schuldner seine Obliegenheiten, führt dies nicht zur Unwirksamkeit des Geschäfts, sondern der Sachwalter kann und wird das Verhalten des Insolvenzschuldners den Gläubigern und dem Insolvenzgericht nach § 274 Abs. 3 InsO anzeigen. Die Gläubiger können daraufhin die Anordnung der Zustimmungsbedürftigkeit nach § 277 InsO oder als *„ultima ratio"* einen Antrag auf Aufhebung des Eigenverwaltungsverfahrens nach § 272 InsO beantragen. Daneben kann sich der Schuldner noch schadensersatzpflichtig nach § 92 InsO machen. Widerspricht der Sachwalter nicht, obwohl dies angebracht ist, so macht auch er sich gegebenenfalls wegen Verletzung seiner Überwachungspflicht aus § 274 Abs. 2 InsO nach den §§ 60 ff. InsO schadensersatzpflichtig.

b) Übernahme der Kassenführung

§ 275 Abs. 2 InsO gilt als die stärkste Form der Mitwirkung des Sachwalters und regelt die Übernahme des Zahlungsverkehrs.[384] Nach § 275 Abs. 2 InsO kann der Sachwalter vom Schuldner verlangen, dass die eingehenden Gelder nur von ihm entgegengenommen und Zahlungen nur von ihm geleistet werden. Hierdurch erhält der Sachwalter die Kontrolle über die laufenden Geldbewegungen und kann unwirtschaftliche Geschäfte des Schuldners verhindern.[385]

Daneben besteht auch die Möglichkeit einer sog. *„modifizierten Kassenführung"*. Hierbei nimmt der Sachwalter die eingehenden Gelder mit Ausnahme des Bargeldes an und zahlt sie auf ein Sonderkonto ein. Die Zahlungen verbleiben bis zu einer gewissen Größenordnung beim Schuldner. Hierdurch kann der Sachwalter auch

---

381 Andres, in: Andres/Leithaus, Insolvenzordnung 3. Auflage 2014, § 275 Rn. 2; Tetzlaff/Kern, in: Münchener Kommentar Insolvenzordnung, 3. Auflage 2014, § 275 Rn. 8; Hess, in: Hess, InsO, § 275 Rn. 12.

382 Flöther, ZInsO 2014, S. 465 (469).

383 Zipperer, in: Uhlenbruck, Insolvenzordnung, 14. Auflage 2015, § 275 Rn. 6; Tetzlaff/Kern, in: Münchener Kommentar Insolvenzrecht, 3. Auflage 2014, § 275 Rn. 15; Riggert, in: Braun, Insolvenzordnung, 6. Auflage 2014, § 275 Rn. 6; Andres, in: Andres/Leithaus, Insolvenzordnung, 3. Auflage 2014, § 275 Rn. 3.

384 Pape, in: KPB, InsO, § 270a Rn. 34; Hölzle, in: Bork/Hölzle, Handbuch Insolvenzrecht, Kapital 14 Rn. 42; ausführlich zur Kassenführung Undritz/Schur, ZIP 2016, S. 549 ff.

385 Hess, in: Hess, InsO, § 275 Rn. 4.

bei mittleren bis großen Unternehmen die Kassenführung übernehmen, die mit erheblichem Aufwand verbunden ist. Gleichzeitig bleibt eine gewisse Handlungsmöglichkeit beim Schuldner.[386]

Die Regelung hat allerdings nur Auswirkungen auf das Innenverhältnis, d. h. der Schuldner bleibt auch im Hinblick auf die Kassenführung verwaltungs- und verfügungsbefugt, der Sachwalter tritt aber als gesetzlicher Vertreter auf.[387] Der Schuldner kann im Außenverhältnis noch wirksam über Geldmittel verfügen bzw. Verpflichtungsgeschäfte eingehen.[388] Ein Verstoß ist vom Sachwalter nach § 274 Abs. 3 InsO den Gläubigern und dem Insolvenzgericht anzuzeigen. Den Gläubigern stehen die gleichen Sanktionsmittel wie bei einem Verstoß des Schuldners gegen den Zustimmungsvorbehalt zu.[389]

Für die Übernahme der Kassenführung bedarf es keines gerichtlichen Beschlusses, der Sachwalter entscheidet vielmehr nach pflichtgemäßer Ermessensausübung.[390] Auch diese Vorschrift dient dazu, die Aushöhlung der Insolvenzmasse durch den Schuldner zu verhindern.[391]

Insbesondere sollen hierdurch unwirtschaftliche Bargeschäfte des Schuldners, rechtswidrige Geldabflüsse sowie kurzfristige Kreditaufnahme ohne Zustimmung des Sachwalters verhindert werden.[392]

Eine solche Maßnahme kommt in der Regel dann in Betracht, wenn Grund zur Annahme besteht, dass der Verbleib der Kassenführung beim Schuldner zu einer Verletzung der Gläubigerbelange führen wird oder eine ungleichmäßige Gläubigerbefriedigung im Raum steht.[393] In der Praxis wird die Übernahme der Kassenführung dennoch recht selten vorkommen, zumal beim Vorliegen der Voraussetzungen (besonderes Risiko/Verletzung der Gläubigerbelange) die Anordnung der Eigenverwaltung auszuschließen sein und an Stelle des Sachwalters eher ein starker vorläufiger Insolvenzverwalter oder ein vorläufiger Insolvenzverwalter

---

386 Flöther, ZInsO 2014, S. 465 (468).

387 BGH, Urteil vom 19.05.1988, Az. III ZR 38/87, WM 1988, S. 1222 (1223) = ZIP 1988, S. 1136 (1137); Tetzlaff/Kern, in: Münchener Kommentar Insolvenzordnung, 3. Auflage 2014, § 275 Rn. 20; Riggert, in: Braun, Insolvenzordnung 6. Auflage 2014, § 275 Rn. 12.

388 Riggert, in: Braun, Insolvenzordnung 6. Auflage 2014, § 275 Rn. 11. Eine Wirksamkeitsschranke stellt u. a. das kollusive Zusammenwirken zwischen Schuldner und Dritten nach § 138 BGB dar, Riggert, in: Nerlich/Römermann, Insolvenzordnung 29. Ergänzungslieferung Januar 2016, § 275 Rn. 7; Undritz/Schur, ZIP 2016, S. 549 (550).

389 Siehe hierzu oben unter D.VI.3.a.

390 Tetzlaff/Kern, in: Münchener Kommentar Insolvenzordnung, 3. Auflage 2014, § 275 Rn. 17.

391 Vallender, GmbHR 2012, S. 445 (447).

392 Tetzlaff/Kern, in: Münchener Kommentar Insolvenzordnung, 3. Auflage 2014, § 275 Rn. 18.

393 Pape, in: KPB, InsO, § 270a Rn. 34; Tetzlaff/Kern, in: Münchener Kommentar Insolvenzordnung, 3. Auflage 2014, § 275 Rn. 18.

mit Zustimmungsvorbehalt bestellt werden wird.[394] Darüber hinaus bringt die Übernahme der Kassenführung einen erheblichen Mehraufwand für den Sachwalter mit sich und ein gesteigertes Haftungspotential, welches mit der Größe des Unternehmens steigt.

c) Zwischenergebnis

Im Eigenverwaltungsverfahren kommt dem Sachwalter eine sehr wichtige Aufgabe zu, da er anstelle des Insolvenzverwalters den Schuldner und in gewisser Weise auch das Verfahren überwacht. Zu dieser mitunter sehr zeit- und arbeitsaufwendigen Tätigkeit sind ein besonderes Vertrauensverhältnis und eine enge Zusammenarbeit mit dem Schuldner erforderlich. Nur wenn der Sachwalter in den Geschäftsbetrieb bzw. in die Geschäfte des Schuldners integriert ist, kann er seinen Aufgaben ordnungsgemäß nachkommen und etwaige gläubigerschädigende Handlungen des Schuldners aufdecken. Da die Rechtshandlungen des Schuldners, abgesehen von Rechtsmissbräuchen, im Außenverhältnis wirksam sind und der Sachwalter außer im Fall des Zustimmungsvorbehalts die Rechtshandlungen erst im Nachhinein überprüfen kann, weil er an ihnen nicht beteiligt ist, besteht stets die Gefahr von Gläubigerschädigungen.[395] Diese kann mit der nachträglichen Aufhebung der Anordnung der Eigenverwaltung und gegebenenfalls mit einer persönlichen Haftung des Schuldners bzw. dessen Vertreter sanktioniert werden.[396]

4. Auswahl und Bestellung des Sachwalters

Durch den Verweis in § 274 Abs. 1 InsO auf die §§ 56 ff InsO gelten die Bestimmungen für die Bestellung des Insolvenzverwalters auch für den Sachwalter. Demnach kann zum Sachwalter jede natürliche Person bestellt werden, die für den jeweiligen Einzelfall geeignet, insbesondere geschäftskundig und von den Gläubigern und dem Schuldner unabhängig ist. Bei der Einzelfallbeurteilung ist insbesondere das schuldnerische Unternehmen z. B. nach Art, Größe und Branche zu berücksichtigen.[397]

Neben den ausdrücklich im Gesetz genannten gibt es noch weitere Merkmale, die im Einzelfall erfüllt sein müssen.[398] Nachfolgend soll allerdings nur auf die wichtigsten eingegangen werden.

---

394 So auch Lau, BB 2014, S. 1417 (1421), der bezweifelt, dass bei Übernahme der Kassenführung die Eigenverwaltung die richtige Verfahrensart ist.

395 Tetzlaff/Kern, in: Münchener Kommentar Insolvenzordnung, 3. Auflage 2014 § 274 Rn. 53.

396 Uhlenbruck, in: Uhlenbruck, Insolvenzordnung, 13. Auflage 2010, § 270 Rn. 36.

397 Graeber, in: Münchener Kommentar zur Insolvenzordnung, 3. Auflage 2013, § 56 Rn. 21.

398 Für einen ausführlichen Überblick zu den neuen Anforderungen an den Insolvenzverwalter siehe: Stapper, NJW 1999, S. 3441 ff.

a) *Natürliche Person*

Nach dem klaren Wortlaut der Norm kommen als Sachwalter nur natürliche Personen in Betracht. Nur diese können Träger des ihnen von allen Verfahrensbeteiligten und dem Gericht entgegengebrachten Vertrauens sein.[399] Da das Gericht jederzeit in der Lage sein muss, die persönlichen Voraussetzungen zu beurteilen (Bonität, Bildung, Erfahrung und Seriosität) kommen keine juristischen Personen in Betracht, weil bei einem Wechsel der Geschäftsführung bzw. der Gesellschafter nicht mehr ersichtlich ist, wer hinter der juristischen Person steht.[400] Dies wurde zuletzt durch das Bundesverfassungsgericht bestätigt.[401] Das Bundesverfassungsgericht hat ausdrücklich darauf hingewiesen, dass die Beschränkung des Zugangs zum Beruf des Insolvenzverwalters auf natürliche Personen dem Ziel der Sicherstellung einer effektiven gerichtlichen Aufsicht über den Insolvenzverwalter und somit einer effektiven Rechtspflege dient.[402]

b) *Geschäftskunde*

Eine überragende Bedeutung kommt der Geschäftskunde des Sachwalters zu, worunter die Fähigkeit verstanden wird, das Amt des Sachwalters mit all seinen Pflichten zu übernehmen.[403] Neben Rechtskenntnissen, die als selbstverständlich vorausgesetzt werden, muss der Sachwalter über den erforderlichen betriebswirtschaftlichen Sachverstand für die Insolvenzverwaltung verfügen.[404] Daneben sind Tugenden wie Verhandlungsgeschick und Erfahrung[405], aber auch spezifische Branchen- und Sprachkenntnisse von Bedeutung. Um das Verfahren ordnungsgemäß begleiten zu können, ist auch erforderlich, dass der Sachwalter die erforderlichen zeitlichen und personellen Kapazitäten bereithält.[406]

---

399 Graeber, in: Münchener Kommentar zur Insolvenzordnung, 3. Auflage 2013, § 56 Rn. 16.

400 Graeber, in: Münchener Kommentar zur Insolvenzordnung, 3. Auflage 2013, § 56 Rn. 16.

401 BVerfG, Beschluss vom 12.1.2016, Az. 1 BvR 3102/13, NZI 2016, S. 163 ff.; zur Entscheidung des Bundesverfassungsgerichts siehe auch Mitlehner, NZI 2016, S. 248.

402 BVerfG, Beschluss vom 12.1.2016, Az. 1 BvR 3102/13, NZI 2016, S. 163 (164); siehe hierzu auch Höpfner, BB 2016, S. 1034 ff.

403 Graeber, in: Münchener Kommentar zur Insolvenzordnung, 3. Auflage 2013, § 56 Rn. 17; Stapper, NJW 1999, S. 3441 (3442).

404 Kolmann, Schutzschirmverfahren, Rn. 462; Stapper, NJW 1999, S. 3441 (3442).

405 Stapper, NJW 1999, S. 3441 (3443).

406 Kolmann, Schutzschirmerfahren, Rn. 463; M. Hofmann, in: Kübler, HRI, § 7 Rn. 12.

c) *Unabhängigkeit*

Um Gläubigerinteressen zu gewährleisten, muss der Sachwalter ebenso wie der Insolvenzverwalter unabhängig sein. Dieses Merkmal hat für das Insolvenzverfahren überragende Bedeutung.[407] Insbesondere in komplizierten und umfangreichen Verfahren ist es dem einzelnen Verfahrensbeteiligten kaum möglich, über Akteneinsicht oder Berichte die Ordnungsmäßigkeit der Sachwaltertätigkeit nachvollziehen und beurteilen zu können.

Auch eine Kontrolle des Sachwalters über einen vorläufigen Gläubigerausschuss kann nicht immer hinreichend erfolgen, zumal ein vorläufiger Gläubigerausschuss von den Informationen des Sachwalters abhängig ist bzw. nicht immer installiert wird.

Dies macht eine Unabhängigkeit des Sachwalters gegenüber allen Verfahrensbeteiligten zu einem unverzichtbaren Kriterium.[408] Auf Grund der besonderen Relevanz ist das Kriterium der Unabhängigkeit daher sehr weit auszulegen.

Der Sachwalter muss ebenso wie der (vorläufige) Insolvenzverwalter in alle Richtungen neutral und unabhängig sein.[409] Hierzu zählt, dass er nicht mit dem Schuldner identisch, keine nahe stehende Person i.S.d. § 41 ZPO, § 22 StPO, § 3 BeurkG, weder Gläubiger noch Gesellschafter der Beteiligten sowie auch nicht der Belegschaft des Schuldners angehören darf.[410]

Darüber hinaus ist erforderlich, dass der Sachwalter in geordneten wirtschaftlichen Verhältnissen lebt und weder den Schuldner noch einen Gläubiger juristisch, wirtschaftlich oder steuerlich berät oder im Vorfeld der Insolvenz beraten hat.[411]

Durch das ESUG wurden die Anforderungen hinsichtlich der Bestellung des Insolvenzverwalters und somit auch des (vorläufigen) Sachwalters gesenkt. Nunmehr ist die erforderliche Unabhängigkeit nicht schon dann per se ausgeschlossen, wenn der Sachwalter vom Schuldner oder Gläubiger vorgeschlagen wurde oder der Schuldner von dieser Person im Vorfeld der Antragstellung in allgemeiner Form über den Ablauf und die Folgen eines Insolvenzverfahrens beraten wurde.[412]

Diese gesetzliche Normierung war notwendig, da vereinzelt Gerichte allein auf Grund des Vorschlags durch Schuldner oder Gläubiger die jeweilige Person wegen des Verdachts der fehlenden Unabhängigkeit abgelehnt haben.[413]

---

407 Frind, ZInsO 2014, S. 119 (120) m.w.N.

408 Frind, ZInsO 2014, S. 119 (120).

409 Kolmann, Schutzschirmverfahren, Rn. 453; Bork, ZIP 2013, S. 145 ff; Pape, ZIP 2013, S. 2285 (2290); Vallender/Zipperer, ZIP 2013, S. 149 (151); Frind, ZInsO 2014, S. 119 (121ff.)

410 Kolmann, Schutzschirmverfahren, Rn. 456; Graf-Schlicker, in: Graf-Schlicker, 4. Aufl. 2014, §§ 56, 56a Rn. 65 ff.

411 Delhaes, in: Nerlich/Römermann, Insolvenzordnung 29. Ergänzungslieferung Januar 2016, § 56 Rn. 17.

412 § 56 Abs. 1 Satz 3 Nr. 1 und 2 InsO.

413 BT-Drucksache 17/5712, S. 26.

Allerdings ist weiterhin offen, wie das ungeschriebene Tatbestandsmerkmal des § 56 Abs. 1 Satz 3 Nr. 2 InsO der vorinsolvenzrechtlichen Beratung *„in allgemeiner Form“* auszulegen ist. Da die Unabhängigkeit des Sachwalters von größter Bedeutung für das gesamte Verfahren ist, kann argumentiert werden, dass die vorinsolvenzrechtliche Beratung in allgemeiner Form eng am Wortlaut auszulegen ist und hierunter somit nur eine Beratung über den Ablauf des Verfahrens und die Auswirkungen eines Insolvenzverfahrens gehört.[414] Eine darüber hinausgehende Beratung, z. B. im Zusammenhang mit vorinsolvenzlichen Sanierungsversuchen, der Erstellung eines Sanierungsgutachtens oder gar eines Insolvenzplans oder eine Mitentscheidung bei wirtschaftlichen Prozessen des Schuldners in der Vergangenheit dürften zum Ausschluss des Kandidaten führen.

Um eine Ablehnung oder einen späteren Austausch des Sachwalters durch das Gericht oder den (vorläufigen) Gläubigerausschuss zu vermeiden, ist unbedingt darauf zu achten, dass weder aus Sicht des Schuldners noch eines Gläubigers objektive Gründe vorliegen, die befürchten lassen, dass der Sachwalter seinen Aufgaben, insbesondere der gleichmäßigen Gläubigerbefriedigung, nicht ordnungsgemäß nachkommt.[415]

Neben der Frage, ob der Sachwalter unabhängig ist oder nicht, stellt sich die praktische Frage, wie das Gericht von einer vorherigen Beratung Kenntnis erlangen soll, wenn der Schuldner dies im Insolvenzantrag nicht offenlegt.[416]

Ob der Sachwalter für sein Amt geeignet ist oder nicht, kann das Gericht uneingeschränkt überprüfen. Hierzu wird dem Sachwalter oftmals vom Gericht ein detaillierter Fragebogen übermittelt, anhand dessen das Gericht die Unabhängigkeit des Sachwalters überprüft.[417] Es ist sogar zu einer Überprüfung verpflichtet, ob der ausgewählte Kandidat die erforderlichen Voraussetzungen erfüllt.[418]

Die Unabhängigkeit des Sachwalters dürfte am effektivsten dadurch sichergestellt werden, dass er zur Abgabe einer eidesstattlichen Versicherung aufgefordert wird, mit der er Inhalt und Umfang seiner bisherigen Beratung versichert.

d) Zwischenergebnis

Es ist positiv zu bewerten, dass die Voraussetzungen hinsichtlich der Bestellung des Sachwalters gelockert worden sind. Die Durchführung eines Insolvenzverfahren ist für die Beteiligten, insbesondere für den Schuldner bzw. dessen Geschäftsführung ein emotionaler Moment. Das Vertrauensverhältnis zwischen Schuldner und Sachwalter ist in diesem Zusammenhang von besonderer Bedeutung. Für das gesamte

---

414 Graeber, in: Münchener Kommentar zu Insolvenzordnung, 3. Auflage 2013, § 56 Rn. 25.

415 Kolmann, Schutzschirmverfahren, Rn. 453.

416 So auch Fuhst, DStR 2012, S. 418 (419).

417 So AG Ludwigshafen, Beschluss vom 04.07.2014, Az. 3 f IN 260/14 Ft, BeckRS 2014, 14510 = ZIP 2014, S. 1746 = ZInsO 2014, S. 1452.

418 Kolmann, Schutzschirmverfahren, Rn. 687.

Verfahren ist es förderlich, wenn sich Schuldner und Sachwalter über einen längeren Zeitraum kennen. Hierdurch kann eine zeit- und kostenaufwendige Einarbeitung verhindert werden.

Ob die erforderliche Unabhängigkeit gegeben ist oder nicht, dürfte letztlich eine Frage des konkreten Einzelfalls sein. Um aber schon den geringsten Anschein der Befangenheit bzw. Abhängigkeit zu vermeiden, bedarf es einer frühzeitigen Absprache zwischen Schuldner, Gläubigern und Gericht. Nur sofern sich die Beteiligten auf einen gemeinsamen Kandidaten einigen, besteht die Chance das Verfahren erfolgreich durchzuführen.

5. Mitbestimmungsrecht der Gläubiger

Durch das ESUG wurden auch die Gläubigerrechte hinsichtlich der Mitwirkung bei der Bestellung des (vorläufigen) Sachwalters gestärkt.[419] Existiert ein vorläufiger Gläubigerausschuss, hat das Gericht vor der Bestellung des (vorläufigen) Sachwalters diesem die Gelegenheit zu gegeben, sich zur Person und zu den Anforderungen an den (vorläufigen) Sachwalter zu äußern, sofern dies nicht offensichtlich zu einer nachteiligen Veränderung der Vermögenslage des Schuldners führt.[420] Hierdurch kann der vorläufige Gläubigerausschuss dem Gericht bestimmte Kriterien vorgeben, die bei der Auswahl des (vorläufigen) Sachwalters erfüllt sein müssen.[421] Darüber hinaus kann der vorläufige Gläubigerausschuss den (vorläufigen) Sachwalter benennen oder einen Vorschlag des Schuldners unterstützen.

Gemäß § 56a Abs. 2 Satz 1 InsO entfaltet die Benennung gegenüber dem Gericht aber nur Bindungswirkung, sofern der Beschluss einstimmig gefasst wurde und die vorgeschlagene Person für die Übernahme des Amtes nicht ungeeignet ist. Durch diese Regelung wird dem vorläufigen Gläubigerausschuss erhebliche Einflussnahme auf die Person des (vorläufigen) Sachwalters und somit auf das gesamte Eigenverwaltungsverfahren ermöglicht und das richterliche Auswahlermessen eingeschränkt.

Im Schutzschirmverfahren nach § 270b InsO tritt dieses Recht allerdings hinter das Vorschlagsrecht des Schuldners zurück.

6. Vergütung des Sachwalters

Auf Grund des Verweises des § 274 Abs. 1 InsO auf die §§ 63–65 InsO hat der Sachwalter ebenso wie der Insolvenzverwalter einen Anspruch auf Vergütung seiner Geschäftsführung und Erstattung angemessener Auslagen. Die konkreten Regelungen hinsichtlich der Vergütung ergeben sich auf Grund der Verordnungsermächtigung in § 65 InsO aus den §§ 10, 12 InsVV.

419 §§ 270a Abs. 1 Satz 2, 274 Abs. 1 i.V.m. § 56a InsO.
420 § 56a Abs. 1 InsO.
421 Kolmann, Schutzschirmverfahren, Rn. 380.

Gem. § 10 InsVV gelten grundsätzlich die Vergütungsregeln für den Insolvenzverwalter im regulären Verfahren entsprechend. Die Vergütung des Sachwalters richtet sich nach dem Wert der Insolvenzmasse zur Zeit der Beendigung des Insolvenzverfahrens, §§ 1 Abs. 1, 10 InsVV. Im Vergleich zum Insolvenzverwalter erhält der Sachwalter aber eine geringere Vergütung, die nach § 12 Abs. 1 InsVV im Regelfall 60 Prozent der Vergütung des Insolvenzverwalters beträgt. Dies hängt damit zusammen, dass der Sachwalter gegenüber dem Insolvenzverwalter eine geringere Verantwortung und eine weniger aufwändige Tätigkeit ausübt.[422]

Gem. § 12 Abs. 2 InsVV kann die Vergütung den Regelsatz übersteigen, wenn das Insolvenzgericht gem. § 277 Abs. 1 InsO einen Zustimmungsvorbehalt des Sachwalters für bestimmte Geschäfte des Schuldners angeordnet hat. Daneben können in bestimmten Fällen noch Zu- bzw. Abschläge gem. § 3 InsVV in Betracht kommen.

Zuschläge sind zum Beispiel dann festzusetzten, wenn der Sachwalter höchstpersönliche Aufgaben zu verrichten hat, die sowohl quantitativ als auch qualitativ über das gesetzlich geregelte Normalmaß der Aufgabenverteilung und Zuständigkeit hinausgehen und den Sachwalter überdurchschnittlich in Anspruch nehmen.[423]

Abschläge können beispielsweise bei geringerer Arbeitsintensität in Betracht kommen.[424] Daneben ist die Auslagenpauschale nach § 12 Abs. 3 InsVV i.V.m. § 8 Abs. 3 InsVV auf EUR 125,- pro Monat begrenzt.

Zusammengefasst lässt sich sagen, dass das Eigenverwaltungsverfahren auf Grund der geringeren Vergütung des Sachwalters kostengünstiger als ein Regelverfahren ist. Dieser Vorteil kann sich insbesondere in zwei Fallkonstellationen positiv auf das Verfahren auswirken. Zum einen kann hierdurch eine höhere Quote für die Gläubiger erreicht werden. Zum anderen kann das Eigenverwaltungsverfahren in bestimmten Fällen die einzige Möglichkeit sein, ein Insolvenzverfahren durchzuführen, sofern ein Regelinsolvenzverfahren mangels Deckung der Kosten nicht durchgeführt werden kann.

7. Haftung

Da im Eigenverwaltungsverfahren kein Insolvenzverwalter bestellt wird, sind die Gläubiger in besonderem Maße darauf angewiesen, dass der Sachwalter auf die Wahrnehmung ihrer Interessen durch den Schuldner achtet. Unterlässt er dies und entstehen den Gläubigern aus der Fortsetzung der nachteiligen Eigenverwaltung Verluste, muss der Sachwalter unter den sonstigen Voraussetzungen des § 60 InsO persönlich für diese einstehen. Auf Grund des ausdrücklichen Verweises in § 274 Abs. 1 InsO auf § 60 InsO haftet der Sachwalter den Gläubigern für die Erfüllung

422 Stephan, in: Münchener Kommentar Insolvenzordnung, 3. Auflage 2013, § 12 InsVV, Rn. 1.

423 Haarmeyer/Mock, in: Haarmeyer/Mock, Insolvenzrechtliche Vergütung, 5. Auflage 2014, § 12 Rn. 9.

424 Foltis, in: Frankfurter Kommentar, § 270a Rn. 28.

seiner insolvenzspezifischen Pflichten.[425] Hierzu zählen insbesondere schuldhafte Verletzungen von amtspflichtbezogenen Tätigkeiten, d. h. insbesondere Prüfungs-, Anzeige- und Aufsichtspflichten.[426] Daneben kommt eine Haftung bei Sorgfaltspflichtverletzungen im Hinblick auf die Anmeldung von Forderungen durch die Insolvenzgläubiger, bei der Durchsetzung von Haftungsansprüchen gem. §§ 92, 93 InsO und Anfechtungsansprüchen nach § 129 ff InsO sowie bei der Anzeige der Masseunzulänglichkeit gem. § 285 InsO in Betracht.

Die Haftung des Sachwalters ist verschuldensabhängig. Gem. § 60 Abs. 1 Satz 2 InsO hat der Sachwalter bei der Aufgabenerfüllung für die Sorgfalt eines ordentlichen und gewissenhaften Sachwalters einzustehen.[427]

Für die Nichterfüllung von Masseverbindlichkeiten haftet der Sachwalter grundsätzlich nicht, zumal in § 274 InsO ausdrücklich nicht auf § 61 InsO verwiesen wird. Dies ist auch konsequent, da der Sachwalter bei der Begründung von Masseverbindlichkeiten nicht mitwirkt.

Eine Ausnahme besteht jedoch, wenn der Sachwalter die Zustimmung zur Begründung von Masseverbindlichkeiten bei Anordnung eines Zustimmungsvorbehaltes gibt.[428] In diesem Fall verweist § 277 Abs. 1 Satz 3 InsO auf § 61 InsO, so dass der Sachwalter einer Haftung wegen Nichterfüllung von Masseverbindlichkeiten ausgesetzt sein kann. Dies ist gerechtfertigt, da der Sachwalter in diesem Fall mit seiner Zustimmung eine besondere Prüfungspflicht und eine besondere Verantwortung übernimmt und Dritte auf die Erfüllbarkeit der Forderungen aus der Insolvenzmasse vertrauen müssen.[429] Hinsichtlich des Verschuldensmaßstabs gelten die gleichen Anforderungen wie bei § 60 InsO.

VII. Gläubigermitwirkung

Der Anhörung des vorläufigen Gläubigerausschusses[430] bzw. der wesentlichen Gläubiger kommt eine besonders große Bedeutung zu. Nach § 270 Abs. 3 InsO hat das Insolvenzgericht vor seiner Entscheidung über den Eigenverwaltungsantrag dem vorläufigen Gläubigerausschuss Gelegenheit zur Äußerung zu geben, sofern dies nicht offensichtlich zu einer nachteiligen Veränderung der Vermögenslage des Schuldners führt.

---

425 Die dem Sachwalter obliegenden Pflichten ergeben sich aus den §§ 270–295 InsO; Zipperer, in: Uhlenbruck, Insolvenzordnung, 14. Auflage 2015, § 274 Rn. 8.

426 Sinz, in: Uhlenbruck, Insolvenzordnung, 14. Auflage 2015, § 60 Rn. 13 ff.

427 Huhn, Christoph, Die Eigenverwaltung im Insolvenzverfahren, 2003, Rn. 684.

428 Häsemeyer, Insolvenzrecht, Rn. 8.20; Zipperer, in: Uhlenbruck, Insolvenzordnung, 14. Auflage 2015, § 274 Rn. 9; Flöther, ZInsO 2014, S. 465 (471).

429 Zipperer, in: Uhlenbruck, Insolvenzordnung, 14 Auflage 2015, § 277 Rn. 7.

430 Zur Bildung und Kompetenz des vorläufigen Gläubigerausschusses siehe Frind, BB 2013, S. 265 ff.

Der Gläubigerausschuss ist neben der Gläubigerversammlung ein unabhängiges, zentrales Organ der Gläubigerautonomie.[431] Durch die Möglichkeit der Stellungnahme und der Mitbestimmung wird der Einfluss der Gläubiger im gesamten Eigenverwaltungsverfahren durch das ESUG erheblich gestärkt.[432] Die Gläubiger können schon zu einem frühen Zeitpunkt, nämlich im Eröffnungsverfahren, Einfluss auf die Entscheidung des Gerichts bzgl. der Eigenverwaltung sowie der Auswahl des vorläufigen Insolvenzverwalters oder Bestellung des vorläufigen Sachwalters nehmen.[433] Da die Gläubiger die Geschäftsleitung des Schuldners auf Grund der bisherigen Geschäftsbeziehung, die sich teilweise über einen längeren Zeitraum erstreckt, i.d.R kennen, können sie dem Gericht etwaige Anhaltspunkte liefern, die auf einen missbräuchlichen Eigenverwaltungsantrag bzw. auf missbräuchliche Absprachen zwischen Schuldner und einzelnen Gläubigern hinweisen.[434]

Da nach § 270 Abs. 3 Satz 2 InsO die Anordnung auf Eigenverwaltung als nicht nachteilig für die Gläubiger gilt, wenn der Antrag von einem einstimmigen Beschluss des vorläufigen Gläubigerausschusses unterstützt wird, können die Gläubiger maßgeblich über die Eigenverwaltung mitbestimmen. In diesem Fall muss durch das Gericht nicht mehr nachgeprüft werden, ob die Anordnung der Eigenverwaltung für die Gläubiger nachteilig ist.[435] Liegt ein wirksamer Beschluss des vorläufigen Gläubigerausschusses vor, darf sich das Gericht hierüber – auch in Ausnahmefällen – nicht hinwegsetzen.[436] Die Gläubiger können diesen Beschluss durch einen weiteren Beschluss widerrufen oder in der ersten Gläubigerversammlung nach § 272 Abs. 1 Nr. 1 InsO eine angeordnete Eigenverwaltung durch das Gericht aufheben lassen.[437]

Durch die Möglichkeit der Unterstützung der Eigenverwaltung durch einen einstimmigen Beschluss des vorläufigen Gläubigerausschusses wird der Schuldner zu einer frühzeitigen Kommunikation mit den Gläubigern animiert und gleichzeitig die Gläubigerautonomie gestärkt.[438]

Der Schuldner kann sich Planungssicherheit verschaffen, indem er noch vor Antragstellung mit den wichtigsten Gläubigern das Insolvenzverfahren in Eigenverwaltung bespricht und sich deren Zustimmung einholt.[439] So kann er mit relativ großer Sicherheit davon ausgehen, dass seinem Eigenverwaltungsantrag, gegebenenfalls über den Umweg des § 270 Abs. 3 S. 2 InsO, entsprochen wird.

---

431 Ehlers, BB 2013, S. 259 (259); zum vorläufigen Gläubigerausschuss im Eröffnungsverfahren siehe ausführlich Pape/Schultz, ZIP 2016, S. 506.

432 Vallender, MDR 2012, S. 125 (127).

433 BT-Drucksache 17/5712, S. (24) 39.

434 Hofmann, NZI 2010, S. 798 (799).

435 Undritz, in: Karsten Schmidt, Insolvenzordnung, 19. Auflage 2016, § 270 Rn. 14.

436 Undritz, in: Karsten Schmidt, Insolvenzordnung, 19. Auflage 2016, § 270 Rn. 14.

437 Ringstmeier, in: A/G/R, § 270 Rn. 20.

438 Commandeur/Schaumann, NZG 2012, S. 620 (621); Hofmann, NZI 2010, S. 798 (799).

439 Landfermann, WM 2012, S. 869 (870).

1. Voraussetzung

Voraussetzung für die Anhörung des vorläufigen Gläubigerausschusses ist, dass ein solcher überhaupt eingesetzt wurde. Wichtigste Vorschrift ist hierbei der § 22a InsO, der die Bestellung des vorläufigen Gläubigerausschusses regelt. Zu unterscheiden ist dabei zwischen einem obligatorischen und einem fakultativen vorläufigen Gläubigerausschuss.

a) Obligatorischer vorläufiger Gläubigerausschuss

Der obligatorische vorläufige Gläubigerausschuss ist in § 22a Abs. 1 InsO geregelt und ist für mittelgroße und große Unternehmen geschaffen. Sind die Schwellenwerte des § 22a Abs. 1[440] InsO erreicht, und liegt kein Ausschlussgrund nach § 22a Abs. 3 InsO vor, so ist das Insolvenzgericht verpflichtet, einen vorläufigen Gläubigerausschuss zu bestellen.

Ein Ausschlussgrund nach § 22a Abs. 3 InsO liegt vor, wenn der Geschäftsbetrieb eingestellt ist, die Einsetzung des vorläufigen Gläubigerausschusses im Hinblick auf die zu erwartende Insolvenzmasse unverhältnismäßig ist oder mit der Einsetzung eine Verzögerung verbunden ist, die zu einer nachteiligen Veränderung der Vermögenslage des Schuldners führt.

Allerdings stellt sich die Frage, ob diese Regelung geglückt ist. Ein eingestellter Geschäftsbetrieb kann noch relativ leicht vom Gericht festgestellt werden. Schwieriger wird dies für die Feststellung der Unverhältnismäßigkeit und der nachteiligen Auswirkung auf die Vermögenslage sein. Abgesehen von einigen eindeutigen Fallgestaltungen ist davon auszugehen, dass das Gericht i.d.R. nicht in der Lage sein wird, innerhalb der kurzen Frist, die bis zur Entscheidung über den Antrag auf Einsetzung zur Verfügung steht, eine sachlich fundierte Entscheidung zu fällen.[441]

Das bedeutet, dass die Ablehnung des vorläufigen Gläubigerausschusses letztlich von der Prognoseentscheidung und der Einstellung des jeweiligen Gerichts zum vorläufigen Gläubigerausschuss abhängig ist, was zu einer gewissen Rechtsunsicherheit führen kann.

---

440 Gemäß § 22a Abs. 1 InsO ist die Einsetzung eines Gläubigerausschusses obligatorisch, wenn der Schuldner im vorangegangenen Geschäftsjahr mindestens zwei der drei nachstehenden Merkmale erfüllt hat. Er weist mindestens EUR 4,84 Mio. Bilanzsumme nach Abzug eines auf der Aktivseite ausgewiesenen Fehlbetrags i.S.d. § 268 Absatz 3 HGB aus (nicht durch Eigenkapital gedeckter Fehlbetrag), hatte mindestens EUR 9,68 Mio. Umsatzerlöse in den zwölf Monaten vor dem Abschlussstichtag und im Jahresdurchschnitt mindestens fünfzig Arbeitnehmer (i.S.d. arbeitsrechtlichen Vorschriften).

441 Pape, ZInsO 2013, S. 2077 (2079).

b) Fakultativer vorläufiger Gläubigerausschuss

Der fakultative vorläufige Gläubigerausschuss ist in § 22a Abs. 2 InsO geregelt und findet Anwendung auf solche Schuldner, die nicht unter Absatz 1 fallen. Ein vorläufiger Gläubigerausschuss kann hier auf Antrag des Schuldners, des vorläufigen Insolvenzverwalters oder eines Gläubigers eingesetzt werden. Da es sich hierbei um eine „Soll-Vorschrift" handelt, liegt ein Fall des gebundenen Ermessens vor. Sofern keine nachprüfbaren, plausiblen und belastbaren Gründe ein Abweichen vom Regelfall rechtfertigen, hat das Gericht dem Antrag auf Einsetzung zu entsprechen.[442] Durch die Möglichkeit der Antragstellung in kleineren Verfahren wird die Gläubigerautonomie bereits im Eröffnungsverfahren unabhängig von Größe und Bedeutung des Unternehmens gestärkt. Auch hier sind die zuvor für den obligatorischen vorläufigen Gläubigerausschuss genannten Ablehnungsgründe zu beachten.

c) Vorläufiger Gläubigerausschuss nach § 21 Abs. 2 Nr. 1a InsO

Unabhängig vom Vorliegen der Schwellenwerte des § 22a Abs. 1 InsO oder eines Antrags nach § 22a Abs. 2 InsO kann das Gericht einen vorläufigen Gläubigerausschuss nach pflichtgemäßer Ermessenausübung gemäß § 21 Abs. 2 Nr. 1a InsO einsetzen.

2. Zusammensetzung des vorläufigen Gläubigerausschusses

Die Zusammensetzung des vorläufigen Gläubigerausschusses wird durch § 67 Absatz 2 InsO, auf den § 21 Abs. 2 Nr. 1a InsO verweist, geregelt. Dem Gläubigerausschuss sollen soweit möglich alle Gruppen von Gläubigern angehören, damit im Insolvenzverfahren deren unterschiedliche Interessen ausgewogen vertreten werden und zugleich die Dominanz von Großgläubigern, meist Geld- und Warenkreditgeber, verringert wird.[443]

Das Gesetz nennt vier Gruppen von Gläubigern, zu denen die absonderungsberechtigten Gläubiger, die Gläubiger mit der höchsten Forderung und die Kleingläubiger sowie die Arbeitnehmer zählen. Da es sich bei § 67 Abs. 2 InsO um eine Soll-Vorschrift handelt, kann der Gläubigerausschuss aber auch anders besetzt werden, sofern die Umstände des Einzelfalls dies gebieten.[444] Da § 21 Abs. 2 Nr. 1a InsO nicht auf § 67 Abs. 3 InsO verweist, ist eine Besetzung mit außenstehenden Dritten, d. h. Personen die keine Gläubiger sind, ausgeschlossen.

---

442 Mönning, in: Nerlich/Römermann, Insolvenzordnung 29. Ergänzungslieferung Januar 2016, § 22a Rn. 24.

443 Schmid-Burgk, in: Münchener Kommentar zur Insolvenzordnung, 3. Auflage 2013, § 67 Rn. 10.

444 Hirte, in: Braun, Insolvenzordnung, 6. Auflage 2014, § 67 Rn. 6.

Als Ausschussmitglieder kommen sowohl natürliche als auch juristische Personen[445] in Betracht.[446] In den Gläubigerausschuss können hingegen nicht der (vorläufige) Sachwalter, der Schuldner sowie dessen Organe als Mitglied bestellt werden.[447] Gleiches gilt mangels Rechtsfähigkeit für Behörden.[448]

Die Besetzung des Gläubigerausschusses und Anzahl der Mitglieder stehen im pflichtgemäßen Ermessen des Gerichts.[449] Denn auch diese ist gesetzlich nicht geregelt.[450] Damit der Gläubigerausschuss die ihm zugewiesenen Aufgaben wahrnehmen kann, wird als Untergrenze eine Besetzung von mindestens zwei Personen angesehen.[451] Teilweise werden auch Besetzungen mit mindestens drei[452] oder vier Mitgliedern vertreten, zumal in § 67 Abs. 2 InsO vier unterschiedliche Gläubigergruppen aufgezählt sind.[453]

Letztlich ist es aber eine Einzelfallenscheidung des Gerichts, das bei der Besetzung des Gläubigerausschusses die Größe des Schuldners, die Bedeutung des Verfahrens und die Anzahl und Zusammensetzung der Gläubiger zu berücksichtigen hat. Um bei Abstimmungen, die eine Kopfmehrheit erfordern, eine Pattsituation zu vermeiden, empfiehlt es sich, den Gläubigerausschuss mit einer ungeraden Anzahl an Mitgliedern zu besetzten.

Schuldner und Gläubiger können dem Gericht einen Vorschlag zur Besetzung des Gläubigerausschusses unterbreiten, an den das Gericht jedoch nicht gebunden ist. Auch gibt es für die Gläubiger keinen Anspruch, in den Gläubigerausschuss aufgenommen zu werden, da sonst das gerichtliche Ermessen ausgehöhlt werden könnte.[454]

---

445 Neben den juristischen Personen des öffentlichen Rechts und denen des privaten Rechts können grundsätzlich auch gesetzliche Krankenversicherungen, Sparkassen und Landesbanken sowie die Bundesagentur für Arbeit bestellt werden, vgl. LG Duisburg, Beschluss vom 29.09.2003, Az. 7 T 203/03 und 235–258/03, NZI 2004, S. 95 (96) = BeckRS 9998, 83285.

446 Andres, in: Andres/Leithaus, Insolvenzordnung, 3. Auflage 2014, § 68 Rn. 7 m.w.N.

447 Hirte, in: Braun, Insolvenzordnung, 6. Auflage 2014, § 67 Rn. 11.

448 BGH, Urteil vom 11.11.1993, Az. IX ZR 35/93, NJW 1994, 453 ff. = BGHZ 124, S. 86 = ZIP 1994, S. 46.

449 Schmid-Burgk, in: Münchener Kommentar zur Insolvenzordnung, 3. Auflage 2013, § 67 Rn. 10, 11.

450 Delhaes, in: Nerlich/Römermann, Insolvenzordnung 29. Ergänzungslieferung Januar 2016, § 67 Rn. 5.

451 BGH, Beschluss vom 05.03.2009, Az. IX ZB 148/08, NZI 2009, S. 386 = MDR 2009, S. 768 = ZIP 2009, S. 727.

452 Jeweils ohne Begründung: Andres, in: Andres/Leithaus, Insolvenzordnung, 3. Auflage 2014, § 68 Rn. 6; Schmid-Burgk, in: Münchener Kommentar zur Insolvenzordnung, 3. Auflage 2013, § 67 Rn. 11.

453 Delhaes, in: Nerlich/Römermann, Insolvenzordnung 29. Ergänzungslieferung Januar 2016, § 67 Rn. 5.

454 Schmid-Burgk, in: Münchener Kommentar zur Insolvenzordnung, 3. Auflage 2013, § 67 Rn.12.

In der Praxis kommt es dennoch zu einer gewissen Möglichkeit der Einflussnahme, wenn der Schuldner mit den Gläubigern im Vorfeld der Antragstellung geeignete Kandidaten auswählt und mit diesen schon einen Konsens über die Person des (vorläufigen) Sachwalters und über das Sanierungskonzept gefunden hat. Da das Gericht Schuldner und Gläubiger nur durch den Antrag kennt, wird es – von wenigen offensichtlichen Fällen abgesehen – kaum in der Lage sein, aus dem Antrag konkrete Rückschlüsse auf die Geeignetheit bzw. Ungeeignetheit der Kandidaten zu ziehen.

Aus diesem Umstand und der Tatsache, dass die Beschaffung weiterer Informationen über die Gläubiger teils nicht möglich ist, in jedem Fall aber eine zeitliche Verzögerung mit sich bringt, wird das Gericht in aller Regel die vorgeschlagenen Kandidaten in den Gläubigerausschuss berufen.[455]

3. Keine Anhörung bei nachteiliger Auswirkung

Nach § 270 Abs. 3 Satz 1 InsO kann das Gericht von einer Anhörung absehen, sofern dies offensichtlich zu einer nachteiligen Veränderung der Vermögenslage des Schuldners führt.[456] Verneint das Gericht eine nachteilige Auswirkung schon bei der Einsetzung des vorläufigen Gläubigerausschusses, dürfte es hinsichtlich der Anhörung i.d.R. zum gleichen Ergebnis kommen, so dass eine Anhörung in diesen Fällen durchzuführen ist.

4. Benennung der Mitglieder

Besondere Bedeutung erlangt die Benennung der Mitglieder des vorläufigen Gläubigerausschusses. Auf Grund der Möglichkeit, die Ausschussmitglieder vorzuschlagen, können die Vorschlagsberechtigten das Verfahren wesentlich beeinflussen und lenken. So kann z. B. der Schuldner solche Gläubiger vorschlagen, zu denen er ein besonderes Vertrauensverhältnis hat, die ihm wohlgesonnen sind und die sein Sanierungskonzept uneingeschränkt unterstützen. Skeptische und kritische Gläubiger könnten somit aus dem Verfahren gedrängt werden. Zwar besteht auch auf Seiten der Gläubiger die Möglichkeit, die Mitglieder des vorläufigen Gläubigerausschusses zu benennen, allerdings dürfte dies in den wenigsten Fällen geschehen, zumal der Schuldner schon mit Antragstellung vom Vorschlagsrecht Gebrauch machen wird. Denn die Benennung der Mitglieder steht demjenigen zu, der den Antrag auf Einsetzung des vorläufigen Gläubigerausschusses stellt.[457] Dies dürfte in der Regel der

455 Vorausgesetzt diese sind nicht offensichtlich ungeeignet.

456 Zur Nachteiligen Veränderung der Vermögensmasse siehe ausführlich, Ampferl, in: Kübler, HRI, § 9 Rn. 51 ff.; Tetzlaff, in: Münchener Kommentar zur Insolvenzordnung, 3. Auflage 2014, § 270 Rn. 47 ff.

457 Haarmeyer, in: Münchener Kommentar zur Insolvenzordnung, 3. Aufl. 2013, § 22a Rn. 40; Mönning, in: Nerlich/Römermann, Insolvenzordnung 29. Ergänzungslieferung Januar 2016, § 22a Rn. 25; Böhm, in Braun: Insolvenzordnung, 6. Aufl. 2014, § 22a Rn. 10.

Schuldner sein, insbesondere im Schutzschirmverfahren, da dieses Verfahren nur vom Schuldner beantragt werden kann.

Auch wenn der vorläufige Gläubigerausschuss nicht vom Schuldner nach § 22a Abs. 2 InsO, sondern nach § 22a Abs. 1 InsO oder § 21 Abs. 2 Nr. 1a InsO eingesetzt wird, ist der Schuldner nach § 22a Abs. 4 InsO an der Besetzung beteiligt. In diesem Fall hat das Gericht den Schuldner aufzufordern, geeignete Kandidaten für den vorläufigen Gläubigerausschuss zu benennen.[458]

In aller Regel kann der Schuldner auch sicher sein, dass der vorläufige Gläubigerausschuss mit seinen Wunschkandidaten besetzt wird. Dem Gericht steht nur ein eingeschränktes Zurückweisungsrecht von Mitgliedern des Gläubigerausschusses gemäß § 21 II Nr. 1a InsO i.V.m. § 70 InsO zu.[459] Es kann einen Kandidaten nur dann ablehnen, wenn durch ihn die Gesamtgläubigerinteressen gefährdet oder ein Missbrauch durch den Kandidaten nicht ausgeschlossen werden kann.[460] Dies dürfte in der Praxis jedoch selten und nur bei offensichtlicher Ungeeignetheit der Fall sein, so dass der Schuldner den vorläufigen Gläubigerausschuss mit seinen Kandidaten besetzen kann.

Die Möglichkeit, die Kandidaten des vorläufigen Gläubigerausschusses vorzuschlagen, kann aber nicht dahingehend missverstanden werden, dass der vorläufige Gläubigerausschuss zu einem „zahnlosen Tiger“ wird und der Schuldner hierdurch einen wesentlichen Vorteil erlangt. Der Schuldner ist nach wie vor von dem vorläufigen Gläubigerausschuss abhängig, muss mit diesem konstruktiv zusammenarbeiten, insbesondere im Zusammenhang mit der Erstellung eines Sanierungsplans und der Auswahl des vorläufigen Sachwalters.

Die Einflussnahme und Macht des vorläufigen Gläubigerausschusses wird dadurch ersichtlich, dass ein solcher im Jahr 2013 für 45 Prozent und im Jahr 2014 für 47 Prozent der abgelehnten Anträge auf Eigenverwaltung verantwortlich war.[461]

5. Zwischenergebnis

Durch den neu eingeführten § 22a InsO wird die Beteiligung der Gläubiger gestärkt. Letztlich besteht in jedem Verfahren, unabhängig von der Größe des Unternehmens, die Möglichkeit, einen vorläufigen Gläubigerausschuss einzusetzen.

---

458 § 22a Abs. 4 InsO.

459 Schluck-Amend, GWR 2013, S. 418 (418).

460 Haarmeyer, in: Münchener Kommentar zur Insolvenzordnung, 3. Auflage 2013, § 22a Rn. 41.

461 Roland Berger/Noerr, ESUG-Studie, Februar 2014, S. 26, URL: http://www.rolandberger.de/media/pdf/Roland_Berger_ESUG_Studie_final_20140211.pdf, letzter Abruf am 02.10.2014; Roland Berger/Noerr, ESUG-Studie, Mai 2015, S. 16, http://www.rolandberger.de/media/pdf/Roland_Berger_ESUG_Studie_2015_D_20150507.pdf, letzter Abruf am 31.12.2015.

Durch die Regelung wird aber indirekt auch der antragstellende Schuldner gestärkt, da er die Mitglieder des vorläufigen Gläubigerausschusses benennen und somit mittelbar das Verfahren beeinflussen kann.

Das Benennungsrecht kann insbesondere im Zusammenhang mit der Auswahl des vorläufigen Sachwalters, der Anordnung der Eigenverwaltung durch einstimmigen Beschluss nach § 270 Abs. 3 Satz 2 InsO und der Aufhebung des Schutzschirmverfahren nach § 270b Abs. 4 Nr. 2 InsO eine große Rolle spielen.

Zu beachten ist allerdings, dass der Großteil der Unternehmensinsolvenzen solche Unternehmen betrifft, für die § 22a InsO nicht relevant ist, weil sie die dort genannten Schwellenwerte nicht erreichen.[462] Dies hat auch der Gesetzgeber im Gesetzgebungsverfahren erkannt. Aus der Gesetzesbegründung ergibt sich, dass im Jahr 2010 bei 79 Prozent der insolventen Unternehmen weniger als sechs Arbeitnehmer beschäftigt waren und nur 11,4 Prozent der Unternehmen 11 und mehr Arbeitnehmer hatten.[463] Auch der Umsatz lag in den Jahren 2009 und 2010 bei mehr als zwei Drittel der insolventen Unternehmen unter EUR 2. Mio.[464]

Für diese Unternehmen dürfte nur die Einsetzung eines vorläufigen Gläubigerausschusses nach § 22a Abs. 2 InsO in Betracht kommen.

Von den Unternehmen, die seit Inkrafttreten des ESUG das Eigenverwaltungsverfahren bzw. das Schutzschirm- oder vorläufige Eigenverwaltungsverfahren beantragt haben, haben ca. 50 Prozent die Schwellenwerte des § 22a Abs. 1 InsO erreicht, so dass ein vorläufiger Gläubigerausschuss verpflichtend zu bestellen war.[465]

VIII. Begründungspflicht bei Ablehnung des Antrags § 270 Abs. 4 InsO

Lehnt das Gericht den Antrag auf Eigenverwaltung ab, so hat es seine Entscheidung nach § 270 Abs. 4 InsO schriftlich zu begründen und nach § 270 Abs. 2 Nr. 5 InsO in den Eröffnungsbeschluss aufzunehmen.[466] Die Begründung ist auf der Geschäftsstelle des Gerichts zur Einsichtnahme auszulegen.[467] Die Begründungspflicht hat den Zweck, dass die Gläubiger Informationen erlangen, die für sie bei einer etwaigen nachträglichen Beantragung der Eigenverwaltung nach § 271 InsO erheblich sein könnten.[468] Darüber hinaus dient sie dazu, die gerichtliche Entscheidung bzgl. des

462 Siehe hierzu Tabellen unter C.V.4.c. und C.V.4.d.
463 BT-Drucksache 17/5712, S. 24.
464 BT-Drucksache 17/5712, S. 24.
465 Zweite Jahr ESUG, TheBostonConsultingGroup, Stand März 2014, S. 4, URL: http://www.bcg.de/documents/file157509.pdf, letzter Abruf am 02.10.2014.
466 Römermann, NJW 2012. S. 645 (650).
467 Hofmann, NZI 2010, S. 798 (799).
468 BT-Drucksache 17/5712, S. 39; Hirte/Mock, DB 2011, S. 693 (695).

Eigenverwaltungsverfahrens transparenter zu machen[469] und pauschale Ablehnungen zu verhindern.[470]

IX. Zwischenergebnis

Auf Grund der nach wie vor hohen Anzahl an Unternehmensinsolvenzen, verbunden mit einem großen volkswirtschaftlichen Schaden und Arbeitsplatzverlust, ist eine Erhöhung der Attraktivität und Stärkung des Eigenverwaltungsverfahrens unerlässlich. Die durch die ESUG-Reform gemachten Änderungen sind ein erster Schritt in die richtige Richtung. Die Maßnahmen können dazu beitragen, dass das Eigenverwaltungsverfahren in Zukunft vermehrt angeordnet wird und aus seinem Schattendasein heraustritt.

Die Blockademöglichkeit und somit ein Druckmittel von Gläubigern wurde beseitigt. Durch die Entschärfung der Nachteilsprognose kann die Anordnung der Eigenverwaltung von der Ausnahme zur Regel werden. Insbesondere im Zusammenhang mit der Einsetzung des vorläufigen Gläubigerausschusses und dem Vorschlagsrecht durch den Schuldner kann das Eigenverwaltungsverfahren bei Schuldner sowie Gläubiger an Attraktivität gewinnen. Allerdings bedarf es hierzu einer frühzeitigen Antragstellung durch die Schuldner bzw. dessen Geschäftsführung.

Es wird für den Erfolg des Eigenverwaltungsverfahrens maßgeblich auf die Akzeptanz und Handhabbarkeit des Eröffnungsverfahrens nach § 270a InsO und des Schutzschirmverfahrens nach § 270b InsO ankommen, zumal dort die Weichen für die Durchführung des Eigenverwaltungsverfahrens und einer nachhaltigen Sanierung gestellt werden. Diese Verfahren werden nachfolgend dargestellt, bewertet und verglichen.

---

469 Hofmann, NZI 2010, S. 798 (799).
470 Landfermann, WM 2012, S. 869 (871).

E. Eröffnungsverfahren nach § 270a InsO

I. Einführung

Vor der ESUG-Reform regelten die Vorschriften der §§ 270 ff. InsO nicht das Eröffnungsverfahren[471] selbst, sondern nur das eröffnete Eigenverwaltungsverfahren. Die alte Gesetzeslage sah weder ein vorläufiges Eigenverwaltungsverfahren noch die Bestellung eines vorläufigen Sachwalters vor.[472] Da § 270 Abs. 1 Satz 2 InsO auf die allgemeinen Vorschriften verweist, wurden diese im Eröffnungsverfahren der Eigenverwaltung angewendet, wodurch i.a.R ein vorläufiger Insolvenzverwalter bestellt wurde und meist auch weitere vorläufige Sicherungsmaßnahmen nach § 21 InsO angeordnet wurden.[473]

Zweck dieser Anordnungen ist es, die Insolvenzmasse zum Schutz der Gläubiger zu erhalten.[474] Diese Maßnahmen wirkten sich allerdings aus unterschiedlichen Gründen sanierungshemmend aus und führten dazu, dass das Eigenverwaltungsverfahren nicht im gehofften Ausmaß angewendet wurde. Dabei kommt dem Eröffnungsverfahren, d. h. dem Zeitraum zwischen Insolvenzantragstellung und Verfahrenseröffnung entscheidende Bedeutung zu, da hier maßgeblich die Weichen für eine Sanierung des Unternehmens gestellt werden können und somit sprichwörtlich über das Wohl und Wehe des Unternehmens und dessen Sanierung entschieden werden kann.[475]

Um diesen Missstand zu beheben, forderten Teile der Literatur vor Inkrafttreten des ESUG, dem Insolvenzgericht ein sog. „*Frustrationsverbot*" aufzuerlegen, wodurch das Gericht gehindert werden sollte, im Eröffnungsverfahren sanierungshemmende Maßnahmen, wie z. B. einen starken vorläufigen Insolvenzverwalters zu bestellen oder eine vorläufige Postsperre anzuordnen.[476] Hierdurch sollten Maßnahmen des Gerichts vermieden werden, die eine Anordnung der Eigenverwaltung im eröffneten Verfahren unmöglich machen.[477] Allerdings war das Frustrationsverbot lediglich

---

471 So die amtliche Überschrift, BT-Drucksache 17/5712, S. 12, 39.

472 M. Hofmann, in: Kübler, HRI, § 7 Rn. 3.

473 Foltis, in: Frankfurt Kommentar, § 270a Rn. 1.

474 Ehricke, ZIP 2002, S. 782 (783).

475 M. Hofmann, in: Kübler, HRI, § 7 Rn. 1.

476 Hass/Kahlert, in: Gottwald, Insolvenzrechts-Handbuch, 4. Aufl. 2010, § 87 Rn. 28; Riggert, in: Nerlich/Römermann, Insolvenzordnung 29. Ergänzungslieferung Januar 2016, § 270a Rn. 1; Ehricke, ZIP 2002 S. 782 (783); Foltis, in: Frankfurter Kommentar, § 270a Rn. 1 spricht in diesem Zusammenhang von „Augenmaßempfehlung" der Gerichte, d. h. von einem verhältnismäßigen und zurückhaltenden Gebrauch der Anordnung von Sicherungsmaßnahmen.

477 Riggert, in: Nerlich/Römermann, Insolvenzordnung 29. Ergänzungslieferung Januar 2016, § 270a Rn. 1.

eine Forderung der Literatur, die auf keiner gesetzlichen Grundlage basiert. Letztlich blieb es im Ermessen des Insolvenzgerichts, ob und welche Sicherungsmaßnahmen es anordnete.

Auch nach der ESUG-Reform entscheidet das Insolvenzgericht gem. § 270 Abs. 1 Satz 1 InsO erst in dem Beschluss über die Eröffnung des Insolvenzverfahrens über die Anordnung der Eigenverwaltung. Allerdings werden mit § 270a InsO und § 270b InsO nunmehr erstmals Regelungen über die Eigenverwaltung während des Eröffnungsverfahrens in die Insolvenzordnung eingefügt.[478]

Das Eröffnungsverfahren nach § 270a InsO[479] stellt neben dem Schutzschirmverfahren nach § 270b InsO und dem sog. „Debt-Equity-Swap"[480] die wohl bedeutendste Novellierung der Insolvenzordnung durch die ESUG-Reform dar.[481]

Nach § 270a Abs. 1 Satz 1 InsO soll das Gericht davon absehen, dem Schuldner ein allgemeines Verfügungsverbot aufzuerlegen, bzw. anzuordnen, dass alle Verfügungen des Schuldners nur mit Zustimmung eines vorläufigen Insolvenzverwalters wirksam sind, wenn die Eigenverwaltung nicht offensichtlich aussichtslos ist. Gleichzeitig wird dem Schuldner anstelle eines Insolvenzverwalters ein vorläufiger Sachwalter zur Seite gestellt, § 270a Abs. 1 Satz 2 InsO, der vom vorläufigen Gläubigerausschuss benannt werden kann.[482] Im Rahmen der Einfügung der vorläufigen Eigenverwaltung nach § 270a InsO durch das ESUG sind erhebliche Unsicherheiten für Gericht, Gläubiger und vor allem Schuldner entstanden. Daher werden nachfolgend die Verflechtung der § 270a InsO und § 270b InsO, deren Anwendung und Auslegung, sowie die Begründung von Masseverbindlichkeit während der vorläufigen Eigenverwaltung dargestellt und erläutert.

---

478 Undritz, in: FS Wehr, S. 339 (340).

479 Gesetzestext § 270a InsO: (1) Ist der Antrag des Schuldners auf Eigenverwaltung nicht offensichtlich aussichtslos, so soll das Gericht im Eröffnungsverfahren davon absehen, dem Schuldner ein allgemeines Verfügungsverbot aufzuerlegen oder anzuordnen, dass alle Verfügungen des Schuldners nur mit Zustimmung eines vorläufigen Insolvenzverwalters wirksam sind. Anstelle des vorläufigen Insolvenzverwalters wird in diesem Fall ein vorläufiger Sachwalter bestellt, auf den die §§ 274 und 275 entsprechend anzuwenden sind.
(2) Hat der Schuldner den Eröffnungsantrag bei drohender Zahlungsunfähigkeit gestellt und die Eigenverwaltung beantragt, sieht das Gericht jedoch die Voraussetzungen der Eigenverwaltung als nicht gegeben an, so hat es seine Bedenken dem Schuldner mitzuteilen und diesem Gelegenheit zu geben, den Eröffnungsantrag vor der Entscheidung über die Eröffnung zurückzunehmen.

480 Zum Dept Equity Swap ausführlich: Hölzle, in: Kübler, HRI, § 31 Rn. 1 ff.; Schleusener, Der Dept-Equity-Swap, 2011; Wuschek, ZInsO 2012, S. 1768–1772; Weber/Schneider, ZInsO 2012, S. 374–384.

481 So auch Undritz, BB 2012, S. 1551 (1551).

482 § 270a Abs. 1 S. 2 i.V.m. § 274 Abs. 1 i.V.m. § 56a Abs. 2 S. 1 InsO.

1. Normzweck

Durch die Einführung des Eröffnungsverfahrens nach § 270a InsO[483], auch allgemeines Eröffnungsverfahren[484], vorläufiges Eigenverwaltungsverfahren[485], Eigenverwaltungsvorverfahren[486] oder vorläufige Eigenverwaltung[487] genannt, soll in diesem besonders sensiblem Verfahrensabschnitt ein Interessenausgleich zwischen dem antragstellenden Schuldner und den Gläubigern geschaffen werden, die sich trotz Eigensanierungsinteresse des Schuldners, nach wie vor an der bestmöglichen, gleichmäßigen Gläubigerbefriedigung gem. § 1 Satz 1 InsO orientieren.[488]

Sinn und Zweck der Regelung ist es, einschneidende Maßnahmen des Gerichts im Eröffnungsverfahren zu verhindern, um die Sanierungsmöglichkeit des Unternehmens zu wahren, insbesondere von der Bestellung eines vorläufigen Insolvenzverwalters abzusehen und somit das Vertrauen der Geschäftspartner in die Geschäftsführung sowie deren Sanierungskonzepte zu stärken.[489] Des Weiteren wird hierdurch auch die Kontinuität der Unternehmensleitung gewahrt, wodurch ein Vertrauensverlust der Geschäftspartner und Gläubiger verhindert bzw. reduziert sowie eine lange Einarbeitung eines (vorläufigen) Insolvenzverwalters verhindert werden kann.[490]

2. Dogmatische Einordnung des Eröffnungsverfahrens

Im Unterschied zum eröffneten Eigenverwaltungsverfahren handelt der Schuldner – abgesehen von der gerichtlichen Anordnung zur Begründung von Masseverbindlichkeiten – im Eröffnungsverfahren nicht als Amtswalter, sondern allein auf Grund seiner Privatautonomie.[491] Dies folgt daraus, dass im vorläufigen Eigenverwaltungsverfahren, anders als im eröffneten Eigenverwaltungsverfahren, keine Anordnung des Gerichts erfolgt, auf welche sich eine besondere insolvenzrechtliche Verfügungsmacht stützen könnte.[492] § 270a InsO begründet daher keine neue

483 So die amtliche Überschrift zu § 270a InsO, BT-Drucksache 17/5712, S. 12 und 39.
484 Undritz, BB 2012, 1551 (1551).
485 Riggert, in: Nerlich/Römermann, Insolvenzordnung 29. Ergänzungslieferung Januar 2016, § 270a Rn. 2.
486 Foltis, in: Frankfurter Kommentar, § 270a Rn. 1.
487 Neußner, in: Kübler, HRI, § 6 Rn. 4; Frind, ZIP 2012, S. 1591 ff. spricht von vorläufiger Sachwalterschaft.
488 M. Hofmann, in: Kübler, HRI, § 7 Rn. 5.
489 BT-Drucksache 17/5712, S. 39; Richter/Pernegger, BB 2011, S. 876 (881).
490 Kammel/Staps, NZI 2010, S. 791 (795).
491 Undritz, in: Karsten Schmidt, Insolvenzordnung, 19. Auflage 2016, § 270a Rn. 7; M. Hofmann, in: Kübler, HRI, § 7 Rn. 30.
492 M. Hofmann, in: Kübler, HRI, § 7 Rn. 30.

Verfügungsmacht, sondern stellt einen Verzicht auf insolvenzrechtlich geprägte Beschränkung der Verfügungsmacht dar.[493]

Auch wenn es der Wortlaut der Norm nahe legt, ist es umstritten, ob es sich bei § 270a Abs.1 Satz 1 InsO um eine sog. *„Soll-Vorschrift“* handelt. Bei einer Soll-Vorschrift handelt es sich um eine Rechtsnorm, die für den Regelfall eine gesetzliche Bindung begründet, bei der in besonderen Fällen jedoch davon abweichen werden kann.

Nach einer Auffassung soll § 270a Abs. 1 Satz 1 InsO teleologisch so ausgelegt werden, dass die Anordnung eines allgemeinen Verfügungsverbots unzulässig ist.[494] Das in § 270a Abs. 1 Satz 1 InsO vorkommende *„soll“* sei als *„hat“* zu lesen.[495] Die Anordnung der vorläufigen Insolvenzverwaltung, die Anordnung von Sicherungsmaßnahmen bzw. die Bestellung eines Insolvenzverwalters sei nicht nur insolvenzzweckwidrig und ausgeschlossen, sondern sogar nichtig.[496] Dies wird damit begründet, dass nur so der Zweck des § 270a Abs. 1 Satz 1 InsO gewährleistet werden könne, dem Schuldner die Kontrolle im Eröffnungsverfahren zu belassen bzw. das Verfahren planbarer zu machen.[497] Ein allgemeines Verfügungsverbot könne schon deshalb nicht angeordnet werden, weil dies im Widerspruch zum Wesen der Eigenverwaltung stehen würde.[498] Eine entsprechende Anordnung komme nur bei konkret drohenden Vermögensnachteilen in Betracht, die ohnehin eine vorläufige Eigenverwaltung ausschlössen.[499]

Nach anderer Auffassung soll es sich bei § 270a Abs. 1 Satz 1 InsO um eine sog. Soll-Vorschrift handeln, wobei die Bestellung eines vorläufigen Insolvenzverwalters im pflichtgemäßen Ermessen des Gerichts steht.[500] Da bei der Anordnung von Sicherungsmaßnahmen der Verhältnismäßigkeitsgrundsatz zu beachten sei, müssen die Anordnungen aber zurückhaltend gehandhabt werden.[501]

---

493 M. Hofmann, in: Kübler, HRI, § 7 Rn. 30; Umkehrschluss der Auffassung von Undritz, FS Wehr, S. 339 (352 ff.) wonach dem Schuldner mit Anordnung der Eigenverwaltung die Verwaltungs- und Verfügungsbefugnis über sein haftendes Vermögen neu zugewiesen wird.

494 Kammel/Staps, NZI 2010, S. 791 (795); M. Hofmann, in: Kübler, HRI, § 7 Rn. 84 ff.

495 Foltis, in: Frankfurter Kommentar, § 270a Rn. 16.

496 Foltis, in: Frankfurter Kommentar, § 270a Rn. 16.

497 Kammel/Staps, NZI 2010, S. 791 (795).

498 M. Hofmann, in: Kübler, HRI, § 7 Rn. 85.

499 M. Hofmann, in: Kübler, HRI, § 7 Rn. 85 (Fußnote 58).

500 Undritz, in: Karsten Schmidt, Insolvenzordnung, 19. Auflage 2016, § 270a Rn. 2; Riggert, in: Nerlich/Römermann, Insolvenzordnung 29. Ergänzungslieferung Januar 2016, § 270 Rn. 22; Pape, in: KPB, InsO, § 270a Rn. 8; Berner, in: NWB Kommentar zum Insolvenzrecht, § 270a Rn. 4 InsO.

501 Pape, in: KPB, InsO, § 270a Rn. 8.

3. Stellungnahme

Der eindeutige Wortlaut der Norm und Sinn und Zweck der Vorschrift sprechen dafür, dass es sich um eine echte Soll-Vorschrift handelt. Andernfalls hätte der Gesetzgeber dies anders geregelt. Auch ist nicht davon auszugehen, dass es sich um ein redaktionelles Versehen handelt, zumal der Gesetzgeber in § 270a Abs. 2 Halbs. 2 InsO eine für das Gericht zwingende Regelung geschaffen hat. Auch die Gesetzesbegründung lässt keinen anderweitigen Schluss zu. § 270a Abs.1 InsO schreibt vor, dass „auf die Bestellung eines (...) vorläufigen Sachwalters verzichtet werden soll".[502] Dass dieses „soll" als „hat" zu lesen ist, geht aus der Gesetzesbegründung nicht hervor.

Weiterhin sprechen Sinn und Zweck der Norm und das Verhältnis zum Schutzschirmverfahren für diese Ansicht. Steht die Anordnung dieser Maßnahmen im Ermessen des Gerichts, erhöht dies die Flexibilität des Verfahrens. Durch die Möglichkeit der Anordnung eines allgemeinen Verfügungsverbots bzw. eines Zustimmungsvorbehalts des vorläufigen Sachwalters kann das Gericht auf unterschiedlichste Situationen und unterschiedliche Schuldner eingehen. Bestünde diese Möglichkeit nicht, bliebe dem Gericht nichts anderes übrig, als im Falle von auch nur geringen Verfehlungen des Schuldners, das Verfahren nach § 270a InsO aufzuheben und ins Regeleröffnungsverfahren überzuleiten. Ein Ermessen auf Seiten des Gerichts stellt das relativ mildeste Mittel dar, die Interessen der Gläubiger zu wahren und die Möglichkeit das Eigenverwaltungsverfahren durchführen zu können.

Für eine Ermessensentscheidung spricht auch das Verhältnis der beiden Eröffnungsverfahren. Wäre das Gericht an der Anordnung von Sicherungsmaßnahmen gehindert, würde es nur noch geringe Unterschiede zum Schutzschirmverfahren geben, das somit überflüssig werden könnte.

II. Voraussetzungen der vorläufigen Eigenverwaltung

1. Antragstellung § 270a Abs. 1 InsO

Formelle Verfahrensvoraussetzung sind neben einem Insolvenzantrag auch der Antrag des Schuldners auf Anordnung der Eigenverwaltung.[503] Dies ergibt sich aus § 270a Abs. 1 Satz 1 InsO, der auf den Eigenverwaltungsantrag nach § 270 InsO verweist. Im Gegensatz zum Eigenverwaltungsantrag, der nur vom Schuldner gestellt werden kann, kann der Insolvenzantrag auch von einem Gläubiger gestellt

502 BT-Drucksache 17/5712, S. 39.

503 BT-Drucksache 17/5712, S. 39; Riggert, in: Nerlich/Römermann, Insolvenzordnung 29. Ergänzungslieferung Januar 2016, § 270a Rn. 6; Neußner, in: Kübler, HRI, § 6 Rn. 95; Foltis, in: Frankfurter Kommentar, § 270a Rn. 12.

werden.[504] Im Falle dieses sog. Drittantrags hat das Insolvenzgericht dem Schuldner die Möglichkeit einzuräumen, noch rechtzeitig einen Antrag auf Anordnung der Eigenverwaltung zu stellen.[505]

a) Zeitpunkt der Antragstellung

Uneinigkeiten bestehen hinsichtlich des Zeitpunktes, bis zu dem der Antrag nach § 270a InsO gestellt werden kann. Hierzu werden zwei unterschiedliche Meinungen vertreten.

b) Antragstellung bis zur Anordnung von Sicherungsmaßnahmen

Nach einer Auffassung soll im Verfahren nach § 270a InsO der Eigenverwaltungsantrag nicht – wie im Verfahren nach § 270 InsO – bis zur Entscheidung über die Eröffnung des Insolvenzverfahrens zulässig sein, sondern nur bis zu dem Zeitpunkt gestellt werden können, bis zu dem das Gericht über die Anordnung von Sicherungsmaßnahmen nach § 21 Abs. 2 Nr. 1 und 2 InsO entschieden hat.[506] Nur bis zu diesem Zeitpunkt könne § 270a InsO seinen Zweck entfalten, zu vermeiden, dass dem Schuldner die Verfügungsmacht über das Unternehmen entzogen und dadurch das Vertrauen der Geschäftspartner in die Geschäftsleitung des Schuldners und deren Sanierungskonzept zerstört wird.[507] Ist ein vorläufiger starker oder schwacher Insolvenzverwalter erst einmal bestellt, könne der mit § 270a InsO verbundene Zweck nicht mehr erreicht werden. Darüber hinaus sei der Schuldner auch nicht schutzwürdig, da es ihm frei bleibe, rechtzeitig einen Antrag auf Anordnung der Eigenverwaltung zu stellen.[508]

c) Antragstellung bis zur Entscheidung über die Verfahrenseröffnung

Nach anderer Auffassung kann im Fall des § 270a InsO der Eigenverwaltungsantrag – ebenso wie im Verfahren nach § 270 InsO – auch nach Anordnung von Sicherungsmaßnahmen, d. h. bis zur Entscheidung über die Eröffnung des Insolvenzverfahrens gestellt werden.[509] Hierfür spreche zunächst einmal der Wortlaut der

---

504 Neußner, in: Kübler, HRI, § 6 Rn. 20; Pape, in: KPB, InsO, § 270a Rn. 6; Foltis, in: Frankfurter Kommentar, § 270a Rn. 12.

505 Neußner, in: Kübler, HRI, § 6 Rn. 35; Riggert, in: Nerlich/Römermann, Insolvenzordnung 29. Ergänzungslieferung Januar 2016, § 270a Rn. 7.

506 Riggert, in: Nerlich/Römermann, Insolvenzordnung 29. Ergänzungslieferung Januar 2016, § 270a Rn. 7; Pape, in: KPB, InsO, § 270b Rn. 28.

507 Riggert, in: Nerlich/Römermann, Insolvenzordnung 29. Ergänzungslieferung Januar 2016, § 270a Rn. 7.

508 Riggert, in: Nerlich/Römermann, Insolvenzordnung 29. Ergänzungslieferung Januar 2016, § 270a Rn.7.

509 Neußner, in: Kübler, HRI, § 6 Rn. 34, 103; Foltis, in: Frankfurter Kommentar, § 270a Rn. 13.

Norm, die keine Frist für die Nachholung eines Eigenverwaltungsantrags vorsieht.[510] Weiterhin spreche die Systematik der §§ 270 ff. InsO dafür, wonach § 270a InsO ein Vorverfahren zur Eigenverwaltung nach § 270 InsO ist und dieses vorbereitet und ergänzt. Auch könne der Reformzweck nach Anordnung der vorläufigen Insolvenzverwaltung noch erreicht werden.

Zum einen gebe es Fälle, in denen die angeordnete vorläufige Eigenverwaltung keine Außenwirkung entfalte, zum anderen könne gerade die Wiedereinräumung der schuldnerischen Selbstverwaltung das Vertrauen der Geschäftspartner in die Geschäftsleitung des Schuldners bzw. in dessen Sanierungskonzept stärken bzw. wiederherstellen.[511]Ferner mache es keinen Sinn, den Eigenverwaltungsantrag nach Anordnung von Sicherungsmaßnahmen nicht zu genehmigen, da der Schuldner den Insolvenzantrag unter bestimmten Voraussetzungen zurücknehmen könnte, um daraufhin erneut einen Insolvenzantrag verbunden mit einem Eigenverwaltungsantrag zu stellen.

Die Rücknahme und gleichzeitig erneute Stellung des Antrags würde das Verfahren zusätzlich verkomplizieren, das Vertrauen der Geschäftspartner in die Geschäftsleitung des schuldnerischen Unternehmens und deren Sanierungskonzept erheblich erschüttern, einen erhöhten Kosten- und Zeitaufwand verursachen und dadurch eine Unternehmenssanierung erschweren.[512]

d) Stellungnahme

Der Wortlaut der Norm sieht keine Frist vor. Auch die Gesetzesbegründung lässt nicht erkennen, dass der Antrag an eine besondere Frist gebunden oder spätestens bis zur Entscheidung über die Anordnung von Sicherungsmaßnahmen zu stellen ist. Für die zweite Auffassung spricht, dass es sich bei dem Eröffnungsverfahren nach § 270a InsO um ein besonderes Eröffnungsverfahren zur Eigenverwaltung nach § 270 InsO handelt, bei dem im Regeleröffnungsverfahren der Antrag auch noch bis zur Eröffnung gestellt werden kann. Weshalb hier etwas anderes gelten soll, ist nicht ersichtlich. Des Weiteren spricht auch Sinn und Zweck des § 270a InsO für diese Sichtweise. Durch § 270a InsO soll das Eigenverwaltungsverfahren gestärkt werden. Dies kann in bestimmten Fällen immer noch erreicht werden, wenn Sicherungsmaßnahmen schon angeordnet wurden. Die Gläubiger werden im Eröffnungsverfahren nicht durch eine Ausschlussfrist geschützt, sondern dadurch, dass das Verfahren nur angeordnet werden darf, sofern die Sanierung nicht offensichtlich aussichtslos ist.

Daneben spricht auch die Verfahrensökonomie für diese Sichtweise. Liegen die Voraussetzungen für eine Rücknahme des Antrags vor, könnte der Schuldner den Insolvenzantrag zurücknehmen und dann erneut einen Insolvenzantrag verbunden

510 Neußner, in: Kübler, HRI, § 6 Rn. 34.
511 Foltis, in: Frankfurter Kommentar, § 270a Rn. 13.
512 Foltis, in: Frankfurter Kommentar, § 270a Rn. 13.

mit einem Antrag nach § 270a InsO stellen. Diese Vorgehensweise wäre sanierungshemmend und insbesondere unter Kostengesichtspunkten wenig praktikabel.

Letztlich spricht für dieses Ergebnis auch die Tatsache, dass das Gericht trotz Anordnung des Eröffnungsverfahrens nach § 270a InsO Sicherungsmaßnahmen nach § 21 InsO anordnen kann.[513] Es wäre daher widersprüchlich, wenn dies nicht auch für den umgekehrten Fall gelten würde, dass zunächst Sicherungsmaßnahmen angeordnet werden und anschließend der Antrag gestellt wird.

e) Zwischenergebnis

Der Antrag auf Durchführung des Eröffnungsverfahrens nach § 270a InsO ist ebenso wie der Antrag im Regeleröffnungsverfahren bis zur Eröffnung des Verfahrens möglich. Allerdings ist davon auszugehen, dass der Antrag zusammen mit dem Insolvenzantrag bzw. zumindest kurz danach gestellt wird, zumal sich die Sanierungschancen mit Fortdauer des Verfahrens verringern.

2. Offensichtliche Aussichtslosigkeit

Die vorläufige Eigenverwaltung nach § 270a InsO ist nur dann möglich, wenn der Antrag des Schuldners auf Eigenverwaltung nicht offensichtlich aussichtslos ist. Die Gesetzesbegründung enthält hierzu allerdings keinen Hinweis, in welchem konkreten Einzelfall der Eigenverwaltungsantrag als nicht offensichtlich aussichtslos anzusehen ist.[514] Fälle der offensichtlichen Aussichtslosigkeit können z. B. dann vorliegen, wenn Gläubigerausschuss oder wichtige Gläubiger das Sanierungskonzept ablehnen, die zur Aufrechterhaltung des Geschäftsbetriebs erforderliche Liquidität nicht gegeben ist, oder öffentlich-rechtliche Genehmigungen nicht (mehr) vorliegen.[515]

Da eine endgültige Entscheidung hierüber nicht vor bzw. während des vorläufigen Eigenverwaltungsverfahrens getroffen werden kann, muss das Gericht hierüber eine Prognose anstellen.[516] Hierbei sind gegenwärtige Umstände nur zu berücksichtigen, sofern diese noch im Zeitpunkt der Entscheidung über den Antrag des Schuldners auf die Eigenverwaltung Wirkung entfalten.[517] Im Rahmen der Prognoseentscheidung gibt es unterschiedliche Auffassungen, welchen Prüfungs- bzw. Beurteilungsmaßstab das Gericht anzuwenden hat.

---

513 Ringstmeier, in: Ahrens/Gehrlein/Ringstmeier, Insolvenzrecht, 2. Auflage 2014, § 270a Rn. 2.

514 Foltis, in: Frankfurter Kommentar, § 270a Rn. 14.

515 Landfermann, in: Heidelberger Kommentar, 7. Auflage 2014, § 270b Rn. 14.

516 Riggert, in: Nerlich/Römermann, Insolvenzordnung 29. Ergänzungslieferung Januar 2016, § 270a Rn. 8.

517 Riggert, in: Nerlich/Römermann, Insolvenzordnung 29. Ergänzungslieferung Januar 2016, § 270a Rn. 8.

a) *Evidenzkontrolle*

Nach einer Auffassung soll die gerichtliche Prüfung auf eine Evidenzkontrolle reduziert sein, ohne dabei zu eigenen Nachforschungen berechtigt zu sein.[518] Das Tatbestandsmerkmal ist dann erfüllt, wenn sich dem Gericht eindeutige Fallgestaltungen aufdrängen.[519] Begründet wird dies zum einen mit § 231 Abs. 1 InsO, in dem ebenso wie in § 270a Abs. 1 InsO der Begriff *„offensichtlich"* verwendet werde[520], und zum anderen mit der Eilbedürftigkeit der Maßnahme, die nur eine kursorische Prüfung zulasse.[521]

b) *Nachforschungspflicht/Amtsermittlungsgrundsatz*

Nach anderer Auffassung soll die Nachforschungspflicht des Gerichts nicht nur auf eine Evidenzkontrolle beschränkt sein, sondern das Gericht müsse im Rahmen seines Amtsermittlungsgrundsatzes gläubigergefährdende Umstände ermitteln und zur Aufklärung dieser Umstände auch Sachverständigengutachten einholen.[522] Dies ergebe sich insbesondere daraus, dass § 270a Abs. 1 Satz 1 InsO zumindest indirekt auf § 270 Abs. 2 Nr. 2 InsO Bezug nehme sowie aus dem gläubigerschützenden Charakter der § 270 ff. InsO.[523] Um die Einleitung des Eröffnungsverfahrens aber nicht zu verzögern, werden Amtsermittlungen zu gläubigergefährdenden Umständen durch das Gericht unmittelbar nach Antragstellung jedoch nur ausnahmsweise vorkommen.[524]

Im Fall, in dem die offensichtliche Aussichtslosigkeit bei Antragstellung nicht ersichtlich ist, im Laufe des Eröffnungsverfahrens jedoch Anzeichen hierzu bestehen, kann das Gericht ein Gutachten einholen.[525] Ergibt sich im Laufe des Eröffnungsverfahrens ggf. durch Einholung eines Gutachtens, dass Umstände vorliegen, die die Eigenverwaltung aussichtslos erscheinen lassen, kann das Gericht anstelle des vorläufigen Sachwalters schärfere Sicherungsmaßnahmen anordnen, sofern dies erforderlich ist.[526]

---

518 Nach Graf-Schlicker, in: Graf-Schlicker, 4. Aufl. 2014, § 270a Rn. 4 soll eine kursorische Prüfung stattfinden; Riggert, in: Braun, Insolvenzordnung, 6. Auflage 2014, § 270a Rn. 2; Riggert, in: Nerlich/Römermann, Insolvenzordnung 29. Ergänzungslieferung Januar 2016, § 270a Rn. 9.

519 Riggert, in: Braun, Insolvenzordnung, 6. Auflage 2014, § 270a Rn. 2.

520 Riggert, in: Braun, Insolvenzordnung, 6. Auflage 2014, § 270a Rn. 2.

521 Graf-Schlicker, in: Graf-Schlicker, 4. Aufl. 2014, § 270a Rn. 4.

522 Foltis, in: Frankfurter Kommentar, § 270a Rn. 15; Pape, in: KPB, § 270a Rn. 16; Kern, in: Münchener Kommentar zur Insolvenzordnung, 3. Auflage 2014, § 270a Rn. 18; Ringstmeier, in: A/G/R, § 270a Rn. 3.

523 Kern, in: Münchener Kommentar zur Insolvenzordnung, 3. Auflage 2014, § 274a Rn. 19.

524 Foltis, in: Frankfurter Kommentar, § 270a Rn. 15.

525 Pape, in: KPB, InsO, § 270a Rn. 16.

526 Obermüller, ZInsO 2011, S. 1809 (1815); Schelo, ZIP 2012, S. 712 (714); Pape, in: KPB, InsO, § 270a Rn. 16.

c) *Stellungnahme*

Wie oben unter Gliederungspunkt D.IV dargestellt, gilt im Eigenverwaltungsverfahren der Amtsermittlungsgrundsatz. Der Auffassung, wonach dieser in der vorläufigen Eigenverwaltung nach § 270a InsO und im Schutzschirmverfahren nach § 270b InsO nicht und stattdessen der Beibringungsgrundsatz[527] gelten soll, kann nicht gefolgt werden.

Da im vorläufigen Eigenverwaltungsverfahren und Schutzschirmverfahren zwingend ein wirksamer Insolvenzantrag vorliegen muss, muss grundsätzlich die Amtsermittlungspflicht gelten. Weder dem Wortlaut der Normen noch der Gesetzesbegründung ist zu entnehmen, dass der Gesetzgeber vom Amtsermittlungsgrundsatz abweichen wollte.[528] Das Gericht muss demnach nach § 5 Abs. 1 Satz 1 InsO von Amtswegen alle Umstände ermitteln, die für das Insolvenzverfahren von Bedeutung sind.[529]

Um einen Missbrauch des Verfahrens zur vermeiden und die Gläubiger vor Nachteilen zu schützen, muss eine Überprüfung im Einzelfall möglich bleiben.[530] Um der Eilbedürftigkeit des Verfahrens gerecht zu werden, soll zunächst nur eine Evidenzkontrolle durchgeführt werden. Ist für das Gericht im Rahmen einer kursorischen Prüfung leicht erkennbar, dass der Antrag keinen Erfolg haben kann, hat es ihn abzulehnen.[531] Aus der Eilbedürftigkeit kann auch hergeleitet werden, dass das Gericht zunächst Rechtsfragen im Zusammenhang mit der Zulässigkeit des Eigenverwaltungsantrags prüft.

Eine tiefergehende Aufklärung von etwaigen Nachteilen kann auch noch während der vorläufigen Eigenverwaltung durchgeführt werden.

Hierdurch würde auch sichergestellt werden, dass der Schuldner nicht die Kontrolle über sein Unternehmen verlöre, da er die Amtsermittlungsmaßnahmen des Gerichts jederzeit durch Antragsrücknahme beenden kann.[532]

3. Zwischenergebnis

Der Schuldner muss den Antrag auf Durchführung der vorläufigen Eigenverwaltung nach § 270a InsO stellen. Er hat auch dann noch die Möglichkeit, den Antrag zu stellen, wenn der Insolvenzantrag von einem Gläubiger gestellt und/oder schon Sicherungsmaßnahmen durch das Gericht angeordnet wurden. Da bei Anordnung von Sicherungsmaßnahmen die Vorzüge des Eigenverwaltungsverfahrens zumindest

527 Gutmann/Laubereau, ZInsO 2012, S. 1861 (1866).
528 Beth, ZInsO 2015, S. 369 (370); Frind, ZInsO 2012, S. 1546 (1550); Vallender, GmbHR 2012, S. 450 (451).
529 Beth, ZInsO 2015, S. 369 (370).
530 Neußner, in: Kübler, HRI, § 6 Rn. 143.
531 Neußner, in: Kübler, HRI, § 6 Rn. 137.
532 Beth, ZInsO 2015, S. 369 (370).

teilweise nicht mehr zur Geltung kommen und bei einem Abwarten der Antragstellung die Sanierungschancen sinken, ist davon auszugehen, dass in der Praxis der Insolvenzantrag und der Antrag auf Durchführung des Eröffnungsverfahren gleichzeitig vom Schuldner gestellt werden bzw. im Falle eines Gläubigerantrags der Schuldner zeitnah den Antrag nach § 270a InsO stellen wird.

Im Rahmen der Prognoseentscheidung, ob die Eigenverwaltung für den Schuldner offensichtlich aussichtslos ist, führt das Gericht nur eine Evidenzkontrolle durch. Ergibt sich daraus, dass die Sanierung nicht offensichtlich aussichtslos ist, hat das Gericht dem Antrag zu entsprechen. Dies muss der Schuldner allerdings hinreichend darlegen. Auch wenn das Gericht keine Zweifel daran hat, dass die Sanierung nicht offensichtlich aussichtslos ist und dem Antrag stattgibt, steht es ihm anheim, (vorläufige) Sicherungsmaßnahmen nach § 21 InsO anzuordnen. Es ist aber davon auszugehen, dass das Gericht beim Vorliegen der Voraussetzungen von den Maßnahmen nur selten bzw. in einem geringen Rahmen Gebrauch machen wird.

III. Der vorläufige Sachwalter im Eröffnungsverfahren

Mit dem ESUG wurde die Person des vorläufigen Sachwalters in die Insolvenzordnung eingeführt. Hinsichtlich der Rechtstellung und Aufgaben des vorläufigen Sachwalters im Verfahren nach § 270a InsO gelten auf Grund der Verweiskette der §§ 270a Abs. 1 Satz 2, 274 Abs. 1, 56 ff. InsO grundsätzlich die Regelungen des Sachwalters. Darüber hinaus gelten auch die Regelungen zur Bestellung des vorläufigen Sachwalters.

Im vorläufigen Eigenverwaltungsverfahren nach § 270a InsO ist allerdings zu berücksichtigen, dass im Gegensatz zum Schutzschirmverfahren dem Schuldner kein verbindliches Vorschlagsrecht hinsichtlich der Person des vorläufigen Sachwalters zusteht. Der Schuldner kann dem Gericht zwar eine Person als vorläufigen Sachwalter vorschlagen, woran dieses allerdings nicht gebunden ist. Berücksichtigt das Gericht den Vorschlag des Schuldners nicht, muss es dies auch nicht, wie für das Schutzschirmverfahren nach § 270b Abs. 2 Satz 2 InsO vorgesehen, begründen.

Nachfolgend werden zwei ausgewählte Probleme im Zusammenhang mit dem vorläufigen Sachwalter dargestellt und bewertet, die sowohl im Eröffnungs- als auch Schutzschirmverfahren von Bedeutung sind. Das sind zum einen die Mitwirkung und Einflussnahme der Überwachungsorgane des Schuldners im Rahmen der Überwachung der Geschäftsführung und die Frage der Vergütung des vorläufigen Sachwalters.

1. Mitwirkung der Überwachungsorgane

Die Aufgaben des vorläufigen Sachwalters stimmen zwar grundsätzlich mit den Aufgaben des Sachwalters überein, im Zusammenhang mit der Überwachung der Geschäftsführung des Schuldners stellt sich allerdings die Frage, ob sich diese im Eröffnungsverfahren auch auf Aufsichtsorgane des Schuldners bezieht.

Durch das ESUG wurde § 276a in die Insolvenzordnung eingefügt. Dieser ist auf juristische Personen[533] und Gesellschaften ohne Rechtspersönlichkeit[534] anwendbar und bestimmt, dass Aufsichtsrat, Gesellschafterversammlung und entsprechende Organe keinen Einfluss auf die Geschäftsführung haben.

In Satz 2 und 3 sind Sonderregelungen für die Abberufung und Bestellung der Mitglieder der Geschäftsführung enthalten. Die Wirksamkeit dieser Rechtsgeschäfte hängt von der Zustimmung des Sachwalters ab, der die Zustimmung aber nur verweigern darf, wenn die Maßnahme zu Nachteilen für die Gläubiger führt. Gewissermaßen steht dem Sachwalter ein Vetorecht zu.

§ 276a InsO dient dazu, das bislang ungeklärte Spannungsverhältnis zwischen Eigenverwaltung und gesellschaftsrechtlichen Bindungen zu klären.[535] In der Eigenverwaltung sollen die Überwachungsorgane keine weiterreichenden Möglichkeiten der Einflussnahme auf die Geschäftsleitung haben, als dies bei einem alternativen Regelinsolvenzverfahren der Fall ist, bei dem nach § 80 InsO die Verfügungsbefugnis auf den Insolvenzverwalter übergeht und dieser nicht von den Organen der Gesellschaft, sondern von den Gläubigern und dem Insolvenzgericht kontrolliert wird.[536]

Im Hinblick auf die Eigenverwaltung bedeutet dies, dass eine Überwachung der Geschäftsführung durch den Sachwalter, den Gläubigerausschuss und die Gläubigerversammlung stattfindet.[537] Eine darüber hinaus gehende Überwachung durch die Organe des Schuldners ist nach der ausdrücklichen Gesetzesbegründung nicht erforderlich. Sie wird vielmehr als hemmend und blockierend eingestuft.[538]

Durch die Regelung des § 276a InsO soll ein missbräuchlicher Austausch der Geschäftsführung zum Nachteil der Gläubiger[539] sowie eine Beeinträchtigung bzw. Verhinderung des Sanierungsprozesses durch die Einflussnahme der gesellschaftsrechtlich institutionalisierten Kontroll- und Überwachungsorgane verhindert werden.[540] Allerdings ist umstritten, ob die Regelungen des § 276a InsO ausschließlich für das schon eröffnete Eigenverwaltungsverfahren gelten, oder ob diese auch bei dem Eröffnungsverfahren nach § 270a InsO und/oder dem Schutzschirmverfahren nach § 270b InsO Anwendung finden.

---

533 Juristische Personen sind Insbesondere Aktiengesellschaft, GmbH, KGaA und Verein.

534 Gesellschaften ohne Rechtspersönlichkeit sind insbesondere OHG, KG, BGB-Gesellschaft.

535 BT-Drucksache 17/5712, S. 42; Riggert, in: Nerlich/Römermann, Insolvenzordnung 29. Ergänzungslieferung Januar 2016, § 276a Rn. 1.

536 BT-Drucksache 17/5712, S. 42; AG Montabaur, Beschluss vom 19.06.2012, Az. HRB 20744, BeckRS 2012, 14971 = NJW-Spezial 2012, S. 630 = ZIP 2012, S. 1307.

537 BT-Drucksache 17/5712, S. 42.

538 BT-Drucksache 17/5712, S. 42.

539 BT-Drucksache 17/5712, S. 42.

540 Hölzle, NZI 2012, S. 124 (130 f.).

a) *Keine Anwendbarkeit des § 276a InsO*

Nach einer Auffassung soll § 276a InsO weder direkt noch analog im Eröffnungsverfahren gem. § 270a InsO oder im Schutzschirmverfahren nach § 270b InsO Anwendung finden.[541]

Es wird vorgebracht, dass schon der Wortlaut der Norm gegen eine Anwendung spreche. Im Gegensatz zu § 270a Abs. 1 Satz 2 InsO und § 270b Abs. 2 Satz 1 und Abs. 4 Satz 2 InsO, bei dem der Begriff des „*vorläufigen Sachwalters*“ verwendet wird, ist in § 276a InsO nur die Rede vom „Sachwalter“.[542] Dieser wird im eröffneten Verfahren an Stelle des Insolvenzverwalters eingesetzt.[543]

Darüber hinaus deute auch die systematische Stellung dieser Norm für diese Ansicht. § 276a InsO sei Teil der Regelung der §§ 270c ff. InsO, die ausschließlich auf das eröffnete Verfahren abziele.[544] Weiterhin fehle in den §§ 270a und 270b InsO ein Verweis auf § 276a InsO.[545]

Auch gebe die Gesetzesbegründung keine Anhaltspunkte. Sie befasse sich mit dem Eigenverwaltungsverfahren und nicht mit dem Eröffnungsverfahren.[546] Aus dem Schweigen des Gesetzgebers hinsichtlich des Eröffnungsverfahrens könne des Weiteren auch keine Regelungslücke geschlossen werden, wodurch eine analoge Anwendung auszuschließen sei.[547]

Daneben spreche der Sinn und Zweck der Norm gegen eine Anwendung. Durch § 276a InsO soll sichergestellt werden, dass die Überwachungsorgane in der Eigenverwaltung keine weiterreichenden Einflussmöglichkeiten haben sollen, als in einem Verfahren, bei dem ein Insolvenzverwalter bestellt wird. Gemeint ist die Bestellung eines Insolvenzverwalters in einem eröffneten, herkömmlichen Insolvenzverfahren.[548] Darüber hinaus sei in einem Verfahren nach §§ 270a, b InsO noch gar nicht sicher, ob das Insolvenzverfahren zum einen überhaupt und zum anderen in der Form der Eigenverwaltung eröffnet werde, so dass die Legitimation zum Eingriff in die Gesellschafterrechte zu diesem frühen Zeitpunkt fehle.[549]

---

541 Zipperer, ZIP 2012, S. 1492 ff.; Klöhn, NZG 2013, S. 81 (84); Riggert, in: Nerlich/Römermann, Insolvenzordnung 29. Ergänzungslieferung Januar 2016, § 276a Rn. 6.; M. Hofmann, in: Kübler, HRI, § 7 Rn. 37 f.; Desch, BB 2011, S. 841 (845 (Fn. 43)); Kolmann, Schutzschirmverfahren, Rn. 269.

542 Zipperer, ZIP 2012, S. 1492 (1493); Klöhn, NZG 2013, S. 81 (84); Riggert, in: Nerlich/Römermann, Insolvenzordnung 29. Ergänzungslieferung Januar 2016, § 276a Rn. 6.

543 § 270c Satz 1 InsO.

544 Klöhn, NZG 2013, S. 81 (84); Zipperer, ZIP 2012, S. 1492 (1493); Riggert, in: Nerlich/Römermann, Insolvenzordnung 29. Ergänzungslieferung Januar 2016, § 276a Rn. 6.

545 Riggert, in: Nerlich/Römermann, Insolvenzordnung 29. Ergänzungslieferung Januar 2016, § 276a Rn. 6; Klöhn, NZG 2013, S. 81 (84).

546 Zipperer, ZIP 2012, S. 1492 (1494).

547 Zipperer, ZIP 2012, S. 1492 (1494).

548 Zipperer, ZIP 2012, S. 1492 (1495).

549 Riggert, in: Nerlich/Römermann, Insolvenzordnung 29. Ergänzungslieferung Januar 2016, § 276a Rn. 6; Klöhn, NZG 2013, S. 81 (84).

b) *Anwendbarkeit des § 276a InsO auf §§ 270a, b InsO*

Nach anderer Auffassung soll § 276a InsO sowohl auf § 270a InsO als auch auf § 270b InsO anzuwenden sein.[550] Das Wortlautargument könne nicht gegen eine Anwendbarkeit herangezogen werden, da der Wortlaut der Norm hinsichtlich des Verhältnisses von § 276a InsO zu §§ 270a, b InsO nicht aufschlussreich sei.[551]

Der Gesetzesbegründung könne nichts Gegenteiliges entnommen werden. Sie spreche neutral von Eigenverwaltung, was weder für noch gegen eine Anwendbarkeit herangezogen werden könne, da die Vorverfahren (§§ 270a, b InsO) zu den erweiterten Verfahren der Eigenverwaltung zu zählen seien.[552]

Es sei auch nicht verwunderlich, dass § 270a InsO nicht auf § 276a InsO verweise, zumal diese Norm sich mit dem vorläufigen Sachwalter befasse und daher auch nur auf Normen verweise, die diesen unmittelbar beträfen. Des Weiteren seien die systematischen Einwände, die gegen eine Anwendung des § 276a InsO im Verfahren nach § 270b InsO vorgebracht würde, verfehlt, da § 270b Abs. 1 Satz 1 InsO nur die Ausarbeitung eines Insolvenzplans betreffe und daher in den Regelungen des Insolvenzplans nach §§ 217 ff. InsO oder im allgemeinen Teil besser platziert wäre.[553]

Darüber hinaus würde § 276a InsO ins Leere laufen, wenn diese Norm nur für das eröffneten Verfahren gelte, da in diesem Fall die Gesellschafter im besonders sensiblen Zeitraum des Eröffnungsverfahrens Einfluss auf die Geschäftsführung nähme und somit das gesamte (eröffnete) Eigenverwaltungsverfahren beeinflussen und lenken könnten.[554] Ferner bestehe während des Schutzschirmverfahrens eine wesentlich höhere Gefahr, dass die Gesellschafter oder die Organe versuchen würden, auf die Geschäftsführung Einfluss zu nehmen als dies im eröffneten Verfahren der Fall sei, da hier der Insolvenzplan ausgearbeitet würde.[555] Im eröffneten Verfahren müsste der Insolvenzplan dann nur noch umgesetzt werden, so dass eine Einflussnahme wenig Sinn ergäbe.[556]

c) *Anwendbarkeit des § 276a InsO auf § 270b InsO*

Nach wiederum anderer Auffassung soll § 276a InsO lediglich für das Schutzschirmverfahren gem. § 270b InsO und nicht auf das Eröffnungsverfahren nach § 270a InsO anwendbar sein.[557] Eine direkte Anwendung komme nicht in Betracht, da § 276a

550 Ströhmann/Längsfeld, NZI 2013, S. 271 (273 f.).
551 Ströhmann/Längsfeld, NZI 2013, S. 271 (273).
552 Ströhmann/Längsfeld, NZI 2013, S. 271 (273).
553 Ströhmann/Längsfeld, NZI 2013, S. 271 (274).
554 Ströhmann/Längsfeld, NZI 2013, S. 271 (274).
555 Ströhmann/Längsfeld, NZI 2013, S. 271 (274).
556 Ströhmann/Längsfeld, NZI 2013, S. 271 (274).
557 Hölzle, ZIP 2012, S. 2427 ff.

InsO das Verbot der Einflussnahme hinsichtlich der Geschäftsführung ausdrücklich nur für das eröffnete Eigenverwaltungsverfahren regele und ein Verweis in §§ 270a, b InsO fehle.[558]

Da das Schutzschirmverfahren aber ein Sanierungsvorbereitungsverfahren sei, das auf die Vorlage eines Insolvenzplans ausgerichtet ist, müsse verhindert werden, dass die Regelungsziele des Insolvenzplans und der Planerfolg durch obstruierende Gesellschafterhandlungen vereitelt würden. Daher sei es geboten, dass der durch §§ 217 S. 2, 225a InsO geschaffene *Verdrängungsbereich*[559] auf das Schutzschirmverfahren nach § 270b InsO vorgezogen werde.[560]

Neben dem Rechtsgedanken des § 276a InsO werde auch der Rechtsgedanke des § 233 InsO herangezogen. Demnach kann das Insolvenzgericht auf Antrag des Schuldners bzw. des Insolvenzverwalters anordnen, dass die Verwertung und die Verteilung der Insolvenzmasse auszusetzen sind, sofern die Durchführung des Insolvenzplans sonst gefährdet würde. Die Norm diene der Sicherung und Durchführung des Insolvenzplans, indem eine die Planziele gefährdende Verwertung des schuldnerischen Vermögens durch den Insolvenzverwalter verhindert würde.[561]

Die Interessenlage bei § 276a InsO sei aber vergleichbar, da hier die Planziele zwar nicht durch Verwertung oder Verteilung des schuldnerischen Vermögens, wohl aber durch konterkarierende gesellschaftsrechtliche Einflussnahme gefährdet werden könnten.[562] Da der Gesetzgeber eine die § 233 InsO und § 276a InsO vergleichbare Regelung für das Schutzschirmverfahren vergessen habe und der Gesetzesbegründung zu § 276a InsO keine abschließende Regelung zu entnehmen sei, sei von einer planwidrigen Regelungslücke auszugehen, die eine Gesamtanalogie zu § 233, § 276a InsO gebiete.[563]

---

558 Hölzle, ZIP 2012, S. 2427 (2428).

559 Nach der Verdrängungslehre von Weber, KTS 1970, S. 73 (77 ff.), verdrängt der Konkursverwalter den zuständigen gesetzlichen Vertreter in dem ihm durch Gesetz zugewiesenen Bereich. In diesen Bereichen wird ihm ein Vorrang vor jeglichen Entscheidungskompetenzen der Gesellschaftsorgane eingeräumt; ausführlich zur Kompetent der Gesellschaftsorganen zu Kapitalerhöhungen in der Insolvenz Müller, ZGR 2004, S. 842 ff.; die Rechtsmacht des Insolvenzverwalters geht aber nur soweit, wie die Insolvenzmasse betroffen ist, BayObLG, Beschluss vom 17.03.2004, Az. 3Z BR 046/04, ZIP 2004, S. 1426.

560 Hölzle, ZIP 2012, S. 2427 (2428 f.).

561 Breuer, in: Münchener Kommentar zur Insolvenzordnung, 3. Aufl., 2014, § 233 Rn. 1.

562 Hölzle, ZIP 2012, S. 2427 (2430).

563 Hölzle, ZIP 2012, S. 2427 (2430 f.).

d) Stellungnahme

Die besseren Argumente sprechen dafür, dass § 276a InsO nicht in den Verfahren nach §§ 270a, b InsO Anwendung findet. In erster Linie können hierfür der Wortlaut und die Systematik der Norm herangeführt werden.

§ 276a Satz 2 InsO macht die Wirksamkeit der Abberufung und Neubestellung von Mitgliedern der Geschäftsleitung von der Zustimmung des Sachwalters abhängig. Der vorläufige Sachwalter wird hingegen nicht erwähnt. Darüber hinaus nehmen auch die Normen der vorläufigen Eigenverwaltung und des Schutzschirmverfahrens nicht auf § 276a InsO Bezug.

Weiterhin besteht auch kein praktisches Bedürfnis für eine (analoge) Anwendung des § 276a InsO. Das Argument, wonach die Gesellschafter versuchen würden, auf die Geschäftsführung Einfluss zu nehmen und den Insolvenzplan zu Lasten der Gläubiger zu beeinflussen, geht fehl. Die Gläubiger sind durch mehrere Maßnahmen hinreichend geschützt. Schon während des Schutzschirmverfahrens hat der vorläufige Gläubigerausschuss nach § 270b Abs. 4 Nr. 2 InsO die Möglichkeit, das Verfahren ohne Begründung aufheben zu lassen. Ist ein solcher nicht bestellt, kann die Aufhebung durch absonderungsberechtigte Gläubiger beantragt werden. Daneben kann das Gericht das Verfahren aufheben, wenn sich die Veränderung der Geschäftsleitung negativ auf die Eigenverwaltung auswirkt, die optimale Gläubigerbefriedigung gefährdet und/oder eine Sanierung nach gerichtlicher Prognoseentscheidung aussichtslos geworden ist.

Eine negative Einflussnahme auf die Erstellung des Insolvenzplans ist schon dadurch ausgeschlossen, dass dieser immer nur zusammen mit den Gläubigern erstellt werden kann, da diese letztlich dem Plan zustimmen müssen. Auch darf in diesem Stadium noch nicht zum Schutz der Gläubiger in die Gesellschafterrechte eingegriffen werden, weil es noch nicht zu einer Verfahrenseröffnung gekommen ist.[564] Dies muss insbesondere für den Fall gelten, bei dem der Schuldner das Verfahren zunächst beantragt hat und später den Antrag zurück nimmt.

e) Zwischenergebnis

Im Eröffnungs- und Schutzschirmverfahren nach §§ 270a, b InsO findet die Vorschrift des § 276a InsO keine Anwendung. Die Überwachungsorgane werden durch die Einsetzung des vorläufigen Sachwalters nicht suspendiert, können somit am Verfahren mitwirken und auf dieses Einfluss nehmen. Auch hat der vorläufige Sachwalter keine Mitwirkungsrechte, z. B. im Rahmen eines Zustimmungsvorbehalts bei der Abberufung und Neubestellung.

564 Kolmann, Schutzschirmverfahren, Rn. 448.

2. Vergütung des vorläufigen Sachwalters

Noch weitgehend ungeklärt ist die Frage auf welcher Rechtsgrundlage die Vergütung des vorläufigen Sachwalters im Eröffnungs- und Schutzschirmverfahrens beruht und nach welchen Maßstäben sie sich bemisst.[565]

Dem vorläufigen Sachwalter steht auf Grund der Verweiskette der §§ 270a Abs. 1 Satz 2 bzw. 270b Abs. 2 Satz 1, 274 Abs. 1, 63 bis 65 InsO ein Anspruch auf Vergütung für seine Geschäftsführung und auf Erstattung angemessener Auslagen zu, weil er durch einen Akt gerichtlicher Bestellung tätig wird.[566]

Ein Vorteil des Eigenverwaltungsverfahrens und des nun dazugehörenden Eröffnungsverfahrens wird darin gesehen, dass der (vorläufige) Sachwalter im Vergleich zum (vorläufigen) Insolvenzverwalter eine geringere Vergütung erhält.

Die geringere Vergütung wird insbesondere dann relevant, wenn die Vergütung den Großteil der Kosten des Verfahrens ausmacht.

a) Regelungen der insolvenzrechtlichen Vergütungsordnung

Die insolvenzrechtliche Vergütungsverordnung enthält unter anderem Regelungen zur Vergütung des vorläufigen Insolvenzverwalters[567], des Sachwalters[568] sowie des (vorläufigen) Gläubigerausschusses.[569]

Der vorläufige Insolvenzverwalter erhält nach § 63 Abs. 3 Satz 2 InsO in der Regel 25 Prozent der Vergütung des Insolvenzverwalters. Der Sachwalter erhält nach § 12 Abs. 1 InsVV in der Regel 60 vom Hundert der für den Insolvenzverwalter bestimmten Vergütung. Die Vergütung der Mitglieder des Gläubigerausschusses beträgt regelmäßig zwischen EUR 35 und EUR 95 je Stunde, wobei bei der Festsetzung des Stundensatzes insbesondere der Umfang der Tätigkeit zu berücksichtigen ist.[570] Die Vergütung der Mitglieder des vorläufigen Gläubigerausschusses beträgt einmalig EUR 300.[571]

---

565 Schur, ZIP 2014, S. 757 (757).

566 AG Köln, Beschluss vom 13.11.2012, Az. 71 IN 109/12, NZI 2013, S. 97 (97) = ZIP 2013, S. 426 = ZInsO 2013, S. 741; Stephan, in: Münchener Kommentar Insolvenzordnung, 3. Auflage 2013, § 12 InsVV Rn. 20; AG Essen, Beschluss vom 03.11.2014, Az. 166 IN 155/13, BeckRS 2014, 20459 = ZIP 2015, S. 538 = ZInsO 2014, S. 2398; Lorenz, in: Lorenz/Klanke, InsVV, 2. Aufl. 2014, § 12 Rn. 22.

567 § 11 InsVV i.V.m. § 63 Abs. 3 InsO. Die Regelung zur Vergütung des vorläufigen Insolvenzverwalters wurde durch das Gesetz zur Verkürzung des Restschuldbefreiungsverfahrens und zur Stärkung der Gläubigerrechte vom 15. Juli 2013, BGBL 2379 von der Insolvenzrechtlichen Vergütungsverordnung in die Insolvenzordnung verschoben.

568 § 12 InsVV.

569 § 17 Abs. 2 InsVV. Nach der Bestellung eines vorläufigen Insolvenzverwalters oder eines vorläufigen Sachwalters richtet sich die weitere Vergütung nach Stundenbasis.

570 § 17 Abs. 1 InsVV.

571 § 17 Abs. 1 und 2 InsVV.

b) Keine gesetzliche Regelung für den vorläufigen Sachwalter

In der insolvenzrechtlichen Vergütungsverordnung fehlt allerdings eine Regelung, in der die Vergütung des vorläufigen Sachwalters ausdrücklich geregelt ist.[572] In § 63 Abs. 1 InsO ist nur der Anspruch des Insolvenzverwalters auf Vergütung für seine Geschäftsführung und auf Erstattung angemessener Auslagen geregelt. Eine Regelung der Vergütung des vorläufigen Sachwalters ist in § 63 InsO oder § 63 InsO a.F. nicht enthalten.[573] Der Auffassung von Schur[574], der – nach rein formaler Betrachtung – in § 12 InsVV eine Vergütungsgrundlage des vorläufigen Sachwalters sieht, kann nicht gefolgt werden. Hiergegen spricht der eindeutige Wortlaut des § 12 InsVV, der von der Vergütung des Sachwalters und nicht der des vorläufigen Sachalters spricht. Auch die Systematik der InsVV spricht gegen diese Ansicht. Die insolvenzrechtliche Vergütungsverordnung differenziert zwischen vorläufigem Insolvenzverwalter und Insolvenzverwalter bzw. vorläufigem Gläubigerausschuss und Gläubigerausschuss. Dass der Gesetzgeber in § 12 InsVV auch die Vergütung des vorläufigen Sachwalters regeln wollte, ist nicht ersichtlich.

Da der Gesetzgeber durch Artikel 2 des ESUG[575] in die InsVV aber eine Regelung hinsichtlich der Vergütung des vorläufigen Gläubigerausschusses aufgenommen hat, wird davon ausgegangen, dass eine Regelung für den vorläufigen Sachwalter nur übersehen wurde.[576]

Auch wurde versäumt, mit der zweiten Stufe der Insolvenzrechtsreform durch das Gesetz zur Verkürzung des Restschuldbefreiungsverfahrens und zur Stärkung der Gläubigerrechte[577] eine Regelung zur Vergütung des vorläufigen Sachwalters in die InsO oder die insolvenzrechtliche Vergütungsverordnung oder eine Klarstellung in die Insolvenzordnung aufzunehmen.

Sowohl in Rechtsprechung als auch in der Literatur ist die Höhe und Berechnung der Vergütung des vorläufigen Sachwalters umstritten. Derzeit liegen unterschiedlichste Gerichtsentscheidungen zur Höhe der Regelvergütung des vorläufigen Sachwalters sowie eine Vielzahl von Literaturansichten vor, die nachfolgend dargestellt werden.

---

572 Zur Regelvergütung des vorläufigen Sachwalters siehe ausführlich Budnik, NZI 2014, S. 247 (248).

573 Budnik, NZI 2014, S. 247 (248).

574 Schur, ZIP 2014, S. 757 (758).

575 BT-Drucksache 17/5712, S. 13.

576 AG Köln, Beschluss vom 13.11.2012, Az. 71 IN 109/12, NZI 2013, S. 97 (97) = ZIP 2013, S. 426 = ZInsO 2013, S. 741; Schur, ZIP 2014, S. 757 (758).

577 Gesetz zur Verkürzung des Restschuldbefreiungsverfahrens und zur Stärkung der Gläubigerrechte vom 15. Juli 2013, BGBl. I, S. 1379 ff.

c) *Erforderlichkeit einer gesetzlichen Regelung*

Die Frage der Höhe der Vergütung des vorläufigen Sachwalters spielt nicht nur für diesen selbst, sondern auch für die Gläubiger sowie für das Eröffnungs- und Schutzschirmverfahren eine erhebliche Rolle.

Nach § 274 Abs. 3 InsO gehört es zu den Aufgaben des vorläufigen Sachwalters Umstände zu prüfen, die erwarten lassen, dass die Fortsetzung der Eigenverwaltung zu Nachteilen für die Gläubiger führen wird. Er hat somit zu Beginn seiner Tätigkeit eine prognostische Vergleichsrechnung auch zu den Kosten einer vorläufigen Insolvenzverwaltung, den addierten Kosten der vorläufigen Eigenverwaltung und der vorläufigen Sachwaltung zu erstellen.[578] Ergibt sich hieraus, dass die Kosten der vorläufigen Insolvenzverwaltung wahrscheinlich geringer ausfallen werden als die des Eröffnungs- oder Schutzschirmverfahrens, hat er dies dem vorläufigen Gläubigerausschuss zu melden.[579] Der vorläufige Gläubigerausschuss kann dann nach § 270b Abs. 4 Nr. 2 InsO die Aufhebung des Schutzschirmverfahrens beantragen, die vom Gericht umzusetzen ist.

d) *Regelsatz i.H.v. 25 Prozent der Regelvergütung des Sachwalters*

Nach Auffassung von AG Köln[580], LG Bonn[581] und AG Essen[582] beträgt die Vergütung des vorläufigen Sachwalters 25 Prozent der Regelvergütung des endgültigen Sachwalters.[583] Da die Regelvergütung des Sachwalters 60 Prozent der Vergütung des Insolvenzverwalters beträgt, erhält der vorläufige Sachwalter somit im Ergebnis 15 Prozent der Regelvergütung des Insolvenzverwalters.[584]

---

578 AG Hamburg, Beschluss vom 20.12.2013, Az. 67g IN 419/12, ZIP 2014, S. 237 (239) = EWiR 2014, S. 155 = ZInsO 2014, S. 569.

579 AG Hamburg, Beschluss vom 20.12.2013, Az. 67g IN 419/12, ZIP 2014, S. 237 (239) = EWiR 2014, S. 155 = ZInsO 2014, S. 569.

580 AG Köln, Beschluss vom 13.11.2012, Az. 71 IN 109/12, NZI 2013, S. 97 ff.; = ZIP 2013, S. 426 = ZInsO 2013, S. 741.

581 LG Bonn, Beschluss vom 11.10.2013, Az. 6 T 184/13, NZI 2014, S. 123 ff. = ZIP 2014, S. 694 = ZInsO 2013, S. 2341.

582 AG Essen, Beschluss vom 17.01.2014, Az. 164 IN 135/13, NZI 2014, S. 271 ff. = ZIP 2014, S. 839 L = ZInsO 2014, S. 464; AG Essen, Beschluss vom 03.11.2014, Az. 166 IN 155/13, BeckRS 2014, 20459 = ZIP 2015, S. 538 = ZInsO 2014, S. 2398.

583 So auch zuletzt AG Münster, Beschluss vom 18.01.2016, Az. 74 IN 65/14, BeckRS 2016, 02610; Anmerkung von Ulrich Keller in: NZI 2016, S. 211 ff.

584 Papa, in: KPB, § 270a Rn. 26; Stephan, Münchener Kommentar zur Insolvenzordnung, 3. Auflage 2013, § 12 InsVV Rn. 23; Haarmeyer/Mock, in: Haarmeyer/Mock, InsVV, 5. Aufl. 2014, § 12 Rn. 21; Landfermann, in: Heidelberger Kommentar, 7. Auflage 2014, § 270a Rn. 15. Rechtsgrundlage soll eine Kombination aus §§ 11 Abs. 1 Satz 2, 12 Abs. 1 InsVV analog sein. Die Vergütung des vorläufigen Sachwalters soll sich an der des Sachwalters orientieren. Hiervon soll ein Abschlag gemacht werden, der sich am Abschlag von der Vergütung des Insolvenzverwalters

Das AG Köln und das LG Bonn[585] führen als gesetzliche Grundlage §§ 274 Abs. 1, 63, 65 InsO i.V.m. § 11 InsVV analog an. Das AG Köln sieht es als sachgerecht an, mangels entgegenstehender Bestimmungen und bis zur Klarstellung durch den Gesetz- bzw. Verordnungsgeber die Vergütung des vorläufigen Sachwalters auf 25 Prozent der Regelvergütung des Sachwalters festzusetzen.[586]

Das AG Essen[587] begründet seine Entscheidung mit der Systematik des Vergütungsrechts. Im Vergleich zum vorläufigen Insolvenzverwalter seien der Aufgabenbereich, Aufwand und das Haftungsrisiko des vorläufigen Sachwalters wesentlich geringer. Dies rechtfertige es, ihm nur 25 Prozent der Regelvergütung des vorläufigen Insolvenzverwalters zuzusprechen. Eine Gleichstellung der Vergütung des vorläufigen Sachwalters mit dem Sachwalter, wäre systemwidrig, da der vorläufige Sachwalter somit mehr bekäme als der vorläufige Insolvenzverwalter, dessen Vergütung bei 25 Prozent der Vergütung des Insolvenzverwalters liegt.[588]

e) Regelsatz i.H.v. 60 Prozent der Regelvergütung des Insolvenzverwalters

Nach Auffassung der AG Göttingen[589] und AG Hamburg[590] beträgt die Vergütung des vorläufigen Sachwalters 60 Prozent der für den Insolvenzverwalter bestimmten Vergütung. Als gesetzliche Grundlage führen die Gerichte § 12 InsVV analog an. Unterschieden im Aufgabenkreis und Arbeitsaufwand könnte durch Anwendung des § 3 InsVV durch Zu- und Abschläge Rechnung getragen werden.[591]

Eine Reduzierung der Vergütung nach § 11 InsVV analog komme nicht in Betracht. Diese sei zwar im Verhältnis von vorläufiger und endgültiger Insolvenzverwaltung auf Grund unterschiedlicher Aufgabenbereiche gerechtfertigt, könne aber nicht auf die Sachwaltung übertragen werden. In der Sachwaltung sei der Aufgabenbereich bzw. Arbeitsaufwand bei vorläufiger und endgültiger Sachwaltung nahezu deckungsgleich; im Schutzschirmverfahren durch die Kontrolle der Zahlungsunfähigkeit gem. § 270b Abs. 4 Satz 2 InsO ggfl. sogar größer, wodurch eine pauschale

---

orientiert, den der vorläufige Insolvenzverwalter nach § 11 Abs. 1 Satz 2 InsVV hinzunehmen hat.

585 Die analoge Anwendung des § 11 wird vom LG Bonn nicht gesondert begründet.

586 AG Köln, Beschluss vom 13.11.2012, Az. 71 IN 109/12, NZI 2013, S. 97 (97) = ZIP 2013, S. 426 = ZInsO 2013, S. 741.

587 AG Essen, Beschluss vom 17.01.2014, Az. 164 IN 135/13, NZI 2014, S. 271 (271) = ZIP 2014, S. 839 L = ZInsO 2014, S. 464.

588 AG Essen, Beschluss vom 17.01.2014, Az. 164 IN 135/13, NZI 2014, S. 271 (271) = ZIP 2014, S. 839 L = ZInsO 2014, S. 464.

589 AG Göttingen, Beschluss vom 28.11.2012, Az. 74 IN 160/12, BeckRS 2012, 24941 = NJW-Spezial 2013, S. 23; zustimmend Leonhardt/Smid/Zeuner, InsVV, § 12 Rn. 27; Ringstmeier, in: A/G/R, § 270a Rn. 9.

590 AG Hamburg, Beschluss vom 20.12.2013, Az. 67g IN 419/12, ZIP 2014, S. 237ff. = EWiR 2014, S. 155 = ZInsO 2014, S. 569.

591 Im Ergebnis so auch AG Potsdam, Beschluss vom 08.01.2015, Az. 35 IN 748/12, ZIP 2015, S. 1799 ff. = NZI 2015, S. 247 = ZInsO 2015, S. 975.

Reduzierung um 25 Prozent nicht sach- und leistungsgerecht sei. Mangels Vergleichbarkeit könne § 11 InsVV nicht analog angewendet werden.

f) Regelsatz i.H.v. 25 Prozent der Regelvergütung des Insolvenzverwalters

Nach einer weiteren Auffassung soll dem vorläufigen Sachwalter ein Anspruch in Höhe von 25 Prozent der Regelvergütung des Insolvenzverwalters zustehen.[592] Dies wird mit der Gesetzessystematik des § 270a Abs. 1 Satz 2 InsO und des Wortlauts „*Anstelle des vorläufigen Insolvenzverwalters*“ begründet. Rechtsgrundlage sei § 11 InsVV analog, da die Aufgabenstellung des vorläufigen Sachwalters im Hinblick auf den Umfang der entsprechenden Tätigkeit des schwachen vorläufigen Insolvenzverwalters ähnelt. Insbesondere wäre es ein Widerspruch, wenn der vorläufige Sachwalter wie der endgültige Sachwalter und damit einen deutlich höheren Regelsatz als der vorläufige Insolvenzverwalter erhalten würde.

g) Einzelfalllösung

Teilweise wird auch vertreten, dass die Höhe der Vergütung des vorläufigen Sachwalters auf einer Einzelfallentscheidung beruhe, da auf Grund der Komplexität der Aufgaben und der Unterschiedlichkeit der Verfahren eine generalisierte Betrachtung nicht möglich sei.[593]

h) Stellungnahme

Bislang ist noch keine Ansicht bekannt, wonach dem vorläufigen Sachwalter ein Vergütungsanspruch verwehrt wird. Auf Grund der gerichtlichen Bestellung nimmt der vorläufige Sachwalter ein hoheitliches Amt wahr, so dass sein Anspruch öffentlich-rechtlicher Natur ist.[594] Ihm eine angemessene Vergütung zu verwehren, stellt einen nicht gerechtfertigten Eingriff in dessen Berufsfreiheit (Art. 12 Abs. 1 GG) dar.[595] Wie oben dargestellt gehen die Meinungen zur Vergütung des vorläufigen Sachwalters mitunter weit auseinander. Es wird eine Bandbreite von 15 bis 60 Prozent der Regelvergütung des Insolvenzverwalters vertreten.

---

592 M. Hofmann in: Kübler, HRI, § 7 Rn. 90; Undritz, in: Karsten Schmidt, 19. Auflage 2016, § 270a Rn. 4; Lorenz, in: Lorenz/Klanke, InsVV, 2. Aufl. 2014, § 12 Rn. 23.

593 Büttner, in: Hamburger Kommentar, 5. Auflage 2015, § 12 InsVV Rn. 21.

594 Haarmeyer/Mock, in: Haarmeyer/Mock, Insolvenzrechtliche Vergütung, 5. Aufl. 2014, Vorb. Rn. 48.

595 BGH, Urteil vom 05.12.1991, Az. IX ZR 275/90, NJW 1992, S. 692; Mock, ZInsO 2014, S. 67 (67); Zur Bedeutung der Berufsfreiheit im Rahmen der insolvenzrechtlichen Vergütung siehe Haarmeyer/Mock, Insolvenzrechtliche Vergütung, 5. Aufl. 2014, Vorbemerkungen Rn. 48 ff; Mock, in: Uhlenbruck, Insolvenzordnung, 14. Auflage. 2015, § 63 Rn. 5.; Stephan, in: Münchener Kommentar Insolvenzordnung, 3. Aufl. 2013, § 63 Rn 29; Leonhardt/Smid/Zeuner, InsVV, Einl. Rn. 22.

Für eine Einzelfallentscheidung, wonach das Gericht die Vergütung des vorläufigen Sachwalters bezogen auf den konkreten Einzelfall nach freiem Ermessen festsetzt, spricht, dass hierdurch eine sachgerechte Vergütung festgesetzt werden kann. Hierdurch könnte ein Ausgleich zwischen dem Vergütungsanspruch des vorläufigen Sachwalters und dem Interesse der Gläubiger am Erhalt der Insolvenzmasse geschaffen werden.

Stellt man die Vergütung in das Ermessen des Gerichts, bietet dies allerdings keine bzw. nur geringe Rechtssicherheit für Gläubiger, Schuldner oder vorläufigen Sachwalter.

Der Gesetzgeber hat mit der Insolvenzordnung und der Insolvenzrechtlichen Vergütungsverordnung ein Vergütungssystem geschaffen, indem die Vergütung der Beteiligten, d. h. Sachwalter (vorläufigen) Insolvenzverwalter und (vorläufigen) Gläubigerausschuss sowie die des Treuhänders genau geregelt ist. Die Vergütungsfestsetzung nach freiem Ermessen würde letztlich eine Willkürentscheidung des Gerichts ermöglicht, die das insolvenzrechtliche Vergütungssystem letztlich konterkariert und darüber hinaus systemwidrig wäre.[596] Zusätzlich könnte der vorläufige Sachwalter im Falle einer Einzelfallentscheidung auch nicht oder nur schwer die Nachteilsprognose i.S.d. § 274 Abs. 3 InsO anstellen, da er die Kosten im Vorhinein nicht genau berechnen kann.

Daneben sprechen auch praktische Erwägungen gegen eine Einzelfallentscheidung, da diese für die schon jetzt überlasteten Insolvenzgerichte (sehr) zeitaufwändig sein dürfte.

Die Festsetzung der Vergütung des vorläufigen Sachwalters durch das Gericht im Einzelfall ist daher abzulehnen.

Der Aufgabenbereich des vorläufigen Sachwalters ist auf den ersten Blick – auf Grund des Verweises in den §§ 270a Abs. 1 Satz 2 und 270b Abs. 2 Satz 1 InsO auf die §§ 274, 275 InsO – mit dem des Sachwalters weitestgehend vergleichbar.

Teilweise kann der Aufgabenbereich des vorläufigen Sachwalters über den des Sachwalters hinausgehen. Dies ist z. B. dann der Fall, wenn das in Eigenverwaltung geführte Verfahren durch einen Insolvenzplan abgeschlossen werden soll und die wesentliche Arbeit im Eröffnungsverfahren stattfindet oder der vorläufige Sachwalter arbeits- und zeitintensiv die Liquidationsplanung des Schuldners überwacht, um den Eintritt der Zahlungsunfähigkeit feststellen zu können.

Hingegen ist der Sachwalter nach § 270c InsO zur Führung der Insolvenztabelle verpflichtet, und er hat nach § 280 InsO Haftungs- und Anfechtungsansprüche geltend zu machen und zu prüfen. Darüber hinaus hat der Sachwalter eine Vielzahl von weiteren Prüfungs- und Mitwirkungspflichten[597], die über die Aufgaben des vorläufigen Sachwalters hinausgehen.[598] Diese Tätigkeiten haben i.d.R. einen größeren Umfang als die spezifischen Aufgaben des vorläufigen Sachwalters.

---

596 Mock, ZInsO 2014, S. 67 (67).

597 Z.B. § 279 Satz 2 und 3, § 281 Abs. 2 Satz 2, § 283 Abs. 3 Satz 2 InsO.

598 Schur, ZIP 2014, S. 757 (759).

Darüber hinaus muss berücksichtigt werden, dass der vorläufige Sachwalter zeitlich begrenzt tätig ist, im Schutzschirmverfahren maximal drei Monate lang. Daher erscheint es grundsätzlich gerechtfertigt, dass die Regelvergütung des vorläufigen Sachwalters unter der des Sachwalters liegt.

Hierfür spricht auch die Systematik der insolvenzrechtlichen Vergütung, nach der jeweils die Vergütung des vorläufigen und die des endgültig tätigen Amtsträgers ins Verhältnis gesetzt werden.[599] So bezieht sich die Vergütung des vorläufigen Insolvenzverwalters gem. § 63 Abs. 3 Satz 2 InsO auf die des Insolvenzverwalters und die Vergütung des vorläufigen Gläubigerausschusses gem. § 17 Abs. 2 InsVV auf die des Gläubigerausschusses. Nachdem das Verfahren eröffnet ist, richtet sich die Vergütung somit jeweils nach der nachfolgenden Person/Institution. Für die Vergütung des vorläufigen Sachwalters ist systematisch die richtige Bezugs- und Vergleichsgröße die des endgültigen Sachwalters. Eine vergütungsrechtliche Gleichstellung des vorläufigen Sachwalters mit dem vorläufigen Insolvenzverwalter oder dem Sachwalter wäre systemwidrig.

Sollte die Tätigkeit des vorläufigen Sachwalters besonders umfangreich sein, könnte dies mit Zuschlägen nach § 3 InsVV ausgeglichen werden.[600]

i) Zwischenergebnis

Die Frage, wie hoch die Regelvergütung des vorläufigen Sachwalters ist, spielt nicht nur für diesen selbst eine Rolle. Sie ist auch maßgeblich für die Höhe der Kosten des Verfahrens und damit relevant bei der Beurteilung, ob mit dem Eigenverwaltungsverfahren im Falle der Liquidation eine höhere Quote erzielt werden kann als mit dem Regelinsolvenzverfahren. Nach der vorliegend vertretenen Auffassung beträgt die Regelvergütung des vorläufigen Sachwalters 25 Prozent der Regelvergütung des Sachwalters. Ein überdurchschnittlicher Arbeitsumfang kann mit Zuschlägen nach § 3 InsVV beglichen werden.

IV. Einsetzung des vorläufigen Gläubigerausschusses

Auch im Eröffnungsverfahren spielen die Mitwirkung und Mitbestimmung der Gläubiger eine wichtige Rolle. Über die Verweiskette der §§ 270 a Abs. 1 Satz 2 InsO, 274 Abs. 1, 56 a Abs. 1 InsO gelten die Regelungen zur Bestellung des vorläufigen Gläubigerausschusses auch für das vorläufige Eigenverwaltungsverfahren nach § 270a InsO.[601]

599 So auch Budnik, NZI 2014, S. 247 (249).
600 So auch Mock, ZInsO 2014, S. 67 (69).
601 Ampferl, in: Kübler, HRI, § 9 Rn. 5.

V. Anordnung von Sicherungsmaßnahmen

Da weder die Vorschrift des § 270a InsO noch ihre Gesetzesbegründung eine dem § 270b Abs. 3 InsO entsprechende Regelung enthalten, stellt sich die Frage, ob ein einmal eingeleitetes Eröffnungsverfahren nach § 270a InsO noch vor der Entscheidung über den Eigenverwaltungsantrag vom Gericht aufgehoben werden kann und somit nachträglich Sicherungsmaßnahmen z. B. durch die Bestellung eines vorläufigen Insolvenzverwalters angeordnet werden können. § 272 InsO regelt dies ausdrücklich für den Zeitraum nach Eröffnung des Insolvenzverfahrens. Diese Norm findet allerdings im allgemeinen Eröffnungsverfahren keine Anwendung, da § 270a InsO nur auf die §§ 274, 275 InsO verweist, nicht aber auf § 272 InsO.[602]

Da § 270a Abs. 1 Satz 1 InsO nur das Verfügungsverbot und den Zustimmungsvorbehalt betrifft, bleiben andere Sicherungsmaßnahmen grundsätzlich möglich und sind immer dann anzuwenden, wenn sie nach § 21 Abs. 1 Satz 1 InsO erforderlich sind.[603]

Demnach hat das Gericht die Notwendigkeit von Sicherungsmaßnahmen fortlaufend zu prüfen und die getroffenen Maßnahmen ggf. aufzuheben oder abzuändern.[604] Das Gericht kann das allgemeine Eröffnungsverfahren nur anordnen, wenn im Anordnungszeitpunkt keine Umstände bekannt sind, die erwarten lassen, dass die Anordnung zu Nachteilen für die Gläubiger führen wird. Werden dem Gericht im Nachhinein solche nachteiligen Umstände bekannt, oder treten solche Umstände erst nach Anordnung auf, so liegen die Anordnungsvoraussetzungen nicht mehr vor, so dass das Gericht verpflichtet ist, zu Gunsten des Gläubigerschutzes das allgemeine Eröffnungsverfahren abzubrechen und anstelle des vorläufigen Sachwalters einen „schwachen" vorläufigen Insolvenzverwalter mit Zustimmungsvorbehalt bzw. einen „starken" vorläufigen Insolvenzverwalter zu bestellen.[605]

Da das Gericht üblicher Weise keine nachteiligen Umstände erfahren wird, ist es insbesondere auf Informationen und Anzeige des vorläufigen Sachwalters nach § 274 InsO angewiesen. Daher ist es umso wichtiger, dass der vorläufige Sachwalter seinen Prüf- und Überwachungspflichten nachkommt und ein gutes Kommunikations- und Vertrauensverhältnis zum Gericht besteht.

Dass Gläubiger dem Gericht nachteilige Umstände mitteilen, dürfte allerdings recht selten der Fall sein, da sie keine bzw. nur geringe Informationen, z. B. als Mitglied des vorläufigen Gläubigerausschusses, über den schuldnerischen Geschäftsbetrieb erlangen.

---

602 Lau, BB 2014, S. 1417 (1420); Schelo, ZIP 2012, S. 712 (715).

603 Kern, in: Münchener Kommentar zur Insolvenzordnung, 3. Auflage 2014, § 270a Rn. 48; zur Konstellation, dass im vorläufigen Eigenverwaltungsverfahren nach Bestellung des vorläufigen Sachwalters zum „starken" vorläufigen Insolvenzverwalter zur vorläufigen Eigenverwaltung zurückgekehrt wurde, siehe Bultmann, ZInsO 2015, S. 188, zu LG Halle, Beschluss vom 14.11.2014, Az. 3 T 86/14, ZInsO 2014, S. 2443 ff.

604 Undritz, in: Karsten Schmidt, 19. Aufl. 2016, § 270a Rn. 7.

605 Foltis, in: Frankfurter Kommentar, § 270a Rn. 29.

Um ein Eigenverwaltungsverfahren nicht schon im Eröffnungsverfahren zu Nichte zu machen, sollen Sicherungsmaßnahmen gegen den Schuldner zurückhaltend und unter besonderer Berücksichtigung des Verhältnismäßigkeitsgrundsatzes angeordnet werden.[606]

VI. Antragsrücknahme bei drohender Zahlungsunfähigkeit

1. Einführung

Nach § 270a Abs. 2 InsO hat der Schuldner die Möglichkeit, seinen bei drohender Zahlungsunfähigkeit gestellten Insolvenzantrag mit Eigenverwaltung zurückzunehmen. Hierdurch wird dem Schuldner bildlich eine *goldene Brücke* gebaut, mit der er wieder aus dem Insolvenzverfahren herauskommt.[607] Auf Grund des klaren Wortlauts müssen die beiden Anträge vom Schuldner gestellt worden sein; auf Fremdanträge findet § 270a Abs. 2 InsO keine Anwendung.[608]

Die Möglichkeit der Antragsrücknahme bei drohender Zahlungsunfähigkeit gilt auch nur für das Verfahren nach § 270a InsO. Im Schutzschirmverfahren nach § 270b InsO wird nach Aufhebung der Anordnung bzw. nach Fristablauf durch das Gericht ausschließlich über die Eröffnung des Insolvenzverfahrens entschieden.[609]

Im Eröffnungsverfahren hat das Gericht die Pflicht, den Schuldner darüber zu informieren, dass nach seiner Auffassung die Voraussetzungen der Eigenverwaltung nicht gegeben sind.[610] Da der Gesetzeswortlaut mit „*Voraussetzungen*" einen Plural verwendet und die Gesetzesbegründung auf „*Gründe*" der Ablehnung der Eigenverwaltung abstellt, ist davon auszugehen, dass sich die Hinweispflicht des Gericht auf jeden möglichen Ablehnungsgrund i.S.d. § 270 Abs. 2 Nr. 2 InsO erstreckt.[611] Aus der Gesetzesbegründung geht hervor, dass der Ablehnungshinweis des Gerichts gleichzeitig mit der Gelegenheit zur Rücknahme des Insolvenzantrags erfolgen soll, so dass beides dem Schuldner gleichzeitig zugehen sollte.[612]

Die Möglichkeit der Antragsrücknahme durch den Schuldner hat das Ziel, ihn zu einer frühzeitigen Insolvenzantragsstellung zu bewegen, bzw. diejenigen Schuldner zu einer Insolvenzantragstellung zu motivieren, bei denen unsicher ist, ob das Gericht ihrem Eigenverwaltungsantrag nachkommen wird und sie so vor einer überraschenden Verfahrenseröffnung mit Bestellung eines Insolvenzverwalters und dem gleichzeitigen Verlust der Verwaltungs- und Verfügungsbefugnis geschützt werden.[613]

---

606 Pape, in: KPB, InsO, § 270a Rn. 8.
607 Hölzle/Pink, ZIP 2011, S. 360 (365).
608 Foltis, in: Frankfurter Kommentar, § 270a Rn. 30.
609 § 270b Abs. 4 Satz 3 InsO.
610 BT-Drucksache 17/5712, S. 39.
611 Foltis, in: Frankfurter Kommentar, § 270a Rn. 37.
612 BT-Drucksache 17/5712, S. 39; Foltis, in: Frankfurter Kommentar, § 270a Rn. 38.
613 BT-Drucksache 17/5712, S. 39 f.

Kann der Schuldner das Verfahrensziel, d. h. die Unternehmenssanierung nicht mehr erreichen, besteht für ihn die Möglichkeit des Ausstiegs aus dem Insolvenzverfahren.[614] Da das Gericht dem Schuldner mitteilen muss, wenn es beabsichtigt, den Eigenverwaltungsantrag abzulehnen und dies zudem zu begründen hat, wird der Schuldner vor dem unfreiwilligen Verlust der Verfügungsbefugnis geschützt und erhält zudem Planungssicherheit[615] für etwaige außergerichtliche Sanierungsmaßnahmen.[616]

2. Kritische Würdigung

Es stellt sich allerdings die Frage, ob die Antragsrücknahme in der Praxis genutzt wird bzw. überhaupt genutzt werden kann. Hieran bestehen Zweifel.

Es wird davon ausgegangen, dass die Antragsrücknahme wohl wenig Bedeutung erlangen wird.[617] Insbesondere wird sie wohl selten bei juristischen Personen[618] vorkommen, zumal bei diesen i.d.R. nach Antragstellung bzw. Bekanntwerden dieser eine drohende Zahlungsunfähigkeit und/oder Überschuldung vorliegt und somit eine Pflicht zur Antragstellung nach § 15a InsO besteht.

Das hängt damit zusammen, dass ein auf Grund drohender Zahlungsunfähigkeit gestellter Insolvenzantrag zum Wegfall der positiven Going-concern-Prämisse (§ 252 Abs. 2 Nr. 1 HGB) führt und für das schuldnerische Unternehmen eine Pflicht zur Bilanzierung nach Liquidationswerten besteht, was bei krisennahen Unternehmen i.a.R. zur Feststellung der Überschuldung führt.[619]

Darüber hinaus führt die Insolvenzantragstellung und Vermögensverschlechterung durch Liquidationsbilanz außerdem i.d.R. zu einer Fälligstellung der Forderungen und zu einem Sonderkündigungsrecht, insbesondere für Kreditverträge nach Nr. 19 Abs. 3 Satz 2 2. Alt der AGB-Banken.[620] Der Insolvenzantrag wird somit in der Regel zum *point of no return*.[621] Eine privilegierte Antragsrücknahme nach § 270a InsO kommt für juristische Personen nur in Betracht, wenn die Antragsrücknahme unmittelbar nach Antragsstellung erfolgt, so dass noch keine negativen Folgen mit der Antragstellung verbunden sind; das setzt aber voraus, dass vom Gericht keine

614 Pape, in: KPB, InsO, § 270a Rn. 2.

615 Vallender, GmbHR 2012, S. 445 (448).

616 Landfermann, WM 2012, S. 869 (871); Pape, in: KPB, InsO, § 270a Rn. 4.

617 Vallender, GmbHR 2012, S. 445 (448) geht davon aus, dass die Möglichkeit der Antragsrücknahme bei juristischen Personen keine große Relevanz haben wird; Neußner, in: Kübler, HRI, § 6 Rn. 172.

618 Gleiches gilt nach § 15a InsO für Gesellschaften ohne Rechtspersönlichkeit.

619 Koch/Jung, in: Kübler, HRI, § 8 Rn. 77; Hölzle, NZI 2011, S. 124 (130); Hölzle/Pink, ZIP 2011, S. 360 (366).

620 Bunte, in: Schimansky/Bunte/Lwowski, Bankrechts-Handbuch, 4. Auflage 2011, § 24 Rn. 33 ff.; Hölzle/Pink, ZIP 2011, S. 360 (366).

621 Flöther, ZIP 2012, S. 1833 (1838).

Sicherungsmaßnahme angeordnet wurde und die Gläubiger keine Kenntnis von der Antragstellung erlangt haben.

Folglich kommt die Antragsrücknahme in erster Linie nur Einzelkaufleuten und freiberuflichen Unternehmern zu Gute, da diese nicht der Antragspflicht nach § 15a InsO unterliegen und eine Überschuldung keinen Insolvenzgrund darstellt.[622] Diese können durch die Regelung animiert werden, vermehrt frühzeitig einen Insolvenzantrag zu stellen. Wird ihrem Eigenantrag nicht entsprochen, müssen sie nicht damit rechnen ein Insolvenzverfahren durchlaufen zu müssen, sondern können ihren Antrag sanktionslos zurückziehen.

Ob aber gerade durch die Möglichkeit der Antragsrücknahme eine nachhaltige außerinsolvenzrechtliche Sanierung erreicht wird, kann bezweifelt werden, zumal davon auszugehen ist, dass die Insolvenzantragstellung für den Schuldner die letzte Wahl ist und er vorher erfolglos Sanierungsmaßnahmen angestrengt hat. Die Möglichkeit der Antragsrücknahme dürfte daher in der Praxis so gut wie keine Rolle spielen.

VII. Begründung von Masseverbindlichkeiten

1. Einführung

Die Begründung von Masseverbindlichkeiten i.S.d. §§ 53, 55 InsO, d. h. die Frage, ob überhaupt und bejahendenfalls, wer hierzu die Kompetenz erhält, ist – insbesondere durch die Aufwertung des Eigenverwaltungsverfahrens und des durch die ESUG-Reform eingeführten Eröffnungsverfahren und Schutzschirmverfahren – auch im Eröffnungsverfahren die *Gretchenfrage*.[623]

Im Gegensatz zu § 270b InsO, in dessen Absatz 3 noch am Ende des Gesetzgebungsverfahrens aufgrund einer Empfehlung des Rechtsausschusses des Deutschen Bundestages eine Regelung zur Begründung von Masseverbindlichkeiten für das Schutzschirmverfahren eingefügt wurde, fehlt eine vergleichbare Regelung hinsichtlich des vorläufigen Eigenverwaltungsverfahrens nach § 270a InsO. Weder in den §§ 270a, 270b InsO noch in einer anderen Norm der Insolvenzordnung wird ausdrücklich die Frage thematisiert, ob und gegebenenfalls wer und unter welchen Voraussetzungen während des Eröffnungsverfahrens nach § 270a InsO die Befugnis zur Begründung von Masseverbindlichkeiten erhalten soll.

Diese Frage, ist für die Betriebsfortführung und damit für das gesamte Eigenverwaltungsverfahren von elementarer Bedeutung.[624]

---

622 BT-Drucksache 17/5712, S. 40; Pape, in: KPB, InsO, § 270a Rn. 4; Vallender, GmbHR 2012, S. 445 (448).

623 Frind, ZInsO 2012, S. 1099 (1100).

624 Zipperer, in: Uhlenbruck, Insolvenzordnung, 14. Auflage 2015, § 270a Rn. 16; Frind, ZInsO 2012, S. 1099, (1100); Weissinger, Anmerkung zu BGH, Beschluss vom 07.02.2013, Az. IX ZB 43/12, NZI 2013, S. 342 (343).

Der Schuldner benötigt Rechtssicherheit bzgl. der Rechtsfolgen seiner Rechtsgeschäfte und -handlungen, insbesondere im Hinblick auf die der Insolvenzgeldvorfinanzierungsdarlehen[625] und hinsichtlich der Begründung von Warenkrediten.[626]

Vor allem jedoch ist es für alle zukünftigen Gläubiger und diejenigen Gläubiger, die zum Schuldner in Dauerschuldbeziehungen stehen, von maßgeblicher Bedeutung, dass sie Kenntnis und Gewissheit erlangen, ob sie Massegläubiger oder nur einfache Insolvenzgläubiger sind bzw. in Zukunft werden.[627]

Zur Frage, ob bzw. wer zur Begründung von Masseverbindlichkeiten ermächtigt werden kann, sind schon mehrere widersprüchliche Gerichtsentscheidungen mit unterschiedlichen Begründungen ergangen. Durch diese Unsicherheit besteht die Gefahr, dass etwaige Erfolge der durch das ESUG eingeführten Verfahren zunichte gemacht werden könnten. Dies könnte zum einen daraus resultieren, dass die (potentiellen) Gläubiger auf Grund dieser erheblichen Rechtsunsicherheit, ob ihre Forderungen Insolvenzforderungen oder Masseverbindlichkeiten darstellen, ein Sanierungskonzept nicht mittragen werden und alle Geschäftsbeziehungen zum Schuldner einstellen werden.

Auf der anderen Seite besteht auch die Gefahr, dass ein Schuldner, der nicht das Schutzschirmverfahren wählen kann, weil bei ihm schon drohende Zahlungsunfähigkeit bzw. Überschuldung vorliegt, bzw. der – aus welchen Gründen auch immer – kein Sanierungskonzept i.S.d. § 270b InsO vorlegen kann, sich gegen das ihm verbleibende Verfahren nach § 270a InsO entscheidet, weil die Gefahr besteht, dass auf Grund der fehlenden Masseverbindlichkeitsbegründungskompetenz eine Unternehmensfortführung unmöglich wird.

In der Rechtsprechung werden zu diesem Streitstand unterschiedliche Meinungen vertreten. Teilweise wurde die Zulässigkeit von Einzelermächtigungen zur Begründung von Masseverbindlichkeiten im Eigenverwaltungsverfahren gänzlich abgelehnt[628], teilweise wurde der vorläufige Sachwalter[629] oder der Schuldner[630] ermächtigt, wobei für letzteren teilweise ein Zustimmungsvorbehalt des vorläufigen Sachwalters gefordert wird.[631] Teilweise soll der Schuldner selbst auf Grund

625 Zur Insolvenzgeldvorfinanzierung siehe Kolmann, Schutzschirmverfahren, Rn. 321 ff.

626 Dahl, NJW-Spezial 2013, S. 405 (405).

627 Frind, ZInsO 2012, 1099 (1100).

628 AG Fulda, Beschluss vom 28.03.2012, Az. 91 IN 9/12, ZIP 2012, S. 1471 ff. = ZIP 2012, S. 1471.

629 AG Hamburg, Beschluss vom 04.04.2012, Az. 67 g IN 74/12, NZI 2012, S. 566 = NJW-Spezial 2012, S. 309 = ZIP 2012, S. 787.

630 AG München, Beschluss vom 27.06.2012, Az. 1506 IN 1851/12, ZIP 2012, S. 1470 f; AG Köln, Beschluss vom 26.03.2012, Az. 73 IN 125/12, NZI 2012, S. 375 = NJW-Spezial 2012, S. 309 = ZIP 2012, S. 788 = ZInsO 2012, S. 790.

631 AG München, Beschluss vom 27.06.2012, Az. 1506 IN 1851/12, ZIP 2012, S. 1470 f.

eigener Rechtsmacht ohne gerichtliche Anordnung Masseverbindlichkeiten begründen können.[632]

Wegen der großen praktischen Relevanz wurde mit Spannung die Entscheidung des Bundesgerichtshofs[633] vom 07.02.2013 erwartet.[634] Von der höchstrichterlichen Entscheidung zur Frage der Zulässigkeit von Einzelermächtigungen im vorläufigen Eigenverwaltungsverfahren hat sich die insolvenzrechtliche Praxis Rechtsicherheit hinsichtlich der neuen Bestimmungen des Eigenverwaltungsverfahrens versprochen. Dem ist der BGH aber nicht nachgekommen. Er hat keine Sachentscheidung getroffen. Vielmehr hat er die Rechtsbeschwerde gegen die Entscheidung des LG Fulda als unstatthaft zurückgewiesen.[635] Die Entscheidung befasst sich ausschließlich mit der Zulässigkeit des Rechtsmittels; sie enthält keine Aussage über Gruppen-, Einzel- oder Globalermächtigungen zu Begründung von Masseverbindlichkeiten im Anwendungsbereich des § 270a InsO.[636]

Auch die auf die Gerichtsentscheidungen erfolgte Reaktion der Literatur fällt unterschiedlich aus. Allgemein wird im Verfahren nach § 270a InsO eine Kompetenz, Masseverbindlichkeiten zu begründen für sachgerecht gehalten, wobei auch hier Uneinigkeit darüber besteht, ob der vorläufige Sachwalter oder der Schuldner vom Gericht ermächtigt werden kann und ob es einen Zustimmungsvorbehalt geben darf bzw. muss.

2. Gerichtlicher Streitstand

a) Keine Ermächtigungskompetenz mangels Rechtsgrundlage

Nach Auffassung des AG Fulda[637] können weder Schuldner noch vorläufiger Sachwalter zur Begründung von Masseverbindlichkeiten im vorläufigen Eigenverwaltungsverfahren nach § 270a InsO ermächtigt werden.[638] Es führt im Wesentlichen an, dass es an einer ausdrücklichen Ermächtigungsgrundlage fehle, wie sie für den vorläufigen Insolvenzverwalter in den §§ 21, 22, 55 Abs. 5 InsO, bzw. durch Verweis des § 270b Abs. 3 InsO für den Schuldner vorhanden sei.[639]

632 AG Montabaur, Beschluss vom 27.12.2012, Az. 14 IN 282/12, NZI 2013, 350 = ZIP 2013, S. 899 = ZInsO 2013, S. 397.

633 BGH, Beschluss vom 07.02.2013, Az. IX ZB 43/12, ZIP 2013, S. 525 = NWJ-Spezial 2013, S. 279 = NZI 2013, S. 342 = ZIP 2013, S. 525 = ZInsO 2013, S. 460.

634 Buchalik, ZInsO 2013, S. 815 (815).

635 BGH, Beschluss vom 07.02.2013, Az. IX ZB 43/12, ZIP 2013, S. 525 = NWJ-Spezial 2013, S. 279 = NZI 2013, S. 342 = ZIP 2013, S. 525 = ZInsO 2013, S. 460.

636 Pape, ZIP 2013, S. 2285 (2293).

637 AG Fulda, Beschluss vom 28.03.2012, Az. 91 IN 9/12, ZIP 2012, S. 1471 ff.

638 Im Verfahren vor dem AG Fulda beantragte die Antragstellerin mit Zustimmung des vorläufigen Sachwalters einen Massekredit als Masseverbindlichkeit i.S.v. § 55 InsO zur Vorfinanzierung des Insolvenzgeldes für Arbeitnehmer begründen zu können.

639 AG Fulda, Beschluss vom 28.03.2012, Az. 91 IN 9/12, ZIP, 2012, S. 1471 (1473).

Der vorläufige starke Insolvenzverwalter bzw. bei gerichtlicher Anordnung auch der vorläufige schwache Insolvenzverwalter werde gem. §§ 22 Abs. 1 Nr. 2, 22 Abs. 2 InsO zur Unternehmensfortführung im Antragsverfahren gesetzlich verpflichtet. Eine solche Pflicht bestehe aber weder für den Schuldner noch für den vorläufigen Sachwalter. Daher könne der Schuldner nicht die Stellung eines vorläufigen starken Verwalters einnehmen und auch nicht als *„Minus"* hierzu in die Rolle eines schwachen vorläufigen Verwalters einrücken und mit einer Einzelermächtigung zur Begründung von Masseverbindlichkeiten ausgestattet werden.[640] Darüber hinaus sprächen die systematische Auslegung[641] sowie Sinn und Zweck der speziellen Vorschriften in §§ 270a, 270b InsO für diese Ansicht.

Im Gegensatz zu § 270b InsO, der die frühzeitige Sanierung von Unternehmen zum Ziel hat, diene das Verfahren nach § 270a InsO nicht im besonderen Maße der Fortführung oder Sanierung von Unternehmen, sondern könne auch zur Liquidation benutzt werden, bzw. solle eine Kostenersparnis bewirken und eine frühzeitige Antragsbereitschaft fördern.

Eine analoge Anwendung des § 270b Abs. 3 InsO komme auch nicht in Betracht, da § 270b InsO und § 270a InsO gleichzeitig in die Insolvenzordnung aufgenommen worden seien und daher nicht davon ausgegangen werden könne, dass der Gesetzgeber eine Regelung zur Begründung von Masseverbindlichkeiten im Verfahren des § 270a InsO vergessen habe.[642] Dabei handele es sich nicht um eine planwidrige Regelungslücke, sondern um eine vom Gesetzgeber gewollte Negativentscheidung.

Die gegen die Entscheidung des AG Fulda erhobene sofortige Beschwerde wurde vom LG Fulda mit Beschluss vom 10.04.2012 zurückgewiesen.[643] Die zugelassene Rechtsbeschwerde wurde vom BGH als unstatthaft zurückgewiesen.[644]

b) Ermächtigung des vorläufigen Sachwalters

Das AG Hamburg[645] ist der Auffassung, dass im vorläufigen Eigenverwaltungsverfahren nach § 270a InsO der vorläufige Sachwalter zu Begründung von Masseverbindlichkeiten zu ermächtigen sei.[646] Das Gericht begründet dies damit, dass gem. § 270a Abs. 1 Satz 2 InsO an Stelle eines vorläufigen Insolvenzverwalters ein

---

640 AG Fulda, Beschluss vom 28.03.2012, Az. 91 IN 9/12, ZIP 2012, S. 1471 (1473).

641 Zur teleologischen und pragmatischen Auslegung im Insolvenzrecht allgemein siehe Foerste, ZInsO 2013, S. 1661 ff.

642 AG Fulda, Beschluss vom 28.03.2012, Az. 91 IN 9/12, ZIP 2012, S. 1471 (1473).

643 LG Fulda, Beschluss vom 10.04.2012, Az. 5 T 65/12, BeckRS 2013, 04327.

644 BGH, Beschluss vom 07.02.2013, Az. IX ZB 43/12, ZIP 2013, S. 525 = NWJ-Spezial 2013, S. 279 = NZI 2013, S. 342 = ZIP 2013, S. 525 = ZInsO 2013, S. 460.

645 AG Hamburg, Beschluss vom 04.04.2012, Az. 67 g IN 74/12, NZI 2012, S. 566 = NJW-Spezial 2012, S. 309 = ZIP 2012, S. 787.

646 So auch, AG Duisburg, Beschluss vom 06.11.2012, Az. 62 IN 178/12 (unveröffentlicht aber zitiert in: LG Duisburg, Beschluss vom 29.11. 2012, Az. 7 T 185/12, NZI 2013, S. 91 (92)).

vorläufiger Sachwalter bestellt werde. Da dem vorläufigen Insolvenzverwalter eine einzelfallbezogene Befugnis zur Begründung von Masseverbindlichkeiten erteilt werden könne, müsse dies im Eröffnungsverfahren auch für den vorläufigen Sachwalter gelten. Dies sei auch möglich, da nach § 270a Abs. 1 Satz 1 InsO das Gericht davon absehen soll, ein Verfügungsverbot bzw. einen allgemeinen Zustimmungsvorbehalt anzuordnen.

Darüber hinaus werde diese Regelung am ehesten der Insolvenzpraxis gerecht, zumal der vorläufige Sachwalter über langjährige Sanierungserfahrung verfüge und Gläubiger, insbesondere Banken, diesen als Ansprechpartner dem Schuldner vorziehen würden.

Das Gericht ist weiterhin der Auffassung, dass es für die Gläubiger – insbesondere im Hinblick auf die Haftung wegen Nichterfüllung von Masseverbindlichkeiten gem. § 61 InsO – besser sei, wenn der Handelnde die Masse wirksam verpflichten könne und nicht nur als Vertreter des Schuldners auftrete. Eine Ermächtigung des Schuldners durch analoge Anwendung des § 270b Abs. 3 InsO komme nicht in Betracht, da § 270b InsO den Sonderfall des Schutzschirmverfahren regele, bei dem der Schuldner im Zeitpunkt der Antragstellung nicht zahlungsunfähig sei. § 270b Abs. 3 InsO sei daher eine Spezialregelung und nicht analogiefähig.

c) Einzelermächtigung des Schuldners

Das AG Köln[647] ist der Auffassung, dass der Schuldner im Wege der gerichtlichen Einzelermächtigung basierend auf § 21 Abs. 1 InsO Masseverbindlichkeiten begründen könne.[648]

Das erkennende Gericht leitet dies aus § 270b Abs. 3 InsO her, wonach das Gericht dem Schuldner die Ermächtigung zu erteilen habe, im vorläufigen Eigenverwaltungsverfahren im unbeschränktem Umfang Masseverbindlichkeiten zu begründen.[649] Da der Schuldner gem. § 270b InsO umfassend ermächtigt werden könne, müsse dies erst recht im Verfahren nach § 270a InsO zur Begründung ganz

---

647 AG Köln, Beschluss vom 26.03.2012, Az. 73 IN 125/12, NZI 2012, S. 375 = NJW-Spezial 2012, S. 309 = ZIP 2012, S. 788 = ZInsO 2012, S. 790, zustimmend: Dahl, NJW-Spezial 2013, S. 405 (406); Huber, ZInsO 2013, S. 1 (10); Hofmann, Anmerkung zu AG Köln, Beschluss v. 26.03.2012, Az. 73 IN 125/12, EWiR 2012, S. 359 f.

648 So auch Marotzke, DB 2013, S. 1283 (1288 ff.); Klinck, ZIP 2013, S. 853 (861), der der Auffassung ist, dass dem Schuldner über § 21 Abs. 1 InsO auch eine sog. Globalermächtigung erteilt werden könne, d. h. dass alle vom Schuldner begründeten Verbindlichkeiten Masseverbindlichkeiten sind. Dies sei aber i.a.R. auf Grund des Gläubigerschutzes und der Gefahr der Vernichtung der Insolvenzmasse kaum von praktischer Bedeutung; Undritz, BB 2012, S. 1551 ff.; Undritz in FS Wehr S. 352 ff. der die Einzelermächtigungsrechtsprechung i.V.m. den §§ 21, 22 InsO und dem Rechtsgedanken des § 270b Abs. 3 InsO als Ermächtigungsgrundlage heranzieht.

649 AG Köln, Beschluss vom 26.03.2012, Az. 73 IN 125/12, NZI 2012, S. 375 = NJW-Spezial 2012, S. 309 = ZIP 2012, S. 788 = ZInsO 2012, S. 790.

bestimmter Masseverbindlichkeiten gelten. Denn auch im Verfahren nach § 270a InsO bestehe die Notwendigkeit zur Begründung von Masseverbindlichkeiten, um eine Unternehmenssanierung zu ermöglichen. Um eine die Gläubiger benachteiligende Vermögensveränderung des Schuldners zu verhindern, könne die Ermächtigung zur Begründung von Masseverbindlichkeiten unter den Zustimmungsvorbehalt des vorläufigen Sachwalters gem. § 275 InsO gestellt werden.

Der vorläufige Sachwalter könne hingegen nicht gleichermaßen ermächtigt werden, da dies systemwidrig sei. Er hätte sonst im Eröffnungsverfahren weitergehende Kompetenzen, als dies im eröffneten Verfahren der Fall sei.[650]

Auch das LG Duisburg ist der Auffassung, dass der Schuldner zur Begründung von Masseverbindlichkeiten ermächtigt werden könne.[651] Es begründet dies mit der gesetzlichen Systematik und dem Sinn und Zweck der durch das ESUG eingeführten Vorschriften über die Eigenverwaltung.[652]

Aus § 270a Abs. 1 Satz 2 InsO ergebe sich, dass der vorläufige Sachwalter nicht ermächtigt werden könne. Der vorläufige Sachwalter soll „*anstelle*" des vorläufigen Insolvenzverwalters bestellt werden, auf den die §§ 274, 275 InsO entsprechend anzuwenden seien. Hieraus ergebe sich, dass dem vorläufigen Sachwalter keine weiterreichenden Befugnisse eingeräumt werden, als dem Sachwalter im eröffneten Verfahren. Aus dem Verweis auf die §§ 274, 275 InsO ergebe sich, dass sich die Funktion des vorläufigen Sachwalters auf die Überwachung des Schuldners, die Mitwirkung an Rechtshandlungen und auf Mitteilungspflichten beschränke. Weitergehende Befugnisse, etwa die eines vorläufigen Insolvenzverwalters, könne der Norm nicht entnommen werden.

Darüber hinaus könne aus § 270b Abs. 3 InsO nicht der Umkehrschluss abgeleitet werden, dass im Verfahren nach § 270a Abs. 1 InsO dem Schuldner nicht einmal die Einzelermächtigung erteilt werden könne.

Auch eine analoge Anwendung des § 270 Abs. 3 InsO komme nicht in Betracht, da die weiterreichenden Rechtsfolgen des § 270 Abs. 3 InsO dem entgegenstünden.

Letztlich komme nur eine Ermächtigung des Schuldners in Betracht, um die Ziele des Gesetzgebers, nämlich eine weitere Erleichterung der Sanierung insolventer Unternehmen, zu erreichen. Nur so könne das Vertrauen der Geschäftspartner in die Geschäftsleitung des Schuldners und dessen Sanierungskonzept gewahrt werden. Auch die vom AG Hamburg angeführten praktischen Erwägungen, dass Banken am liebsten mit erfahrenen vorläufigen Sachwaltern in Verbindung träten, stehe der Ermächtigung des Schuldners nicht entgegen, zumal es dem Schuldner freistehe, sich der Unterstützung des vorläufigen Sachwalters zu bedienen.

---

650 so Zipperer, in: Uhlenbruck, Insolvenzordnung, 14. Auflage 2015, § 270a Rn. 19.

651 LG Duisburg, Beschluss vom 29.11.2012, Az. 7 T 185/12, NZI 2013, S. 91 = ZIP 2012, S. 2453 = ZInsO 2012, S. 2346 zustimmend: Andres, Anmerkung zu LG Duisburg, NZI 2013, S. 91 (93); Buchalik/Kraus, ZInsO 2012, S. 2330 ff.

652 LG Duisburg, Beschluss vom 29.11.2012, Az. 7 T 185/12, NZI 2013, S. 91 (92) = ZIP 2012, S. 2453 = ZInsO 2012, S. 2346.

d) *Einzelermächtigung des Schuldners mit Zustimmungsvorbehalt*

Auch das AG München[653] ist der Auffassung, dass der Schuldner im Wege der gerichtlichen Einzelermächtigung Masseverbindlichkeiten begründen könne. Aus dem Fehlen einer dem § 270b Abs. 3 InsO entsprechenden ausdrücklichen Regelung in den §§ 270, 270a InsO könne nicht geschlossen werden, dass die Begründung von Masseverbindlichkeiten nicht möglich sei. Durch die Regelung in § 270b Abs. 3 InsO solle der Schuldner dem starken vorläufigen Verwalter gleichgestellt werden, so dass diese Regelung weit über die Einzelermächtigung hinausgehe. Hieraus könne aber nicht – auch nicht im Umkehrschluss – geschlossen werden, dass eine Einzelermächtigung nicht gewollt sei. Der eindeutige Wille des Gesetzgebers ziele darauf ab, die Unternehmenssanierung im Rahmen der Eigenverwaltung – mit und ohne Schutzschirmverfahren – zu verbessern. Daher sei davon auszugehen, dass über den Generalverweis des § 270 Abs. 1 Satz 2 InsO die allgemeinen Vorschriften und somit auch § 21 Abs. 1 InsO zur Erteilung von Einzelermächtigungen Anwendung fänden.

Da dem vorläufigen Sachwalter primär eine Kontrollfunktion und eben keine Handlungsbefugnis hinsichtlich der Art und Weise der Fortführung des Geschäftsbetriebs durch den Schuldner zukomme, könne diesem keine Ermächtigung zur Begründung von Masseverbindlichkeiten erteilt werden, da sonst eine nicht hinnehmbare Vermischung von Kontroll- und Fortführungsaufgaben entstünde. Allerdings ergebe sich aus § 270a Abs. 1 Satz 2 InsO i.V.m. § 21 InsO, dass es im Ermessen des Gerichts stehe, ob die Einzelermächtigung an die Zustimmung des vorläufigen Sachwalters geknüpft werde oder nicht.

Eines Rückgriffs auf die §§ 275, 277 InsO bedürfe es nach Auffassung des AG München i.d.R. nicht, wenn das Gericht im Rahmen der Erteilung der Einzelermächtigung den vorläufigen Sachwalter angehöre und somit ausreichend prüfen könne, ob eine Belastung der Masse im Interesse der Gläubiger ist, oder nicht. Ist die Anordnung von Einzelermächtigungen volumenmäßig besonders groß, weil die Fortführung des schuldnerischen Geschäftsbetriebs dies erfordert, sei es ratsam, einzelfallbezogen einen Zustimmungsvorbehalt des vorläufigen Sachwalters anzuordnen, damit das Gericht die Auswirkungen auf die Masse weiterhin beurteilen könne. Nur so könne unmittelbar dem vorläufigen Sachwalter und mittelbar dem Gericht eine Kontrolle über den schuldnerischen Geschäftsbetrieb ermöglicht werden.

653 AG München, Beschluss vom 27.06.2012, Az. 1506 IN 1851/12, ZIP 2012, S. 1470 f. zustimmend, Cranshaw, jurisPR-HaGesR 12/2012 Anm. 3

e) *Begründung von Masseverbindlichkeiten auf Grund eigener Rechtsmacht des Schuldners*

Das AG Montabaur[654] folgert aus der in § 270a InsO fehlenden Parallelnorm zu § 270b Abs. 3 InsO, dass der Schuldner nicht vom Gericht zur Begründung von Masseverbindlichkeiten ermächtigt werden könne. Es ist der Auffassung, dass der Gesetzgeber „*offenkundig wie selbstverständlich*" davon ausgehe, dass der Schuldner Masseverbindlichkeiten auf Grund eigener Rechtsmacht ohne gerichtliche Anordnung selbst begründen könne. Ein Rückgriff auf § 21 InsO komme nicht in Betracht, da dem vorläufigen Sachwalter im Eröffnungsverfahren keine Außenwirkung zukomme. Dem vorläufigen Sachwalter könne diese Kompetenz nicht übertragen werden. Er habe den Schuldner zu überwachen und bei dessen Kompetenzüberschreitung dem Insolvenzgericht Mitteilung zu machen, so dass die vorläufige Eigenverwaltung aufgehoben werden könne.

3. Zusammenfassung der Gerichtsentscheidungen

Die Gerichte vertreten hinsichtlich der Begründung von Masseverbindlichkeiten im Eröffnungsverfahren nach § 270a InsO insgesamt vier unterschiedliche Auffassungen. Nach der Auffassung des AG Fulda können weder Schuldner noch vorläufige Sachwalter zur Begründung von Masseverbindlichkeiten ermächtigt werden. Das AG Hamburg und das AG Duisburg sind der Ansicht, dass der vorläufige Sachwalter zu ermächtigen ist. Nach Meinung des AG Köln, LG Duisburg und AG München ist der Schuldner im Rahmen der Einzelermächtigung zur Begründung von Masseverbindlichkeiten zu ermächtigen, wobei im Einzelfall ein Zustimmungsvorbehalt des vorläufigen Sachwalters angeordnet werden kann. Nach der Ansicht des AG Montabaur scheide eine Ermächtigung des Schuldners aus, zumal dieser auf Grund eigener Rechtsmacht Masseverbindlichkeiten begründen könne.

4. Literaturauffassung

In der Literatur gibt es eine unüberschaubare Vielzahl von Beiträgen[655] mit unterschiedlichen Auffassungen, die sich allerdings in erster Linie den oben genannten Gerichtsentscheidungen anschließen. Nachfolgend werden nur exemplarisch einige Auffassungen dargestellt, die von den oben genannten Entscheidungen divergieren.

---

654 AG Montabaur, Beschluss vom 27.12.2012, Az. 14 IN 282/12, NZI 2013, 350 = ZIP 2013, S. 899 = ZInsO 2013, S. 397.

655 Ein Überblick verschiedener Literaturmeinungen zur Begründung von Masseverbindlichkeiten befindet sich bei Marotzke, DB 2013, S. 1283 ff. (Fn. 53).

Nach Auffassung von Frind[656] und Oppermann/Smid[657] bedarf es keiner besonderen gerichtlichen Ermächtigung zur Begründung von Masseverbindlichkeiten. Die Ermächtigung ergebe sich vielmehr aus dem Verweis des § 270a InsO auf § 275 InsO.[658]

Frind begründet dies mit einer Parallele der Aufgabenverteilung zwischen den Beteiligten, d. h. einerseits zwischen Schuldner und vorläufigen Sachwalter im vorläufigen Eigenverwaltungsverfahren und andererseits zwischen vorläufigen (schwachen) Insolvenzverwalter und Gericht im Regelinsolvenzverfahren mit Einzelermächtigung.[659]

Im vorläufigen Eigenverwaltungsverfahren nach § 270a InsO soll der Schuldner Verbindlichkeiten, die nicht zum gewöhnlichen Geschäftsbetrieb gehören, nur mit der Zustimmung des vorläufigen Sachwalters eingehen. Bei einem Widerspruch des vorläufigen Sachwalters soll der Schuldner überhaupt keine Verbindlichkeiten eingehen. Daher habe im vorläufigen Eigenverwaltungsverfahren der vorläufige Sachwalter gegenüber dem Schuldner die gleiche Kontrollfunktion wie das Insolvenzgericht gegenüber dem vorläufigen Insolvenzverwalter im Regelinsolvenzverfahren. Die Ermächtigung des Insolvenzgerichts, dass der vorläufige Insolvenzverwalter Masseverbindlichkeiten begründen könne, entspreche im vorläufigen Eigenverwaltungsverfahren dem fehlenden Widerspruch bzw. der Zustimmung des vorläufigen Sachwalters nach § 275 InsO.

Oppermann/Smid[660] begründen ihre Auffassung damit, dass § 275 InsO im Hinblick auf die Begründung von Masseverbindlichkeiten nicht ausschließlich die Überwachung des Schuldners bzw. die Kontrolle der künftigen Passivmasse gewährleisten solle, weil dies zu einem Scheitern der Betriebsfortführung im Eröffnungsverfahren führen würde. Dies könne durch einen deklaratorischen Beschluss des Insolvenzgerichts klargestellt werden. Als Alternative ziehen sie eine Ermächtigung des vorläufigen Sachwalters gem. §§ 270a Abs. 1, 275, 22 Abs. 2 InsO in Betracht. Dies ergebe sich daraus, dass es sich bei § 270a InsO um eine Soll-Vorschrift handele, so dass zum Schutz der Insolvenzmasse vorläufige Anordnungen getroffen werden könnten.

5. Stellungnahme

Zunächst einmal ist klarzustellen, dass eine Betriebsfortführung ganz ohne die Möglichkeit der Begründung von Masseverbindlichkeiten nicht nur stark bedroht, sondern i.a.R. unmöglich ist. Unternehmen, die einen Insolvenzantrag gestellt haben, laufen Gefahr, dass die Gläubiger ihre Forderungen fällig stellen und ihre bestellten Sicherheiten geltend machen, zumal sie befürchten müssen, dass der

656 Frind, ZInsO 2012, S. 1099 ff.
657 Oppermann/Smid, ZInsO 2012, S. 862 ff.
658 Frind, ZInsO 2012, S. 1099 (1101); Oppermann/Smid, ZInsO 2012, S. 862 ff.
659 Frind, ZInsO 2012, S. 1099 (1101).
660 Oppermann/Smid, ZInsO 2012, S. 862 ff.

Schuldner ihre Forderungen künftig nicht mehr bedienen kann.[661] Die Dienstleister und Lieferanten des Schuldners werden ab Kenntnis der Antragstellung auf Vorkasse und gegebenenfalls sogar auf Begleichung von Altverbindlichkeiten bestehen, was letzte vorhandene liquide Mittel aufzehren dürfte.

Ohne eine Verpflichtung der späteren Insolvenzmasse wird es dem Schuldner nicht möglich sein, den Geschäftsbetrieb aufrecht zu erhalten. Lieferbeziehungen, Vertragsverhältnisse und insbesondere die im Eröffnungsverfahren besonders wichtige Insolvenzgeldvorfinanzierung könnten nicht begründet bzw. aufrechterhalten werden, wenn nicht sichergestellt ist, dass diesen Forderungen nach Verfahrenseröffnung der Rang einer Masseverbindlichkeit eingeräumt wird.[662]

All dies verkennt das AG Fulda[663] in seiner Entscheidung. Folgte man dem AG Fulda würde dies zu dem fehlerhaften Ergebnis führen, dass das Verfahren nach § 270a InsO nahezu sinnlos und das Ziel des Gesetzgebers, mit dem ESUG die Sanierungen zu erleichtern, nicht erreicht werden könnte.[664]

Indem dem Schuldner die Möglichkeit zur Begründung von Masseverbindlichkeiten verwehrt wird, wird zugleich die vom Gesetzgeber gewollte Betriebsfortführung unterbunden, was nicht mit Sinn und Zweck des ESUG vereinbar ist.[665] Schon aus diesem Grund ist die Entscheidung des AG Fulda abzulehnen.

Auch der Auffassung des AG Montabaur[666], das davon ausgeht, der Schuldner könne selbst – auf Grund eigener Rechtsmacht – Masseverbindlichkeiten begründen, kann nicht gefolgt werden.

Zur Begründung von Masseverbindlichkeiten bedarf es stets einer besonderen verfahrensrechtlichen Stellung, die durch einen hoheitlichen Gerichtsbeschluss eingeräumt wird.[667] Rechtliche Grundlage für eine solche gerichtliche Kompetenzzuweisung ist für den starken vorläufigen Verwalter § 55 Abs. 2 InsO i.V.m. 22 Abs. 1 InsO[668], für den schwachen vorläufigen Verwalter die Einzelanordnung nach § 21 Abs. 1 Satz 1 InsO i.V.m. § 22 Abs. 2. InsO oder für den Schuldner im Schutzschirmverfahren

661 so auch Klinck, ZIP 2013, S. 853 (854).

662 Dahl, NJW-Spezial 2013, S. 405 (405); Buchalik/Kraus, ZInsO 2012, S. 2330 (2333); Pleister/Tholen, Anmerkung zu BGH, Beschluss vom 07.02.2013, Az. IX ZB 43/12, ZIP 2013, S. 526 (526).

663 AG Fulda, Beschluss vom 28.03.2012, Az. 91 IN 9/12, ZIP 2012, S. 1471 ff.

664 Buchalik/Kraus, ZInsO 2012, S. 2330 (2332); Frind, ZInsO 2012, S. 1099 (1100); AG Hamburg, Beschluss vom 04.04.2012, Az. 67 g IN 74/12, NZI 2012, S. 566 (566) = NJW-Spezial 2012, S. 309 = ZIP 2012, S. 787; Pape, ZIP 2013, S. 2285 (2292).

665 Pape, ZIP 2013, S. 2285 (2292).

666 AG Montabaur, Beschluss vom 27.12.2012, Az. 14 IN 282/12, NZI 2013, 350 = ZIP 2013, S. 899 = ZInsO 2013, S. 397.

667 Klinck, ZIP 2013, S. 853 (856); Klinck, ZInsO 2014, S. 365 (365).

668 Hefermehl, in: Münchener Kommentar zur Insolvenzordnung, 3. Auflage 2013, § 53 Rn. 25.

die Anordnung nach § 270b Abs. 3 Satz 1 InsO.[669] Eine derart weitgehende Kompetenz des Schuldners ist dem Gesetz nicht zu entnehmen.

Ohne dass dem Schuldner eine entsprechende Befugnis verliehen wurde, würde er z. B. die gleichen Kompetenzen besitzen wie ein starker vorläufiger Verwalter.[670] Es wäre systemfremd, wenn der Schuldner auf Grund seiner Stellung als Privatperson darüber entscheiden könnte, ob bestimmte Forderungen als Masseverbindlichkeiten zu qualifizieren sind oder nicht.[671] Darüber hinaus könnte der Schuldner durch seine Kompetenz bestimmte Gläubiger bevorzugen bzw. die Insolvenzmasse willkürlich aufzehren. Dies ist mit dem in § 1 InsO festgeschrieben Ziel des Insolvenzverfahrens nicht vereinbar. Die Begründung von Masseverbindlichkeiten durch den Schuldner auf Grund eigener Rechtsmacht ist abzulehnen.

a) Ausschluss der Ermächtigung durch Umkehrschluss zu § 270b Abs. 3 InsO

Zunächst stellt sich die Frage, ob aus einem Umkehrschluss zu § 270b Abs. 3 InsO geschlossen werden kann, dass im Verfahren nach § 270a InsO keine Masseverbindlichkeiten begründet werden können. Dies ist auf Grund des Wortlauts der Norm, der systematischen Stellung und aus teleologischen Gründen abzulehnen.

aa) Wortlaut

Der Wortlaut der Norm spricht weder für noch gegen einen Ausschluss der Begründung von Masseverbindlichkeiten im Verfahren nach § 270a InsO. Vielmehr verhält sich der Wortlaut der Norm zu der hier zu klärenden Frage neutral. Da ein Ausschluss der Begründung von Masseverbindlichkeiten nicht ausdrücklich aus dem Wortlaut der Norm hervorgeht, kann nur vermutet werden, dass ein solcher nicht gewollt ist, da er andernfalls im Wortlaut berücksichtigt worden wäre.

bb) Systematik

Allerdings spricht die Systematik der Eigenverwaltungsvorschriften der § 270 ff. InsO gegen einen Ausschluss auf Grund eines Umkehrschlusses. Die Systematik sieht vor, dass § 270a InsO als allgemeines Eröffnungsverfahren und § 270b InsO als „*besonderes*“ Schutzschirmerfahren ausgestaltet ist. Es wäre daher systematisch fehlerhaft, wenn das besondere Schutzschirmverfahren Regelungen für das allgemeine Eröffnungsverfahren enthalten würde.

Darüber hinaus erschöpft sich der Regelungsgehalt des im Schutzschirmverfahren geltenden § 270b Abs. 3 InsO nicht darin, dem Gericht lediglich die Möglichkeit zu geben, den Schuldner zur Begründung von Masseverbindlichkeiten zu

669 Hefermehl, in: Münchener Kommentar zur Insolvenzordnung, 3. Auflage 2013, § 55 Rn. 226.
670 Pape, ZIP 2013, S. 2285 (2292).
671 Klinck, ZIP 2013, S. 853 (856); Klinck, ZInsO 2014, S. 365 (365).

ermächtigen. Vielmehr verpflichtet die Norm das Gericht dem Antrag stattzugeben, sofern die Voraussetzungen vorliegen.[672]

Der Unterschied besteht somit darin, dass im Verfahren nach § 270a InsO keine Verpflichtung des Gerichts besteht, die Ermächtigung zur Begründung von Masseverbindlichkeiten auszusprechen.[673] Ein Umkehrschluss könne nur insoweit angenommen werden, dass das Gericht außerhalb des Schutzschirmverfahrens nicht zur Anordnung der Begründung von Masseverbindlichkeiten verpflichtet werden kann. Hieraus kann aber nicht auf eine entsprechende Befugnis geschlossen werden.

cc) Teleologische Gründe

Insbesondere sprechen aber teleologische Gründe für dieses Ergebnis. Es kann nicht davon ausgegangen werden, dass der Gesetzgeber durch den § 270b Abs. 3 InsO umgekehrt festlegen wollte, dass im Verfahren nach § 270a InsO eine Einzelermächtigung zur Begründung von Masseverbindlichkeiten nicht möglich ist. Eine solche Folgerung würde der Zielsetzung des Gesetzes, eine Sanierung zu erleichtern, widersprechen.[674] Insbesondere, wenn dem Schuldner das Verfahren nach § 270b InsO wegen Eintritts der Zahlungsunfähigkeit verwehrt ist, muss er – um eine Unternehmensfortführung sicher zu stellen – auf die Befugnis zur Begründung von Masseverbindlichkeiten vertrauen können. Nur so kann er die benötigte Liquidität u. a. im Wege der Insolvenzgeldvorfinanzierung zur Unternehmensfortführung erlangen. Weiterhin muss auch noch berücksichtigt werden, dass eine frühzeitige Antragstellung beabsichtigt ist und der Schuldner die Kontrolle über sein Unternehmen behalten soll. All dies würde dadurch verhindert werden, wenn dem Schuldner die Möglichkeit verwehrt bliebe, Masseverbindlichkeiten zu begründen. Es ist daher zu vermuten, dass das Fehlen einer entsprechenden Norm zu § 270b Abs. 3 InsO ein redaktionelles Versehen des Gesetzgebers ist.[675]

dd) Zwischenergebnis

Die Sonderregelung des § 270b Abs. 3 InsO steht einer Anordnung zur Begründung von Masseverbindlichkeiten im Eröffnungsverfahren nach § 270a InsO nicht entgegen.[676]

---

672 Dahl, NJW-Spezial 2013, S. 405 (406); Klink, ZIP 2013, S. 853 (859).

673 Klinck, ZIP 2013, S. 853 (859); Undritz, BB 2012, S. 1551 (1556).

674 Vallender, GmbHR 2012, S. 445 (447).

675 Pleister/Tholen, Anmerkung zu BGH, Beschluss vom 07.02.2013, Az. IX ZB 43/12, ZIP 2013, S. 526 (526); Huber, ZInsO 2013, S. 1 (9).

676 So auch Zipperer, in: Uhlenbruck, Insolvenzordnung, 14. Auflage 2015, § 270a Rn. 18.

b) Analoge Anwendung des § 270b InsO

Nachfolgend ist zu prüfen, ob es zur Begründung von Masseverbindlichkeiten im Verfahren nach § 270a InsO einer analogen Anwendung des § 270b Abs. 3 InsO bedarf.

Nach einer Auffassung[677] scheidet eine Analogie von § 270b Abs. 3 InsO von vornherein aus, weil diese Vorschrift nicht die Rechtsgrundlage für Maßnahmen enthalte, die zur Sicherung des Schuldnervermögens erforderlich seien, sondern die aus § 21 Abs. 1 InsO folgende Zulässigkeit für solche Ermächtigungen voraussetze. Das bedeutet, dass § 21 Abs. 1 InsO im Rahmen des § 270b Abs. 3 InsO Anwendung finde.

Der Auffassung, dass § 270b Abs. 3 InsO keine Ermächtigungsgrundlage sei, kann nicht gefolgt werden. Die Norm ist so konzipiert, dass das Gericht die Begründung von Masseverbindlichkeiten anzuordnen hat, sofern alle Voraussetzungen hierfür erfüllt sind. § 270b Abs. 3 InsO stellt somit eine verpflichtende Beantragung einer Globalermächtigung dar, wohingegen § 21 Abs. 1 Satz 1 InsO nur eine Anregung an das Gericht darstellt, das anschließend nach Ausübung seines Ermessens bestimmte Sicherungsmaßnahmen bzw. Einzelermächtigungen anordnen kann.[678]

Nach einer anderen Auffassung[679] soll § 270b Abs. 3 InsO für den Fall der vorläufigen Eigenverwaltung nach § 270a InsO analog angewendet werden. Dies wird damit begründet, dass in der Gesetzesbegründung nicht zwischen dem allgemeinen Eröffnungsverfahren und dem Schutzschirmverfahren differenziert werde.

Auch dieser Auffassung kann nicht gefolgt werden. Der Reformgesetzgeber unterscheidet sehr wohl zwischen den unterschiedlichen Verfahren. Zum einen schon auf Grund der systematischen Anordnung durch Schaffung eines allgemeinen Eröffnungsverfahrens und eines besonderen Schutzschirmverfahrens, zum anderen auf Tatbestands- und Rechtsfolgenebene. Eine analoge Anwendung des § 270b Abs. 3 InsO auf das allgemeine Eröffnungsverfahren nach § 270a InsO würde darüber hinaus zu einer teilweisen Aushöhlung des Schutzschirmverfahrens führen. Der Schuldner könnte die Kontrolle des Unternehmens behalten und zu Lasten der Insolvenzgläubiger Masseverbindlichkeiten begründen, ohne die strengeren Voraussetzungen des Schutzschirmverfahrens einhalten zu müssen.

Darüber hinaus spricht gegen eine analoge Anwendung von § 270b Abs. 3 InsO das Fehlen einer planwidrigen Regelungslücke, die immer dann anzunehmen ist, wenn ein rechtlicher Aspekt vom Gesetzgeber unbeabsichtigt nicht geregelt wurde, es aber einer Regelung bedarf.[680]

---

677 Hofmann, Anmerkung zu AG Köln, Beschluss v. 26.03.2012, Az. 73 IN 125/12, EWiR 2012, S. 359 (360).

678 Klinck, ZIP 2013, S. 853 (857 f.).

679 Andres, Anmerkung zu LG Duisburg, Beschluss vom 29.11.2012, Az. 7 T 185/12, NZI 2013, S. 91 (93).

680 Zur Ausfüllung von Gesetzeslücken siehe ausführlich: Karl Larenz, Methodenlehre der Rechtswissenschaft, 6. Auflage 1991, S. 370 ff.

Dies ist hier nicht der Fall. Die §§ 270a, 270b InsO wurden gemeinsam durch das ESUG in die Insolvenzordnung eingefügt. Da sich die beiden Verfahren hinsichtlich der Anordnungsvoraussetzungen und auf Rechtsfolgenseite unterscheiden und in § 270b Abs. 3 InsO ausdrücklich eine Kompetenz zur Begründung von Masseverbindlichkeiten geschaffen wurde, ist zu vermuten, dass in § 270a InsO eine Regelung nicht schlicht vergessen, sondern ausdrücklich nicht geschaffen wurde. Eine analoge Anwendung des § 270b Abs. 3 InsO für das Eröffnungsverfahren nach § 270a InsO ist daher abzulehnen.

c) § 275 InsO ist keine Ermächtigungsgrundlage

Den oben genannten Auffassungen, die eine Ermächtigungsgrundlage schon in den §§ 270a, 275 InsO sehen und somit nicht mehr auf die allgemeinen Vorschriften zurückgreifen, kann nicht gefolgt werden.

Die Autoren verkennen den Regelungsgehalt des § 275 InsO im Eigenverwaltungseröffnungsverfahren. Der Verweis des § 270a InsO auf die §§ 274, 275 InsO stellt eine Regelung zur internen Aufgabenverteilung zwischen Schuldner und vorläufigen Sachwalter dar. Die genannten Vorschriften regeln nicht den Rang, mit dem sie zu befriedigen sind, sondern reglementieren die Begründung von Verbindlichkeiten.[681] Der Gesetzgeber wollte hierdurch keine Ermächtigungsgrundlage zur Begründung von Masseverbindlichkeiten schaffen.

Des Weiteren ist auch die Aufgabenverteilung zwischen den Beteiligten im vorläufigen Eigenverwaltungsverfahren und Regelinsolvenzverfahren verschieden. Darüber hinaus ähneln die Kompetenzen des vorläufigen Sachwalters nicht denen des Insolvenzgerichts, sondern vielmehr denjenigen des schwachen vorläufigen Insolvenzverwalters.[682] Insbesondere kann nicht der fehlende Widerspruch des vorläufigen Sachwalters in § 275 InsO einer ausdrücklichen Ermächtigung durch das Gericht gleichgestellt werden.[683] Zur Begründung von Masseverbindlichkeiten bedarf es stets einer besonderen Ermächtigung, z. B. eines Bestellungsbeschlusses des vorläufigen Insolvenzverwalters bzw. der ausdrücklichen Anordnung der Einzelermächtigung durch das Gericht.

Ferner kann der fehlende Widerspruch auch nicht als rechtliches Schweigen verstanden werden. Schweigen hat im Rechtsverkehr mit einigen wenigen Ausnahmen (z. B. § 362 HGB) keine rechtliche Wirkung.[684] Weiterhin sprechen auch praktische Erwägungen gegen § 275 InsO als Ermächtigungsgrundlage, da hierdurch die Kontrolle des Schuldners stark eingeschränkt und somit kein ausreichender

681 OLG Dresden, Urteil vom 15.10.2014, Az. 13 U 1605/13, BeckRS 2015, 16657 = ZIP 2015, S. 1937 = ZInsO 2015, S. 2273.

682 Klinck, ZIP 2013, S. 853 (859).

683 Klinck, ZIP 2013, S. 853 (859).

684 Hopt, in: Baumbach/Hopt, Handelsgesetzbuch 36. Aufl. 2014 § 346 Rn. 30 ff; Armbrüster, in: Münchener Kommentar zum BGB 7. Auflage 2015 Vorb. zu §§ 116 ff. BGB, Rn. 6 ff.

Gläubigerschutz gewährleistet und die Insolvenzmasse vor einer Aushöhlung massiv gefährdet wäre. § 275 InsO hat demnach keinerlei Außenwirkung und kann nicht als Ermächtigungsgrundlage zur Begründung von Masseverbindlichkeiten herangezogen werden.[685]

d) § 21 Abs. 1 Satz 1 InsO i.V.m. der Rechtsprechung des BGH zur Einzelermächtigung

Letztlich sprechen insbesondere praktische Erwägungen dafür, zur Begründung von Masseverbindlichkeiten § 21 Abs. 1 Satz 1 InsO in Verbindung mit der Einzelermächtigungsrechtsprechung des BGH heranzuziehen.[686]

aa) Generalklausel § 21 Abs. 1 Satz 1 InsO

Nach § 21 Abs. 1 Satz 1 InsO hat das Gericht alle Maßnahmen zu treffen, die erforderlich erscheinen, um bis zur Entscheidung über den gestellten Insolvenzantrag eine den Gläubigern nachteilige Veränderung in der Vermögenslage des Schuldners zu verhüten.

In § 21 Abs. 2 Satz 1 InsO sind Regelbespiele aufgezählt, wohingegen Absatz 1 eine Generalklausel enthält, wonach das Gericht individuelle Maßnahmen anordnen kann.[687] Alle vom Gericht anzuordnenden Sicherungsmaßnahmen dienen dem wertmäßigen Erhalt des Schuldnervermögens, sog. Werterhaltungsfunktion, und sollen eine geordnete Abwicklung des Verfahrens sowie optimale Gläubigerbefriedigung ermöglichen.[688] Zur Sicherung des schuldnerischen Vermögens zählt dabei nicht nur die Verhinderung von Eingriffen von Gläubigern oder Dritten, sondern auch die Ermöglichung der vorübergehenden Fortführung des schuldnerischen Geschäftsbetriebs.[689]

---

685 Zipperer, in: Uhlenbruck, Insolvenzordnung, 14. Auflage 2015, § 270a Rn. 18.

686 Weissinger, Anmerkung zu BGH, Beschluss vom 07.02.2013, Az. IX ZB 43/12, NZI 2013, S. 342 (343); Undritz, BB 2012, S. 1551 (1552); AG Köln, Urteil vom 26.03.2012, Az. 73 IN 125/12, NZI 2012, S. 375 = NJW-Spezial 2012, S. 309 = ZIP 2012, S. 788 = ZInsO 2012, S. 790, die insbesondere praktische Erwägungen in den Vordergrund stellen.

687 Böhm, in: Braun, Insolvenzordnung, 6. Auflage 2014, § 21 Rn. 2; Die Sicherungsmaßnahmen können sich gegen Schuldner, Gläubiger oder Dritte richten, vgl. Haarmeyer, in: Münchner Kommentar zur Insolvenzordnung, 3. Auflage 2013, § 21 Rn. 2.

688 Zugleich dienen die Sicherungsmaßnehmen auch der Verhinderung der Vorwegnahme der Vermögensverwertung durch Auflösung des Vermögensverbundes (sog. Bestandserhaltungsfunktion) Haarmeyer, in: Münchner Kommentar zur Insolvenzordnung, 3. Auflage 2013, § 21 Rn. 2, 13; Vallender, in: Uhlenbruck, Insolvenzordnung, 14. Auflage 2015, § 21 Rn. 10.

689 Haarmeyer, in: Münchner Kommentar zur Insolvenzordnung, 3. Auflage 2013, § 21 Rn. 13; Schröder, in: Hamburger Kommentar, 5. Auflage 2015, § 21 Rn. 4; Mönning,

bb) Rechtsprechung des BGH zur Einzelermächtigung

Auch die sog. Lehre der Einzelermächtigung des Bundesgerichtshofs[690] aus dem Jahr 2002, die seitdem in weiteren Entscheidungen[691] bestätigt wurde, könnte als Ermächtigungsgrundlage für die Begründung von Masseverbindlichkeiten im allgemeinen Eröffnungsverfahren nach § 270a InsO herangezogen werden.

Im Regeleröffnungsverfahren kann der schwache vorläufige Verwalter nicht ohne weiteres Masseverbindlichkeiten begründen. § 55 Abs. 2 Satz 1 InsO ist ausschließlich auf Rechtshandlungen eines vorläufigen Insolvenzverwalters anwendbar, auf den die Verfügungsbefugnis über das Vermögen des Schuldners übergegangen ist (§ 21 Absatz 1 Satz 1 Nr. 2 Alt. 1 InsO, § 22 Absatz. 1 InsO).[692] Wird, wie im Falle eines schwachen vorläufigen Insolvenzverwalters, kein allgemeines Verfügungsverbot erlassen, so bleibt die konkrete Ausgestaltung der vorläufigen Eigenverwaltung nach § 22 Abs. 2 InsO der Bestimmung des Insolvenzgerichts in jedem Einzelfall überlassen, sog. Einzelermächtigung. Das Gericht kann den schwachen vorläufigen Verwalter zu einzelnen, im Voraus genau festgelegten Verpflichtungen, die zu Lasten der späteren Insolvenzmasse gehen, ermächtigen. Dabei muss nicht jedes einzelne Rechtsgeschäft mit dem Insolvenzgericht abgestimmt werden. Möglich sind auch sog. Bündel[693]- oder Gruppenermächtigungen[694], in denen mehrere Einzelermächtigungen in einem Beschluss zusammengefasst werden.

In keinem Fall dürfen die dem schwachen vorläufigen Insolvenzverwalter vom Gericht eingeräumten Pflichten aber über die des starken vorläufigen Insolvenzverwalters hinausgehen, § 22 Abs. 1 InsO. Ferner darf das Gericht die Verfügungs- und Verpflichtungsermächtigung nicht pauschal in das Ermessen des schwachen vorläufigen Insolvenzverwalters stellen, zumal es den Ablauf des Eröffnungsverfahrens selbst bestimmt und die zum Erhalt des Schuldnervermögens erforderlichen Maßnahmen treffen muss.

Seit der Entscheidung des BGH zur Einzelermächtigung ist anerkannt, dass das Insolvenzgericht im Eröffnungsverfahren den schwachen vorläufigen Insolvenzverwalter im Einzelfall zur Begründung von Masseverbindlichkeiten ermächtigen kann.

---

in: Nerlich/Römermann, Insolvenzordnung 29. Ergänzungslieferung Januar 2016, § 21 Rn. 29; Pape, in: KPB, InsO, § 21 Rn. 3.

690 BGH, Urteil vom 18.07.2002, Az. IX ZR 195/01, NZI 2002, S. 543 ff. = BB 2002, S. 1927 = DB 2002, S. 2100 = NJW 2002, S. 3326 = ZIP 2002, S. 1625. speichern

691 BGH, Urteil vom 08. 03. 2012, Az. IX ZR 78/11, NZI 2012, S. 369; BGH, Urteil vom 15. 03. 2012, Az. IX ZR 249/09, NZI 2012, S. 365; BGH, Urteil vom 07. 05. 2009, Az. IX ZR 61/08, NZI 2009, 475; BGH, Beschluss vom 11.01.2007, Az. IX ZB 271/04, NZI 2007, S. 231.

692 BGH, Urteil vom 18.07.2002, Az. IX ZR 195/01, NZI 2002, S. 543 (544) = BB 2002, S. 1927 = DB 2002, S. 2100 = NJW 2002, S. 3326 = ZIP 2002, S. 1625.

693 Laroche, NZI 2010, S. 965 (968).

694 Schröder, in: Hamburger Kommentar, 5. Auflage 2015, § 22 Rdnr. 93.

cc) Stellungnahme

Das Vorstehende lässt sich auch zur Begründung von Masseverbindlichkeiten im Eröffnungsverfahren nach § 270a InsO heranziehen.[695]

Zunächst einmal ist festzuhalten, dass in den §§ 270 ff. InsO keine Normen enthalten sind, die einen Rückgriff auf die allgemeinen Vorschriften verhindern, wodurch die §§ 21, 22 InsO grundsätzlich Anwendung finden können.[696]

Die §§ 21, 22 InsO verfolgen unter anderem den Zweck, schon im Insolvenzantragsverfahren eine rechtssichere Fortführung des Geschäftsbetriebs des Schuldners zu gewährleisten.[697] Dies ist auch oberste Prämisse im Eröffnungsverfahren nach § 270a InsO. Ohne die Begründung von Masseverbindlichkeiten kann der schuldnerische Geschäftsbetrieb nicht aufrechterhalten und müsste somit schon vor der Entscheidung über die Verfahrenseröffnung eingestellt werden. Dadurch würde eine Sanierung unmöglich und der Zweck des ESUG verfehlt werden.

Darüber hinaus dienen die §§ 21 Abs. 1 Satz 1, 22 Abs. 2 Satz 1 InsO i.V.m. der Einzelermächtigung der Abgrenzung zwischen starkem und schwachem vorläufigen Insolvenzverwalter.[698] Das Gericht kann durch die Anordnung individueller Maßnahmen auf jedes Verfahren eingehen und durch die Einzelermächtigung die Reichweite und den Einfluss des vorläufigen (schwachen) Insolvenzverwalters bestimmen.

Die Grundsätze der Einzelermächtigung lassen sich auch auf den Schuldner im Eröffnungsverfahren nach § 270a InsO übertragen. Die Beziehung des starken zum schwachen vorläufigen Insolvenzverwalter lässt sich hinsichtlich der Begründung von Masseverbindlichkeiten mit der Beziehung des Schuldners im Schutzschirmverfahren zum Schuldner im Eröffnungsverfahren vergleichen. Stellt der Schuldner im Schutzschirmverfahren einen Antrag nach § 270b Abs. 3 InsO, kann er ebenso wie der starke vorläufige Insolvenzverwalter ohne Einschränkungen zur Begründung von Masseverbindlichkeiten ermächtigt werden. Nach der Einzelermächtigung kann dem schwachen vorläufigen Insolvenzverwalter, hinsichtlich einzelner genau festgelegter Geschäfte die Verwaltung- und Verfügungsbefugnis übertragen und er diesbezüglich zur Begründung von Masseverbindlichkeiten ermächtigt werden.[699]

Hieraus wird die Systematik ersichtlich, dass bei der starken vorläufigen Insolvenzverwaltung, dem Schutzschirmverfahren und im Falle der Einzelermächtigung jeweils derjenige berechtigt ist, Masseverbindlichkeiten zu begründen, dem die Verwaltungs- und Verfügungsbefugnis zusteht. Dies muss auch für den

---

695 Undritz, BB 2012, S. 1551 ff.; ausführlich Undritz in Festschrift Wehr S. 352 ff.

696 Für dieses Ergebnis spricht auch § 270 Abs. 1 Satz 2 InsO, wonach die allgemeinen Vorschriften im eröffneten Eigenverwaltungsverfahren gelten, soweit in den §§ 270 ff. InsO nicht anderweitiges geregelt ist.

697 Leithaus, in: Andres/Leithaus, Insolvenzordnung, 3. Auflage 2014, § 22 Rn. 2.

698 Leithaus, in: Andres/Leithaus, Insolvenzordnung, 3. Auflage 2014, § 22 Rn. 3.

699 BGH, Urteil vom 18.07.2002, AZ. IX ZR 195/01, NZI 2002, S. 543 ff. Leitsatz 4 = BB 2002, S. 1927 = DB 2002, S. 2100 = NJW 2002, S. 3326 = ZIP 2002, S. 1625.

eigenverwaltenden Schuldner im Eröffnungsverfahren nach § 270a InsO gelten. Obliegt ihm die Verwaltungs- und Verfügungsbefugnis, muss er im Stande sein, Masseverbindlichkeiten zu begründen. Da im Eröffnungsverfahren nach § 270a InsO keine der im Schutzschirmverfahren vergleichbaren Bescheinigung vorzulegen ist, gebietet es der Schutz der Gläubiger, dass nur im Rahmen der Einzelermächtigung die Begründung von Masseverbindlichkeiten möglich ist.

In diese Richtung geht auch eine Entscheidung des AG Ludwigshafen.[700] In erster Linie hat das Gericht über die Einzelermächtigung im Schutzschirmverfahren entschieden. Darüber hinaus hat es aber auch am Rande eine Aussage über die Einzelermächtigung im Eröffnungsverfahren nach § 270a InsO getroffen. Es ist der Auffassung, dass nach Aufhebung des zunächst angeordneten Schutzschirmverfahrens nach § 270b InsO und anschließender Weiterführung im Eröffnungsverfahren nach § 270a InsO, der Schuldner die Einzelermächtigung bei Gericht neu beantragen müsse und sich nicht auf eine zunächst im Schutzschirmverfahren erteilte Einzelermächtigung berufen könne. Somit hält es die Begründung von Masseverbindlichkeiten durch den Schuldner im Eröffnungsverfahren auf Grund einer Einzelfallermächtigung für möglich.

Zusammenfassend lässt sich die Begründung von Masseverbindlichkeiten im Eröffnungsverfahren nach § 270a InsO durch den Schuldner gut begründen. Mit § 21 Abs. 1 Satz 1 InsO hält die Insolvenzordnung eine Ermächtigungsgrundlage bereit, die auf der einen Seite die Insolvenzmasse schützen und auf der anderen Seite die Aufrechterhaltung des schuldnerischen Geschäftsbetriebs gewährleisten soll.[701] Die Anordnung von Einzelermächtigungen gebieten der Gläubigerschutz und die Systematik der §§ 270a, 270b InsO. Das Schutzschirmverfahren hat wesentlich strengere Anordnungsvoraussetzungen, so dass die Erteilung von Globalermächtigungen nach § 270b Abs. 3 Satz 1 InsO gerechtfertigt ist. Gegen eine Globalermächtigung im Eröffnungsverfahren nach § 270a InsO spricht des Weiteren auch das Spezialitätsverhältnis. Würde im Eröffnungsverfahren auch die Anordnung einer Globalermächtigung möglich sein, hätte das Schutzschirmverfahren kaum noch einen Anwendungsbedarf und wäre somit überflüssig.

e) *Ermächtigung des vorläufigen Sachwalters anstelle des Schuldners?*

Voranstehend wurde aufgezeigt, dass Einzelermächtigungen im Eröffnungsverfahren nach § 270a InsO durch das Insolvenzgericht möglich sind. Anschließend stellt sich die Frage, ob das Gericht den Schuldner oder den vorläufigen Sachwalter mit der Begründung von Masseverbindlichkeiten ermächtigen kann. Für eine Ermächtigung des vorläufigen Sachwalters spricht zunächst, dass dieser im Verfahren nach § 270a InsO anstelle des vorläufigen Insolvenzverwalters bestellt wird und

700 AG Ludwigshafen, Beschluss vom 10.04.2014, AZ.: 3 f IN 27/14, BeckRS 2014, 09643.

701 so auch Zipperer, in: Uhlenbruck, Insolvenzordnung, 14. Auflage 2015, § 270a Rn. 18.

sich bislang die Rechtsprechung des BGH zur Einzelermächtigung ausschließlich auf den vorläufigen Insolvenzverwalter und eben nicht auf den Schuldner bezieht.

Die besseren Argumente sprechen allerdings für eine Ermächtigung des Schuldners, da hier die Besonderheiten des Eigenverwaltungs-(vor-) -verfahrens und dessen besondere Regelungssystematik berücksichtigt werden müssen.[702] Die Rechtstellung des vorläufigen Sachwalters ergibt sich ausdrücklich aus dem Gesetz. Durch den Verweis des § 270a Abs. 1 Satz 2 InsO auf §§ 274, 275 InsO kommt zum Ausdruck, dass dem (vorläufigen) Sachwalter in erster Linie eine Kontroll- und Überwachungsfunktion zukommt. Eine Handlungsermächtigung für den Schuldner zu agieren, ist vom Gesetzgeber nicht vorgesehen. Ferner kann es auch nicht sein, dass der vorläufige Sachwalter mit Rechten ausgestattet wird, die sonst nur dem vorläufigen Insolvenzverwalter gewährt werden und ein solcher im Verfahren nach § 270a InsO ja gerade nicht bestellt werden soll. Könnte man im Eröffnungsverfahren den vorläufigen Sachwalter zur Begründung von Masseverbindlichkeiten ermächtigen, hätte dieser weitergehende Befugnisse als ein Sachwalter im eröffneten Verfahren bei angeordneter Eigenverwaltung. Dies würde zu einer system- und zweckwidrigen Vermischung der Befugnisse und Funktionen des vorläufigen Sachwalters führen.

Zwar könnte gegen dieses Argument eingewendet werden, dass es sich bei § 270a InsO um eine Soll-Vorschrift handelt und das Gericht einen vorläufigen schwachen oder sogar starken Insolvenzverwalter bestellen und diesen mit der Begründung von Masseverbindlichkeiten ermächtigen kann. Daher könnte darüber nachgedacht werden, ob hier nicht als geringeres Mittel bzw. „Minus" ein vorläufiger Sachwalter mit gleichen Befugnissen bestellt werden könnte.[703]

Allerdings soll dem Schuldner durch die Einführung des § 270a InsO ein Anreiz zur frühzeitigen Stellung eines Insolvenzantrags dadurch geboten werden, dass er auch während des Eröffnungsverfahrens die Geschicke des Unternehmens weiterhin kontrolliert. Würde man nun dem Schuldner einen vorläufigen Sachwalter zu Seite stellen, der ohne Absprache mit dem Schuldner eigenhändig Masseverbindlichkeiten begründen könnte, würde der Zweck des Verfahrens nach § 270a InsO unterlaufen, und die Eigenverwaltung würde an Reiz verlieren. Der Gesetzgeber hat sich für eine Eigenverwaltung im Eröffnungsverfahren entschieden, bei der die Kontrolle beim Schuldner bleiben soll. Dies darf nicht durch eine gerichtliche Ermächtigung des vorläufigen Sachwalters konterkariert werden. Auch spricht gegen eine Ermächtigung des vorläufigen Sachwalters, dass sowohl im Schutzschirmverfahren nach § 270b Abs. 3 InsO als auch im eröffneten Eigenverwaltungsverfahren der Schuldner zur Begründung von Masseverbindlichkeiten ermächtigt werden kann.[704]

Würde im Verfahren nach § 270a InsO der vorläufige Sachwalter Masseverbindlichkeiten begründen können, könnte es beim Durchlauf der unterschiedlichen

702 so auch Zipperer, in: Uhlenbruck, Insolvenzordnung, 14. Auflage 2015, § 270a Rn. 19.

703 Klinck, ZIP 2013, S. 853 (860).

704 Huber, ZInsO 2013, S. 1 (10).

Eröffnungsverfahren nach §§ 270a InsO und 270b InsO und anschließenden Eigenverwaltungsverfahren nach § 270 InsO zur widersprüchlichen Situation kommen.

Wird zunächst das Schutzschirmverfahren nach § 270b InsO angeordnet, ist der Schuldner zur Begründung von Masseverbindlichkeiten berechtigt. Wird sodann das Schutzschirmverfahren nach § 270b Abs. 4 InsO aufgehoben und das Eröffnungsverfahren nach § 270a InsO fortgeführt, könnte der vorläufige Sachwalter Masseverbindlichkeiten begründen. Bei Eröffnung des Eigenverwaltungsverfahrens nach § 270 InsO läge die Begründungskompetenz für Masseverbindlichkeiten dann wieder bei dem Schuldner.

Dies würde zu einer vom Gesetzgeber nicht gewollten Durchmischung der Handlungs- und Kontrollaufgaben führen und würde einer in der Eigenverwaltung besonders wichtigen Kontinuität der Unternehmensführung entgegenstehen.

Auch die Argumentation, wonach die Gläubiger, insbesondere Banken, im Rahmen der Insolvenzgeldvorfinanzierung lieber den Kontakt mit dem vorläufigen Sachwalter suchen, als mit dem Schuldner, kann nicht überzeugen.

Dieser rein faktische Gesichtspunkt findet keinen Rückhalt im Gesetz. Insbesondere würde diese Argumentation gegen den eindeutigen Wortlaut des § 270b Abs. 3 InsO sprechen, wonach im Schutzschirmverfahren gerade der Schuldner zur Begründung von Masseverbindlichkeiten zu ermächtigen ist, in diesem Verfahren auch ein vorläufiger Sachwalter bestellt wird und die Insolvenzgeldvorfinanzierung eine wichtige Rolle spielt.

Letztlich hätte eine Ermächtigung auch nicht absehbare Konsequenzen für den vorläufigen Sachwalter. Vom Gesetz ist der vorläufige Sachwalter nur zur Aufsicht und Kontrolle ermächtigt. Bei der Begründung von Masseverbindlichkeiten würden ihn die gesamten haftungsrechtlichen Folgen treffen, ohne dass seine Vergütung angepasst wird, bzw. ohne dass es derzeit hinreichenden Versicherungsschutz gibt.[705]

f) Zwischenergebnis

Im allgemeinen Eröffnungsverfahren nach § 270a InsO kann der Schuldner vom Gericht nach §§ 22 Abs. 2, 21 Abs. 1 Satz 1 InsO unter Beachtung der Einzelermächtigungsrechtsprechung des BGH zur Begründung von Masseverbindlichkeiten ermächtigt werden. Aus den dargestellten Gründen ist eine Ermächtigung des vorläufigen Sachwalters zur Begründung von Masseverbindlichkeiten im allgemeinen Eröffnungsverfahren nach § 270a InsO abzulehnen.

Damit die Begründung von Masseverbindlichkeiten und somit die Betriebsfortführung nicht schon mit dem Antrag scheitert, hat der Schuldner die vom BGH gestellten strengen Voraussetzungen bei der Antragstellung zu beachten. Diese sehen unter anderem vor, dass die einzugehenden Verpflichtungen im Voraus

705 Buchalik/Kraus, ZInsO 2012, S. 2330 (2332).

vom Schuldner genau festgelegt werden.[706] Dabei müssen die vorzunehmenden Geschäfte nach Art, Umfang und unter Nennung der Vertragspartner möglichst genau bezeichnet werden. Darüber hinaus muss der Schuldner hinreichend darlegen, dass die Begründung von Masseverbindlichkeiten für eine erfolgreiche Verwaltung notwendig ist.[707] Dies erfordert einiges an Planung und Weitsicht. Die zu machenden Angaben dienen insbesondere dem Schutz der Vertragspartner des Schuldners, die erkennen müssen, mit welchen Befugnissen der Schuldner ausgestattet ist und dass seine Forderung als Masseverbindlichkeit befriedigt werden kann.[708]

g) Auswirkungen auf die Praxis

Langfristig sollte der Gesetzgeber – wie in § 270b Abs. 3 InsO für das Schutzschirmverfahren geschehen – in § 270a InsO eine Regelung aufnehmen, die die Kompetenz zur Begründung von Masseverbindlichkeiten regelt.[709]

Ohne eine solche Aufnahme besteht zunächst bis zur höchstrichterlichen Entscheidung die Gefahr, dass es zu divergierenden Handhabungen der einzelnen Insolvenzgerichte kommt. Bis zur Klärung dieser Rechtsfrage sollte der Schuldner bzw. vorläufige Sachwalter frühzeitig mit dem zuständigen Gericht Kontakt aufnehmen, dessen Rechtsauffassung erfragen bzw. die Einzelermächtigung anregen.[710] Vorabgespräche mit dem Insolvenzgericht sollten rechtszeitig erfolgen, damit das Gericht genügend Zeit hat, um etwaige Ungereimtheiten zu klären und die einzureichenden Unterlagen hinreichend zu prüfen.[711] Sollte sich das Insolvenzgericht nicht zu seiner Vorgehensweise äußern, sollte der Schuldner zusammen mit dem vorläufigen Sachwalter beantragen, im Rahmen der Einzelermächtigung bestimmte Masseverbindlichkeiten begründen zu dürfen, hilfsweise mit Zustimmung des vorläufigen Sachwalters.[712]

706 BGH, Urteil vom 18.07.2002, Az. IX ZR 195/01, NJW 2002, S. 3326 (3329) = BB 2002, S. 1927 = DB 2002, S. 2100 = NJW 2002, S. 3326 = ZIP 2002, S. 1625.

707 BGH, Urteil vom 18.07.2002, Az. IX ZR 195/01, NJW 2002, S. 3326 (3329) = BB 2002, S. 1927 = DB 2002, S. 2100 = NJW 2002, S. 3326 = ZIP 2002, S. 1625.

708 Laroche, NZI 2010, S. 965 (968).

709 Weissinger, Anmerkung zu BGH Beschluss vom 07.02.2013, Az. IX ZB 43/12, NZI 2013, S. 342 (344); Buchalik, ZInsO 2013, S. 815 (818); Pleister/Tholen, Anmerkung zu BGH, Beschluss vom 07.02.2013, Az. IX ZB 43/12, ZIP 2013, S. 526 (526); im Ergebnis auch Römermann/Praß, ZInsO 2013, S. 482 (487).

710 Weissinger, Anmerkung zu BGH Beschluss vom 07.02.2013, Az. IX ZB 43/12, NZI 2013, S. 342 (344).

711 Buchalik, ZInsO 2013, S. 815 (817).

712 Cranshaw, jurisPR-InsR 6/2013 Anm. 3.

VIII. Zusammenfassung

Der Antrag auf das Eröffnungsverfahren nach § 270a InsO kann bis zur Entscheidung des Gerichts über die Eröffnung des Insolvenzverfahrens gestellt werden. Eine besondere Frist ist bei der Antragstellung nicht zu berücksichtigen. Im Rahmen der Prüfung, ob der Antrag des Schuldners auf Eigenverwaltung nicht offensichtlich aussichtslos ist, nimmt das Gericht eine Evidenzkontrolle vor. Im Eröffnungsverfahren kann das Gericht im Rahmen der Amtsermittlung weiter Tatsachen- und Rechtsfragen aufklären. Legt der Schuldner die wirtschaftliche Lage seines Geschäftsbetriebs bei Antragstellung nicht hinreichend substantiiert dar, besteht keine Pflicht des Gerichts, für den Schuldner positive Tatsachen zu ermitteln. Der Antrag des Schuldners auf Durchführung des Eröffnungsverfahrens nach § 270a InsO ist in diesem Fall abzuweisen.

Hervorzuheben ist, dass das Eröffnungsverfahren kostengünstiger als das Regelinsolvenzverfahren sein kann. Die Regelvergütung des vorläufigen Sachwalters beläuft sich auf 25 Prozent der Regelvergütung des Sachwalters. Sofern ein überdurchschnittlicher Arbeitsumfang vorliegt, können Zuschläge nach § 3 InsVV in Betracht kommen. Hinsichtlich der Bestellung eines vorläufigen Gläubigerausschusses ergeben sich keine Besonderheiten gegenüber dem Regelinsolvenzverfahren. Zum Schutz der Gläubiger kann das Gericht Sicherungsmaßnahmen ggfl. auch nachträglich anordnen oder als ultima ratio das Eröffnungsverfahren nach § 270a InsO beenden und ggfl. im Regeleröffnungsverfahren fortsetzen.

Während des Eröffnungsverfahrens kann der Schuldner vom Gericht im Rahmen der Einzelermächtigung zur Begründung von Masseverbindlichkeiten ermächtigt werden. Auf Grund der unterschiedlichen Rechtsauffassungen der Gerichte besteht in diesem Punkt der größte Unsicherheitsfaktor des Eröffnungsverfahrens. Um diese Rechtsunsicherheit zu beheben, besteht Nachholbedarf durch den Gesetzgeber. Bis dahin sollte der Schuldner mit dem Gericht frühzeitig Kontakt aufnehmen und sich dessen Rechtsauffassung erörtern lassen. Zum derzeitigen Zeitpunkt ist nicht absehbar, wie der Gesetzgeber, die Gerichte und nicht zuletzt die Praxis auf diese Rechtsunsicherheit reagieren werden.

Zu Gunsten des Schuldners besteht die Möglichkeit, den Antrag zurückzunehmen. Dies soll dem Schuldner als Anreiz dienen, frühzeitig den Antrag auf Durchführung des Insolvenzverfahrens zu stellen. Die Möglichkeit der Antragsrücknahme dient dem Schuldner als goldene Brücke zu einer außerinsolvenzrechtlichen Sanierung. Allerdings dürfte von dieser Möglichkeit in der Praxis nur selten Gebrauch gemacht werden.

Das Eröffnungsverfahren nach § 270a InsO bietet Schuldnern, bei denen schon Zahlungsunfähigkeit eingetreten ist und damit das Schutzschirmverfahren nicht mehr beantragt werden kann, die Möglichkeit, im Vorverfahren die Weichen auf das Eigenverwaltungsverfahren zu stellen. Daneben können Schuldner, denen das Schutzschirmverfahren offen steht, sich natürlich auch für das Eröffnungsverfahren entscheiden.

Ein weiterer Grund, sich für das Eröffnungsverfahren zu entscheiden, dürfte in der leichteren Antragstellung und Vorbereitung zu finden sein. Schuldner, die die Bescheinigung nach § 270b InsO nicht erstellen können oder wollen, z. B. weil der Aufwand und die Kosten zu groß sind, und sie nicht sicher sind, ob ihre Bescheinigung den Anforderungen entsprechen würde, bietet das Eröffnungsverfahren eine Alternative.

Da der Schuldner keinen Anspruch auf Aussetzung oder Einstellung von Zwangsvollstreckungsmaßnahmen hat, hat das Eröffnungsverfahren nur dann Aussicht auf Erfolg, wenn die wesentlichen Gläubiger dem Schuldner versichern, dass er solche Maßnahmen nicht zu befürchten hat und der Fortbestand des Geschäftsbetriebs unterstützt bzw. nicht behindert wird. Gleiches gilt auch für den Insolvenzplan, dessen Erstellung im Eröffnungsverfahren nicht ausschließlich dem Schuldner obliegt. Soll die Erstellung dennoch in den Händen des Schuldners liegen, bedarf es auch hier einer genauen Absprache mit den Gläubigern.

Damit letztlich das Eröffnungsverfahren reibungslos durchgeführt werden kann, muss von Anfang an auch klar sein, dass vom Gericht keine die Eigenverwaltung behindernden Sicherungsmaßnahmen angeordnet werden.

Das Dargestellte zeigt, dass das Eröffnungsverfahren sehr instabil ist und es viele unterschiedliche Gründe gibt, die das Verfahren zum Scheitern bringen können. Daher bedarf es stets einer guten Vorarbeit und in jedem Fall einer guten Absprache mit den Gläubigern und Unterstützung durch sie.

F. Verfahren zur Vorbereitung einer Sanierung gem. § 270b InsO

Nachfolgend werden die Anordnungsvoraussetzungen des Schutzschirmverfahrens dargestellt und dessen Probleme erläutert und analysiert. Der Übersichtlichkeit halber wird das Schutzschirmverfahren chronologisch dargestellt.

I. Einleitung

Die Schaffung des Schutzschirmverfahrens nach § 270b InsO ist – neben dem Dept-Equity-Swap – die wohl wichtigste Neuerung der ESUG-Reform.[713] Erstmalig wird dem Schuldner die Möglichkeit gegeben, eine selbstbestimmte Sanierung in einem kontrollierten Insolvenzverfahren unter Aufsicht des Gerichts durchzuführen.[714]

Das Schutzschirmverfahren dient der Vorbereitung zur Sanierung des Rechtsträgers und ist eine Verknüpfung der Eigenverwaltung mit dem Insolvenzplanverfahren.[715] Der Schuldner hat während des Eröffnungsverfahrens die Möglichkeit, in Eigenverwaltung einen Sanierungsplan zu erstellen, der im eröffneten Verfahren als Insolvenzplan umgesetzt werden soll.[716] Der Schutzschirm besteht aus unterschiedlichen Einzelregelungen, die dem Schuldner garantieren, dass er während des Eröffnungsverfahrens die Kontrolle über das Unternehmen behält, sowie aus Maßnahmen, die ein Scheitern der Sanierung schon im Eröffnungsverfahren verhindern sollen.[717]

Zu diesen Maßnahmen gehören vor allem, dass der Schuldner die Kontrolle behält, er die Person des vorläufigen Sachwalters selbst bestimmen kann, ein unmittelbarer Zugriff durch die Gläubiger verhindert wird, es nur eine eingeschränkte Anordnungskompetenz des Gerichts im Hinblick auf Sicherungsmaßnahmen gibt und dem Schuldner eine festgeschriebene Frist zur eigenständigen Ausarbeitung eines Sanierungs- bzw. Insolvenzplans zusteht.

Zu kaum einer Norm der Insolvenzordnung wurde schon vor Inkrafttreten und auch in der Folgezeit derart kontrovers diskutiert, was belegt, dass nach wie vor Klärungsbedarf hinsichtlich der Voraussetzungen und Rechtsfolgen besteht.[718]

---

713 Hirte/Mock, DB 2011, S. 693 (695); Richter/Pernegger, BB 2011, S. 876 (878); Hirte/Knof/Mock, Das neue Insolvenzrecht nach dem ESUG, S. 57; Flöther, ZIP 2012, 1833 (1837).

714 Koch/Jung, in: Kübler, HRI, § 8 Rn. 1.

715 Commandeur/Schaumann, NZG 2012, S. 620 (621); Desch, BB 2011, S. 841 (841); Schneider/Höpfer, BB 2012, S. 87 (88).

716 BT-Drucksache 17/5712, S. 40.

717 Foltis, in: Frankfurter Kommentar, § 270b, Rn. 1; BT-Drucksache 17/5712, S. 40.

718 Pape, in: KPB, InsO § 270b Rn. 23 m.w.N.

II. Dogmatische Einordnung

1. Kein Moratorium

Das Verfahren nach § 270b InsO ist kein Moratorium oder Ähnliches, so dass es keinen Schutz vor Gläubigern bietet, die ihre Forderungen wegen der drohenden Zahlungsunfähigkeit oder Überschuldung fällig stellen oder Verträge kündigen.[719] Der Reformgesetzgeber hat das Schutzschirmverfahren – ausweislich der Gesetzesbegründung – für solche Schuldner entwickelt, die sich mit ihren zentralen Gläubigern im Vorfeld des Insolvenzverfahrens abstimmen, einen Konsens finden und mit ihrer Unterstützung das Unternehmen sanieren wollen.[720] Für Schuldner, die im Vorfeld der Antragstellung keinen Konsens mit den zentralen Gläubigern finden, so dass diese Forderungen, insbesondere Kredite, fällig stellen, soll das Schutzschirmverfahren ausdrücklich nicht geeignet sein.[721] Durch die Einführung des Schutzschirmverfahrens mit den oben genannten Maßnahmen will der Gesetzgeber das Vertrauen der Schuldner in das Insolvenzverfahren stärken und diese zur rechtzeitigen Antragstellung animieren, damit die Möglichkeit einer Sanierung noch offen bleibt.[722] Darüber hinaus soll das Schutzschirmverfahren indirekt dem Erhalt von Arbeitsplätzen dienen, sowie einer Abwanderung bzw. Sitzverlegung von insolvenzbedrohten Unternehmen ins Ausland, insbesondere England, entgegenwirken.[723]

2. Verfahren sui generis

Ob es sich bei dem Schutzschirmverfahren nach § 270b InsO – wie in der Gesetzesbegründung beschrieben – um ein *„eigenständiges Sanierungsverfahren“*[724] handelt, ist umstritten. Teile der Literatur folgen der wenig aufschlussreichen Gesetzesbegründung.[725] Nach anderer Auffassung soll es sich bei dem Schutzschirmverfahren um eine besondere Form des Eröffnungsverfahrens und somit um kein selbstständiges Sanierungsverfahren handeln, da es lediglich auf den Zeitraum zwischen Eröffnungsantrag und Eröffnung begrenzt ist und auf den Regelungen des § 270a InsO aufbaut.[726] Durch die Möglichkeit, einen Insolvenzplan auszuarbeiten, sei es

---

719 BT-Drucksache 17/5712, S. 40.
720 BT-Drucksache 17/5712, S. 40.
721 BT-Drucksache 17/5712, S. 40.
722 BT-Drucksache 17/5712, S. 40.
723 BT-Drucksache 17/5712, S. 17.
724 BT-Drucksache 17/5712, S. 40.
725 Commandeur/Schaumann, NZG 2012, S. 620 (621); Buchalik, ZInsO 2012, S. 349 (349).
726 Desch, BB 2011, S. 841 (841); Foltis, in: Frankfurter Kommentar, § 270b Rn. 5.

vielmehr eine sanierungsorientierte Variante des vorläufigen Eigenverwaltungsverfahrens nach § 270a InsO.[727]

Die besseren Argumente sprechen gegen die Annahme, dass es sich bei dem Schutzschirmverfahren um ein Verfahren „sui generis" handelt.

Der Begriff „*eigenständiges Sanierungsverfahren*" ist terminologisch unsauber und in gewisser Weise sogar irreführend. Die Sanierung des Unternehmens findet nicht während des Schutzschirmverfahrens statt, sondern zeitlich danach, nämlich im eröffneten Verfahren. Denn erst im eröffneten Verfahren gelangt der ausgearbeitete Insolvenzplan zur Abstimmung und kann seine Wirkung entfalten.[728] Während des dreimonatigen Schutzschirmverfahrens werden jedoch die Weichen zur Sanierung gestellt, indem in dieser Zeit ein Insolvenzplan ausgearbeitet und Sanierungsgespräche mit den Gläubigern aufgenommen werden können.

Gegen ein eigenständiges Verfahren spricht auch, dass das Schutzschirmverfahren zeitlich zwischen Eröffnungsantrag und Verfahrenseröffnung begrenzt ist und nach Ablauf der Frist noch keine Sanierung eintreten kann.[729] Auch dogmatische Gründe sprechen für diese Ansicht. Das Eröffnungsverfahren nach § 270a InsO wird als Grundvorschrift gegenüber dem Schutzschirmverfahren nach § 270b InsO verstanden und kann unter bestimmten Voraussetzungen als dessen Auffangtatbestand fungieren.[730] Dies ergibt sich aus der Gesetzessystematik, wonach Eröffnungsverfahren und Schutzschirmverfahren dem eröffneten Eigenverwaltungsverfahren untergeordnet sind.

Hierfür sprechen auch der Verweis des § 270b Abs. 2 Satz 1 InsO bzgl. der Anordnung des vorläufigen Sachwalters auf § 270a Abs. 1 InsO sowie die Gesetzesbegründung zu § 270b Abs. 4 InsO.[731] Diese besagen, dass nach Aufhebung des Schutzschirmverfahrens das Eröffnungsverfahren nach den allgemeinen Vorschriften der §§ 21 bis 25 InsO sowie § 270a InsO fortzuführen ist.[732] Dies darf jedoch auch nicht dahingehend missverstanden werden, dass nach Durchführung des Schutzschirmverfahrens zwangsläufig das Eröffnungsverfahren nach § 270a InsO oder das Eigenverwaltungsverfahren nach § 270 InsO folgen. Auch wenn die Grundstruktur und die Ausrichtung des Schutzschirmverfahrens Ähnlichkeiten zum Eigenverwaltungsverfahren aufweisen und in dieses münden soll, ist die Entscheidung über das Ob der Anordnung der Eigenverwaltung dem Schutzschirmverfahren gedanklich nachgelagert und ergebnisoffen.

727 Riggert, in: Nerlich/Römermann, Insolvenzordnung 29. Ergänzungslieferung Januar 2016, Vorb. vor §§ 270–285 Rn. 7; Foltis, in: Frankfurter Kommentar, § 270a Rn. 8.

728 Kolmann, Schutzschirmverfahren, Rn. 201; Desch, BB 2011, S. 841 (842); Hofmann, NZI 2010, S. 798 (801).

729 BT-Drucksache 17/5712, S. 40.

730 Foltis, in: Frankfurter Kommentar, § 270a Rn. 8; Undritz, in: Festschrift Wehr, S. 340 (341); Desch, BB 2011, S. 841 (845).

731 Foltis, in: Frankfurter Kommentar, 270a Rn. 8; BT-Drucksache 17/5712, S. 41.

732 BT-Drucksache 17/5712, S. 41.

3. Zwischenergebnis

Das Schutzschirmverfahren gewährt dem Schuldner kein Moratorium, sondern ist ein die Sanierung vorbereitendes besonderes Eröffnungsverfahren. Die besseren Argumente sprechen dafür, dass das Schutzschirmverfahren ein Sonderfall der vorläufigen Eigenverwaltung nach § 270a InsO und somit kein Verfahren „sui generis" ist.[733]

III. Anordnungsvoraussetzungen

Um das Schutzschirmverfahren einzuleiten, muss der Schuldner nach § 270b Abs. 1 Satz 1 InsO beim Insolvenzgericht insgesamt drei Anträge stellen. Dazu gehören neben dem Eröffnungsantrag auch der Antrag auf Eigenverwaltung sowie ein Antrag auf Anordnung des Schutzschirmverfahrens, d. h. ein Antrag auf gerichtliche Fristbestimmung zur Vorlage eines Insolvenzplans zum Zwecke der Vorbereitung der Sanierung.[734] Eine konkrete Frist, bis zu der der Sanierungsplan einzureichen ist, muss der Schuldner aber nicht beantragen.[735] Im Hinblick auf den Eröffnungsantrag bzw. den Antrag auf Eigenverwaltung gelten die oben dargestellten Grundsätze.

Neben diesen drei Pflichtanträgen steht es dem Schuldner frei, auch noch Anträge auf Untersagung oder einstweilige Einstellung der Zwangsvollstreckung, sowie auf Anordnung zur Begründung von Masseverbindlichkeiten zu stellen.[736]

Aus § 270b Abs. 1 Satz 1 InsO ergibt sich, dass der Eröffnungsantrag entweder bei Vorliegen des Eröffnungsgrundes der drohenden Zahlungsunfähigkeit[737] oder der Überschuldung[738] gestellt werden muss. Der Wortlaut der Norm, der nur *drohende Zahlungsunfähigkeit* oder *Überschuldung* zulässt, ist dahingehend zu verstehen, dass die beiden Eröffnungsgründe auch kumulativ vorliegen können. Hierfür spricht zum einen die Gesetzesbegründung, aus der hervorgeht, dass lediglich keine Zahlungsunfähigkeit beim Schuldner vorliegen darf.[739] Zum anderen soll mit dem Schutzschirmverfahren die Unternehmenssanierung erleichtert und gefördert werden. Diese ist auch dann noch möglich, wenn beide Eröffnungsgründe

---

733 So auch: Kolmann, Schutzschirmverfahren, Rn. 192; Kolmann, DB 2014, S. 1663 (1663); Undritz, in: Karsten Schmidt, Insolvenzordnung, 19. Aufl. 2016, § 270b Rn. 8.

734 Undritz, in: Karsten Schmidt, Insolvenzordnung, 19. Auflage 2016, § 270b Rn. 2.

735 Undritz, in: Karsten Schmidt, Insolvenzordnung, 19. Auflage 2016, § 270b Rn. 2.

736 § 270b Abs. 2 Satz 3, Abs. 3 Satz 1 InsO.

737 Drohende Zahlungsunfähigkeit liegt nach § 18 Abs. 2 InsO vor, wenn der Schuldner voraussichtlich nicht in der Lage sein wird, die bestehenden Zahlungspflichten im Zeitpunkt der Fälligkeit zu erfüllen.

738 Überschuldung liegt nach § 19 Abs. 2 Satz 1 InsO vor, wenn das Vermögen des Schuldners die bestehenden Verbindlichkeiten nicht mehr deckt, es sei denn, die Fortführung des Unternehmens ist nach den Umständen überwiegend wahrscheinlich.

739 BT-Drucksache 17/5712, S. 40.

zusammen vorliegen. Zu berücksichtigen ist auch, dass es andernfalls kaum einen Anwendungsbereich für das Schutzschirmverfahren gäbe, da drohende Zahlungsunfähigkeit und Überschuldung fasst immer zusammen vorliegen.[740] Letztlich ergeben sich für die Gläubiger auch keine Nachteile, da das Schutzschirmverfahren auch bei Vorliegen von drohender Zahlungsunfähigkeit und Überschuldung nur dann angeordnet werden darf, wenn die angestrebte Sanierung nicht offensichtlich aussichtslos ist.[741]

1. Kritik am Zeitpunkt der Antragstellung

In der Literatur wird zahlreich kritisiert, dass das Schutzschirmverfahren erst bei drohender Zahlungsunfähigkeit oder Überschuldung und somit erst ab Eintritt der materiellen Insolvenz beantragt werden kann.[742] Aus Sanierungssicht sollten Sanierungsmaßnahmen jedoch ab Eintritt der Krise, die regelmäßig mit einer strategischen Krise beginnt und somit i.a.R. vor der materiellen Insolvenz vorliegt, vorgenommen werden.[743] Um die frühzeitige Sanierung zu fördern, sei der vom Gesetzgeber gewählte Zeitpunkt zu spät.[744]

In der Sanierungspraxis gebe es kaum Sachverhalte, bei denen nur drohende Zahlungsunfähigkeit vorliege, ohne dass zugleich die Voraussetzungen der Überschuldung gegeben seien.[745] Einem Unternehmen, bei dem die Insolvenzgründe noch nicht vorliegen, es aber absehbar ist, dass es früher oder später zur Insolvenz kommen wird, wird eine Sanierung mittels Schutzschirmverfahren verwehrt. Das Unternehmen muss so lange weiter wirtschaften, bis einer der beiden Insolvenzeröffnungsgründe, d. h. drohende Zahlungsunfähigkeit oder Überschuldung, vorliegen. Alternativ bleibt dem Schuldner nur die Möglichkeit, eine außergerichtliche Sanierung anzustreben.[746]

Darüber hinaus fehle es bei drohender Zahlungsunfähigkeit oftmals an einer positiven Fortführungsprognose, so dass das Vermögen in der Überschuldungsbilanz mit Liquidationswerten ausgewiesen werden müsse und es somit die Verbindlichkeiten in der Regel nicht übersteigt.[747] Spätestens in diesem Zeitpunkt wird das Unternehmen überschuldet sein.

---

740 Das liegt daran, dass bei Überschuldung in der Überschuldungsbilanz oftmals Zerschlagungswerte anzusetzen sind, wodurch in aller Regel Überschuldung eintritt, vgl hierzu Frystatzki, Die insolvenzrechtliche Fortführungsprognose – Zahlungsunfähigkeits- oder Ertragsfähigkeitsprognose?, NZI 2011, S. 173–179.

741 Zum gleichen Ergebnis, aber ohne Begründung kommt auch Frind, ZInsO 2012, S. 1546 (1547 Fußnote 6).

742 Hirte/Mock, DB 2011, S. 693 (696 m.w.N.).

743 Bremen, NZI 2014, S. 137 (137).

744 Desch, BB 2011, S. 841 (841); Hirte, ZInsO 2011, 401 (402).

745 Desch, BB 2011, S. 841 (841).

746 Eidenmüller, ZHR 175 (2011) S. 11 (35); Hölzle/Pink, ZIP 2011 S. 360 (367).

747 Desch, BB 2011, S. 841 (841 Fußnote 5).

Es wäre sinnvoller, wenn das Verfahren schon zu einem früheren Zeitpunkt eingeleitet werden könnte, insbesondere weil die Möglichkeit der Unternehmenssanierung abnimmt, sofern einer der beiden Insolvenzgründe vorliegt. Als Anknüpfungspunkt wird die Sanierungsbedürftigkeit bzw. der Krisenbegriff genannt.[748] Durch eine frühzeitigere Antragstellung seien auch keine Nachteile für die Gläubiger zu befürchten, da der Antrag nur vom Schuldner gestellt werden könne und den Gläubigerinteressen durch die Möglichkeit der vorfristigen Aufhebung der Maßnahme gem. § 270b Abs. 4 InsO Rechnung getragen werde.[749]

2. Stellungnahme

Den Kritikern am Zeitpunkt der Antragstellung ist insoweit zuzustimmen, dass Sanierungschancen eines Unternehmens umso höher sind, je früher der Insolvenzantrag gestellt wird.

Gegen eine Vorverlagerung des Eröffnungsgrundes spricht aber die Systematik der Insolvenzordnung. Diese setzt stets die (drohende) Zahlungsunfähigkeit[750] bzw. Überschuldung[751] voraus. Beim Vorliegen einer rein betriebswirtschaftlichen Krise, ist ein Unternehmen nicht verpflichtet, einen Insolvenzantrag zu stellen.[752]

Dahinter steht der Zweck, Unternehmen bei denen ein Insolvenzeröffnungsgrund vorliegt, aus dem Markt herauszunehmen um Schaden von Gläubigern abzuwenden.[753] Spätestens ab diesem Zeitpunkt reichen die Vermögenswerte des Schuldners nicht mehr aus, um alle Gläubiger vollständig zu befriedigen. Die Gläubiger bilden eine kollektive Verlustgemeinschaft, die den Ausfall anteilmäßig zu tragen hat.[754] Die Einzelzwangsvollstreckung wird durch ein Gesamtvollstreckungsverfahren ausgetauscht.[755]

Eine Abkehr von dieser Systematik hätte große und zum Teil noch unvorhersehbare Folgen für das gesamte Insolvenzrecht, zumal an die derzeitigen Eröffnungsgründe viele wichtige Normen der Insolvenzordnung anknüpfen wie z. B. die Insolvenzanfechtung nach §§ 129 ff. InsO.

Die Feststellung des genauen Zeitpunkts der Überschuldung und/oder (drohenden) Zahlung ist schon im geltenden Recht schwierig bis unmöglich. Würde nunmehr z. B. an den unbestimmten und meist unbestimmbaren Begriff der „*Krise*"

---

748 Hirte/Mock, DB 2011, S. 693 (696); Hölzle/Pink, ZIP 2011, S. 360 (367) wollen den Sanierungseröffnungsantrag vom Insolvenzgrund abkoppeln.

749 Hirte, ZInsO 2011, S. 401 (402).

750 §§ 17, 18 InsO. Der Schuldner ist nach § 17 Abs. 2 InsO zahlungsunfähig, wenn er nicht in der Lage ist, die fälligen Zahlungspflichten zu erfüllen. Zahlungsunfähigkeit ist in der Regel anzunehmen, wenn der Schuldner seine Zahlungen eingestellt hat.

751 § 19 InsO.

752 Mock, in: Uhlenbruck Insolvenzordnung, 14. Auflage 2015, § 16 Rn. 1.

753 Ampferl, in: Beck/Depré, Praxis der Insolvenz, 2. Auflage 2010, § 2 Rn. 20.

754 Mock, in: Uhlenbruck Insolvenzordnung, 14. Auflage 2015, § 16 Rn. 2; Gundlach, in: Gottwald, Insolvenzrechts-Handbuch, § 6 Rn.1.

755 Gundlach, in: Gottwald, Insolvenzrechts-Handbuch, § 6 Rn.1.

angeknüpft werden, hätte dies zur Folge, dass z. B. eine Insolvenzanfechtung nur in absolut eindeutigen Fällen nachweisbar wäre. Hierdurch könnten Gläubigerbenachteiligungen und Missbrauchsmöglichkeiten steigen, was zu einem Vertrauensverlust in das gesamte Insolvenzfahren führen würde.

Abgesehen von wenigen Ausnahmefällen gibt es auch kein Erfordernis, den Zeitpunkt der Antragstellung vorzuverlegen, so dass sich restrukturierungs-, aber noch nicht insolvenzreife Unternehmen den Regularien der Insolvenzordnung unterwerfen können.[756] Eine frühzeitige Antragstellung ist derzeit nicht gegeben. Insolvenzanträge werden, trotz der Strafandrohung des § 15a Abs. 4 InsO[757] viel zu spät gestellt, in der Regel zehn Monate nach Eintritt der materiellen Insolvenz.[758] Auch Insolvenzverschleppungen sind an der Tagesordnung.[759] Es ist nicht davon auszugehen, dass Insolvenz- bzw. Eigenverwaltungsverfahren vermehrt und früher gestellt werden, wenn der Zeitpunkt der Antragstellung nach vorne verlagert wird.

Sofern ein Schuldner eine frühzeitigere Sanierung anstreben möchte, bleibt es ihm unbenommen, Sanierungs- und Umstrukturierungsmaßnahme außerhalb des Insolvenzrechts zu ergreifen.

IV. Zeitpunkt der drohenden Zahlungsunfähigkeit

Wie beschrieben setzt das Schutzschirmverfahren voraus, dass der Schuldner den Eröffnungsantrag nach § 270b Abs. 1 Satz 1 InsO bei drohender Zahlungsunfähigkeit oder Überschuldung zu stellen hat.

Umstritten ist hierbei, ob es auf den Zeitpunkt der Antragstellung ankommt und ob es Szenarien gibt, bei deren Vorliegen das Schutzschirmverfahren nicht angeordnet werden darf, obwohl die Voraussetzungen der drohenden Zahlungsunfähigkeit vorliegen.

Nach einer Auffassung kommt es bei der Beurteilung der drohenden Zahlungsunfähigkeit auf Grund des eindeutigen Wortlauts der Norm auf den Zeitpunkt der Antragstellung an.[760] Tritt die Zahlungsunfähigkeit hingegen nach Antragstellung ein, sei dies irrelevant. War der Schuldner bei Antragstellung bereits einmal zahlungsunfähig und konnte diese nur durch eine kurzfristige Stundung beseitigt werden, so ist der Antrag auf Durchführung des Schutzschirmverfahrens unzulässig, wenn die Stundung kurz nach Antragstellung ausläuft und nicht sämtliche Gläubiger deren Verlängerung zugestimmt haben.[761]

---

756 Koch/Jung, in : Kübler, HRI, § 8 Rn. 8.

757 Nach § 15a Abs. 4 InsO kann die Verletzung der Antragspflicht mit Freiheitsstrafen von bis zu drei Jahren bestraft werden.

758 Siehe hierzu Fußnote 17.

759 Siehe hierzu Fußnote 212.

760 Hölzle, Praxisleitfaden ESUG, 2. Auflage 2014, § 270b Rn. 13; Ringstmeier, in: A/G/R, § 270b Rn. 8.

761 AG Erfurt, Beschluss vom 11.04.2012, Az. 172 IN 190/12, BeckRS 2012, 09659 = ZInsO 2012, S. 944; Hölzle, Praxisleitfaden ESUG, 2. Auflage 2014, § 270b Rn. 13.

Nach anderer Auffassung ist bei der Beurteilung der drohenden Zahlungsunfähigkeit nicht auf den Zeitpunkt der Antragstellung, sondern auf den Zeitpunkt der gerichtlichen Entscheidung abzustellen.[762] Der Wortlaut des § 270b Abs. 1 Satz 1 InsO sei nicht eindeutig, da er zusammen mit § 270b Abs. 1 Satz 3 InsO zu lesen und darin die Bescheinigung geregelt sei, die darauf abstellt, dass keine Zahlungsunfähigkeit *„vorliegt“*.

Auf Grund der offenen Formulierung sei nicht klar, ob auf den Zeitpunkt der Erstellung der Bescheinigung, deren Einreichung oder den Zeitpunkt der Gerichtsentscheidung abzustellen sei. Ist schon bei Antragstellung oder Einreichung der Bescheinigung klar, dass beim Schuldner schon bis zur Entscheidung über den Schutzschirmantrag Zahlungsunfähigkeit eintritt, sei der Antrag unzulässig.

Für die Unzulässigkeit des Antrags wird das wechselseitige Vertrauens- und Abhängigkeitsverhältnis zwischen Schuldner und Gläubiger angeführt und die Vermutung, dass bei absehbarem Eintritt der Zahlungsunfähigkeit die Sanierung offensichtlich aussichtslos sein dürfte. Auch komme es bei der Beurteilung der Erfolgsaussichten der Sanierung auf den Zeitpunkt der Entscheidung des Gerichts an, weshalb hinsichtlich des Zeitpunktes der drohenden Zahlungsunfähigkeit nichts anderes gelten könne.

Für die Auffassung, die auf den Zeitpunkt der gerichtlichen Entscheidung abstellt, spricht zunächst, dass die Erfolgsaussichten der Sanierung erheblich verringert sind, wenn kurz nach Antragstellung, im schlimmsten Fall noch vor Entscheidung des Gerichts über den Schutzschirmantrag, Zahlungsunfähigkeit eintritt. Dies dürfte insbesondere dann der Fall sein, wenn die Zahlungsunfähigkeit nur auf Grund einer Stundung oder eines Moratoriums verhindert wurde und diese kurz nach Antragstellung auslaufen.

Darüber hinaus ist auch gut vertretbar, die Sätze 1 und 3 des § 270b Abs. 1 InsO im Zusammenhang zu lesen. Hierbei ist jedoch zu berücksichtigen, dass durch § 270b Abs. 1 Satz 1 und 3 InsO zwei unterschiedliche Regelungen getroffen werden sollen.

Die Anordnungsvoraussetzungen der drohenden Zahlungsunfähigkeit und die Erfolgsaussichten der Sanierung sind zwei unterschiedliche und daher zu trennende Dinge. Die Sanierung kann auf der einen Seite Aussicht auf Erfolg haben, obwohl Zahlungsunfähigkeit nach Antragstellung eingetreten ist. Auf der anderen Seite kann die Sanierung aussichtslos sein, auch wenn nur drohende Zahlungsunfähigkeit vorliegt. Beides hängt zwar miteinander zusammen, geht aber nicht immer einher.

Für dieses Ergebnis spricht auch, dass der Eintritt der Zahlungsunfähigkeit nicht mehr zwangsläufig zur Aufhebung des Schutzschirmverfahrens führt und nach § 270b Abs. 4 Satz 2 InsO von Schuldner oder vorläufigen Sachwalter dem Gericht nur anzuzeigen ist. Dies wird vom Wortlaut des § 270b Abs. 1 Satz 1 InsO unterstrichen.

---

762 AG Ludwigshafen, Beschluss vom 04.07.2014, Az. 3 f IN 260/14 Ft, BeckRS 2014, 14510 = ZIP 2014, S. 1746 = ZInsO 2014, S. 1452.

Ein anderes Ergebnis würde auch der Planbarkeit des Verfahrens und dem Rechtsschutz des Schuldners entgegenstehen. Der Schuldner kann nämlich nicht wissen, wann das Gericht über den Antrag entscheiden wird und ob bzw. wann währenddessen doch noch Zahlungsunfähigkeit eintreten wird. Die besseren Argumente sprechen daher dafür, dass die drohende Zahlungsunfähigkeit des Schuldners im Zeitpunkt der Antragstellung vorliegen und dargelegt werden muss.

Da jedoch nicht ausgeschlossen werden kann, dass Gerichte die Auffassung vertreten, dass auf den Zeitpunkt der gerichtlichen Entscheidung abzustellen ist, ist dem Schuldner zu raten, sich mit dem Gericht diesbezüglich abzustimmen und – um eine Ablehnung des Schutzschirmantrags zu vermeiden –, mit Antragstellung eine Liquiditätsplanung einzureichen, aus der sich im besten Fall ergibt, dass die Zahlungsunfähigkeit auch nicht kurz/unmittelbar nach Antragstellung eintritt.

V. Der vorläufige Gläubigerausschuss im Schutzschirmverfahren

Gerade im Schutzschirmverfahren, in dem im Idealfall die Sanierung des Schuldners durch Eigenverwaltung und Insolvenzplan durchgeführt werden soll, spielt die Einbindung und Mitwirkung der Gläubiger eine große Rolle. Mangels anderweitiger Vorschriften gelten die Regelungen zur Einsetzung, Anhörung und Besetzung des vorläufigen Gläubigerausschusses auch im Schutzschirmverfahren.

Im Schutzschirmverfahren sind jedoch die Anordnungen von Sicherungsmaßnahmen gem. § 270 Abs. 2 Satz 3 InsO eingeschränkt. Nach § 270b Abs. 2 Satz 3 Halbsatz 1 kann das Gericht vorläufige Maßnahmen nach § 21 Absatz 1 und 2 Nummer 1a, 3 bis 5 InsO anordnen.

Umstritten ist, ob diese Regelung auch gegenüber § 22a InsO, d. h. bei Erreichen der Schwellenwerte Anwendung findet und die Einsetzung des vorläufigen Gläubigerausschusses im Ermessen des Gerichts steht oder für dieses verpflichtend ist.

1. § 22a InsO fakultativ

Nach einer Auffassung soll die Einsetzung des vorläufigen Gläubigerausschusses auch dann im Ermessen des Gerichts stehen, wenn die Schwellenwerte des § 22a InsO überschritten werden.[763] Dies ergebe sich zunächst aus dem Wortlaut und der Formulierung „*kann vorläufige Maßnahmen (...) anordnen*". Daneben sprächen die Spezialität des § 270b InsO gegenüber den allgemeinen Vorschriften der §§ 21–25 InsO und der Sinn und Zweck der Norm für dieses Ergebnis.[764]

763 Camek, S. 154–157.

764 Ohne nähere Begründung, Frind, „Der vorläufige Gläubigerausschuss – Rechte, Pflichten, Haftungsfragen, ZIP 2012, 1380 (1384); Camek, S. 154–157; Riggert, in: Nerlich/Römermann, Insolvenzordnung 29. Ergänzungslieferung Januar 2016,

2. § 22a InsO zwingend

Nach einer anderen Auffassung schränke § 270b Abs. 2 Satz 3 InsO nur die Anwendung des § 21 InsO ein, § 22a InsO bleibe im Schutzschirmverfahren jedoch unberührt.[765] Unter anderem wird diese Auffassung damit begründet, dass § 270b Abs. 2 Satz 3 InsO nur auf § 21 InsO, nicht jedoch ausdrücklich auf § 22a InsO verweise. Eine Einschränkung des § 22a InsO hätte zur Folge, dass die zwingende Mitwirkung der Gläubiger in großen Schutzschirmverfahren ausgehebelt werden könnte. Dies würde zu einem Wertungswiderspruch führen, da dies eine Einschränkung der Mitwirkungsrechte der Gläubiger im Schutzschirmverfahren in § 270b Abs. 4 Nr. 2 zur Folge hätte und die besondere Mitwirkung im Eigenverwaltungsverfahren nach § 270 Abs. 3 InsO ausbliebe.[766]

3. Stellungnahme

Der ersten Auffassung ist insoweit zuzustimmen, dass der Wortlaut des § 270b Abs. 2 Satz 3 InsO ein Ermessen des Gerichts vorsieht. Anders kann die Formulierung „*kann vorläufige Maßnahmen (...) anordnen*" nicht verstanden werden. Allerdings spricht dies noch nicht zwangsläufig dafür, dass auch hinsichtlich § 22a InsO ein Ermessensspielraum vorliegen soll. Ein Verweis auf § 22a InsO ist in § 270b Abs. 2 Satz 3 InsO nicht vorgesehen.

Der Sinn und Zweck der §§ 21 Abs. 2 Nr. 1a, 22a InsO spricht dafür, dass auch im Schutzschirmverfahren bei Vorliegen der Schwellenwerte das Gericht verpflichtet ist, einen vorläufigen Gläubigerausschuss zu installieren. Dieser war vor dem ESUG gesetzlich nicht geregelt und umstritten.[767] Da in den ersten Wochen nach Antragsstellung die Weichen für eine Unternehmensfortführung und -sanierung gestellt werden und die Gläubiger hierzu von Anfang an einen erheblichen Beitrag leisten können und sollen, wurde der vorläufige Gläubigerausschuss durch das ESUG in die Insolvenzordnung eingefügt. § 22a InsO gewährleistet, dass insbesondere bei wirtschaftlich bedeutenden Unternehmen die Gläubigerbeteiligung zwingend gegeben ist.[768]

Auch der Gesetzesbegründung zu § 270b InsO ist nichts Gegenteiliges zu entnehmen. Das Schutzschirmverfahren ist gerade für solche Schuldner geeignet, die sich mit ihren zentralen Gläubigern abstimmen und von diesen unterstützt werden.[769]

---

§ 270b Rn. 26, 39, begründet dies mit der Spezialität des § 270b InsO; Böhm, in: Braun, InsO, 6. Aufl. 2014, § 22a Rn. 11.

765 Kolmann, Schutzschirmverfahren, Rn. 354; Ampferl, in: Kübler, HRI § 9 Rn. 224 ff.; Koch/Jung, in: Kübler, HRI, § 8 Rn. 137; Undritz, in: Karsten Schmidt, Insolvenzordnung, 19. Aufl. 2016, 270b Rn. 10.

766 Ampferl, in: Kübler, HRI, § 9 Rn. 225.

767 BT-Drucksache 17/5712, S. 24.

768 BT-Drucksache 17/5712, S. 24.

769 BT-Drucksache 17/5712, S. 40.

Darüber hinaus könnte es zu dem widersprüchlichen Ergebnis kommen, dass in kleinen unbedeutenden Verfahren ein vorläufiger Gläubigerausschuss vom Gericht eingesetzt wird, in großen wirtschaftlich bedeutenden Verfahren die Installation eines vorläufigen Gläubigerausschusses jedoch unterbleibt. Dies muss im Hinblick auf die bei einer Sanierung erforderliche Gläubigerbeteiligung vermieden werden, insbesondere weil das Schutzschirmverfahren eine besondere Form des Eröffnungsverfahrens ist und dort keine Einschränkung des § 22a InsO erfolgt. Eine Beschränkung des § 22a InsO durch § 270b Abs. 2 Satz 3 InsO ist somit durch keinen Grund gerechtfertigt.

4. Zwischenergebnis

Sind die Schwellenwerte des § 22a InsO erreicht, hat das Gericht auch im Schutzschirmverfahren einen vorläufigen Gläubigerausschutz einzusetzen. Ein Ermessen steht dem Gericht in diesem Fall nicht zu.

VI. Auslegung und Anwendungsbereich der Bescheinigung nach § 270b InsO

Zusammen mit der Antragstellung hat der Schuldner eine mit Gründen versehene Bescheinigung bei Gericht vorzulegen, aus der sich ergibt, dass zwar drohende Zahlungsunfähigkeit oder Überschuldung, jedoch keine Zahlungsunfähigkeit, vorliegt und die angestrebte Sanierung nicht offensichtlich aussichtslos ist.[770]

Der Gesetzesbegründung ist darüber hinaus noch zu entnehmen, dass kein *„umfassendes Sanierungsgutachten entsprechend bestimmten formalisierten Standards“* verlangt wird, um die damit verbunden erheblichen Kosten zu vermeiden, damit der Zugang zum Verfahren nach § 270b InsO *„insbesondere für kleinere und mittlere Unternehmen“* nicht verbaut wird.[771]

Darüber hinausgehende Informationen bzw. Konkretisierungen z. B. hinsichtlich des Umfangs, Inhalts oder Alters der Bescheinigung liegen eben so wenig vor wie eine Konkretisierung des ungeschriebenen Tatbestandsmerkmals *„Gründe“*.

Dies wurde im Gesetzgebungsverfahren vom Bundesrat bemängelt, der etwaige Vorzüge des Schutzschirmverfahrens schon bei Antragstellung wegen möglicher Streitigkeiten über die formellen Voraussetzungen gefährdet sah.[772] Eine Änderung hat das Gesetz daraufhin jedoch nicht erfahren. Auch drei Jahre nach Inkrafttreten des ESUG gibt es für die Bescheinigung nach § 270b InsO noch keinen von den Insolvenzrichtern durchgängig akzeptierten Standard.[773]

770 § 270b Abs. 1 Satz 3 InsO.

771 BT-Drucksache 17/5712, S. 40.

772 BR-Drucks. 127/11, S. 21.

773 RolandBerger Strategy Consultants, ESUG-Studie 2014/15, Mai 2015, S. 6, abrufbar unter http://www.rolandberger.de/media/pdf/Roland_Berger_ESUG_Studie_2015_D_20150507.pdf, letzter Abruf am 31.12.2015.

1. Sinn und Zweck der Bescheinigung

Die Vorlage der Bescheinigung dient dem Gericht dazu, die Anordnungsvoraussetzungen im zeitlichen Zusammenhang mit dem Eröffnungsantrag zu prüfen und schnell und unkompliziert das Schutzschirmverfahren einzuleiten.[774] Die Bescheinigung kann diesem Zweck nur gerecht werden, wenn neben dem Ergebnis auch die das Ergebnis stützenden Erwägungen hinreichend detailliert dargestellt werden, so dass sie einer gerichtlichen Überprüfung zugänglich sind.

2. Umfang der Bescheinigung

Aus der Gesetzesbegründung geht hervor, dass die Bescheinigung mit Gründen versehen sein muss.[775] Wie sie im konkreten Einzelfall auszusehen hat, lässt der Gesetzgeber offen. Weder Wortlaut der Norm noch die Gesetzesbegründung enthalten detaillierte Angaben darüber. Der Gesetzgeber teilt nur mit, dass keine umfassenden Sanierungsgutachten nach formalisierten Standards gefordert werden, damit das Schutzschirmverfahren insbesondere für kleine und mittlere Unternehmen zugänglich ist.[776]

In der Literatur gibt es eine ganze Reihe unterschiedlicher Auffassungen, wie die Bescheinigung inhaltlich und formal auszusehen hat.

Teilweise werden an die Bescheinigung strenge Anforderungen gestellt. Es wird vertreten, dass es sich bei der Bescheinigung um ein standardisiertes, vorformuliertes Gutachten handele, dass an die Sanierungsstandards IDW ES 6, ES 9 bzw. S9 angelehnt sei[777], bzw. eine integrierte Sanierungsplanung über die folgenden drei Jahre beinhalten müsse.[778]

Nach einer anderen Auffassung sollen die Anforderungen der Bescheinigung deutlich abgesenkt sein. Es genüge, wenn die Bescheinigung so sehr begründet werde, dass sie dem Richter als Grundlage für eine Plausibilitätskontrolle diene.[779] Es reiche aus, wenn sie sich auf die wesentlichen Eckpunkte beziehe und nachvollziehbar sei.[780]

---

774 Desch, BB 2011, S. 841 (841); Kammel/Staps, NZI 2010, S. 791 (796); Hirte, ZInsO 2011, S. 401 (404).

775 BT-Drucksache 17/5712, S. 40.

776 BT-Drucksache 17/5712, S. 40.

777 Buchalik, ZinsO 2012, S. 349 (352); Commandeur/Schaumann, NZG 2012, S. 620 (621); ausführlich zu IDW S 9 siehe Steffan/Solmecke, ZIP 2014, S. 2271 ff; von Loeffelholz/Sanne, NZI 2015, S. 583 ff.

778 Kraus/Lenger/Radner, ZInsO 2012, S. 587 (589).

779 Vallender, MDR 2012, S. 125 (128); Vallender, GmbHR 2012, S. 450 (451); Desch, BB 2011, S. 841 (841); Urlaub, ZIP 2011, S. 1040 (1043) fordert eine verlässlich und substantiiert begründete Bescheinigung.

780 Schmidt/Linker, ZIP 2012, S. 963 (964).

Nach wiederum anderer Auffassung seien für die Bescheinigung nach § 270b InsO die gleichen Maßstäbe anzuwenden wie bei der Bescheinigung nach § 305 Abs. 1 Satz 1 InsO.[781]

3. Stellungnahme

Da das Thema komplex ist, und die Auffassungen hierzu sehr vielfältig sind, sollen hier keine Erwägungen über die Unterschiede der dargestellten Auffassungen in der praktischen Handhabung angestellt werden. Hinsichtlich der oben aufgeworfenen Frage besteht zumindest Einigkeit darüber, dass es nicht ausreichen kann, wenn sich die Begründung der Bescheinigung auf den Wortlaut des Gesetzes beschränkt.[782] Dies würde dem Sinn und Zweck der Bescheinigung nicht gerecht werden.

Aus der Gesetzesbegründung ergibt sich, dass zu hohe inhaltliche bzw. formale Anforderungen an die Bescheinigung vermieden werden sollen, um sicherzugehen, dass auch kleinen und mittleren Unternehmen der Zugang zum Schutzschirmverfahren ermöglicht wird.[783] Es muss allerdings berücksichtigt werden, dass die Bescheinigung die einzige wirkliche Hürde des Schutzschirmverfahrens ist. Daher muss sie dem Gericht eine hinreichende inhaltliche Prüfungsgrundlage bieten, um gläubigergefährdende Handlung bzw. einen Missbrauch des Schutzschirmverfahrens zu verhindern.[784]

Zur Beantwortung der Frage, welche Anforderungen an die Bescheinigung zu stellen sind, kann die Intention des Gesetzgebers zu Hilfe genommen werden. Sinn und Zweck des ESUG ist, die Effektivität der Unternehmenssanierung durch Stärkung des Eigenverwaltungs- und Insolvenzplanverfahrens zu steigern.[785]

Zu hohe inhaltliche Anforderungen würden die Kosten in die Höhe treiben und das Schutzschirmverfahren vor allem für kleine und mittlere Unternehmen unattraktiv machen.

Neben den Kosten spielt auch der Faktor Zeit eine nicht unwesentliche Rolle. Die Bescheinigung ist mit dem Antrag einzureichen, so dass in vielen Fällen trotz frühzeitiger Planung nicht genügend Zeit zur Verfügung steht, um hohen Anforderungen gerecht zu werden. Mit einer arbeits- und zeitaufwendigen Erstellung der Bescheinigung würden letztlich die Ziele des ESUG konterkariert werden.

Auch die Interessen des Gerichts bzw. der Richter sprechen gegen ein zu ausführliches Gutachten. Auf Grund der Überlastung der Gerichte und der teilweise mangelnden betriebswirtschaftlichen Expertise der Richter sollte die Bescheinigung so umfangreich wie nötig und so kurz wie möglich sein.

---

781 Nach Riggert, in: Braun, Insolvenzordnung, 6. Auflage 2014, § 270b Rn. 7 muss aus der Bescheinigung hervorgehen, dass ein außergerichtlicher Einigungsversuch mit den Gläubigern auf Grundlage eines Plans erfolgt ist.

782 Koch/Jung, in: Kübler, HRI, § 8 Rn. 63ff; Hill, ZinsO 2010, 1825.

783 BT-Drucksache 17/5712, S. 40.

784 Richter/Pernegger BB 2011, S. 876 (879).

785 BT-Drucksache 17/5712, S. 1.

Dies bedeutet dennoch nicht, dass die Anforderungen an die Bescheinigung für alle Schuldner gleich sind. Je größer und gesamtwirtschaftlich wichtiger das Unternehmen ist (Anzahl der Mitarbeiter, Bilanzsumme, Anzahl der Gläubiger und Höhe der fälligen Verbindlichkeiten/Forderungen) desto strengere Anforderungen sind an die Bescheinigung zu stellen.[786]

Demzufolge sind die Anforderungen für kleine und mittlere Unternehmen wesentlich geringer, als die für große, multinationale Konzerne.[787] Es spricht somit einiges dafür, dass sich der Umfang der Bescheinigung an dem konkreten Einzelfall zu orientieren hat.[788]

Mindestens sollte die Bescheinigung jedoch eine Darstellung der wirtschaftlichen Ausgangslage und der wesentlichen Krisenursachen sowie Sanierungsmaßnahmen und etwaigen Risiken und Sanierungshemmnissen enthalten.[789] Um die Umsetzbarkeit und Tragfähigkeit der Sanierung nachzuweisen, sollte der Bescheinigung eine Bilanz- und Finanzplanung beigelegt werden. Diese sollte auch kurzfristige Liquiditätsplanung enthalten, um die Möglichkeit des Eintritts der Zahlungsunfähigkeit auszuschließen bzw. um die Pflicht zur Anzeige der eingetretenen Zahlungsunfähigkeit gem. § 270b Abs. 4 Satz 2 erfüllen zu können.[790]

Da im Schutzschirmverfahren ein Insolvenzplan ausgearbeitet werden soll, über den im eröffneten Verfahren abgestimmt wird, ist es empfehlenswert, dass die Bescheinigung schon Aussagen über dessen Erfolgsaussichten enthält.[791] Um dies umsetzen zu können, muss der Schuldner spätestens im Zeitpunkt der Erstellung der Bescheinigung ein grobes Sanierungskonzept oder zumindest erste Vorüberlegungen hierzu erstellt haben.[792]

Da die Anforderungen an die Bescheinigung vom Gesetzgeber nicht geregelt wurden, ist dem Schuldner zu raten, schon im Vorfeld der Erstellung der Bescheinigung Rücksprache mit dem Insolvenzgericht zu halten, um die konkreten Anforderungen an die Bescheinigung zu klären.

4. Aussichtslosigkeit der Sanierung

Aus der Bescheinigung muss sich ergeben, dass die angestrebte Sanierung im Rahmen eines Insolvenzverfahrens, in dem ein Insolvenzplan vorgelegt werden soll, nicht offensichtlich aussichtslos ist, § 270b Abs. 1 Satz 3 InsO.

---

786 Fuhst/Graf von Westphalen, GWR 2012, S. 482 (482).

787 Fuhst/Graf von Westphalen, GWR 2012, S. 482 (482).

788 Koch/Jung, in: Kübler, HRI, § 8 Rn. 55; Foltis, in: Frankfurter Kommentar, § 270b Rn. 22.

789 Buchalik, ZInsO 2012, S. 349 (352); Berner, in: NWB Kommentar zum Insolvenzrecht, § 270b Rn. 19.

790 Riggert, in: Braun, Insolvenzordnung, 5. Auflage 2012, § 270b Rn. 7; Kolmann, Schutzschirmverfahren, Rn. 295.

791 Kolmann, Schutzschirmverfahren, Rn. 215.

792 Kolmann, Schutzschirmverfahren, Rn. 250.

Was in diesem Zusammenhang mit Sanierung gemeint ist, wird vom Gesetzgeber nicht gesagt. Weder die Normen der Insolvenzordnung noch die Gesetzesbegründung zum ESUG[793] oder zur Insolvenzordnung von 1999[794] enthalten eine Legaldefinition zur Sanierung.

Das Wort Sanierung stammt von dem lateinischen Wort „*sanare*", was „heilen" bedeutet. Die Betriebswirtschaftslehre versteht unter Sanierung alle Maßnahmen, die zur dauerhaften Behebung vorübergehender oder permanenter Schwierigkeiten in der Geschäftstätigkeit der Unternehmen mit dem Ziel der Existenzerhaltung und Krisenbewältigung führen.[795]

Die Sanierung kann durch eine Vielzahl unterschiedlicher Instrumente und Maßnahmen erfolgen, z. B. Kapitalerhöhung-/herabsetzung, Aufnahme weiterer Gesellschafter, Verringerung der Verbindlichkeiten, Stundung oder Verzicht, so dass sie als Sammelbegriff für alle Maßnahmen, die die nachhaltige Ertragsfähigkeit eines in die Krise geratenen Unternehmens wiederherstellt, bezeichnet werden kann.[796]

Eine Sanierung ist immer dann erfolgreich, wenn die Krisenursache, d. h. potentielle Insolvenzursachen beseitigt und die Ertragsfähigkeit nachhaltig wiederhergestellt sind, so dass das Unternehmen dauerhaft weiter wirtschaften kann.[797] Aussichtslos ist sie hingegen, wenn erkennbar ist, dass die Sanierung nach Art und Weise nicht gelingen kann, z. B. wenn sie rechtlich ausgeschlossen ist, von den Gläubigern nicht unterstützt wird oder der Schuldner keine tragfähige Sanierungsvorstellung hat.[798]

Eine Sanierung ist dann nicht offensichtlich aussichtslos, wenn das Sanierungsvorhaben nach den bekannten und auf der Hand liegenden Umständen für jeden erkennbar, evident und von vornherein wahrscheinlich ist.[799]

Da es bislang keine gesetzlichen Vorgaben und nur geringe praktische Erfahrung mit dem Schutzschirmverfahren und der Sanierungsbescheinigung gibt, besteht die Gefahr, dass die Gerichte hierzu unterschiedlich hohe Hürden aufstellen werden.[800] Eine Klarstellung durch den Gesetzgeber wäre wünschenswert.

---

793 BT-Drucksache 17/5712.

794 BT-Drucksache 12/2443.

795 Hohberger/Damlachi, Praxishandbuch Sanierung im Mittelstand, 3. Auflage 2014, S. 5.

796 Körner, Unternehmensturnaround durch Eigenverwaltung in der Insolvenz, S. 116.

797 Bork, Sanierungsrecht in Deutschland und England, Rn. 1.28.

798 Kolmann, Schutzschirmverfahren Rn. 553; Kerz, DStR 2012, S. 204 (207); Fuhst, DStR 2012, S. 418 (421).

799 Kern, in: Münchener Kommentar zur Insolvenzordnung, 3. Auflage 2014, § 270b Rn. 38 f; Zipperer, in: Uhlenbruck, Insolvenzordnung 14. Aufl. 2015, § 270b Rn. 14; Frege/Keller/Riedel, Insolvenzordnung, 8. Auflage 2015, Rn. 2070.

800 Buchalik, ZInsO 2012, S. 349 (352).

5. Prüfungskompetenz des Gerichts

Da die Bescheinigung des Schuldners die einzige richtige Zulassungshürde zum Schutzschirmverfahren darstellt, stellt sich insbesondere unter Gläubigerschutzgesichtspunkten die Frage, ob und wie sie vom Gericht überprüft werden kann bzw. muss.

Denn nur durch eine vollumfängliche, d. h. formelle und materielle Prüfung, kann ein Missbrauch des Schutzschirmverfahrens und eine etwaige Gläubigerschädigung effektiv verhindert werden, sowie die Unternehmenssanierung durch das Schutzschirmverfahren Anerkennung bei den Gläubigern finden.

Aus § 270b Abs. 1 Satz 3 InsO ergibt sich lediglich, dass der Schuldner eine mit Gründen versehene Bescheinigung bei Gericht vorzulegen hat. Auch der Gesetzesbegründung sind keine Angaben zu entnehmen, ob und in welchem Umfang die Bescheinigung vom Gericht zu prüfen ist. In der Literatur finden sich hierzu unterschiedliche Auffassungen. Gerichtsentscheidungen, die sich mit dieser Frage beschäftigen, sind derzeit nicht bekannt.

a) Plausibilitätskontrolle

Nach einer Auffassung soll dem Gericht lediglich eine Plausibilitätskontrolle zustehen. Wegen der Eilbedürftigkeit des Verfahrens und der höheren Kosten könne das Gericht demnach keine Ermittlungen von Amts wegen aufnehmen bzw. Sachverständige mit der Prüfung beauftragen.[801] Mit der Bescheinigung gem. § 270b Abs. 1 Satz 3 InsO liege eine gutachterliche Stellungnahme einer insolvenzerfahrenen Person vor, die weitere insolvenzgerichtliche Ermittlungen obsolet mache.

Entweder hält das Gericht den Bescheiniger für qualifiziert und die Bescheinigung für aussagekräftig, oder es zweifelt daran und weist den Antrag nach § 270b InsO ab.[802] Gegebenenfalls könnte das Gericht den Aussteller unter Fristsetzung zur Nachbesserung bzw. Erläuterung auffordern.[803] Hierfür spreche auch eine Entlastung des Gerichts, das sich auf die Bescheinigung verlassen müsse. Auf Grund des stets herrschenden Zeit- und Entscheidungsdrucks des Gerichts und der rechtlichen und tatsächlichen Komplexität des Schutzschirmverfahrens soll es von einer schwierigen und zweifelhaften Abwägung entlastet werden.[804] Der Zweck der Bescheinigung, das Verfahren schnell und unkompliziert einzuleiten, könnte unterlaufen werden, wenn das Gericht die Voraussetzungen detailliert in einem zeit- und arbeitsaufwändigen Verfahren prüfen müsste.

---

801 Brinkmann/Zipperer ZIP 2011, S. 1337 (1344); Riggert, in: Braun, Insolvenzordnung, 6. Auflage 2014, § 270b Rn. 7; Riggert, in: Nerlich/Römermann, Insolvenzordnung 29. Ergänzungslieferung Januar 2016, § 270b Rn. 11; Berner, in :NWB Kommentar zum Insolvenzrecht, § 270b Rn. 11; Bremen, NZI 2014, S. 137 (140).

802 Smid, ZInsO 2013, S. 209, ff.; Fuhst/Graf v. Westphalen, GWR 2012, S. 482 (484).

803 Koch/Jung, in: Kübler, HRI, § 8 Rn. 79 ff.

804 Hill, ZInsO 2010, S. 1825 (1825).

b) *Umfangreiches Prüfungsrecht*

Nach anderer Auffassung müsse das Gericht die Bescheinigung umfangreich prüfen. Da es sich bei der Bescheinigung um eine Zulässigkeitsvoraussetzung handele, müsse das Gericht diese, insbesondere aus Gläubigerschutzgesichtspunkten[805], von Amtswegen nach § 5 Abs. 1 InsO prüfen.[806] Dem Insolvenzgericht komme sprichwörtlich die Funktion eines „*Torwächters*" zu, der Missbrauchsfälle des Verfahrens vermeiden solle.[807] Daher müsse das Gericht sowohl Insolvenzgründe, als auch die Erfolgsaussichten der angestrebten Sanierung vollumfänglich prüfen können. Da das Gericht i.d.R. nicht über die erforderlichen Erkenntnisquellen bzw. über den erforderlichen Sachverstand verfüge, könne es sich gutachterlicher Unterstützung bedienen.

Dass eine vollumfängliche Prüfung der Verfahrensbeschleunigung entgegen stehe und somit das gesamte Schutzschirmverfahren in Frage gestellt werde, könne dadurch vermieden werden, dass der Schuldner bzw. Bescheiniger das Gericht frühzeitig, möglichst vor Antragstellung, einbinde.

c) *Stellungnahme*

Die besseren Argumente sprechen dafür, dass sich die Prüfungskompetenz des Gerichts lediglich auf eine Plausibilitätskontrolle beschränkt. Der Wortlaut der Norm sieht keine ausführliche inhaltliche Prüfung der Bescheinigung vor, die dem Gericht nur vorzulegen ist. Hierfür spricht auch der Umstand, dass die angestrebte Sanierung nicht offensichtlich aussichtslos sein darf. Geht dies aus der Bescheinigung hervor und sind keine gegenteiligen Anzeichen bekannt oder ersichtlich, so muss das Gericht – vorausgesetzt die zur Anordnung erforderlichen Voraussetzungen liegen vor – das Schutzschirmverfahren anordnen.

Erfüllen der Antrag, die beigelegten Unterlagen oder die Bescheinigung nicht die Anforderungen des Gerichts, ist dieses verpflichtet, dem Antragsteller seine Bedenken mitzuteilen und ihm unter Fristsetzung die Möglichkeit zur Nachbesserung zu geben.[808] Kommt der Schuldner dem nicht nach, wird das Gericht den Antrag auf Anordnung das Schutzschirmverfahren ablehnen.

---

805 Teilweise soll die Prüfungskompetenz damit zusammenhängen, ob der Aussteller der Bescheinigung dem Gericht bekannt ist oder seine Erfahrung in Insolvenzsachen hinreichend darlegen kann, Buchalik, ZInsO 2012, S. 349 (352 f).

806 Hölzle, ZIP 2012, S. 158 (162); Frind, ZInsO 2011, S. 2249 (2261); Vallender, GmbHR 2012, S. 450 (451) soll sich die Prüfungskompetenz des Gerichts auf die sachliche und inhaltliche Richtigkeit der Bescheinigung beziehen.

807 Buchalik, ZInsO 2012, S. 349 (353); Kolmann, DB 2014, S. 1663 (1664).

808 Foltis, in: Frankfurter Kommentar, § 270b Rn. 21; Undritz, in: Karsten Schmidt, Insolvenzordnung, 19. Aufl. 2016, § 270b Rn. 9; Schmidt/Linker, ZIP 2012, S. 963 (964); Kolmann Schutzschirmverfahren, Rn. 678.

Für eine Plausibilitätskontrolle spricht weiterhin der Sinn und Zweck des ESUG, das Eigenverwaltungsverfahren attraktiver zu machen. Hierbei spielt die Verfahrensbeschleunigung eine erhebliche Rolle. Würde das Gericht neben der Qualifikation des Bescheinigers und einer Schlüssigkeits- und Plausibilitätsprüfung noch weitere Prüfungen z. B. durch einen Sachverständigen vornehmen, würde dies zu einer Verzögerung des Verfahrens führen, die mit dem Sanierungszweck des Schutzschirmverfahrens unvereinbar wäre.[809] Die Prüfungskompetenz des Gerichts beschränkt sich daher auf eine Plausibilitätskontrolle.

6. Alter der Bescheinigung

Auch zur Aktualität der Bescheinigung gibt es keine konkreten Vorgaben. Weder der Wortlaut des § 270b InsO noch die Gesetzesbegründung geben Aufschluss darüber, wie alt die Bescheinigung bei Antragstellung maximal sein darf. In der Literatur gibt es hierzu unterschiedliche Auffassungen, Gerichtsentscheidungen sind hierzu bislang noch nicht ergangen.

a) Literaturmeinung

Nach einer Auffassung soll die dem Insolvenzantrag beizufügende Bescheinigung, die die drohende Zahlungsunfähigkeit bzw. Überschuldung bescheinigt und die Zahlungsunfähigkeit ausschließt, die wirtschaftliche Lage am Tag der Antragseinreichung abbilden.[810]

Nach anderer Auffassung soll die Bescheinigung am Tag des Eingangs bei Gericht höchstens drei Tage[811] bzw. maximal eine Woche alt sein dürfen.[812] Nur so könne gewährleistet werden, dass die Ausführungen zu den Anordnungsvorsausetzungen noch aktuell seien und dem Gericht als adäquate Beurteilungsgrundlage dienen.[813]

Nach wiederum anderer Auffassung soll die Bescheinigung zeitnah ausgestellt werden[814], bzw. nicht älter als drei Wochen sein.[815] Darüber hinaus gibt es noch eine Auffassung, die auf den konkreten Einzelfall abstellt, d. h. auf die Größe des Unternehmens bzw. auf Art und Umfang der Geschäftsaktivitäten.[816] Dabei sollen

---

809 Kolmann, Schutzschirmvefahren, Rn. 677; Ringstmeier, in: A/G/R, § 270b Rn. 10.

810 Frind, ZInsO, 2012, S. 1546 (1547).

811 Schmidt/Linker, ZIP 2012, S. 963 (963).

812 Hölzle, Praxisleitfaden ESUG, 2012, § 270b Rn. 53; Landfermann, in: Heidelberger Kommentar, Insolvenzordnung, 7. Auflage 2014, § 270b Rn. 20.

813 Schmidt/Linker, ZIP 2012, S. 963 (963).

814 Foltis, in: Frankfurter Kommentar, § 270b Rn. 21; nach Ringstmeier, in: A/G/R, § 270b Rn. 14 muss die Aktualität der Bescheinigung nach dem Einzelfall beurteilt werden.

815 Pape, in: KPB, InsO, § 270b Rn. 49, 52.

816 Zipperer/Vallender, NZI 2012, S. 729 (732); nach Fuhst/Graf von Westphalen, GWR 2012, S. 482, (483) soll die Bescheinigung keinesfalls älter als drei Wochen sein.

große Unternehmen mit großen Umsätzen und kurzen Forderungslaufzeiten einer höheren Aktualität bedürfen als solche mit geringen Umsätzen und mittel- bzw. langfristig realisierbaren Erlösen.[817]

b) Stellungnahme

Dass das Gesetz und die Gesetzesbegründung zum Alter der Bescheinigung bei Einreichung des Schutzschirmantrags keine Angaben enthalten, erscheint auf den ersten Blick misslich. Hierdurch könnte Rechtsunsicherheit entstehen, da der Schuldner bei Einreichung des Schutzschirmantrags damit rechnen muss, dass der Antrag zurückgewiesen wird, weil die Bescheinigung zu alt ist und nicht den aktuellen Stand der wirtschaftlichen Lage des Schuldners widerspiegelt.

Auf den zweiten Blick erscheint dies jedoch konsequent. Wenn der Gesetzgeber starre Vorgaben hinsichtlich des Alters der Bescheinigung gemacht hätte, könnte sich dies negativ auf das Schutzschirmverfahren auswirken.

Unternehmen könnte allein hierdurch der Weg zum Schutzschirmverfahren verwehrt bleiben. Auch würde ein solches Vorgehen der Insolvenzpraxis nicht gerecht werden. Denn je nach Art, Größe und Gegenstand des Unternehmens weichen die Geschäftstätigkeiten und deren Komplexität erheblich voneinander ab. Bei einem kleinen Unternehmen mit nur einem Geschäftsbetrieb und wenigen Geschäftsvorgängen an einem Tag kann die Bescheinigung z. B. mit Stand des Tages der Antragstellung erstellt werden. Dies ist bei größeren Unternehmen mit mehreren Niederlassungen und vielen Geschäftsvorgängen am Tag nicht der Fall.

Somit erscheint es folgerichtig, dass sich das Alter der Bescheinigung nach dem konkreten Einzelfall richtet und die Entscheidung hinsichtlich des Alters der Bescheinigung im pflichtgemäßen Ermessen des Gerichts steht.

Durch die Vorgehensweise kann auf den jeweiligen Schuldner mit seinen spezifischen Besonderheiten eingegangen werden.

Zu berücksichtigen ist jedoch, dass die Bescheinigung auf keinen Fall älter als drei Wochen, sein sollte.[818] An diese Frist knüpft der Bundesgerichtshof bei der Feststellung der Zahlungsunfähigkeit an. Ist der Schuldner nicht in der Lage innerhalb von drei Wochen 10 Prozent seiner Verbindlichkeiten zu begleichen, liegt Zahlungsunfähigkeit vor.[819]

Darüber hinaus ist zu beachten, dass eine aktuelle Bescheinigung auch die Geschäftsführung des Schuldners vor zivil- und strafrechtlicher Insolvenzverschleppungshaftung absichern kann, zumal diese nach § 15a Abs. 1 Satz InsO den Insolvenzeröffnungsantrag ohne schuldhaftes Zögern bzw. spätestens drei Wochen nach Eintritt der Überschuldung oder Zahlungsunfähigkeit stellen müssen.

---

817 Zipperer/Vallender, NZI 2012, S. 729 (732).
818 Kolmann, Schutzschirmverfahren, Rn. 565.
819 BGH, Urteil vom 12.10.2006, Az. IX ZR 228/03, BeckRS 2006, 13653 = NZI 2007, S. 36 = ZInsO 2006, S. 1210.

Die Bescheinigung sollte neben Angaben über den Schuldner, Krisenursachen und dass Sanierungskonzept auch exakte Auskünfte über die Frage der Zahlungsunfähigkeit zum Zeitpunkt der Antragstellung enthalten. Nimmt die Bescheinigung bei Antragstellung auf den Finanzstatus Bezug, der älter als drei Wochen ist, kann in der Zwischenzeit ohne weiteres Zahlungsunfähigkeit eintreten, so dass das Schutzschirmverfahren nicht angeordnet werden darf.

Auch hier gilt, dass der Schuldner im Vorfeld der Antragsstellung Kontakt mit dem Gericht aufnehmen sollte, um etwaige Besonderheiten hinsichtlich der Aktualität der Bescheinigung zu klären. Es könnte z. B. angefragt werden, ob zu älteren Bescheinigungen ergänzende Erklärungen abgegeben werden können oder ob die Bescheinigung komplett neu erstellt werden muss.

c) *Zwischenergebnis*

Soweit möglich, sollte die Bescheinigung unmittelbar vor der Antragstellung erstellt werden, aber nicht älter als drei Wochen sein.

7. Zwischenergebnis

Die Erstellung der Bescheinigung ist für den Schuldner die größte Hürde bei der Beantragung des Schutzschirmverfahrens. Um eine höhere Flexibilität bei der Antragstellung zu gewährleisten, hat der Gesetzgeber keine konkreten inhaltlichen Vorgaben gemacht. Die Anforderungen an Art und Umfang der Bescheinigung wurden bewusst offen gelassen und richten sich nach dem konkreten Einzelfall. Gleiches gilt für das Alter der Bescheinigung bei Antragstellung. Sie sollte so aktuell wie möglich, auf keinen Fall älter als drei Wochen sein.

Ob die Anordnungsvoraussetzungen des Schutzschirmverfahrens vorliegen, kann das Gericht im Rahmen einer Plausibilitätskontrolle nachprüfen. Auf Grund der Unsicherheiten und Auslegungsmöglichkeiten im Zusammenhang mit der Erstellung der Bescheinigung stellt diese einen großen Unsicherheitsfaktor für den Schuldner dar, weshalb eine besondere Planung, Vorbereitung und Kommunikation mit dem Gericht von Nöten ist.

VII. Aussteller der Bescheinigung

1. Person und Qualifikation

Nach § 270b Abs. 1 S. 3 InsO ist die Bescheinigung von einem in Insolvenzsachen erfahrenen Steuerberater, Wirtschaftsprüfer oder Rechtsanwalt oder einer Person mit vergleichbarer Qualifikation zu erstellen. Bei der Beurteilung der Sanierungs- und Zahlungsunfähigkeit des Unternehmens kommt ihm besondere Verantwortung zuteil, denn hiervon hängt es maßgeblich ab, ob das Unternehmen in den Genuss des Schutzschirmverfahrens kommt oder nicht.[820] Als Personen mit vergleichbarer Qualifikation[821] werden vom Gesetzgeber in der Gesetzesbegründung beispielhaft Steuerbevollmächtigte oder vereidigte Buchprüfer genannt, die nach § 3 Nr. 1 StBerG ebenso wie Steuerberater zur geschäftsmäßigen Hilfeleistung in Steuersachen befugt sind.[822]

Des Weiteren wird der Kreis der Aussteller ausgeweitet auf Angehörige eines anderen Mitgliedstaates der Europäischen Union oder eines anderen Vertragsstaates des Abkommens über den Europäischen Wirtschaftraum sowie Personen, die in diesen Staaten ihre berufliche Niederlassung haben und über vergleichbare Qualifikationen verfügen.[823] Hierdurch kommt der Gesetzgeber der europäischen Dienstleistungsrichtlinie[824] nach, wonach auch ausländische Berufsträger im Inland tätig werden dürfen.[825]

Um die Bescheinigung erstellen zu können, genügt es aber nicht, dass die Person einer der in § 270b Abs. 1 Satz 3 InsO oder der in der Gesetzesbegründung genannten Berufsgruppen angehört. Vielmehr müssen die genannten Personen über Erfahrungen in Insolvenzsachen verfügen.[826]

Was hierunter gemeint ist, lässt der Gesetzgeber ebenso offen, wie die Frage nach welchen Maßstäben das Gericht dies zu prüfen hat. Schon im Gesetzgebungsverfahren wurde dieser offene Punkt erkannt und kritisiert. In seiner Stellungnahme zum ESUG bemängelt der Bundesrat die Verwendung unbestimmter Rechtsbegriffe, forderte eine stärkere Konkretisierung, bzw. eine exakte Umschreibung, damit diese Norm in der Praxis, insbesondere durch die Gerichte besser angewendet werden kann.[827] Der Bundesrat befürchtet, dass es durch eine auslegungsfreudige Anwendung dieser Norm schon bei Antragstellung zwischen den Beteiligten zu Streitigkeiten über das Vorliegen der formellen Voraussetzungen des § 270b Abs. 1 Satz 3 InsO kommen könnte und somit schon im Anfangsstadium einer Sanierung die

820 Knöpnadel, AnwBl 2012, S. 550 (550).
821 Auf Grund der beispielhaften Aufzählung sollen auch Diplom-Kaufleute, Rechtspfleger oder Rechtsbeistände als Bescheiniger in Betracht kommen, vgl. Riggert, in: Braun, Insolvenzordnung, 6. Auflage 2014, § 270b Rn. 5f. und Riggert, in: Nerlich/Römermann, Insolvenzordnung 29. Ergänzungslieferung Januar 2016, § 270b Rn. 8.
822 BT-Drucksache 17/5712, S. 40.
823 BT-Drucksache 17/5712, S. 40.
824 Richtlinie 2006/123/EG des europäischen Parlamentes und des Rates vom 12.12.2006 über Dienstleistungen im Binnenmarkt.
825 BT-Drucksache 17/5712, S. 70.
826 BT-Drucksache 17/5712, S. 40.
827 Stellungnahme des Bundesrates vom 15.04.2011, BR-Drucksache 127/11, S. 21.

Vorzüge des Schutzschirmverfahrens zunichtemachen würden.[828] Auf diese Kritik ist der Bundestag in seiner Gegenäußerung allerdings nicht eingegangen.[829]

a) Streitstand

In der Literatur gibt es unterschiedliche Auffassungen, was unter *„in Insolvenzsachen erfahren"* zu verstehen ist.

Es wird vertreten, dass die erforderliche Erfahrung des Bescheinigers bei einem Fachanwalt im Insolvenzrecht bzw. bei Listung bei unterschiedlichen Gerichten vorliege.[830] Auch könne die Tätigkeit als Gläubigervertreter grundsätzlich hinreichend sein, vorausgesetzt dass Kenntnisse im Unternehmensinsolvenzrecht vorhanden seien, da mit § 270b InsO die Sanierung und der Erhalt von Unternehmen bezweckt werde.[831] Hinsichtlich der nachweisbaren Fähigkeiten des Bescheinigers wird auch schon die Fertigung und Aufstellung von Überschuldungs- und Liquidationsbilanzen und die Erstellung und Beurteilung von Sanierungskonzepten als ausreichend erachtet, nicht jedoch die bloße Anmeldung von Forderungen oder Wahrnehmung von Berichts- und Prüfterminen.[832]

b) Stellungnahme

Da die Listung bei Gericht bzw. das Führen eines Fachanwalts gesetzlich nicht vorgeschrieben sind, kann nicht davon ausgegangen werden, dass diese Merkmale beim Bescheiniger zwingend vorliegen müssen. Diese können daher nur als ein Indiz verstanden werden, dass die erforderliche Qualifikation vorliegt. Da die Qualifikation des Bescheinigers hinreichend unbestimmt ist, liegt der Schluss nahe, dass die Qualifikation letztlich am Ziel der Bescheinigung zu messen ist, dem Gericht eine belastbare Auskunft über den Eintritt der insolvenzrechtlichen Eröffnungsgründe sowie den Erfolgsaussichten der Sanierung zu erteilen. Dies wiederum lässt darauf schließen, dass sich die Qualifikation und Erfahrung des Bescheinigers am

---

828 *„Es wird angeregt, die Verwendung unbestimmter Rechtsbegriffe („Bescheinigung", „eines in Insolvenzsachen erfahrenen Steuerberaters ...", „Person mit vergleichbarer Qualifikation") weiter einzuschränken, diese durch anerkannte Begrifflichkeiten („Fachanwalt für Insolvenzrecht etc.) zu ersetzen oder durch ergänzende Umschreibungen näher zu definieren, damit der Praxis eine hinreichende Handhabung dieser Norm ermöglicht wird."* Stellungnahme des Bundesrates vom 15.04.2011, BR-Drucksache 127/11, zu Artikel 1 Nr. 43 (§ 270b Abs. 1 S. 3 InsO).

829 BT-Drucksache 17/5712, S. 70.

830 Pape, in: KPB, InsO, § 270b Rn. 43.

831 Riggert, in: Nerlich/Römermann, Insolvenzordnung 29. Ergänzungslieferung Januar 2016, § 270b Rn. 9.

832 Hölzle, ZIP 2012, S. 158 (161); Zipperer/Vallender, NZI 2012, S. 729 (730); Fuhst/Graf v. Westphalen, GWR 2012, S. 482 (484).

konkreten Einzelfall, d. h. an Art, Umfang und Größe des schuldnerischen Unternehmens zu orientieren hat.[833] Die Anforderungen an den Bescheiniger dürften daher bei kleinen und mittleren Unternehmen geringer sein als bei großen international agierenden Konzernen.[834] Hierauf deutet auch ein Urteil des AG München hin, das einen Bescheiniger abgelehnt hat, der zwar als Insolvenzverwalter gelistet, jedoch seit fünf Jahren nicht mehr bestellt worden war.[835] Daher ist davon auszugehen, dass nicht nur auf eine formale Qualifikation des Bescheinigers abzustellen ist, sondern auch und insbesondere auf seine praktische Erfahrung.

Dass der Personenkreis des Ausstellers der Bescheinigung erweitert wurde, ist insbesondere im Hinblick auf grenzüberschreitende Insolvenzverfahren zu begrüßen. Allerdings wird es in Zukunft für den Insolvenzrichter zunehmend schwerer sein herauszufinden, ob der Aussteller der Bescheinigung über die erforderliche vergleichbare Qualifikation verfügt.

Daher sollte der Schuldner/Bescheiniger, um etwaigen Bedenken gegenüber dem Schutzschirmverfahren entgegenzuwirken und eine Zurückweisung des Antrags zu verhindern, dem Gericht unaufgefordert seine persönlichen insolvenzrechtlichen Fähigkeiten und Qualifikationen nachweisen.[836] Hierbei könnte er auf vergleichbare Verfahren bzw. insolvenzrechtliche Mandate verweisen, müsste allerdings etwaige berufsständische Verschwiegenheitspflichten beachten, die eine Befreiung durch die Mandanten erforderlich machen würde. Um das Gericht von seiner Qualifikation zu überzeugen, sollte der Aussteller der Bescheinigung eine Anlage beifügen, aus der sich ergibt, in welchem Umfang, Zeitraum und Häufigkeit er insolvenzrechtliche Mandate betreut hat.[837]

Da auf Seiten des Gerichts keine Nachforschungspflicht hinsichtlich der Qualifikation des Ausstellers besteht,[838] sollte vorab geklärt werden, ob der Aussteller die Erfordernisse erfüllt.

2. Juristische Person als Bescheiniger

Hinsichtlich der Person des Bescheiniger stellen sich noch weitere Fragen. Zum Beispiel, ob der Aussteller der Bescheinigung zwangsläufig eine natürliche Person sein muss oder ob die Bescheinigung auch von einer Kanzlei, Wirtschaftsprüfungsgesellschaft oder Unternehmensberatung angefertigt werden kann.

---

833 Zipperer/Vallender, NZI 2012, S. 729 (730); Gutmann/Laubereau, ZInsO 2012, S. 1861 (1867); so im Ergebnis auch Hölzle, ZIP 2012, S. 158 (161).

834 Gutmann/Laubereau, ZInsO 2012, S. 1861, (1867).

835 AG München, Beschluss vom. 29.03.2012, Az. 1507 IN 1125/12, NZI 2012, S. 566 (567) = ZIP 2012, S. 789 = ZInsO 2012, S. 745.

836 Gutmann/Lauereau, ZInsO 2012, S. 1861, (1867); Kerz, DStR 2012, S. 204 (208); Buchalik, ZInsO 2012, S. 349 (350).

837 Buchalik, ZInsO 2012, S. 349 (350); Schmidt/Linker, ZIP 2012, S. 963 (964).

838 Berner, in: NWB Kommentar zum Insolvenzrecht, § 270b Rn. 12; Hölzle, ZIP 2012, S. 158 (161).

Nach Auffassung von Gutmann/Laubereau[839] soll der Aussteller der Bescheinigung auch eine juristische Person sein können. Dies ergebe sich aus dem Wortlaut des § 270b Abs. 1 Satz 3 InsO, der nur von *„Person“* spreche. Da § 56 InsO auf den Bescheiniger nicht anwendbar sei, und in diesem auch von *„natürlicher Person“* gesprochen werde, müsse die Bescheinigung auch von einer juristischen Person ausgestellt werden können.[840]

Daneben werden die Bescheinigung nach § 305 InsO, sowie Vorschriften des HGB über die Abschlussprüfung angeführt, bei denen auch juristische Personen tätig sein können. Letztlich und vor allem ist sie aber der Meinung, dass die Bescheinigung keinen höchstpersönlichen Charakter habe, sie nur einmal erstellt werden und der Ersteller nicht über einen längeren Zeitraum als Ansprechpartner zu Verfügung stehen müsse.

Wortlaut und Sinn und Zweck der Vorschrift sprechen jedoch gegen diese Auffassung.[841] In § 270 Abs. 1 Satz 3 InsO ist von Steuerberatern, Wirtschaftsprüfern und Rechtsanwälten die Rede, sowie von Personen mit vergleichbarer Qualifikation. In der Gesetzesbegründung werden neben den im Gesetzestext genannten Personen u. a. noch Steuerbevollmächtigte und vereidigte Buchprüfer genannt, die nach § 3 Nummer 1 StBerG ebenso wie Steuerberater zur geschäftsmäßigen Hilfeleistung in Steuersachen befugt sind.[842]

Bei all diesen genannten Personen handelt es sich ausschließlich um natürliche Personen. Dahinter steht der Zweck, den Aussteller persönlich in die Verantwortung zu nehmen und ihn mit seinem guten Namen für die Qualität und Inhalt der Bescheinigung einstehen zu lassen.[843] Würde die Bescheinigung von einer juristischen Person erstellt werden können, hätte dies den Nachteil, dass nicht klar wäre, wer konkret für die Erstellung der Bescheinigung verantwortlich ist und nach welchen Kriterien die Qualifikation und Unabhängigkeit zu messen ist.

Da der im Gesetz und der Begründung aufgeführte Personenkreis ausschließlich Berufsträger umfasst, liegt der Schluss nahe, dass juristische Personen nicht Aussteller der Bescheinigung sein können.[844]

3. Unabhängigkeit des Bescheinigers

Aus dem Gesetz bzw. der Gesetzesbegründung ergeben sich die – zwar auslegungsbedürftigen – fachlichen Voraussetzungen des Bescheinigers, allerdings enthält es keinerlei Angaben darüber, in welcher Beziehung der Bescheiniger zu seinem Auftraggeber, dem Schuldner, stehen darf.

---

839 Gutmann/Laubereau, ZInsO 2012, S. 1861 (1868 f.)

840 Gutmann/Laubereau, ZInsO 2012, S. 1861 (1868).

841 Zipperer/Vallender, NZI 2012, S. 729 (730).

842 BT-Drucksache 17/5712, S. 40.

843 Zipperer/Vallender, NZI 2012, S. 729 (730).

844 Buchalik ZInsO 2012, S. 349 (351) spricht sich insbesondere gegen Unternehmensberater als geeignete Aussteller der Bescheinigung aus; Koch/Jung, in: Kübler, HRI, § 8 Rn. 40.

Vereinzelt wird über den Wortlaut des Gesetzes hinaus in Rechtsprechung und Literatur verlangt, dass der Aussteller der Bescheinigung ebenso wie der Insolvenzverwalter eine vom Schuldner unabhängige Person sein muss.

a) Unabhängigkeit des Bescheinigers

Das AG München hat in seinen Beschlüssen vom 29.03.2012[845] und vom 14.06.2012[846] hierzu entschieden. Es ist der Meinung, dass es sich beim Austeller der Bescheinigung nach § 270b Abs. 1 Satz 3 InsO um eine unabhängige und neutrale Person handeln müsse und keine persönliche Nähe zum Schuldner vorliegen dürfe.[847] Bei der Auswahl des Ausstellers der Bescheinigung sollten die gleichen Grundsätze gelten wie bei der Bestellung eines vorläufigen Insolvenzverwalters nach §§ 21 Abs. 2 Satz 1 Nr. 1 InsO und 56 Abs. 1 InsO.[848]

Dies wird mit dem Zweck der Bescheinigung begründet.[849] Die Bescheinigung nehme zu wesentlichen insolvenzrechtlichen Fragen Stellung und sei maßgebliche Beurteilungsgrundlage für die Anordnung des Schutzschirmverfahrens das letztendlich im Insolvenzplanverfahren münde.[850] Da beim Schutzschirmverfahren kein Insolvenzverwalter bestellt werde und die Verwaltungs- und Verfügungsbefugnis beim Schuldner bleibe, seien die Gläubigerinteressen, insbesondere unter dem Grundsatz des § 1 InsO, besonders gefährdet, wodurch es geboten sei, dass die Voraussetzung des Schutzschirmverfahrens von einer neutralen, unabhängigen Person überprüft und bescheinig würden.[851] Im Übrigen folgt das Amtsgericht München ausdrücklich den überzeugenden Ausführungen von *Hölzle*.[852]

---

845 AG München, Beschluss vom 29.03.2012, Az. 1507 IN 1125/12, NZI 2012, S. 566 f = ZIP 2012, S. 789 = ZInsO 2012, S. 745.

846 AG München, Beschluss vom 14.06.2012, Az. 1506 IN 1851/12, ZIP 2012, S. 1308 = EWiR 2012, S. 495.

847 AG München, Beschluss vom 29.03.2012, Az. 1507 IN 1125/12, NZI 2012, S. 566 (566) = ZIP 2012, S. 789 = ZInsO 2012, S. 745; AG München, Beschluss vom 14.06.2012, Az. 1506 IN 1851/12, ZIP 2012, S. 1308 = EWiR 2012, S. 495.; so auch Hölzle, ZIP 2012, S. 158 (161 f.).

848 AG München, Beschluss vom 29.03.2012, Az. 1507 IN 1125/12, NZI 2012, S. 566 (566) = ZIP 2012, S. 789 = ZInsO 2012, S. 745; AG München, Beschluss vom 14.06.2012, Az. 1506 IN 1851/12, ZIP 2012, S. 1308 = EWiR 2012, S. 495.

849 AG München, Beschluss vom 29.03.2012, Az. 1507 IN 1125/12, NZI 2012, S. 566 (566) = ZIP 2012, S. 789 = ZInsO 2012, S. 745; AG München, Beschluss vom 14.06.2012, Az. 1506 IN 1851/12, ZIP 2012, S. 1308 = EWiR 2012, S. 495.

850 AG München, Beschluss vom 29.03.2012, Az. 1507 IN 1125/12, NZI 2012, 566 (566) = ZIP 2012, S. 789 = ZInsO 2012, S. 745.

851 AG München, Beschluss vom 14.06.2012, Az. 1506 IN 1851/12, ZIP 2012, S. 1308 = EWiR 2012, S. 495.

852 Hölzle, ZIP 2012, S. 158 ff.

Dieser ist der Ansicht, dass für den Aussteller der Bescheinigung die gleichen Unabhängigkeitsanforderungen gelten müssten wie bei der Auswahl des (vorläufigen) Insolvenzverwalters.[853] Er plädiert für eine analoge Anwendung der §§ 56, 56a InsO.[854] Weiterhin enthalte § 270b Abs. 1 InsO eine planwidrige Regelungslücke, die mit den §§ 56, 56a InsO geschlossen werden könne. Die Interessenlage bei der Auswahl des Ausstellers der Bescheinigung nach § 270b Abs. 1 InsO sei vergleichbar mit der Bestellung des vorläufigen Insolvenzverwalters.[855]

Auch beeinflusse die Bescheinigung maßgeblich den Fortgang des Verfahrens, so dass der Aussteller der Bescheinigung eine so gewichtige Stellung im Verfahren habe, dass er zumindest mittelbar Verfahrensbeteiligter sei.[856] Da die Bescheinigung Zulässigkeitsvoraussetzung des Schutzschirmverfahrens und dieses der Vorläufer des Insolvenzplanverfahrens sei, das dem Gebot der bestmöglichen Gläubigerbefriedigung dient, diene die Bescheinigung demnach sowohl dem Schuldner, als auch dem Gläubigerinteresse.[857] Daher müsse sie von einer neutralen Person erstellt werden.[858]

Dies hätte zur Folge, dass der Bescheiniger sowohl vom Schuldner, als auch vom Gläubiger unabhängig sein müsse und den Schuldner während der Krise lediglich in allgemeiner Form über den Ablauf eines Insolvenzverfahrens und dessen Folgen beraten dürfte.[859]

b) Keine Unabhängigkeit

Nach einer anderen Auffassung wird keine Unabhängigkeit zwischen Aussteller der Bescheinigung und Schuldner gefordert. Der Aussteller müsse nicht eine vom Schuldner oder Gläubiger unabhängige Person sein.[860]

Dies wird damit begründet, dass § 270b Abs. 1 Satz 3 InsO nicht auf § 56 Abs. 1 InsO verweist.[861] Der Gesetzgeber habe in § 270b Abs. 2 Satz 1 InsO lediglich die Unabhängigkeit im Verhältnis von Sachwalter und Bescheiniger regeln wollen.[862] Auch eine analoge Anwendung der §§ 56, 56a InsO über die Verweiskette der §§ 270a Abs. 1 S. 2, 274, 275 InsO komme nicht in Betracht, da es an einer planwidrigen Regelungslücke fehle.[863] Aus dem Wortlaut des § 270b Abs. 2 Satz 1 InsO und aus

853 Hölzle, ZIP 2012, S. 158 (161).
854 Hölzle, ZIP 2012, S. 158 (162).
855 Hölzle, ZIP 2012, S. 159 (161f.).
856 Hölzle, ZIP 2012, S. 159 (161).
857 Hölzle, ZIP 2012, S. 159 (162).
858 Hölzle, ZIP 2012, S. 159 (162).
859 § 56 Abs. 1 Satz 3 Nr. 2 InsO.
860 Vallender, GmbHR 2012, S. 450 (451).
861 Schmidt/Linker, ZIP 2012, S. 963 (964).
862 Römermann/Praß, GmbHR 2012, S. 425 (431).
863 Zipperer/Vallender, NZI 2012, S. 729 (731).

der Gesetzesbegründung[864] gehe ausdrücklich hervor, dass der Gesetzgeber in § 270b Abs. 2 InsO nur das Verhältnis zwischen Aussteller und vorläufigem Sachwalter regeln wollte. Von einer planwidrigen Regelungslücke könne somit nicht ausgegangen werden.[865]

Auch sei eine analoge Anwendung der §§ 56, 56a InsO wenig praktikabel und würde der Intention des Gesetzgebers zum ESUG zuwiderlaufen.[866] Da der Schuldner dem Aussteller zur Erstellung der Bescheinigung zur Beurteilung der Insolvenzgründe und der Sanierungsaussichten Einsicht in seine Bücher, Bilanzen und Geschäftsgeheimnisse gewähren muss, müsse zwischen Schuldner und Aussteller gezwungenermaßen ein gewisses Vertrauensverhältnis bestehen.[867] Daher könne auch zwischen Aussteller und Schuldner eine dauerhafte Mandatsbeziehung vorliegen.[868] Müsste der Schuldner einen externen Dritten hierfür beauftragen, würde dessen Einarbeitung meist einen erheblichen Zeitaufwand und zum Teil erhebliche Mehrkosten verursachen, was vom Gesetzgeber nicht gewollt sei.[869]

Von dem Grundsatz, dass der Aussteller der Bescheinigung vom Schuldner nicht unabhängig sein muss, sollen allerdings Ausnahmen gelten. Sofern der Aussteller eine nahestehende Person i.S.d. § 138 InsO ist oder den Schuldner schon bei Eintritt der Krise beraten hat und nicht plausibel erklären kann, warum er nicht im Vorfeld der Krise vor dieser gewarnt hat, soll der Bescheinigung kein Aussagewert beigemessen werden.[870]

Der Gesetzgeber habe einer Gefahr, die von falschen oder sogar missbräuchlich ausgestellten Bescheinigungen, sog. Gefälligkeitsbescheinigungen, ausgeht, nicht auf der Ebene der Auswahl des Bescheinigers, sondern durch Kontrolle während des Verfahrens begegnen wollen.[871] Auch nach Anordnung des Schutzschirmverfahrens kann es bei negativem Verlauf das Verfahren vorzeitig beenden.

Der Schutz der Gläubiger wird dadurch gewährleistet, dass sie über den vorläufigen Gläubigerausschuss ohne Begründung oder beim Bekanntwerden nachteiliger Umstände als absonderungsberechtigter Gläubiger oder Insolvenzgläubiger die Aufhebung des Schutzschirmverfahrens nach § 270b Abs. 4 Nr. 2 und Nr. 3 InsO beantragen können.

---

864 BT-Drucksache 17/5712, S. 40.

865 Zipperer/Vallender, NZI 2012, S. 729 (731).

866 Desch/Hafenmayer, Anmerkung zu AG München, Beschluss vom 14.06.2012, Az. 1506 IN 1851/12, BB 2012, S. 2975f.; Zipperer/Vallender, NZI 2012, S. 729 (731).

867 Zipperer/Vallender, NZI 2012, S. 729 (731).

868 Zipperer/Vallender, NZI 2012, S. 729 (731).

869 BT-Drucksache 17/5712, S. 40; Kolmann, Schutzschirmverfahren, Rn. 513; Desch/Hafermayer, Anmerkung zu AG München, Beschluss vom 14.06.2012, Az. 1506 IN 1851/12, BB 2012, S. 2975 (2976); Zipperer/Vallender, NZI 2012, 729 (731).

870 Zipperer/Vallender, NZI 2012, S. 729 (731).

871 Römermann/Praß, GmbHR 2012, S. 425 (431).

c) Stellungnahme

Je größer die Unabhängigkeit des Ausstellers vom Schuldner ist, umso größer ist auch die Überzeugungskraft der Bescheinigung. Allerdings geht es zu weit, dass z. B. Steuerberater oder Rechtsanwälte, die schon lange Zeit für den Schuldner tätig sind und zu denen ein Vertrauensverhältnis besteht, generell von der Ausstellung der Bescheinigung ausgenommen sein sollen. Gerade in der Phase der wirtschaftlichen Krise kommt es auf ein gefestigtes Vertrauensverhältnis zwischen Schuldner und den genannten Personen an.

Abgesehen davon findet die zuerst genannte Auffassung keinen Rückhalt im Gesetz bzw. der Gesetzesbegründung. Weder der Wortlaut noch die Systematik lassen erkennen, dass Bescheiniger und Schuldner in jeglicher Hinsicht unabhängig voneinander sein sollen. Dieses Ergebnis stützt zum einen der fehlende Verweis auf § 56 InsO, zum anderen die Tatsache, dass der Gesetzgeber in § 270b Abs. 2 Satz 1 InsO Regelungen zur Unabhängigkeit im Verhältnis von Sachwalter und Bescheiniger aufgenommen hat. Dies lässt auch darauf schließen, dass keine für eine analoge Anwendung des § 56 InsO notwendige Regelungslücke vorliegt.

Auch ist es mit dem Sinn und Zweck der Unternehmenssanierung nicht vereinbar, dass sich externe Aussteller zeitaufwändig und kostenintensiv in die Materie einarbeiten sollen.

Der Auffassung vom AG München/Hölzle ist insoweit zuzustimmen, als dass die Gläubigerinteressen im Schutzschirmverfahren besonders gefährdet sein könnten, da die Verwaltungs- und Verfügungsbefugnis beim Schuldner liegt. Allerdings sieht das Gesetz anderweitige Sicherungsinstrumente zum Gläubigerschutz vor. Das Gericht prüft die Bescheinigung bei Antragsstellung im Hinblick auf Plausibilität. Hierzu zählt auch eine Prüfung der Qualifikation des Bescheinigers. Zudem ist die Kontrolle des Schuldners im Schutzschirmverfahren durch einen unabhängigen vorläufigen Sachwalter ausreichend, um der Gefahr von Gefälligkeitsbescheinigungen und damit von Nachteilen der Gläubiger zu begegnen.[872]

Daneben hat das Gericht während des Verfahrens die Möglichkeit, dieses aufzuheben und Sicherungsmaßnahmen anzuordnen, wenn eine Gläubigergefährdung im Raum steht.

Auch die Gläubiger sind nicht schutzlos. Sie haben jederzeit die Möglichkeit, nach § 270b Abs. 3 Nr. 2 oder Nr. 3 InsO die Aufhebung des Verfahrens zu beantragen. Auf Grund dieser Prüfungssystematik ist davon auszugehen, dass der Gesetzgeber die Gefahr der falschen Bescheinigung nicht nur vor, sondern insbesondere während des Verfahrens regeln wollte.[873] Weiterhin ist zu berücksichtigen, dass die Gläubigerinteressen vor einer Gefälligkeitsbescheinigung durch hohe Anforderungen an die Begründungstiefe und Plausibilität der Bescheinigung wahrscheinlich besser

872 Ringstmeier, in: A/G/R, § 270b Rn. 11.
873 Römermann/Praß, GmbHR 2012, S. 425 (431).

geschützt werden können als durch eine in den meisten Fällen nicht nachzuweisende Unabhängigkeit zwischen Bescheiniger und Schuldner.[874]

Daneben verdient diese Auffassung auch schon auf Grund praktischer Erwägungen Zustimmung. Wird eine Person mit der Erstellung der Bescheinigung beauftragt, die das schuldnerische Unternehmen kennt, kann diese schneller und kostengünstiger erstellt werden, als wenn hierfür externe Personen eingesetzt werden. Die aus einer dauerhaften und intensiven Beratung gewonnenen Kenntnisse können gerade Grundlage einer qualifizierten Bescheinigung sein.[875] Auch dürfte es für den Schuldner schwierig sein, in kürzester Zeit geeignete externe Personen zu finden, die den Anforderungen gerecht werden, insbesondere je komplexer und ausgefallener die Tätigkeit des schuldnerischen Unternehmens ist.

Auch das Vertrauensverhältnis, das zwischen Schuldner bzw. dessen Geschäftsführung und Bescheiniger bestehen muss, darf nicht unterschätzt werden. Häufig wird der Insolvenzantrag aus Scham nicht oder zu spät gestellt. Für alle Verantwortlichen sind Handlungen im Zusammenhang mit einem Insolvenzverfahren, hierzu zählt auch die Erstellung der Bescheinigung, sehr belastend. Ist der Bescheiniger eine Person, die der Schuldner bzw. dessen Geschäftsführer kennt und auf die er sich verlassen kann, wird sich dies positiv auf die Zusammenarbeit auswirken.

Damit nicht der Anschein von Gefälligkeitsbescheinigungen erweckt wird, sollten weder nahestehende Personen i.S.d. § 138 InsO noch Personen die Bescheinigung erstellen, die in der Vergangenheit maßgeblich an wirtschaftlichen Entscheidungen des Schuldners mitgewirkt haben.[876]

Um ein Scheitern des Schutzschirmverfahren durch Ablehnung oder Aufhebung des Gerichts bzw. der Gläubiger zu verhindern, sollte der Schuldner mit diesen frühzeitig in Kontakt treten und einen Konsens hinsichtlich der Person des Bescheinigers herbeiführen.

4. Zwischenergebnis zum Aussteller der Bescheinigung

Dem Aussteller der Bescheinigung kommt die wichtigste Aufgabe im Schutzschirmverfahren zu. Von seiner Darstellung hängt maßgeblich die Anordnung des Schutzschirmverfahrens ab. Auf Grund des erforderlichen Vertrauensverhältnisses ist es positiv zu bewerten, dass der Personenkreis des Austellers der Bescheinigung sehr weit gefasst ist. Hierdurch erlangt der Schuldner eine große Auswahlmöglichkeit, wodurch das Verfahren an Flexibilität gewinnt. Zum Aussteller der Bescheinigung kann allerdings nur eine natürliche Person beauftragt werden. Die Vorschriften für den Insolvenzverwalter sind nicht anwendbar. Der Bescheiniger sollte mit Bedacht ausgewählt werden, um etwaige Komplikationen zu vermeiden.

---

874 Kolmann, Schutzschirmverfahren, Rn. 512.

875 Vallender, GmbHR 2012, S. 450 (451).

876 Steffan/Solmecke, ZIP 2014, S. 2271 (2273); Zipperer/Vallender, NZI 2012, S. 729 (731); Ringstmeier, in: A/G/R, § 270b Rn. 11a.

VIII. Öffentliche Bekanntmachung der Anordnung der vorläufigen Sachwalterschaft nach §§ 270a, 270b InsO

Im Regeleröffnungsverfahren ist die Bestellung des vorläufigen Insolvenzverwalters nach § 23 Abs. 1 InsO durch das Gericht öffentlich bekannt zu machen. Da im Eröffnungsverfahren nach § 270a InsO und dem Schutzschirmverfahren nach § 270b InsO kein vorläufiger Insolvenzverwalter, sondern ein vorläufiger Sachwalter bestellt wird, stellt sich die Frage, ob dies auch öffentlich bekannt zu machen ist. Nachfolgend wird untersucht, ob eine Notwendigkeit bzw. Pflicht besteht, die Anordnung der vorläufigen Sachwalterschaft durch das Insolvenzgericht im Internet gem. § 9 InsO öffentlich bekannt zu machen oder ob die Unternehmenssanierung hierdurch behindert werden könnte.

1. Einführung

Nach § 9 InsO i.V.m. speziellen Normen der Insolvenzordnung[877] sind wichtige Entscheidungen des Insolvenzgerichts wie z. B. die Eröffnung, Einstellung oder Aufhebung des Insolvenzverfahrens öffentlich und von Amts wegen durch das Insolvenzgericht zwingend bekannt zu machen.[878]

Die in der Insolvenzordnung genannten öffentlichen Bekanntmachungen können in vier unterschiedliche Kategorien unterteilt werden.[879] Dies sind zum einen Entscheidungen, die die Verfügungsbefugnis des Schuldners[880] und zum anderen die Restschuldbefreiung bzw. deren Reichweite[881] betreffen. Des Weiteren Entscheidungen, die die Auswirkungen auf die Teilungsmasse und die Position der Massegläubiger[882] thematisieren und letztlich Ereignisse, die verfahrensrechtliche Relevanz habe, insbesondere hinsichtlich Rechtsmittel- und Widerspruchsfristen.[883]

Die Anordnung der öffentlichen Bekanntmachung erfolgt durch Beschluss des Insolvenzgerichts, je nach Verfahrensstadium entweder durch den Richter oder den Rechtspfleger.[884] Die öffentliche Bekanntmachung kann zwar auszugsweise

---

877 Siehe hierzu zahlreiche Beispiele bei Pape, in: Uhlenbruck, Insolvenzordnung 14. Aufl. 2015, § 9 Rn. 2; einen guten Überblick zur öffentlichen Bekanntmachung insolvenzrechtlicher Ereignisse bietet auch Horstkotte, ZInsO 2012, S. 1161 f.

878 Bohner, in: Braun, Insolvenzordnung, 6. Aufl., 2014, § 9 Rn. 7 f; Pape, in: Uhlenbruck, Insolvenzordnung 14. Aufl. 2015, § 9 Rn. 2f.; Becker, in: Nerlich/Römermann, Insolvenzordnung 29. Ergänzungslieferung Januar 2016, § 9 Rn. 8.

879 Horstkotte ZInsO 2012, S. 1161 (1161 f.).

880 §§ 23 Abs. 1, 25 Abs. 1, 30 Abs. 1, 34 Abs. 3 Satz 1, 200 Abs. 2, 215 Abs. 1 Satz 1, 258 Abs. 3 Satz 1, 267, 268 Abs. 2, 273, 277 Abs. 3 Satz 1.

881 §§ 289 Abs. 2 Satz 3, 296 Abs. 3 Satz 2, 300 Abs. 3 Satz 1, 303 Abs. 3 Satz 3.

882 §§ 64 Abs. 2 Satz 1, 208 Abs. 2 Satz 1.

883 §§ 26 Abs. 1 Satz 3, 74 Abs. 2, 78 Abs. 2, 177 Abs. 3, 197 Abs. 2, 214 Abs. 1 Satz, 235 Abs. 2 Satz 1.

884 Ganter/Lohmann, in: Münchener Kommentar zur Insolvenzordnung, 3. Auflage 2014, § 9 Rn. 9; Pape, in: Uhlenbruck, Insolvenzordnung, 14. Aufl. 2015, § 9 Rn. 7.

erfolgen[885], allerdings sind mindestens der Schuldner, seine Anschrift und dessen Geschäftszweig zu benennen, damit der Zweck der öffentlichen Bekanntmachung erreicht wird.[886] Die Bekanntmachung wird seit dem 01.01.2009 nur noch auf der bundeseinheitlichen Internetplattform *„www.insolvenzbekanntmachungen.de“* vorgenommen.[887]

Nach § 9 Abs. 2 InsO kann das Insolvenzgericht weitere Veröffentlichungen veranlassen, soweit dies landesrechtlich besonders bestimmt ist. Hierunter fallen allerdings keine neuen Bekanntmachungen, sondern weitere Veröffentlichungen in anderen Medien oder an anderer Stelle im Internet als den Medien nach § 9 Absatz 1 InsO.[888]

Die Entscheidung, ob, wie häufig und in welchen Medien weitere Veröffentlichungen stattfinden sollen, kann in jedem Insolvenzverfahren individuell getroffen werden und steht im Ermessen des Gerichts.[889]

2. Zweck der öffentlichen Bekanntmachung

Mit der öffentlichen Bekanntmachung werden drei Zwecke verfolgt. Zum einen dient sie als Warnfunktion den Gläubigern, zum anderen als Gewährleistung zur Verfahrensbeteiligung und zur Verfahrensvereinfachung.[890]

Es ist allerdings stets zu berücksichtigen, dass die öffentliche Bekanntmachung in Insolvenzsachen als Bloßstellung gegenüber der Allgemeinheit stets in das Recht des Schuldners auf informationelle Selbstbestimmung, das Teil des geschützten allgemeinen Persönlichkeitsrechts gem. Art. 2 Abs. 1 GG i.V.m. Art. 1 Abs. 1 GG ist, eingreift.[891] Diesen Grundrechtsschutz können unter Umständen auch Schuldner genießen, die Personengesellschaften oder juristische Personen sind.[892] Darüber

---

885 § 9 Abs. 1 Satz 1 2. Halbsatz InsO.

886 § 9 Abs. 1 Satz 2 InsO.

887 Ganter/Lohmann, in: Münchener Kommentar zur Insolvenzordnung, 3. Auflage 2014, § 9 Rn. 4b; Bohner, in: Braun, Insolvenzordnung, 6. Aufl., 2014, § 9 Rn. 12; Pape, in: Uhlenbruck, Insolvenzordnung, 14. Aufl., 2015, § 9 Rn. 1; Sternal, NJW 2007, S. 1909 (1911).

888 Andres, in: Andres/Leithaus, Insolvenzordnung, 3. Aufl. 2014, § 9 Rn. 3.

889 Keller, ZIP 2003, S. 149 (153).

890 Keller, ZIP 2003, S. 149 ff.

891 BVerfG, Beschluß vom 09.03.1988, Az. 1 BvL 49/86, NJW 1988, S. 2031 ff. = BVerfGE 78, S. 77; Keller, ZIP 2012, S. 1895 (1899).

892 Grundsätzlich erstreckt sich der Anwendungsbereich des allgemeinen Persönlichkeitsrechts auf natürliche Personen. Sofern sich die für eine juristische Person agierenden natürlichen Personen in einer grundrechtstypischen Gefährdungslage befinden ist eine wesensmäßige Anwendbarkeit des allgemeinen Persönlichkeitsrechts auf juristische Personen zu bejahen, vgl. Martini, JA 2009, S. 839 (842).

hinaus kann eine öffentliche Bekanntmachung auch das Recht des Schuldners am eingerichteten und ausgeübten Gewerbebetrieb verletzen.[893]

a) *Warnfunktion*

Da der Insolvenzschuldner bei Anordnung eines allgemeinen Verfügungsverbotes[894] oder i.d.R. spätestens mit Eröffnung des Insolvenzverfahrens die Befugnis, über sein Vermögen zu verfügen, verliert[895], kann ein Vertragspartner des Schuldners an diesen nicht mehr mit befreiender Wirkung leisten, sondern muss die Leistung an den Insolvenzverwalter erbringen.[896] Darüber hinaus sind Verfügungen des Schuldners über einen Gegenstand der Insolvenzmasse nach Eröffnung des Insolvenzverfahrens unwirksam.[897] Durch die öffentliche Bekanntmachung kann der Vertragspartner von diesen Umständen Kenntnis erlangen. Hierdurch wird eine Gutgläubigkeit des Vertragspartners hinsichtlich § 892 BGB[898] oder § 407 BGB[899] zerstört und gleichzeitig die Insolvenzmasse geschützt.[900]

b) *Gewährleistung der Verfahrensbeteiligung*

Neben der Unterrichtung der Allgemeinheit über das Insolvenzverfahren und dessen Fortgang werden auch Verfahrensbeteiligte über die aktuellen Schritte des Verfahrens auf dem Laufenden gehalten.[901] Durch die öffentliche Bekanntmachung können sich noch unbeteiligte Personen am Verfahren beteiligen, ggfl. Forderungen

---

893 Im Rahmen der öffentlichen Bekanntmachung sind die Rechte des Schuldners gegenüber dem Informationsinteresse der Allgemeinheit abzuwägen, Becker, in: Nerlich/Römermann, Insolvenzordnung 29. Ergänzungslieferung Januar 2016, § 9 Rn. 2, 9.

894 § 21 Abs. 2 Nr. 2 InsO.

895 Gem. § 80 Abs. 1 InsO geht durch die Eröffnung des Insolvenzverfahrens das Recht des Schuldners über das zur Insolvenzmasse gehörende Vermögen zu verwalten und darüber zu verfügen, auf den Insolvenzverwalter über.

896 § 28 Abs. 3, § 82 InsO.

897 § 21 Abs. 2 Nr. 2, 24 Abs. 1, 81 Abs. 1 Satz 1 InsO.

898 § 81 Abs. 1 Satz 2, § 91 Abs. 2 InsO.

899 § 82 Satz 2 InsO.

900 Pape, in: Uhlenbruck, Insolvenzordnung, 14. Aufl. 2015, § 9 Rn. 5.; BGH, Urteil vom 19.09.1996, Az. IX ZR 277/95, DtZ 1997, S. 25 (26) = BGHZ 133, S. 307 = DB 1997, S. 162 = ZIP 1996, S. 1909; BGH, Urteil vom 15.12.2005, Az. IX ZR 227/04, NZI 2006, S. 175 ff. = NJW-RR 2006, S. 771 = ZIP 2006, S. 138 = ZInsO 2006, S. 92; Keller, ZIP 2003, S. 149 (149). Ganter/Lohmann, in: Münchener Kommentar zur Insolvenzordnung, 3. Auflage 2014, § 9 Rn. 5a; a.A. Keller, ZIP 2012, S. 1895 (1897).

901 Becker, in: Nerlich/Römermann, Insolvenzordnung 29. Ergänzungslieferung Januar 2016, § 9 Rn. 1; Andres, in: Andres/Leithaus, Insolvenzordnung, 3. Aufl., 2014, § 9 Rn. 1.

anmelden, oder Aus- bzw. Absonderungsrechte geltend machen.[902] Dem werden die §§ 28 ff. InsO und §§ 174 ff. InsO gerecht.

c) Verfahrensvereinfachung

Letztlich dient die öffentliche Bekanntmachung auch der Verfahrensvereinfachung, da sie nach § 9 Abs. 3 InsO die gleiche Wirkung wie eine Zustellung entfaltet und somit die Beschwerdefrist nach § 6 Abs. 2 Satz 1 InsO in Gang gesetzt wird, sog. Zustellungsfiktion.[903]

Dabei ergänzt § 9 InsO die Einzelzustellung nach § 8 InsO in den Fällen, in denen eine Zustellung problematisch ist bzw. bezweckt die Heilung einer mangelhaften Einzelzustellung.[904]

3. Streitstand

Ob der Beschluss zur Anordnung des Schutzschirmverfahrens und zur Bestellung des vorläufigen Sachwalters vom Gericht zu veröffentlichen ist, ist umstritten. Eine einheitliche gerichtliche Praxis hat sich bislang noch nicht herauskristallisiert.[905] Eine ausdrückliche Regelung, die das Gesetz für den Beschluss zur Anordnung der Eigenverwaltung nach Eröffnung des Insolvenzverfahrens gemäß § 273 InsO und für die Bestellung des vorläufigen Insolvenzverwalters gem. § 23 Abs. 1 Satz 1 InsO vorsieht, sehen weder Gesetz noch Gesetzesbegründung vor.

Die Entscheidung über die öffentliche Bekanntmachung ist von großer Bedeutung, zumal sie in die Grundrechte des Schuldners auf informationelle Selbstbestimmung und das Recht am eingerichteten und ausgeübten Gewerbebetrieb eingreifen können und weitreichende Folgen, insbesondere bei der Kapitalbeschaffung über den Kapitalmarkt, haben kann.[906]

---

902 Keller, ZIP 2003, S. 149 (150); Becker, in: Nerlich/Römermann, Insolvenzordnung 29. Ergänzungslieferung Januar 2016, § 9 Rn. 1

903 Ganter/Lohmann, in: Münchener Kommentar zur Insolvenzordnung, 3. Aufl. 2013, § 9 Rn. 23 ff; Keller, ZIP 2003, S. 149 f.; Keller, ZIP 2012, S. 1895 (1897).

904 Keller, ZIP 2003, S. 149 (151 und 158); Bohner, in: Braun, Insolvenzordnung, 6. Aufl., 2014, § 9 Rn. 1; Andres, in: Andres/Leithaus, Insolvenzordnung, 3. Aufl., 2014, § 9 Rn. 1.

905 Vallender, DB 2015, S. 231 (231).

906 Bekanntestes Beispiel für die Folgen der Bekanntmachung der wirtschaftlichen Krise dürfte die Insolvenz der KirchMedia GmbH & Co. KGaA sein. Nachdem der Vorstandsvorsitzende der Deutschen Bank, Breuer, in einem bei BloombergTV ausgestrahlten Interview die Kreditwürdigkeit der hochverschuldeten Kirch-Gruppe anzweifelte, war der Finanzsektor nicht mehr bereit, für die KirchMedia GmbH & Co. KGaA Fremd- oder Eigenmittel zur Verfügung zu stellen, was letztlich zur deren Insolvenz geführt hat. Vgl hierzu BGH, Urteil vom 24.01.2006, Az. XI ZR 384/03, NJW 2006, S. 830 ff. = BKR 2006, S. 103 = BB 2006, S. 681 = ZIP 2006, S. 317. Zwischenzeitlich hat die Deutsche Bank mit der Kirch Gruppe einen Vergleich

In Literatur und Rechtsprechung gibt es unterschiedliche Auffassungen und Begründungen darüber, ob und weshalb eine öffentliche Bekanntmachung erfolgen sollte bzw. müsste. Teilweise wird eine allgemeine Veröffentlichungspflicht vertreten, teilweise soll die öffentliche Bekanntmachung der Bestellung des Sachwalters im Ermessen des Gerichts stehen. Daneben gibt es noch Auffassungen, die eine öffentliche Bekanntmachung ablehnen. Die unterschiedlichen Auffassungen werden nachfolgend dargestellt.

a) Ermessensentscheidung des Gerichts

Nach einer Auffassung soll neben den in der Insolvenzordnung ausdrücklich gesetzlich geregelten Fällen eine öffentliche Bekanntmachung auch dann stattfinden, wenn das Insolvenzgericht dies nach Ausübung pflichtgemäßen Ermessens für zweckmäßig und erforderlich hält.[907]

Eine Bekanntmachungspflicht wird zwar wegen der Gefahr des Scheiterns der Sanierung verneint. Allerdings gebietet der Gläubigerschutz eine Bekanntmachung damit diejenigen Gläubiger, die noch keine Kenntnis von der Einleitung des Verfahrens haben, diese erlangen.[908] Einzelne Gläubiger könnten nämlich über den vorläufigen Gläubigerausschuss, sofern ein solcher existiert, oder im Rahmen von Absprachen mit dem Schuldner im Vorfeld des Antrags, oder bei Ausarbeitung des Insolvenzplans Kenntnis von der Krise des Schuldners erlangen.[909]

Durch eine öffentliche Bekanntmachung soll ein nicht hinnehmbarer Informationsvorsprung dieser einzelnen Gläubiger gegenüber den sonstigen Gläubigern verhindert werden, wodurch insbesondere dem Grundsatz „*par condicio creditorum*“[910] Rechnung getragen werden soll.[911]

---

in Höhe von EUR 775 Mio. zzgl. Zinsen und Kostenerstattung geschlossen. Siehe hierzu die Pressemitteilung der Deutschen Bank vom 20.02.2014, URL: https://www.db.com/newsroom_news/archive/medien/deutsche-bank-erzielt-vergleich-mit-kirch-gruppe-de-11834.htm , letzter Abruf am 31.12.2015.

907 Commandeur/Schaumann, NZG 2012, S. 620 (621); Andres, in: Andres/Leithaus, Insolvenzordnung, 3. Aufl., 2014, § 9 Rn. 2; AG Göttingen, Beschluss vom 12.11.2012, Az. 74 IN 160/12, NZI 2012, S. 1008 f. = NJW-Spezial 2013, S. 23 = ZIP 2012, S. 2360 = ZInsO 2012, S. 2297; Vallender, MDR 2012, S. 125 (128); Landfermann, WM 2012, S. 869 (873); Graf-Schlicker, in: Graf-Schlicker, 4. Aufl. 2014, § 270b Rn. 22 ohne nähere Begründung.

908 Vallender, MDR 2012, S. 125 (128); Vallender GmbHR 2012, S. 450 (452); Landfermann, WM 2012, S. 869 (873).

909 Desch, BB 2011, S. 841 (842).

910 Ausführlich zum insolvenzrechtlichen Grundsatz der Gläubigergleichbehandlung siehe Gleichenstein, NZI 2015, S. 49 ff.

911 Buchalik, ZInsO 2012, S. 349 (354); Richter/Pluta, BB 2012, S. 1591 (1593); Desch, BB 2011, S. 841 (842); im Ergebnis auch Landfermann, WM 2012, S. 869 (873).

Auch seien die Gläubiger andernfalls daran gehindert, ihre Kontrollmöglichkeiten nach § 270b Abs. 4 Nr. 1 bis Nr. 3 InsO ordnungsgemäß auszuüben.[912] Diese würde leer laufen, wenn die Gläubiger keine Kenntnis von dem Schutzschirmverfahren erlangen würden. Teilweise wird in diesem Zusammenhang auch eine Ermessensreduzierung des Gerichts auf null thematisiert, was zu einer zwingenden öffentlichen Bekanntmachung führen würde.[913] Für diese Auffassung wird z. T. die Gesetzesbegründung angeführt, wonach der Antrag auf das Schutzschirmverfahren zunächst zusätzlichen Liquiditätsbedarf erzeugen wird, da die Gläubiger Forderungen fällig und Verträge kündigen werden.[914] Dies setze zwangsläufig die Kenntnis vom Schutzschirmverfahren und somit eine öffentliche Bekanntmachung voraus.

Nach anderer Auffassung sei eine „*teleologische Erweiterungsauslegung*" des § 9 InsO geboten, wodurch dieser entweder direkt als Ermessensnorm oder analog Anwendung finden soll.[915] Als Begründung wird ein Vergleich mit unterschiedlichen Normen der Gesamtrechtsordnung[916] herangezogen, die allesamt den Gläubiger „*in spe*" schützen sollen.

Die Bekanntmachung könne ein „*geheimes*" Insolvenzverfahren verhindern, durch das Altgläubiger und insbesondere im Eröffnungsverfahren mit dem Schuldner neu in Kontrakt kommende Gläubiger gefährdet werden könnten. Insbesondere für letztere sei nicht ersichtlich, dass sich der Schuldner in einem Insolvenzeröffnungsverfahren befinde ihre Forderungen Masseverbindlichkeiten darstellten die gegebenenfalls erst nach Verfahrenseröffnung beglichen würden[917] und es bei Masseunzulänglichkeit[918] zu einem kompletten Forderungsausfall kommen könne.[919] Auf die Information des Schuldners, bzw. dessen Belegschaft, dass ein Schutzschirmverfahren laufe, sei i.a.R. kein Verlass.

b) Keine öffentliche Bekanntmachung

Nach anderer Auffassung hat eine öffentliche Bekanntmachung zu unterbleiben.[920] Die Insolvenzordnung regele im Einzelfall, was zu veröffentlichen ist und was nicht. Die Regelungstechnik des Gesetzes folge dem Enumerationsprinzip und lasse eine gesetzliche Generalklausel, die die öffentliche Bekanntmachung in das Ermessen

---

912 Richter/Pluta, BB 2012, S. 1591 (1593).
913 Desch, BB 2011, S. 841 (842).
914 BT-Drucksache 17/5712, S. 40.
915 Frind, ZIP 2012, S. 1591 ff.
916 Hierzu führt er § 321 BGB, § 8 Abs. 2 VOB/B, § 263 und Normen des WpHG an.
917 § 159 InsO.
918 § 208 InsO.
919 Frind, ZIP 2012, S. 1591 (1591 f.)
920 Lau, DB 2014, S. 1417 (1419); Undritz, in: Karsten Schmidt, Insolvenzordnung, 19. Auflage 2016, § 270a Rn. 5; Hostkotte, ZInsO 2012, S. 1161 ff.; Keller, ZIP 2012, S. 1895 ff; Hölzle, in: Bork/Hölzle, Handbuch Insolvenzrecht, Kapitel 14 Rn. 172.

des Gerichts stelle, vermissen.[921] Sei eine öffentliche Bekanntmachung nicht ausdrücklich gesetzlich vorgesehen, sei sie auch nicht zulässig.[922] Mit der enumerativen Aufzählung mache der Gesetzgeber deutlich, dass nur bestimmte Entscheidungen und Tatsachen öffentlich bekannt zu machen seien, andere hingegen nicht.[923]

Das Gericht könne nicht eigenmächtig die öffentliche Bekanntmachung anordnen, nur weil es den Vorgang oder die Entscheidung von allgemeinem Interesse bzw. bekanntmachungswürdig halte.[924] Diesbezüglich stehe dem Gericht weder ein Wahlrecht noch ein Ermessen zu. Dies gebiete das Integritätsinteresse und Persönlichkeitsrecht des Schuldners, das Recht an seinen persönlichen Daten (informationelles Selbstbestimmungsrecht), sowie gegebenenfalls das Recht am eingerichteten und ausgeübten Gewerbebetrieb.[925]

Nach anderer Auffassung wird die Ablehnung der öffentlichen Bekanntmachung mit dem Verfahrenszweck begründet. Bei einer öffentlichen Bekanntmachung könnte nicht mehr *„still und leise saniert werden“*, wodurch eine Sanierung schlichtweg unmöglich würde.[926]

c) Stellungnahme

Die besseren Argumente sprechen gegen eine öffentliche Bekanntmachung der Anordnung der vorläufigen Sachwalterschaft. Die Gesetzesbegründung könnte zwar missverstanden werden, da sie davon spricht, dass die Antragstellung häufig zunächst zusätzlichen Liquiditätsbedarf erzeugen wird, da Gläubiger Kenntnis von der drohenden Zahlungsunfähigkeit erhalten und manche versuchen werden, ihre Forderungen fällig zu stellen oder Verträge zu kündigen.[927] Dies ist nach verständiger Würdigung dahingehend zu verstehen, dass hierbei allgemein die Folgen einer wie auch immer erfolgten Kenntnis der Gläubiger beschrieben werden. Es ist nicht davon auszugehen, dass der Gesetzgeber hierdurch eine Regelung zur öffentlichen Bekanntmachung treffen wollte.

Gegen eine öffentliche Bekanntmachung spricht insbesondere die Regelungstechnik des Gesetzes. In vielen unterschiedlichen Bereichen der Insolvenzordnung ist die öffentliche Bekanntmachung ausdrücklich vorgesehen. Mit dieser enumerativen Aufzählung wollte der Gesetzgeber alle öffentlichen Bekanntmachungen abschließend regeln. Würde die öffentliche Bekanntmachung in das Ermessen des Gerichts gestellt

---

921 Keller, ZIP 2012, S. 1895 (1898 f.); Horstkotte, ZInsO 2012, S. 1161 (1161 f.).
922 Becker, in: Nerlich/Römermann, Insolvenzordnung 29. Ergänzungslieferung Januar 2016, § 9 Rn. 7; Keller, ZIP 2012, S. 1895 (1898).
923 Keller, ZIP 2012, S. 1895 (1898).
924 Keller, ZIP 2003, S. 149 (150).
925 Horstkotte, ZInsO 2012, S. 1161 (1162); Keller, ZIP 2003, S. 149 (150).
926 Hirte/Mock, DB 2011, S. 693 (696); Hirte/Knof/Mock, Das neue Insolvenzrecht nach dem ESUG, S. 60; Hirte, ZInsO 2011, S. 401 (404).
927 BT-Drucksache 17/5712, S. 40.

werden, hätte dies zur Folge, dass das Enumerationsprinzip umgangen werden könnte und somit die gesetzlich getroffenen Regelungen keine Bedeutung mehr hätten.

Auch eine analoge Anwendung z. B. des § 23 Ans. 1 InsO, der die öffentliche Bekanntmachung der Bestellung eines vorläufigen Insolvenzverwalters vorsieht, kommt nicht in Betracht. Zum einen ist vorliegend keine Regelungslücke ersichtlich, zum anderen ist die Bestellung des vorläufigen Insolvenzverwalters nicht mit der Bestellung eines vorläufigen Sachwalters vergleichbar, da diese weder Warnfunktion noch Verfahrensbeteiligung oder –gewährleistung zum Gegenstand hat.[928] Die Bestellung des vorläufigen Sachwalters kann nicht von den Gläubigern angefochten werden, wodurch auch die Zustellfunktion entfällt. Es werden die Gläubiger auch nicht zu einer Gläubigerversammlung eingeladen oder zur Forderungsanmeldung veranlasst; mithin kommt der öffentlichen Bekanntmachung keine verfahrensleitende Funktion zu.[929]

Im Falle des § 23 InsO dient die öffentliche Bekanntmachung insbesondere dazu, den Rechtsverkehr über eine (bedingte) Verfügungsbeschränkung des Schuldners zu unterrichten. Eine solche Verfügungsbeschränkung findet im Verfahren nach § 270a InsO und § 270b InsO jedoch gerade nicht statt, so dass kein Bedürfnis für eine öffentliche Bekanntmachung besteht.[930] Die oben genannten Zwecke können mit einer öffentlichen Bekanntmachung der Anordnung der vorläufigen Sachwalterschaft nicht erreicht werden.

Ein Ermessen des Gerichts kann auch nicht aus § 9 Abs. 2 InsO hergeleitet werden. Diese Norm ist keine Ermächtigungsgrundlage zur öffentlichen Bekanntmachung, sondern nur zur weiteren Veröffentlichung in anderen Medien.[931] Darüber hinaus sind die Insolvenzverfahren keine öffentlichen Verfahren i.S.d. § 169 GVG und die Öffentlichkeit hat keinen Anspruch auf absolute Transparenz.[932] Darüber hinaus ist zu berücksichtigen, dass das Öffentlichkeitsprinzip der Kontrolle staatlicher Machtausübung, Stärkung richterlicher Unabhängigkeit und dem Vertrauen der Allgemeinheit in die Judikative dient.[933]

Daher kann die öffentliche Bekanntmachung nicht damit begründet werden, dass sonst hinter verschlossener Tür still und leise saniert werde.

Auch kann die öffentliche Bekanntmachung nicht mit der allgemeinen Information und Warnung des Rechtsverkehrs gerechtfertigt werden. Denn es ist das Risiko eines jeden Vertragspartners, dass sein Schuldner nicht leistet und zahlungsunfähig wird.

---

928 Horstkotte, ZInsO 2012, S. 1161 (1163 f.)

929 Keller, ZIP 2012, S. 1895 (1899).

930 Seagon, in: Buth/Hermanns, Restrukturierung, Sanierung und Insolvenz, 4. Auflage 2014, § 26 Rn. 13.

931 Siehe hierzu Gliederungspunkt (...).

932 Auch in Zivilprozessen ist nur die gerichtliche Verhandlung, auf die ein Urteil ergeht, öffentlich. Einen Anspruch der Öffentlichkeit auf Einsicht in die gesamten Prozessakten gibt es hingegen nicht.

933 Zimmermann, in: Münchener Kommentar zur ZPO, 4. Auflage 2013, § 169 GVG Rn. 1.

Das Risiko, seine Leistung nicht zu erhalten und letztlich nicht nur Massegläubiger, sondern Insolvenzgläubiger zu sein bzw. zu werden, gehört zum allgemeinen Risiko des Rechtsverkehrs. Darüber hinaus ist das Interesse der Gläubiger im Schutzschirmverfahren zeitlich auf drei Monate begrenzt. Wird im Anschluss an das Schutzschirmverfahren das Eigenverwaltungsverfahren eröffnet, erfolgt eine öffentliche Bekanntmachung nach § 273 InsO.

4. Zwischenergebnis

Die Anordnung des Schutzschirmverfahrens und die Bestellung des vorläufigen Sachwalters sind vom Gericht mangels ausdrücklicher gesetzlicher Regelungen nicht öffentlich bekannt zu machen.

IX. Entscheidung des Gerichts über den Schutzschirmantrag

Liegen die Anordnungsvoraussetzungen vor, so hat das Gericht über die Frist zur Vorlage eines Insolvenzplans durch den Schuldner, sog. Planvorlagefrist[934], die Bestellung eines vorläufigen Sachwalters und die Anordnung von Sicherungsmaßnahmen zu entscheiden. Liegen die Anordnungsvoraussetzungen nicht vor, ist der Schutzschirmantrag zurückzuweisen.[935] Das Gericht muss den Schuldner nicht darauf hinweisen, dass es beabsichtigt den Antrag zurückzuweisen. Eine Regelung entsprechend § 270a Abs. 2 InsO gibt es im Schutzschirmverfahren nicht.[936]

1. Fristsetzung zur Vorlage eines Insolvenzplans

Das Gericht setzt zunächst durch Beschuss eine Frist zur Vorlage des Insolvenzplans, die maximal drei Monate betragen darf.[937] Aus dem klaren Wortlaut des Gesetzes *„darf höchstens drei Monate betragen“* ergibt sich, dass es sich bei der Frist um eine Höchstfrist handelt, die nicht verlängert oder überschritten werden darf.[938] Dies folgt auch aus § 4 InsO i.V.m. § 224 Abs. 2 ZPO, wonach gesetzliche Fristen nur in den besonders bestimmten Fällen auf Antrag verlängert werden können.[939] Eine solche

---

934 AG Hamburg, Beschluss vom 02.07.2013, Az. 67e IN 108/13, BeckRS 2013, 13615 = NZI 2013, S. 903 = ZIP 2013, S. 1684 = ZInsO 2013, S. 1533.

935 AG Erfurt, Beschluss vom 11.04.2012, Az. 172 IN 190/12, BeckRS 2012, 09659 = ZInsO 2012, S. 944.

936 Hölzle, in: Bork/Hölzle, Handbuch Insolvenzrecht, Kapitel 14 Rn. 174.

937 § 270b Abs. 1 S. 2 InsO.

938 Foltis, in: Frankfurter Kommentar, § 270b Rn. 25; Vallender, GmbHR 2012, S. 450 (452); AG Hamburg, Beschluss vom 02.07.2013, Az. 67e IN 108/13, BeckRS 2013, 13615 = NZI 2013, S. 903 = ZIP 2013, S. 1684 = ZInsO 2013, S. 1533.

939 Frege/Keller/Riedel, Insolvenzrecht, 8. Auflage 2015, Rn. 2074.

Verlängerungsmöglichkeit ist weder in § 270b InsO noch in anderen Bestimmungen zum Eigenverwaltungsverfahren vorgesehen.[940]

Die Dauer von drei Monaten ist nicht willkürlich gewählt, sondern orientiert sich am Zeitraum, für den Insolvenzgeld beansprucht werden kann.[941] Durch die Frist soll der Schuldner Planungssicherheit erlangen, um ein ordentlich ausgearbeitetes Sanierungskonzept zu erstellen.[942] Da der Gesetzgeber keine Vorgaben bzw. Anhaltspunkte macht, für welche Fälle die Frist ausgereizt, oder eine kürzere Frist ausreichen soll, unterliegt die Fristsetzung dem Ermessen des Gerichts.[943] Es kann daher zunächst eine kürzere Frist anordnen und diese dann, abhängig von den Fortschritten bei Gläubigerverhandlungen bzw. der Erstellung des Insolvenzplans, auch mehrmals, bis zur Höchstfrist von drei Monaten verlängern.[944] Daher ist dem Schuldner zu raten, gleichzeitig mit der Vorbereitung des Eigenantrages auch die Erstellung des Insolvenzplans voranzutreiben.[945]

Die Länge der Frist hat sich an der Komplexität des Schuldnerunternehmens, an der Anzahl und Struktur der Gläubiger sowie an den jeweiligen tatsächlichen Umständen des einzelnen Verfahrens zu orientieren.[946] Zu berücksichtigen ist hier vor allem, wie lange das schuldnerische Unternehmen ohne Sanierungsmaßnahmen weiter wirtschaften kann, da die Sanierungsmaßnahmen erst mit dem Insolvenzplan, d. h. im eröffneten Insolvenzverfahren durchgeführt werden können.[947] Damit das Gericht sein Ermessen hinsichtlich der Fristbestimmung ordnungsgemäß ausüben kann, sollten die oben genannten Angaben in dem Antrag bzw. der beigefügten Bescheinigung enthalten sein, einschließlich möglichst detaillierter Angaben über das Sanierungskonzept.[948]

a) Kritik an der Dauer der Frist

Die Regelungen zur Frist werden in der Literatur zum Teil kritisiert. Es sei zwar möglich, innerhalb der Frist einen Insolvenzplan auszuarbeiten und vorzulegen, der die erforderlichen Kernaussagen beinhalte und von einem Sanierungskonzept gestützt werde, allerdings müsse der Antragsteller hierzu erhebliche Vorarbeit leisten.[949]

---

940 Vallender, GmbHR 2012, S. 450 (452).

941 Bundesanstalt für Arbeit, HEGA 03/12 – 08 – Insolvenzgeld – Auswirkungen des ESUG vom 20.03.2012, ZIP 2012, S. 699 ff; Buchalik, ZInsO 2012, S. 349 (353).; Frege/Keller/Riedel, Insolvenzrecht, 8. Auflage 2015, Rn. 2074.

942 Desch, BB 2011, S. 841 (842).

943 Foltis, in: Frankfurter Kommentar, § 270b Rn. 26.

944 Foltis, in: Frankfurter Kommentar, § 270b Rn. 26; Koch/Jung, in: Kübler, HRI, § 8 Rn. 86.

945 Koch/Jung, in: Kübler, HRI, § 8 Rn. 86.

946 Hirte/Mock, DB 2011, S. 693 (696); Hölzle, ZIP 2012, S. 159 (163).

947 Hölzle, ZIP 2012, S. 159 (163).

948 Undritz, in: Karsten Schmidt, Insolvenzordnung, 19. Auflage 2016, § 270b Rn. 2.

949 Buchalik, ZInsO 2012, S. 349 (353).

Teilweise wird die Frist als zu kurz empfunden, um eine nachhaltige Restrukturierung vorbereiten zu können.[950] Auch könne eine starre Fristenregelung nicht bzw. nur eingeschränkt auf die unterschiedlichen Geschäftsmodelle der Schuldner eingehen, so dass diese über drei Monate hinausgehen könne und in das Ermessen des Gerichts gestellt werden soll.[951]

b) Stellungnahme

Den Kritikern ist insofern zuzustimmen, dass die Ausarbeitung eines Sanierungskonzepts in maximal drei Monaten bei großen komplexen Insolvenzverfahren ambitioniert erscheint, eine gute Vorbereitung erfordert und einiges an Arbeit für Planersteller, Schuldner bzw. Geschäftsführung mit sich bringen wird.

Allerdings sprechen gute Gründe für eine Begrenzung auf maximal drei Monate. Für eine starre Frist spricht insbesondere die Rechtssicherheit. Planersteller und Schuldner, aber auch die Gläubiger können sich auf einen festen Zeitpunkt einstellen, zu dem das Sanierungskonzept erstellt sein muss. Würde der Zeitpunkt in das Ermessen des jeweiligen Gerichts gestellt werden, hätte dies zu Folge, dass Gerichte unterschiedlich lange Verfahren verursachen könnten, was unter Umständen zu einem innerdeutschen Insolvenztourismus führen könnte. Darüber hinaus ist zu beachten, dass das Schutzschirmverfahren nur für solche Schuldner geschaffen worden ist, die einen Konsens mit ihren Gläubigern erzielen und sanierungsfähig und auch sanierungswillig sind. Eine zu lange Frist würde zu einer Verzögerung des Insolvenzverfahrens führen, bei der immer eine Gefährdung der Insolvenzmasse und somit der Gläubiger im Raum steht. Insbesondere wurde ein Dreimonatszeitraum gewählt, da dies der maximale Zeitraum ist, für den Insolvenzgeld gezahlt wird, wodurch beim Schuldner zusätzliche Liquidität geschaffen wird.

Mit der dreimonatigen Frist zur Vorlage des Insolvenzplans ist dem Gesetzgeber ein Ausgleich zwischen der Möglichkeit der Unternehmenssanierung, der Verfahrensökonomie und den Gläubigerinteressen geglückt. Selbst wenn die Frist verstrichen und das Schutzschirmverfahren aufzuheben ist, kann die Eigenverwaltung, sofern eine Sanierung weiterhin möglich ist, auch im Eröffnungsverfahren nach § 270a InsO fortgeführt werden, in das dann übergeleitet werden kann.

In der Praxis stellt die Dreimonatsfrist keine besondere Hürde dar. Es ist bislang kein Fall bekannt, in dem das Schutzschirmverfahren wegen Nichteinhaltung der Frist aufgehoben wurde. Dies dürfte allerdings daran liegen, dass das Schutzschirmverfahren bislang von Großunternehmen genutzt wird und davon auszugehen ist, dass diese Verfahren von Sanierungsspezialisten begleitet und besonders akribisch vorbereitet werden.

---

950 Flöther, ZIP 2012, S. 1833 (1841); Hirte ZInsO 2010, S. 1986 (1989); Commandeur/Schaumann, NZG 2012, S. 620 (621).

951 Hirte, ZInsO 2011, S. 401 (402); Hill, ZInsO 2010, S. 1825 (1826).

2. Bestellung eines vorläufigen Sachwalters

Liegen die Voraussetzungen des Schutzschirmverfahrens vor, hat das Insolvenzgericht nach § 270b Abs. 2 i.V.m. § 270b Abs. 1 Satz 2 InsO einen vorläufigen Sachwalter zu bestellen. Im Schutzschirmverfahren kann der Schuldner dem Gericht eine bestimmte Person zur Bestellung zum vorläufigen Sachwalter vorschlagen, § 270b Abs. 2 Satz 2 InsO. Daher wird der vorläufige Sachwalter auch *mitgebrachter* oder *derogierter* vorläufigen Sachwalter genannt.[952] Neben der Möglichkeit, den vorläufigen Sachwalter vorzuschlagen, kann der Schuldner – im Wege eines Erst-Recht-Schlusses – dem Gericht bestimmte Anforderungskriterien nennen, die es bei der Auswahlentscheidung zu berücksichtigen hat.[953]

In aller Regel wird der Schuldner den Vorschlag zur Person des Sachwalters gleichzeitig mit der Antragstellung einreichen.[954] § 270b Abs. 2 Satz 1 InsO bestimmt, dass der vom antragstellenden Schuldner vorgeschlagene vorläufige Sachwalter personenverschieden vom Aussteller der Bescheinigung nach § 270b Abs. 1 Satz 3 InsO sein muss. Diese Regelung wurde nach Kritik an dem Diskussions- und Gesetzentwurf durch den Rechtsausschuss des Bundestages eingefügt.[955] Die Regelung stellt klar, dass der vorläufige Sachwalter dann nicht unabhängig sein kann, wenn er zuvor dem Schuldner die Bescheinigung nach Absatz 1 ausgestellt hat.[956]

Beim Vorschlagsrecht nach § 270b Abs. 2 Satz 2 InsO handelt es sich um eine Spezialregelung gegenüber den §§ 21 Abs. 2 Satz 1 Nr. 1, 56a InsO, die ein Vorschlagsrecht des vorläufigen Gläubigerausschusses verhindert.[957]

Dadurch soll sichergestellt werden, dass das Sanierungskonzept des Schuldners realisiert werden kann und nicht von vornherein durch einen (fremden) vorläufigen Sachwalter beeinträchtigt bzw. blockiert wird.[958] Darüber erlangt der Schuldner Sicherheit, ein Sanierungskonzept durch das Insolvenzplanverfahren mit einer für ihn vertrauenswürdigen, gleichzeitig aber unabhängigen Person vorbereiten zu können.[959]

Im Zusammenhang mit den Gläubigerinteressen stellt sich hier die Frage, in welchem Maße das Gericht an den Vorschlag des Schuldners gebunden ist.

Von dem Vorschlag zur Person des vorläufigen Sachwalters bzw. von vorgegebenen Kriterien, nach welchem das Gericht die Auswahl treffen soll, darf das Gericht nur abweichen, wenn der vorläufige Sachwalter aus Sicht des Gerichts offensichtlich

---

952 Hölzle/Pink, ZIP 2011, S. 360 (361); Römermann/Praß, GmbHR 2012, S. 425 (430); Urlaub, ZIP 2011, S. 1040 (1043).

953 Kolmann, Schutzschirmverfahren Rn. 638.

954 Desch, BB 2011, S. 841 (841).

955 Beschlussempfehlung des Rechtsausschusses vom 26.10.2011, BT-Drucksache 17/7511, S. 20.

956 Beschlussempfehlung des Rechtsausschusses vom 26.10.2011, BT-Drucksache 17/7511, S. 37.

957 Riggert, in: Braun, Insolvenzordnung, 6. Aufl. 2014, § 270b Rn. 9.

958 Riggert, in: Braun, Insolvenzordnung, 6. Aufl. 2014, § 270b Rn. 9.

959 BT-Drucksache 17/5712, S. 40.

ungeeignet ist.[960] Das bedeutet, dass das Gericht den vorläufigen Sachwalter zu bestellen hat, wenn die Voraussetzungen in der vom Schuldner vorgeschlagenen Person vorliegen. Weil das Gericht vom Schuldnervorschlag nur Abstand nehmen darf, wenn der Kandidat offensichtlich ungeeignet ist, hat es den Schuldnervorschlag auch in Grenzfällen, in denen geringe Zweifel an den Bestellungsvoraussetzungen gegeben sind, zu akzeptieren. Da das Recht zur Auswahl des vorläufigen Sachwalters kraft Gesetzes dem Schuldner obliegt, steht dem Gericht kein eigenes Auswahlermessen zu.[961] Kommt das Gericht hingegen zu der Auffassung, dass der vorläufige Sachwalter für die bevorstehenden Aufgaben ungeeignet ist, kann es einen anderen vorläufigen Sachwalter bestellen oder dem Schuldner die Möglichkeit geben, einen anderen vorläufigen Sachwalter vorzuschlagen.[962] Diese Entscheidung liegt allerdings im Ermessen des Gerichts.

Die Bestellung einer anderen Person zum vorläufigen Sachwalter ist vom Gericht zu begründen.[963] Diese Begründung soll den Gläubigern als Beurteilungsgrundlage dienen, gegebenenfalls nach Verfahrenseröffnung den vom Gericht bestellten Sachwalter abzuwählen und einen neuen Sachwalter zu bestimmen.[964] Aus diesem Grund darf sich die Begründung auch nicht auf den Gesetzeswortlaut des § 56 Abs. 1 InsO erschöpfen, sondern muss erkennen lassen, weshalb die Nichteignung evident war. Gegen die Entscheidung des Gerichts kann der Schuldner kein Rechtsmittel einlegen.[965]

Auch hier hat der Gesetzgeber einen gelungenen Interessensausgleich geschaffen. Die Interessen des Schuldners werden gewahrt, indem ihm das Vorschlagsrecht hinsichtlich des vorläufigen Sachwalters obliegt. Er kann sich einen aus seiner Sicht geeigneten Kandidaten auswählen, mit dem er das Verfahren bestreitet. Es bleibt ihm überlassen, sich im Vorfeld der Antragstellung mit den Gläubigern und dem Gericht auf einen geeigneten Kandidaten zu einigen. Die Interessen der Gläubiger werden zunächst durch das Gericht gewahrt, das nach Prüfung der Voraussetzung die Möglichkeit hat, vom Vorschlagsrecht des Schuldners abzuweichen, wenn es der Auffassung ist, dass der vorläufige Sachwalter nicht geeignet ist. Letztlich wird es den Gläubigern anheimgestellt, im Rahmen des vorläufigen Gläubigerausschusses (indirekt) über die Person des vorläufigen Sachwalters zu entscheiden, zumal sie die Aufhebung des Schutzschirmverfahrens beantragen können und ihnen somit ein Druckmittel für ihren Wunschkandidaten zur Seite gestellt wird.

---

960 § 270b Abs. 2 Satz 2 InsO.

961 Riggert, in: Braun, Insolvenzordnung, 6. Aufl. 2014, § 270b Rn. 11.

962 Desch, BB 2011, S. 841 (842).

963 § 270b Abs. 2 Satz 2 a.E.

964 BR-Drucks. 127/11, S. 59; § 274 i.V.m. § 57 InsO.

965 AG Hamburg, Beschluss vom 02.07.2013, Az. 67e IN 108/13, BeckRS 2013, 13615 = NZI 2013, S. 903 = ZIP 2013, S. 1684 = ZInsO 2013, S. 1533; Undritz, in: Karsten Schmidt, Insolvenzordnung, 19. Auflage 2016, § 270b Rn. 10; Foltis, in: Frankfurter Kommentar, 270b Rn. 35; Koch/Jung, in: Kübler, HRI, § 8 Rn. 89, Gutmann/Laubereau, ZInsO 2012, S. 1861 (1864); arg. Ex contrario § 6 InsO.

3. Anordnung von Sicherungsmaßnahmen nach § 21 Abs. 1, 2 Nr.1a, 3 bis 5 InsO

Die §§ 270b Abs. 2 Satz 3 InsO i.V.m. § 21 InsO regeln die Anordnungsvoraussetzungen des Gerichts während des Schutzschirmverfahrens. Im Gegensatz zum Regelinsolvenzverfahren sind die Sicherungsmaßnahmen des Gerichts eingeschränkt.

Das Gericht ist durch die abschließende Aufzählung daran gehindert, einen starken oder schwachen vorläufigen Insolvenzverwalter zu bestellen, noch kann es dem Schuldner die Verwaltungs- und Verfügungsbefugnis entziehen.[966]

Ob und welche Sicherungsmaßnahmen das Gericht darüber hinaus anordnet, steht in seinem freien Ermessen. Es hat bei der Anordnung aber stets den Zweck und die Verfahrensziele des Schutzschirmverfahrens zu beachten. Die Anträge bzw. Anregungen für Sicherungsmaßnahmen müssen nicht von Anfang an, sondern können auch erst im Verlauf des Schutzschirmverfahrens gestellt bzw. angeordnet werden.[967]

Zu den wichtigsten Maßnahmen dürfte die Einsetzung des vorläufigen Gläubigerausschusses[968]und die Untersagung bzw. Einstellung von Zwangsvollstreckungsmaßnahmen zählen, zumal mit Verfahrenseröffnung nicht automatisch ein Moratorium eintritt.

§ 21 Abs. 2 Nr. 3 InsO regelt dabei die Untersagung bzw. Einstellung von Zwangsvollstreckungsmaßnahmen in bewegliche Gegenstände des Schuldners. Handelt es sich um unbewegliche Gegenständen des Schuldners kann das Gericht auf Antrag des Schuldners Maßnahmen nach § 30d ZVG anordnen und somit eine Zwangsversteigerung einstweilen einstellen.[969] Im Fall von Zwangsverwaltungen bleibt es hingegen bei der jetzigen Rechtslage, die Maßnahmen nach § 153b ZVG im Eröffnungsverfahren nicht vorsieht.[970]

Die Untersagung bzw. Einstellung von Vollstreckungsmaßnahmen hat den Zweck, dass die Fortsetzung der Geschäftstätigkeit während des Schutzschirmverfahrens nicht durch Verwertungs- und Zwangsvollstreckungsmaßnahmen der Gläubiger gefährdet werden kann.[971]

Ungewöhnlich erscheint die Möglichkeit der Anordnung einer Postsperre gem. § 21 Abs. 2 Nr. 4 InsO i.V.m. §§ 99, 101 InsO. Dabei sind bestimmte oder alle Postsendungen nicht mehr dem Schuldner selbst, sondern dem vorläufigen Sachwalter

---

966 Koch/Jung, in: Kübler, HRI, § 8 Rn. 135; BT-Drucksache 17/5712, S. 41; Brinkmann/Zipperer, ZIP 2011, S. 1337 (1344).

967 Kolmann, Schutzschirmverfahren Rn. 647.

968 Siehe hierzu Gliederungspunkt (...) und (...).

969 BT-Drucksache 17/5712, S. 41.

970 BT-Drucksache 17/5712, S. 41.

971 Buchalik, ZInsO 2012, S. 349 (353 f.); Gutmann/Laubereau, ZInsO 2012, S. 1861 (1864).

zuzuleiten.[972] Erfasst sind neben Briefen, Päckchen und Paketen auch Übermittlungen durch Telefax, Telex, E-Mail und Telegramme.[973] Die Postsperre dient dazu, die Vermögenslage des Schuldners aufzuklären und eine für die Gläubiger nachteilige Veränderung zu verhindern.[974]

Allerding kann die Postsperre dazu führen, dass der Geschäftsbetrieb des schuldnerischen Unternehmens blockiert wird. Dies widerspricht Sinn und Zweck der Eigenverwaltung, dem Schuldner die Kontrolle über sein Unternehmen zu belassen und soll daher nur in ganz besonderen Ausnahmefällen angewendet werden.[975] Es ist daher davon auszugehen, dass, sofern diese besonderen Ausnahmefälle vorliegen, die angestrebte Sanierung ohnehin nicht mehr möglich ist, beispielsweise weil dem Schuldner kein Vertrauen mehr entgegengebracht wird.

Es ist daher davon auszugehen, dass die Anordnung der Postsperre in der Praxis eher selten vorkommen wird.

Für die Betriebsfortführung und die Sanierung des Unternehmens spielt neben der Untersagung und Einstellung von Zwangsvollstreckungsmaßnahmen das Verwertungs- und Einziehungsverbot gem. § 21 Abs. 2 Nr. 5 InsO eine wichtige Rolle.

Demnach kann das Gericht anordnen, dass Gegenstände, an denen ein Absonderungsrecht nach § 166 InsO besteht, von den Gläubigern nicht verwertet oder eingezogen werden dürfen und somit zur Fortführung des Geschäftsbetriebs zur Verfügung stehen.[976] Davon sind bewegliche und unbewegliche Gegenstände erfasst, die im Besitz des Schuldners sind, so dass auch Mietobjekte und Leasinggegenstände einbezogen sind.[977]

Die Gegenstände können vom Schuldner für die Dauer von bis zu drei Monaten unentgeltlich genutzt werden, und er muss nur einen Zinsausgleichsanspruch nach § 169 InsO bzw. Wertersatz nach § 172 InsO an den Gläubiger zahlen.[978]

Da § 270b Abs. 2 Satz 3 InsO nur auf die Untersagung und Einstellung von Zwangsvollstreckungsmaßnahmen nach § 21 Abs. 2 Nr. 3 InsO verweist, hat der Schuldner keinen Anspruch auf Anordnung des Verwertungs- und Einziehungsgebots. Die Anordnung steht im freien Ermessen des Gerichts.[979] Dies könnte zu dem Ergebnis führen, dass die Zwangsvollstreckung zwar untersagt bzw. eingestellt wird,

---

972 § 99 Abs. 1 Satz 1 InsO.

973 Haarmeyer, in: Münchener Kommentar zur Insolvenzordnung, 3. Auflage 2013, § 21 Rn. 88.

974 § 99 Abs. 1 Satz 1 InsO.

975 Undritz, in: Karsten Schmidt, Insolvenzordnung, 19. Auflage 2016, § 270a Rn. 5.

976 Böhm, in: Braun, Insolvenzordnung, 6. Auflage 2014, § 21 Rn. 61.

977 BGH, Urteil vom 28.06.2012, Az. IX ZR 219/10, ZIP 2012, S. 1566 ff, zustimmend Hölzle, ZIP 2014, S. 1155 (1155).

978 Tetzlaff, in: Münchener Kommentar zur Insolvenzordnung, 3. Auflage 2013, § 169 Rn. 1; Hölzle, ZIP 2014, S. 1155 (1155).

979 Mönning, in: Nerlich/Römermann, Insolvenzordnung 29. Ergänzungslieferung Januar 2016, § 21 Rn. 230.

die Gegenstände auf Grund des Absonderungsrechts dennoch nicht zur Betriebsfortführung genutzt werden können.

Um eine gerichtliche Anordnung dennoch zu erwirken, ist es die Aufgabe des Schuldners, das Gericht vom Vorliegen der Voraussetzungen, insbesondere von der erheblichen Bedeutung der betroffenen Gegenstände für die Betriebsfortführung zu überzeugen.

Weshalb sich im Schutzschirmverfahren der Anspruch des Schuldners nach § 270b InsO Abs. 3 InsO nicht auch auf die Anordnung eines Verwertungs- und Einziehungsverbots gem. § 21 Abs. 2 Nr. 5 InsO bezieht, ist unverständlich. Dies würde für den Schuldner mehr Rechtssicherheit und Planbarkeit schaffen und könnte sich positiv auf die Unternehmenssanierung auswirken.

Die Regelungen zur Anordnung von Sicherungsmaßnahmen sind dem Gesetzgeber gelungen. Sie stellen einen Ausgleich zwischen den Interessen des Schuldners und den Gläubigern dar, d. h. zwischen Flexibilität des Verfahrens und Gläubigerschutz.

4. Begründung von Masseverbindlichkeiten durch den Schuldner

Nach § 270b Abs. 3 InsO hat das Gericht auf Antrag des Schuldners anzuordnen, dass er während des Schutzschirmverfahrens Masseverbindlichkeiten begründen kann. Eine gerichtliche Anordnung durch das Insolvenzgericht ist zwingend erforderlich; für eine originäre Begründung von Masseverbindlichkeiten durch den Schuldner kraft Gesetzes, wie vereinzelt zum Eröffnungsverfahren nach § 270a InsO vertreten wird, ist kein Raum.[980] Diese Regelung ist erst durch die Beschlussempfehlung des Rechtsausschuss des Bundestages vom 26.10.2011 in das ESUG aufgenommen worden.[981] Erstmals wird damit die Zulässigkeit von Einzel-, Gruppen- und Globalermächtigungen durch den Schuldner gesetzlich festgelegt.[982] Die Einzelermächtigung bezieht sich auf einzelne konkrete Geschäfte, die Globalermächtigung auf alle Geschäft des Schuldners und die Gruppenermächtigung auf bestimmte einzelne bzw. einen abgrenzbaren Kreis von Geschäften eines bestimmten Unternehmensteils oder der Erfüllung bestimmter Aufgaben.[983] Dem Schuldner steht es frei, bei seinem Antrag zwischen den unterschiedlichen Ermächtigungen zu wählen.[984] Weder dem Wortlaut noch der Entstehungsgeschichte des § 270 Abs. 3

980 BGH, Beschluss vom 24.03.2016, Az. IX ZR 157/14, ZIP 2016, S. 831 ff.

981 Beschlussempfehlung des Rechtsausschusses vom 26.10.2011, BT-Drucksache 17/7511, S. 20, 37.

982 Pape, in: KPB, InsO, § 270b Rn. 10; Pape, ZIP 2013, S. 2285 (2291).

983 OLG Naumburg, Urteil vom 29.01.2014, Az. 5 U 195/13, BeckRS 2014, 06095 = NZI 2014, S. 454 = ZIP 2014, S. 1452 = ZInsO 2014, S. 558.

984 OLG Dresden, Urteil vom 15.10.2014, Az. 13 U 1605/13, BeckRS 2015, 16657 = ZIP 2015, S. 1937 = ZInsO 2015, S. 2273.

InsO ist zu entnehmen, dass das Gericht auf Anordnung einer Globalermächtigung beschränkt ist.[985]

Die Norm dient dem Schuldner in der für die Sanierung besonders wichtigen Phase des Eröffnungsverfahrens dazu, den laufenden Geschäftsbetrieb aufrecht und ggfl. Überbrückungs- oder Sanierungskredite zu erhalten.[986] Daneben dient sie auch zur Sicherstellung der Finanzierung des im Schutzschirmverfahren auszuarbeitenden Insolvenzplans.[987] (Potentielle) Geschäftspartner, insbesondere Sanierungsberater und kreditgebende Banken und Lieferanten erhalten so die Sicherheit, dass sie aus der künftigen Insolvenzmasse vorrangig befriedigt werden.[988]

Sowohl aus dem Gesetzeswortlaut als auch aus der Gesetzesbegründung ergibt sich, dass das Gericht auf Antrag des Schuldners diesen mit der Befugnis zur Begründung von Masseverbindlichkeiten auszustatten *hat*, sofern die Voraussetzungen für die Anordnung des Schutzschirmverfahrens vorliegen und dass die Anordnung nicht gegen den Willen des Schuldners erfolgen darf.[989] Dem Gericht werden somit keine Prüfungsbefugnis und kein Ermessensspielraum eingeräumt.[990]

Gem. § 270b Abs. 3 Satz 2 InsO findet § 55 Abs. 2 InsO entsprechend Anwendung, wonach alle begründeten Verbindlichkeiten abweichend von § 38 InsO keine Insolvenzforderungen, sondern vorrangig zu befriedigende Masseverbindlichkeiten darstellen. Hiervon sind alle vom Schuldner begründeten Verbindlichkeiten, die auf Rechtsgeschäfte oder Handlungen im vorläufigen Verfahren beruhen, erfasst.[991] Mangels weiterer Differenzierung sind von § 270b Abs. 3 Satz 1 InsO auch Verbindlichkeiten aus Dauerschuldverhältnissen erfasst, soweit der Schuldner die Gegenleistung in Anspruch genommen hat.[992] Alternativ zur sog. globalen Ermächtigung kann der Schuldner bei Gericht auch Einzelermächtigungen zur Begründung von Masseverbindlichkeiten einholen.[993] In jedem Fall bedarf es einer gerichtlichen Ermächtigung. Ohne eine solche kann der Schuldner keine Masseverbindlichkeiten begründen.[994]

---

985 OLG Dresden, Urteil vom 15.10.2014, Az. 13 U 1605/13, BeckRS 2015, 16657 = ZIP 2015, S. 1937 = ZInsO 2015, S. 2273.

986 Römermann/Praß, GmbHR 2012, S. 425 (429).

987 Oppermann/Smid, ZInsO 2012, S. 862 (863).

988 Oppermann/Smid, ZInsO 2012, S. 862 (863).

989 Geißler, ZInsO 2013, S. 531 (535).

990 Buchalik, ZInsO 2012, S. 349 (354); Vallender, GmbHR 2012, S. 450 (453); Oppermann/Smid, ZInsO 2012, S. 862 (863); Frind, ZInsO 2011, S. 2249 (2260); Pape, ZIP 2013, S. 2285 (2291).

991 Vallender, GmbHR 2012, S. 450 (453); Geißler, ZInsO 2013, S. 531 (536).

992 OLG Naumburg, Urteil vom 29.01.2014, Az. 5 U 195/13, ZIP 2014, S. 1452 ff; Geißler, ZInsO 2013, S. 531 (536); § 55 Abs. 2 Satz 2 InsO.

993 Buchalik, ZInsO 2012, S. 349 (354); Landfermann, WM 2012, S. 869 (873).

994 OLG Köln, Hinweisbeschluss vom 03.11.2014, Az. 2 U 82/14, BeckRS 2014, 23509 = ZIP 2014, S. 2523 = ZInsO 2015, S. 204.

Dem vorläufigen Sachwalter obliegt dabei nur eine Überwachungs- bzw. Widerspruchsfunktion gem. § 275 InsO.[995] Beantragt der Schuldner die Anordnung zur Begründung von Masseverbindlichkeiten im Rahmen der Einzelermächtigung, ist darauf zu achten, dass er seinen Antrag hinreichend konkretisiert, d. h. dass er sich auf genau festgelegte Verpflichtungen bezieht. Hierzu muss der Schuldner unbedingt darauf achten, die vom BGH in seiner Rechtsprechung zur Einzelermächtigung konkretisierten Voraussetzungen einzuhalten.[996] Andernfalls besteht die Gefahr, dass sein Antrag zurückgewiesen wird.

Wird die Einzelermächtigung erteilt, ist ferner darauf zu achten, dass auch der Beschluss hinreichend konkretisiert ist. Der Beschluss muss aus sich heraus verständlich sein, damit alle Verfahrensbeteiligten Rechtssicherheit erlangen, ob die vom Schuldner eingegangenen Verbindlichkeiten Masseverbindlichkeiten oder Insolvenzforderungen darstellen. Somit kann verhindert werden, dass nach Eröffnung des Insolvenzverfahrens Forderungen als Masseverbindlichkeiten eingeklagt werden, die von einem vermeintlich ermächtigten Schuldner begründet worden waren.[997]

a) Erforderlichkeit eines Liquidationsplans

Der teilweise in der Literatur vertretenen Auffassung, wonach die Anordnung zur Begründung von Masseverbindlichkeiten an die Vorlage eines Liquidationsplans geknüpft sei, kann nicht gefolgt werden.[998]

Der Liquiditätsplan verfolgt den Zweck sicherzustellen, dass die begründeten Masseverbindlichkeiten auch tatsächlich befriedigt werden können und schützt somit die Gläubigerinteressen vor einer Aushöhlung der Insolvenzmasse und dient der Planung und Fortführung des Geschäftsbetriebs.[999]

Eine Pflicht des Schuldners, mit Antragstellung einen Liquidationsplan einzureichen, findet im Gesetz und seiner Begründung keinen Rückhalt. Auch ist die Einreichung eines Liquidationsplans haftungsrechtlich nicht erforderlich, weil § 61 InsO nicht auf den Schuldner anwendbar ist.

---

995 Koch/Jung, in: Kübler, HRI, § 8 Rn. 146; kritisch Frind, ZInsO 2011, 2249 (2260).

996 AG Ludwigshafen, Beschluss vom 10.04.2014, Az. 3fIN27/14, NJW-Spezial 2014, S. 503 (503).

997 Zur Einzelermächtigung des Schuldners zur Begründung von Masseverbindlichkeiten und deren Auslegung siehe Klinck, ZInsO 2014, S. 365ff, der auf die Entscheidungen des LG Dresden, Urteil vom 11.09.2013, Az. 1 O 1168/13, ZInsO 2013, S. 1962 ff, und LG Stendal, Beschluss vom 17.06.2013, Az. 25 T 23/13, ZIP 2013, S. 1389f. eingeht.

998 So aber Hölzle, ZIP 2012, S. 158 (162); Undritz, BB 2012, S. 1551 (1555) der die Vorlage eines Liquiditätsplan aus § 270b Abs. 4 Nr. 1 InsO herleitet; Vallender, GmbHR 2012, S. 450 (453), der eine besondere Prüfung der Liquiditätslage des Schuldners voraussetzt.

999 Laroche, NZI 2010, S. 965 (971).

Darüber hinaus ist zu berücksichtigen, dass der BGH selbst im Regelinsolvenzverfahren im Rahmen der Einzelermächtigung des vorläufigen Insolvenzverwalters die Vorlage eines Liquidationsplans nicht ausdrücklich fordert.[1000] Daher erscheint es vertretbar, dass die Anordnung zur Begründung von Masseverbindlichkeiten im Schutzschirmverfahren aus einem „*erst recht-Schluss*" nicht an die Vorlage eines Liquidationsplans geknüpft werden kann.

Im Gegensatz zum Regelinsolvenzverfahren hat der Schuldner bei der Beantragung des Schutzschirmverfahrens eine mit Gründen versehene Bescheinigung einzureichen, aus der sich ergibt, dass die angestrebte Sanierung nicht offensichtlich aussichtlos ist. Hierin wird der Schuldner plausibel und nachprüfbar darlegen müssen, wie er den Geschäftsbetrieb aufrechterhalten, das Unternehmen sanieren und wie und aus welchen Mitteln er Masseverbindlichkeiten begleichen will. Diese Bescheinigung wird von einer in Insolvenzsachen erfahrenen Person erstellt und durch das Gericht geprüft.

Eine untergeordnete Rolle, aber dennoch erwähnenswert, dürften praktische Gesichtspunkte spielen, die gegen die Vorlage eines Liquidationsplans sprechen. Denn die Gerichte dürften kaum in der Lage sein, die Liquidationsplanung im Sinne betriebswirtschaftlicher Berechnung adäquat zu prüfen. Sie werden in der Regel nicht über die erforderliche Zeit, betriebswirtschaftliche oder für die Prüfung erforderlichen Kenntnisse über das schuldnerische Unternehmen verfügen.[1001]

b) Zwischenergebnis

Auf den ersten Blick stellt sich die Begründung von Masseverbindlichkeiten für den Schuldner im Schutzschirmverfahren als leichte, formale Aufgabe dar. Dies gilt aber nur für die Globalermächtigung.

Beantragt der Schuldner die Eingehung von Einzelermächtigung, muss er detaillierte Angaben hinsichtlich seiner Gläubiger, Art, Höhe und Umfang der Verbindlichkeiten machen. Hierdurch wird eine gründliche Vorbereitung unerlässlich, damit der Antrag des Schuldners nicht – wie vom AG Ludwigshafen[1002] geschehen – (teilweise) zurückgewiesen wird. Der Antrag auf Erteilung einer Globalermächtigung schafft daher für den Schuldner mehr Rechtssicherheit als ein Antrag zur Begründung von Einzelermächtigungen.

Zu berücksichtigen ist hierbei jedoch, dass bei der Erteilung der Globalermächtigung die Insolvenzmasse in der Regel in weitaus größerem Maße betroffen ist. Dies kann der Schuldner dadurch vermeiden, dass er das Schutzschirmverfahren zwar beantragt, vom Antrag nach § 270b Abs. 3 InsO jedoch absieht, so dass bei ihm die Verwaltungs- und Verfügungsbefugnis verbleibt, seine begründeten Vermögensansprüche aber keine Masseverbindlichkeiten, sondern Insolvenzforderungen

1000 Laroche, NZI 2010, S. 965 (971).

1001 Laroche, NZI 2010, S. 965 (971).

1002 AG Ludwigshafen, Beschluss vom 10.04.2014, Az. 3fIN27/14, NJW-Spezial 2014, S. 503.

darstellen. In diesem Fall liegt ein Schutzschirmverfahren zusammen mit einer schwachen vorläufigen Eigenverwaltung vor.[1003] Da die mit dem Schutzschirmverfahren beabsichtigten Vorteile in diesem Fall nicht voll zum Tragen kommen, ist davon auszugehen, dass diese Fallkonstellation keine große Bedeutung erlangen wird.

X. Verlauf und Beendigung des Verfahrens

1. Ausarbeitung eines Insolvenzplans

Eines der Hauptanliegen des Schutzschirmverfahrens ist es, dem Schuldner nach Stellung des Eröffnungsantrages die Ausarbeitung eines Insolvenzplans zu ermöglichen.[1004] In aller Regel wird die Geschäftsführung des Schuldners mit der formell und materiell ordnungsgemäßen Ausarbeitung des Insolvenzplans überfordert sein, auch deshalb, weil sie den Plan innerhalb der gerichtlich bestimmten Frist von maximal drei Monaten nach Antragstellung ausarbeiten muss. Kleinen und mittleren Unternehmen könnte es an Know-how fehlen, bei Großunternehmen besteht auf Grund der Komplexität die Gefahr, dass es ihnen ebenfalls an Know-how oder aber an dem für die Erstellung des Insolvenzplans erforderlichen Personal fehlt.

Daher wird sich der Schuldner in der Regel an einen externen, insolvenzerfahrenen Sanierungsberater wenden und von ihm bzw. mit ihm zusammen den Insolvenzplan erstellen. Als Insolvenzplanersteller kommen neben Insolvenz- und Sanierungsexperten auch und vor allem der Aussteller der Bescheinigung in Betracht, zumal dieser sich im Rahmen der Erstellung der Bescheinigung schon mit der Sanierung des Schuldners beschäftigt hat.[1005]

Der Schuldner kann den Aussteller der Bescheinigung mit der Erstellung des Insolvenzplans beauftragen; § 56 InsO steht dem nicht entgegen.[1006] Allerdings stellt sich hier die Frage, ob der Schuldner den Ersteller des Insolvenzplans eigenmächtig beauftragen kann oder ob er hierfür der Zustimmung des vorläufigen Sachwalters gem. § 275 Abs. 1 Satz 1 InsO bedarf.

Nach § 275 Abs. 1 InsO soll der Schuldner Verbindlichkeiten, die nicht zum gewöhnlichen Geschäftsbetrieb gehören, nur mit der Zustimmung des vorläufigen Sachwalters eingehen. Dies hängt davon ab, ob die Beauftragung zur Erstellung eines Sanierungskonzeptes eine Verbindlichkeit begründet, die zum gewöhnlichen Geschäftsbetrieb gehört oder nicht.

1003 Zur untypischen Sachverhaltskonstellation und die damit verbundene Anfechtungsproblematik siehe LG Köln, Urteil vom 04.07.2014, Az. 16 O 575/13, BeckRS 2014, 14848 = NZI 2014, S. 816 = ZIP 2014, S. 1849 = ZInsO 2014, S. 1503.

1004 Desch, BB 2011, S. 841 (842).

1005 Hölzle, ZIP 2012, S. 855 (856).

1006 Hölzle, ZIP 2012, S. 855 (856).

Die Beantwortung dieser Frage hat für den Schuldner bzw. für den Fortgang des Schutzschirmverfahrens erhebliche Bedeutung. Würde die Mandatierung eines Sanierungsexperten zur Erstellung des Insolvenzplans nicht zum gewöhnlichen Geschäftsbetrieb gehören, und würde der Schuldner die Zustimmung des vorläufigen Sachwalters nicht einholen, so würde dies nicht die Wirksamkeit der Mandatierung hindern, da die Zustimmung des vorläufigen Sachwalters keine Wirksamkeitsvoraussetzung des Rechtsgeschäfts ist[1007].

Allerdings würde dieses Vorgehen dennoch zur Beendigung des Schutzschirmverfahrens führen können[1008], da der Schuldner außerhalb seiner Handlungs- und Verfügungsbefugnis handelt[1009] und somit eine Obliegenheit verletzt[1010]. Der vorläufige Sachwalter müsste, um seiner Überwachungspflicht nach § 274 Abs. 2 InsO nachzukommen, dem Insolvenzgericht und dem vorläufigen Gläubigerausschuss bzw. wenn ein solcher nicht bestellt ist, die absonderungsberechtigten und die forderungsanmeldenden Gläubiger über das Vorgehen des Schuldners unterrichten, § 274 Abs. 3 InsO.[1011] Das Insolvenzgericht könnte das Schutzschirmverfahren nach § 270b Abs. 4 Nr. 1 InsO i.V.m. § 270a Abs. 1 InsO aufheben, weil eine Obliegenheitsverletzung in der Regel eine Gläubigerbenachteiligung begründet[1012] und nicht mehr davon ausgegangen werden kann, dass die Eigenverwaltung nicht offensichtlich aussichtslos ist.[1013] Darüber hinaus könnten auch die Gläubiger nach § 270b Abs. 4 Nr. 2 InsO die Aufhebung des Schutzschirmverfahren beantragen.

Die Frage, ob ein Verbindlichkeiten auslösendes Rechtsgeschäft zum gewöhnlichen Geschäftsbetrieb des Schuldners gehört, ist durch einen Vergleich des Geschäfts nach Art und Umfang der begründeten Verbindlichkeiten mit Art und Umfang des bisherigen Schuldnergeschäfts zu beantworten.[1014] Hierbei ist konkret auf das vom

1007 Andres, in: Andres/Leithaus, Insolvenzordnung, 3. Aufl., 2014, § 275 Rn. 3; Zipperer, in: Uhlenbruck, Insolvenzordnung, 14. Aufl., 2015, § 275 Rn. 6; Tetzlaff/Kern, in: Münchener Kommentar zur Insolvenzordnung, 3. Aufl., 2014, § 275 Rn. 15; Riggert, in: Nerlich/Römermann, Insolvenzordnung 29. Ergänzungslieferung Januar 2016, § 275 Rn. 7.

1008 Hölzle, ZIP 2012, S. 855 (856).

1009 Tetzlaff/Kern, in: Münchener-Kommentar zur Insolvenzordnung, 3. Auflage, 2014, § 275 Rn. 16.

1010 Tetzlaff/Kern, Münchener Kommentar zur Insolvenzordnung, 3. Aufl., 2014, § 275 Rn. 16.

1011 Riggert, in: Nerlich/Römermann, Insolvenzordnung 29. Ergänzungslieferung Januar 2016, § 275 Rn. 8.

1012 Tetzlaff/Kern, Münchener Kommentar zur Insolvenzordnung, 3. Aufl., 2014, § 275 Rn. 16.

1013 Riggert, in: Nerlich/Römermann, Insolvenzordnung 29. Ergänzungslieferung Januar 2016, § 275 Rn. 8.

1014 Andres, in: Andres/Leithaus, Insolvenzordnung, 3. Aufl., 2014, § 275 Rn. 2; Hölzle, ZIP 2012, S. 855 (857); Tetzlaff/Kern, in: Münchener Kommentar zur Insolvenzordnung, 3. Aufl., 2014, § 275 Rn. 8; Riggert, in: Nerlich/Römermann, Insolvenzordnung 29.

Schuldner geführte Unternehmen abzustellen, darauf welche Rechtsgeschäfte dort üblich getätigt werden und ob sie der Verwirklichung des Unternehmensgegenstandes dienen.[1015]

Teilweise wird vertreten, dass die für einen Sanierungsplan eingegangenen Verbindlichkeiten nicht zum gewöhnlichen Geschäftsbetrieb gehören und daher eine Zustimmung des vorläufigen Sachwalters erforderlich sei.[1016]

Dem ist nicht zu folgen. Würde man allein auf die außerinsolvenzrechtlichen Geschäfte abstellen, hätte dies zur Folge, dass der Schuldner den Planersteller nicht selbst aussuchen und beauftragen könnte, was dem Sinn und Zweck des Schutzschirmverfahrens entgegenstehen würde. Nach Insolvenzantragstellung bzw. Schutzschirmantragstellung befindet sich der Schuldner in einer Sanierungs- und Restrukturierungsphase. Dieser Umstand ist bei der Beurteilung der üblichen Geschäfte des Schuldners zu berücksichtigen.

Die Erstellung des Insolvenzplans bzw. die hierdurch verursachten Kosten stellen zumindest im Schutzschirmverfahren Maßnahmen des gewöhnlichen Geschäftsbetriebs dar.[1017] Daher kann der Schuldner den Planersteller selbst aussuchen und beauftragen und bzgl. der hierdurch anfallenden Kosten Masseverbindlichkeiten begründen.[1018] Hierdurch erlangt der Schuldner mehr Planungs- und Rechtssicherheit, und das Vertrauen in das Schutzschirmverfahren wird gestärkt. Folgt man dagegen der Auffassung, dass die für einen Sanierungsplan eingegangenen Verbindlichkeiten nicht zum gewöhnlichen Geschäftsbetrieb gehören, hätte dies zur Folge, dass der Schuldner stets vom vorläufigen Sachwalter abhängig ist und keine eigenständige Sanierung vorantreiben könnte, wodurch seine Handlungsmacht durch die Hintertür geschwächt werden könnte. Dies spricht gegen die Intention des Gesetzgebers. Eine Benachteiligung der Gläubiger ist hierin auch nicht zu sehen. Diese haben über § 270b Abs. 4 Satz 1 Nr. 2 bzw. Nr. 3 InsO die Möglichkeit, die Aufhebung des Verfahrens zu beantragen.

2. Eintritt der Zahlungsunfähigkeit

Ursprünglich sah der Gesetzentwurf in § 270b Abs. 3 Satz 1 Nr.1 InsO vor, dass das Schutzschirmverfahren vor Ablauf der Frist bei Eintritt der Zahlungsunfähigkeit durch das Gericht zu beenden ist.[1019] Anlass war die Beurteilung, dass solche Unternehmen für ein Schutzschirmverfahren nicht geeignet seien.[1020] Diese

---

Ergänzungslieferung Januar 2016, § 275 Rn. 3; Braun, in: Braun, Insolvenzordnung, 6. Aufl., 2014, § 275 Rn. 4.

1015 Hölzle, ZIP 2012, S. 855 (857); Tetzlaff/Kern, in: Münchener Kommentar zur Insolvenzordnung, 3. Aufl., 2014, § 275 Rn. 8.

1016 Gutmann/Laubereau, ZInsO 2012, S. 1861 (1864).

1017 Koch/Jung, in: Kübler, HRI, § 8 Rn. 86; Hölzle, ZIP 2012, S. 855 (860).

1018 Buchalik, ZInsO 2012, S. 349 (353); Desch, BB 2011, S. 841 (842).

1019 BT-Drucksache 17/5712, S. 12.

1020 BT-Drucksache 17/5712, S. 60.

Regelung hätte zur Folge, dass insbesondere Hauptgläubiger bei Fälligstellung ihrer Forderungen das Verfahren gegen den Willen der übrigen Gläubiger hätten zu Fall bringen können und ein Machtinstrument mit erheblichem Druckpotential besäßen.[1021] Auf Grund erheblicher Kritik wurde die Regelung geändert. Nach jetziger Fassung ist der Eintritt der Zahlungsunfähigkeit nach Anordnung des Schutzschirmverfahrens kein Grund mehr, dieses aufzuheben.

Das ist zu begrüßen. Es gibt Szenarien, in denen der Schuldner kurzfristig zahlungsunfähig wird, weil Überbrückungskredite bzw. liquide Mittel nicht rechtzeitig zur Verfügung gestellt werden. Darüber hinaus gibt es Fallgestaltungen, in denen der Schuldner trotz Zahlungsunfähigkeit sanierungsfähig ist, z. B. weil der Abschluss von Verträgen bzw. die Erfüllung von Forderungen des Schuldners kurz bevor stehen.

Eine starre Regelung zur Aufhebung des Schutzschirmverfahrens wird den unterschiedlichen Fallgestaltungen und Schuldnern nicht gerecht und würde sich sicherlich sanierungshemmend ausgewirkt haben. Auch hat die derzeit gesetzliche Regelung keine negativen Konsequenzen für die Gläubiger. Sie sind durch die Informationspflichten des vorläufigen Sachwalters und des Schuldners, insbesondere hinsichtlich der Anzeige der Zahlungsunfähigkeit und der Möglichkeit der Aufhebung des Schutzschirmverfahrens nach § 270b Abs. 4 InsO, hinreichend geschützt.

3. Aufhebung des Verfahrens

Im Idealfall soll das Schutzschirmverfahren mit Ablauf der Frist zur Vorlage des Insolvenzplans enden. Allerdings kann aus unterschiedlichen Gründen eine Beendigung des Verfahrens vor Ablauf der Frist geboten sein. Die zentrale Vorschrift für die Aufhebung und somit vorzeitige Beendigung des Schutzschirmverfahrens ist § 270b Abs. 4 InsO. In dieser Norm sind drei unterschiedliche Möglichkeiten vorgesehen, bei deren Eintritt das Gericht verpflichtet ist, das Schutzschirmverfahren wieder aufzuheben. Ein gerichtliches Ermessen besteht in diesen Fällen nicht.[1022]

Die Aufhebung dient als Schutzmechanismus den Gläubigern, die während des Schutzschirmverfahrens auf die Einzelzwangsvollstreckung verzichten müssen und darüber hinaus Gefahr laufen, dass der Schuldner letzte Vermögenswerte vernichtet und somit die Möglichkeit einer bestmöglichen Gläubigerbefriedigung zunichtemacht.[1023]

1021 Flöther, ZIP 2012, S. 1833 (1838) spricht in diesem Zusammenhang von obstruierenden Gläubigern und Akkordstörern; Buchalik, ZInsO 2012, S. 349 (354).

1022 BT-Drucksache 17/5712; Riggert, in: Braun, Insolvenzordnung, 6. Aufl., 2014, § 270b Rn. 17.

1023 BT-Drucksache 17/5712; Foltis, in: Frankfurter Kommentar, § 270b Rn. 41.

Kein gesonderter Aufhebungsbeschluss ist hingegen erforderlich, wenn die zur Vorlage des Insolvenzplans festgelegte Dreimonatsfrist abgelaufen ist.[1024] Nachdem die Frist verstrichen ist, hat das Gericht über den Antrag auf Eröffnung des Insolvenzverfahrens zu entscheiden.[1025]

a) Aussichtslosigkeit der angestrebten Sanierung, § 270b Abs. 4 Nr. 1 InsO

Nach § 270b Abs. 4 Satz 1 Nr. 1 InsO ist das Schutzschirmverfahren vom Gericht aufzuheben, wenn die angestrebte Sanierung „*aussichtslos*" geworden ist. Im Gegensatz zur Anordnung des Schutzschirmverfahrens, welches nach § 270b Abs. 1 Satz 1 InsO nicht offensichtlich aussichtslos sein darf, genügt für die Aufhebung des Verfahrens lediglich die „Aussichtslosigkeit" der angestrebten Sanierung. Somit besteht für Anordnung und Aufhebung ein unterschiedlicher, bei der Aufhebung ein niedriger Prüfungsmaßstab.[1026]

Fraglich ist allerdings, wie das Gericht von Umständen Kenntnis erlangt, die auf eine Aussichtslosigkeit der Sanierung hindeuten. Denn weder für den vorläufigen Sachwalter noch für den Schuldner besteht eine gesetzliche Verpflichtung, über die Aussichtslosigkeit der Sanierung zu informieren.[1027] Eine solche Pflicht besteht ausdrücklich nur für den Eintritt der Zahlungsunfähigkeit[1028] und von Umständen, die zu Nachteilen der Gläubiger führen[1029].

Auf der einen Seite kann sich das Gericht auf Informationen berufen, die durch den Schuldner, Gläubiger, den vorläufigen Gläubigerausschuss oder durch Dritte mitgeteilt werden. In diesem Fall wird das Gericht den vorläufigen Sachwalter zu einer kurzfristigen Stellungnahme auffordern. Auf der anderen Seite – und dies wird der Regelfall sein – wird das Gericht um zeitnah informiert zu sein, den vorläufigen Sachwalter zur regelmäßigen und aktuellen Berichterstattung auffordern.[1030] Diese Vorgehensweise ist auch am verlässlichsten, zumal der vorläufige Sachwalter am besten über den Stand der Sanierungsmöglichkeit Bescheid weiß.

Unklar ist auch, wie der nicht legal-definierte Begriff der Aussichtslosigkeit auszulegen ist. Aufschluss gibt die Gesetzesbegründung. Aus ihr ergibt sich, dass eine Aussichtslosigkeit der angestrebten Sanierung beispielsweise immer dann vorliegt, wenn die Finanzierungsverhandlungen des Schuldners mit einer Bank ergebnislos

---

1024 Vallender, GmbHR 2012, S. 450 (454).

1025 § 270b Abs. 4 S. 3 InsO.

1026 Desch, BB 2011, S. 841 (844); Koch/Jung, in: Kübler, HRI, § 8 Rn. 199.

1027 Da keine Anzeigepflicht bzgl. der Aussichtslosigkeit der Sanierung besteht, ist das Gericht auf fortlaufende Kommunikation/Abstimmung mit dem vorläufigen Gläubigerausschuss angewiesen, Desch, BB 2011, S. 841 (844).

1028 § 270b Abs. 4 Satz 2 InsO; zur Haftung des Schuldners bzw. vorläufigen Sachwalters bei nicht ordnungsgemäßer Anzeige der Zahlungsunfähigkeit, siehe Undritz, in: Karsten Schmidt, Insolvenzordnung, 19. Auflage 2016, § 270b Rn. 17.

1029 § 274 Abs. 3 Satz 1 InsO.

1030 Kolmann, Schutzschirmverfahren, Rn. 756; Koch/Jung, in: Kübler, HRI, § 8 Rn. 202.

abgebrochen worden sind und der Schuldner keine Alternative hat, an frisches Kapital zu kommen.[1031] Aus der Formulierung „*beispielsweise*" folgt, dass es sich beim Abbruch der Finanzierungsverhandlungen mit Banken nur um ein Regelbeispiel handelt und somit noch weitere Sachverhalte zu einer Aufhebung des Schutzschirmverfahrens nach § 270b Abs. 4 Nr. 1 InsO führen können.

Da das Verfahren nach § 270b InsO auf die Sanierung mittels Insolvenzplans ausgerichtet ist, ist ein weiterer Aufhebungsgrund dann anzunehmen, wenn das angestrebte Insolvenzplanverfahren undurchführbar geworden ist, etwa weil der Schuldner von seinem Vorhaben der Sanierung Abstand genommen hat,[1032] oder die zur Durchführung des Insolvenzplans erforderlichen Betriebs- oder sonstigen Mittel, insbesondere die erforderliche Liquidität, nicht mehr zur Verfügung stehen.[1033] Daneben kann der Sanierungserfolg aussichtslos geworden sein, weil z. B. der Schuldner seinen Kundenstamm verliert oder keine zur Kostendeckung ausreichenden Umsätze generiert werden können.[1034]

Zusammenfassend ist das Schutzschirmverfahren nach § 270b Abs. 4 Nr. 1 InsO immer dann aufzuheben, wenn aus der Sicht des Gerichts die für eine Sanierung erforderlichen betriebswirtschaftlichen Parameter nicht oder nicht mehr vorliegen.[1035]

Vor seiner Entscheidung wird das Gericht in aller Regel den vorläufigen Gläubigerausschuss bzw. die dem Gericht bekannten Gläubiger anhören und diesen somit eine letzte Möglichkeit zur Konsensbildung mit dem Schuldner und zur Sanierung im Schutzschirmerfahren geben.[1036]

b) Aufhebungsantrag durch den vorläufigen Gläubigerausschuss

Ist ein vorläufiger Gläubigerausschuss eingesetzt, kann dieser nach § 270b Abs. 4 Satz 1 Nr. 2 InsO einen Antrag auf Aufhebung des Schutzschirmverfahrens stellen. Sofern Gläubigerschutzgesichtspunkte dies gebieten, können mithilfe dieser Norm sanierungsvorbereitende Maßnahmen unterbrochen werden.[1037]

Der Beschluss der Gläubigerversammlung ist zusammen mit dem Aufhebungsantrag schriftlich bei Gericht einzureichen und wird mit Eingang bei Gericht wirksam.[1038] Hierdurch wird deutlich, dass der Gesetzgeber den Einfluss der Gläubigergemeinschaft im Schutzschirmverfahren stärken wollte. Nach dem eindeutigen Wortlaut des Gesetzes sind weder eine Begründung des Antrags noch des Beschlusses

1031 BT-Drucksache 17/5712, S. 41.
1032 Foltis, in: Frankfurter Kommentar, § 270b Rn. 44;
1033 Koch/Jung, in: Kübler, HRI, § 8 Rn. 200.
1034 Kolmann, Schutzschirmverfahren, Rn. 749.
1035 Koch/Jung, in: Kübler, HRI, § 8 Rn. 200.
1036 Foltis, in: Frankfurter Kommentar, § 270b Rn. 47.
1037 Camek, S. 165 f.
1038 Foltis, in: Frankfurter Kommentar, § 270b Rn. 50.

erforderlich.[1039] Das Gericht hat die Entscheidung des vorläufigen Gläubigerausschusses hinzunehmen, ohne dass ihm eine eigene Prüfungskompetenz zusteht.[1040] Es kann vielmehr davon ausgegangen werden, dass der vorläufige Gläubigerausschuss im eigenen, wohlverstandenen Interesse der Gläubigergesamtheit handelt.[1041]

Da der Gesetzentwurf kein Einstimmigkeitserfordernis vorsieht, kann der Ausschuss nach §§ 270b Abs. 2 Satz 3, 21 Abs. 2 Nr. 1a InsO i.V.m. § 72 InsO mit einer Kopfmehrheit entscheiden.[1042] Von einer Summenmehrheit nach § 76 Abs. 2 InsO wurde hingegen abgesehen, um zu verhindern, dass einzelne Gläubiger mit hohen Forderungen die Interessen anderer Gläubiger unterlaufen könnten.[1043]

Rechtsschutzmöglichkeiten gegen diese Entscheidung sind weder für den Schuldner noch für einzelne Gläubiger vorgesehen. Da der vorläufige Gläubigerausschuss jederzeit und ohne Begründung die Aufhebung des Schutzschirmverfahrens beantragen kann, stellt diese Regelung einen großen Unsicherheitsfaktor für den Schuldner im Schutzschirmverfahren dar. Der Schuldner muss – wie vom Gesetzgeber vorgesehen – einen Konsens mit den Gläubigern finden, um nicht die Aufhebung des Schutzschirmverfahrens befürchten zu müssen. Hierdurch erlangen die Gläubiger ein Druckmittel, das ihnen großen faktischen Einfluss gewähren kann, und das z. B. als Mitspracherecht hinsichtlich der Person des vorläufigen Sachwalters ausgestaltet sein kann.[1044] Sind die Gläubiger mit dem vorläufigen Sachwalter oder anderen Sanierungsmaßnahmen des Schuldners nicht zufrieden, läuft der Schuldner Gefahr, dass der vorläufige Gläubigerausschuss gem. § 270b Abs. 4 Nr. 2 InsO die Aufhebung des Schutzschirmverfahrens beantragt. Ein Konsens zwischen Schuldner und Gläubiger, insbesondere hinsichtlich der Person des vorläufigen Sachwalters und des Sanierungskonzepts, ist daher unausweichlich.[1045]

c) Aufhebung durch sonstige Gläubiger

Nach § 270b Abs. 4 Satz 1 Nr. 3 InsO können auch Insolvenzgläubiger oder absonderungsberechtigte Gläubiger die Aufhebung des Schutzschirmverfahrens beantragen, wenn nachträglich Umstände bekannt werden, die erwarten lassen, dass der Fortgang des Schutzschirmverfahrens zu Nachteilen für sie führen wird. Für Inhaber von Aussonderungsrechten oder Gesellschafter ist dieses Recht nicht vorgesehen.[1046] Hinsichtlich der nachteiligen Umstände kommt es auf den Kenntnisstand

---

1039 Pape, in: KPB, InsO, § 270b Rn. 87; Kolmann, Schutzschirmerfahren Rn. 764.
1040 BT-Drucksache 17/5712, S. 41.
1041 Ringstmeier, in: A/G/R, § 270b Rn. 36.
1042 Buchalik, ZInsO 2012, S. 349 (356); Desch, BB 2011, S. 841 (844); Landfermann, WM 2012, S. 869 (874).
1043 Pape, in: KPB, InsO, § 270 Rn. 27.
1044 Desch, BB 2011, S. 841 (844).
1045 Koch/Jung, in: Kübler, HRI, § 8 Rn. 207.
1046 Kolmann, Schutzschirmverfahren, Rn. 774.

des Gerichts im Zeitpunkt der Anordnung des Schutzschirmverfahrens an.[1047] Eine Einschränkung der Antragsmöglichkeit liegt darin, dass Gläubiger die Aufhebung der Schutzschirmanordnung nicht auf Umstände stützen können, die dem Gericht im Anordnungszeitpunkt bekannt waren. Im Gegensatz zu § 270b Abs. 4 Nr. 1 InsO, der auf die Aussichtslosigkeit der Sanierung des Schuldners abstellt, ist Nr. 3 allgemeiner gefasst und richtet sich auf mögliche Nachteile der Gläubiger. Dabei sind die gleichen Maßstäbe anzuwenden, wie bei der Anordnung der Eigenverwaltung, bzw. des Eröffnungsverfahrens nach den §§ 270a Abs. 1, 270 Abs. 2 Nr. 2 InsO.[1048]

Die Nachteile sind vom Antragsteller glaubhaft zu machen.[1049] Das ist dann der Fall, wenn nach Auffassung des Gerichts eine überwiegende Wahrscheinlichkeit dafür spricht, dass die nachteiligen Umstände tatsächlich vorliegen.[1050]

Ist ein vorläufiger Gläubigerausschuss eingesetzt worden, kann das Verfahren jedoch nicht durch einzelne Gläubiger aufgehoben werden.[1051] Auf Grund dieser Ausnahme wird diese Regelung vorwiegend bei kleinen Unternehmen eine Rolle spielen, bei denen die Schwellenwerte zur zwingenden Einsetzung eines Gläubigerausschusses nicht überschritten werden und kein vorläufiger Gläubigerausschuss vom Gericht eingesetzt wird. Auf der anderen Seite bietet der vorläufige Gläubigerausschuss aber einen gewissen Schutz vor Aufhebungsmaßnahmen und Blockademöglichkeiten einzelner Gläubiger, insbesondere weil dort ein Mehrheitsbeschluss nach Köpfen notwendig ist.[1052]

d) Ungeschriebene Aufhebungsgründe

Neben den vorliegend beschriebenen gesetzlich normierten Aufhebungstatbeständen ist davon auszugehen, dass es noch weitere ungeschriebene Tatbestände gibt, nach denen das Schutzschirmverfahren aufzuheben ist.

Dies ist zum einen dann anzunehmen, wenn das Gericht nach Anordnung des Schutzschirmverfahrens erkennt, dass die Bescheinigung von Anfang an unrichtig war, weil es dann schon an den Anordnungsvoraussetzungen gefehlt hat.[1053] Hätte das Gericht von Anfang an Kenntnis über die wahren Tatsachen des Schutzschirmverfahrens, hätte es dieses von vornherein nicht anordnen dürfen. Dieser Fall kann

---

1047 Foltis, in: Frankfurter Kommentar, § 270b Rn. 53.

1048 Foltis, in: Frankfurter Kommentar, § 270b Rn. 52.

1049 § 4 InsO i.V.m. § 294 ZPO.

1050 Kolmann, Schutzschirmverfahren, Rn. 777; Riggert, in: Nerlich/Römermann, Insolvenzordnung 29. Ergänzungslieferung Januar 2016, § 270b InsO Rn. 42.

1051 § 270b Abs. 4 Nr. 3 InsO.

1052 Commandeur/Schaumann, NZG 2012, S. 620 (621); Buchalik, ZInsO 2012, S. 349 (355).

1053 Foltis, in: Frankfurter Kommentar, § 270b Rn. 52; Hölzle, § 270b Rn. 80; Pape, in: KPB, § 270b Rn. 39.

nicht anders behandelt werden, als der Fall, dass das Gericht in der Prüfphase Kenntnis darüber erlangt, dass die Voraussetzungen des Schutzschirmverfahrens nicht vorliegen.[1054]

Ein weiterer ungeschriebener Aufhebungsgrund dürfte darin liegen, dass der Insolvenzplan vor Ablauf der vom Gericht eingeräumten Frist vorgelegt wird. In diesem Fall wäre es nicht sanierungsförderlich, wenn Gericht und Schuldner die eingeräumte Frist verstreichen lassen müssten. Es ist davon auszugehen, dass das Insolvenzgericht im Einvernehmen mit dem Schuldner das Schutzschirmverfahren vor Ablauf der Frist aufheben und – sofern die Voraussetzungen hierfür vorliegen – das Eigenverwaltungsverfahren eröffnen wird.[1055]

e) Würdigung

Die Regelungen zur Aufhebung des Schutzschirmverfahrens stellen einen guten Kompromiss zwischen den unterschiedlichen Interessen des Schuldners, der Gläubiger und einer nachhaltigen Sanierung dar. Vorrangiges Ziel des Schutzschirmverfahrens ist die Ausarbeitung eines Sanierungsplans. Nur sofern die Sanierung aussichtslos geworden ist, ist das Schutzschirmverfahren durch das Gericht aufzuheben. Die Möglichkeiten der Einflussnahme der Gläubiger wurden durch die Regelungen in § 270b Abs. 4 Nr. 2 und 3 InsO gestärkt und zugleich die Blockademöglichkeiten einzelner Gläubiger verringert. Insbesondere durch die faktische Möglichkeit der Einflussnahme der Gläubiger werden die Kommunikation und die Konsensbildung zwischen Schuldner und Gläubiger in den Vordergrund gerückt. Dies ist besonders hervorzuheben, da eine nachhaltige Sanierung nur durch ein Zusammenspiel bzw. Entgegenkommen von Schuldner und Gläubiger möglich ist.

XI. Entscheidung des Gerichts über die Eröffnung des Insolvenzverfahrens

Wie vorstehend beschrieben, sieht § 270b Abs. 4 InsO viele unterschiedliche Möglichkeiten vor, wonach die Anordnung des Schutzschirmverfahrens aufzuheben ist. Daher muss die Frage beantwortet werden, welche konkreten Rechtsfolgen dies mit sich bringt. § 270b Abs. 4 Satz 3 InsO besagt lediglich, dass das Gericht nach Aufhebung der Anordnung bzw. nach Fristablauf über die Eröffnung des Insolvenzverfahrens entscheidet.

Diese Formulierung ist missverständlich. Sie könnte dahin verstanden werden, dass nach der Beendigung des Schutzschirmverfahrens sofort das Insolvenzverfahren zu eröffnen ist. Aus der Gesetzesbegründung geht hervor, dass mit der Aufhebung des Schutzschirmverfahrens dem Gericht wieder alle im Eröffnungsverfahren

1054 Kolmann, Schutzschirmverfahren, Rn. 785.
1055 Kolmann, Schutzschirmverfahren, Rn. 787.

bestehenden Optionen zur Verfügung stehen und dass das Eröffnungsverfahren nach den allgemeinen Vorschriften der §§ 21 bis 25 InsO sowie des § 270a InsO fortzuführen ist.[1056]

Dies lässt den Schluss zu, dass es im pflichtgemäßen Ermessen des Gerichts steht, in jedem Einzelfall zu entscheiden, in welcher Verfahrensart und wie lange das Eröffnungsverfahren fortgeführt wird.[1057] Liegen die Voraussetzungen des § 270a InsO weiterhin vor, kann das Gericht die vorläufige Eigenverwaltung fortsetzen. Das Gericht muss davon ausgehen, dass trotz Aufhebung des Schutzschirmverfahrens eine Eigenverwaltung weiterhin gewollt ist. Hierfür spricht auch das Regel-Ausnahme-Verhältnis des § 270 InsO. Zu einer Weiterführung im Eröffnungsverfahren nach § 270a InsO kann es z. B. kommen, wenn vom Schuldner lediglich die Frist zur Vorlage des Insolvenzplans nicht eingehalten werden kann, eine Sanierung aber weiterhin problemlos möglich ist und keine Nachteile für die Gläubiger zu befürchten sind.

Da dem Gericht wieder alle im Eröffnungsverfahren bestehenden Optionen zur Verfügung stehen, kann es auch Sicherungsmaßnahmen nach §§ 21–25 InsO anordnen. Soweit dies erforderlich ist, wird es einen vorläufigen Insolvenzverwalter bestellen und die zunächst untersagten Vollstreckungsmaßnahmen nach § 21 Abs. 2 Nr. 3 InsO, § 30d ZVG, zu deren Anordnung es im Schutzschirmverfahren gem. § 270b Abs. 3 Satz 3 Halbs. 2 InsO verpflichtet war, aufheben.[1058]

Liegen diese Voraussetzungen hingegen nicht vor, d. h. sind Nachteile für Gläubiger eingetreten und ist die angestrebte Sanierung aussichtslos, ist kein Raum für ein Verfahren nach § 270a InsO bzw. eine Eröffnung im Eigenverwaltungsverfahren. Hier kommt dann nur noch eine Eröffnung des Regelinsolvenzverfahrens in Betracht.

XII. Auswirkungen auf den vorläufigen Sachwalter

Wird das Schutzschirmverfahren – wie vorstehend beschrieben – aufgehoben, stellt sich anschließend die Frage, ob auch die Anordnung zur Einsetzung des vom Schuldner vorgeschlagenen vorläufigen Sachwalters aufgehoben wird. Der Wortlaut des § 270b Abs. 4 Satz 1 InsO spricht nur von der Aufhebung der Anordnung nach Abs. 1, d. h. der Vorlagefrist des Insolvenzplans. Daraus könnte geschlossen werden, dass die Anordnungen nach § 270b Abs. 2 InsO, d. h. die Bestellung des vorläufigen Sachwalters, bestehen bleibt.

Die Gesetzesbegründung hat allerdings ein weiteres Verständnis als der Wortlaut der Norm. Nach ihr sollen dem Gericht mit der Aufhebung des Verfahrens nach § 270b InsO wieder alle im Eröffnungsverfahren bestehenden Optionen zur

1056 BT-Drucksache 17/5712, S. 41.

1057 Foltis, in: Frankfurter Kommentar, § 270b Rn. 58.

1058 Desch, BB 2011, S. 841 (845); Kolmann, Schutzschirmverfahren, Rn. 808ff.

Verfügung stehen.[1059] Hierfür spricht auch, dass Absatz 2 auf Absatz 1 verweist und beide Absätze nicht getrennt, sondern zusammen zu lesen sind. Stellt man hierauf ab, könnte vertreten werden, dass die Aufhebung den gesamten Beschluss zum Schutzschirmverfahren betrifft und somit auch die Einsetzung des vorläufigen Sachwalters umfasst.[1060]

Dass mit Aufhebung des Schutzschirmverfahrens auch der zunächst bestellte vorläufige Sachwalter abberufen wird, ist fernliegend. Das Gericht trifft keine gesetzliche Verpflichtung, den vorläufigen Sachwalter abbestellen zu müssen. Wird nach Aufhebung des Schutzschirmverfahrens das Verfahren als Eröffnungsverfahren i.S.d. § 270a InsO fortgesetzt, kann der vom Schuldner mitgebrachte vorläufige Sachwalter grundsätzlich in seinem Amt verbleiben.[1061] Ein anderes Verständnis würde dem Schutzschirmverfahren zuwiderlaufen. Auch die Mitbestimmung der Gläubiger spricht für dieses Ergebnis. Hat der vorläufige Gläubigerausschuss den vorläufigen Sachwalter im Schutzschirmverfahren akzeptiert, oder diesen sogar mit dem Schuldner zusammen vorgeschlagen, so muss dies auch für das Eröffnungsverfahren fortgelten. Eine Ab- und Neubestellung des vorläufigen Sachwalters würde in diesem Fall einer Aushöhlung der Gläubigermitbestimmung gleichkommen.

Auch aus Sicht des Schuldners kann eine Abberufung und Neubestellung des vorläufigen Sachwalters bei Beendigung des Schutzschirmverfahrens nicht gewollt sein. Als Anreiz zur frühzeitigen Antragstellung kann der Schuldner im Schutzschirmverfahren einen vorläufigen Sachwalter mitbringen. Dies würde konterkariert werden, wenn der vorläufige Sachwalter nach Aufhebung des Schutzschirmverfahrens ausgetauscht würde, insbesondere wenn nach dem Schutzschirmverfahren in das Verfahren nach § 270a InsO übergeleitet würde.

Letztlich sprechen auch Synergieeffekte gegen eine Abbestellung. Diese hätte zur Folge, dass ein neuer Sachwalter zunächst gefunden werden müsste, der sich anschließend erst einmal zeit- und kostenintensiv in das Verfahren einarbeiten müsste.

Sprechen keine Gründe gegen eine Fortsetzung der Tätigkeit des mitgebrachten vorläufigen Sachwalters, hat ihn das Gericht in seinem Amt zu belassen. Hierfür sprechen Gründe der Verfahrenseffizienz und das Fehlen von gesetzlichen Regelungen, die eine Neubestellung vorschreiben.[1062] Liegen die Eröffnungsvoraussetzungen vor, kann das Gericht über die Anordnung der Eigenverwaltung entscheiden und mangels anderslautender Vorschriften den vorläufige Sachwalter zum endgültigen Sachwalter bestellen.

1059 BT-Drucksache 17/5712, S. 41.

1060 Desch, BB 2011, 841 (844).

1061 Kolmann, Schutzschirmverfahren Rn. 806.

1062 Desch, BB 2011, S. 841 (845); Undritz, in: Karsten Schmidt, Insolvenzordnung, 19. Aufl 2016, § 270b Rn. 18.; Kolmann, Schutzschirmverfahren Rn. 807.

XIII. Zusammenfassung

Bei dem Schutzschirmverfahren nach § 270b InsO handelt es sich entgegen der Gesetzesbegründung nicht um ein eigenständiges Sanierungsverfahren, sondern um eine besondere Ausgestaltung des Eröffnungsverfahrens nach § 270a InsO. Die Sanierung wird in diesem Eröffnungsverfahren zwar vorbereitet, die Durchführung findet allerdings erst im eröffneten Verfahren statt. Die zu bescheinigende drohende Zahlungsunfähigkeit muss im Zeitpunkt der Antragstellung vorliegen. Sind die Schwellenwerte des § 22a InsO erreicht, hat das Gericht einen vorläufigen Gläubigerausschuss einzusetzen. Ein Ermessensspielraum besteht nicht. Hervorzuheben sind die wenig konkretisierten bzw. weiten Vorgaben im Zusammenhang mit der Bescheinigung und mit dem Ersteller. Hierdurch gewinnt das Verfahren an Flexibilität. Da jedoch keine konkreten Vorgaben gemacht wurden und sich bislang noch keine einheitliche bzw. höchstrichterliche Rechtsprechung herauskristallisiert hat, geht mit der gewonnenen Flexibilität eine gewisse Rechtsunsicherheit einher. Liegen die Anordnungsvoraussetzungen vor, bestimmt das Gericht eine Frist zu Ausarbeitung des Insolvenzplans. Die Fristlänge liegt im freien Ermessen des Gerichts, darf jedoch drei Monate nicht überschreiten. Dies erscheint auf den ersten Blick relativ kurz. Wie oben dargestellt ist eine längere Frist von der Insolvenzpraxis zum einen nicht nachgefragt, und zum anderen führt eine längere Frist zwangsläufig zu einer Aufzehrung der Insolvenzmasse.

Es ist grundsätzlich positiv zu bewerten, dass der Schuldner den vorläufigen Sachwalter auswählen kann. Ob dies in der Praxis jedoch immer der Fall ist, mag bezweifelt werden, zumal den Gläubigern mit der Verfahrensaufhebung nach § 270b Abs. 4 InsO ein Druckmittel zur Verfügung steht, das zu einem Mitspracherecht führen könnte. Der vorläufige Sachwalter wird daher nur im Einvernehmen von Schuldner und Gläubigern vorgeschlagen werden können.

Mangels ausdrücklicher gesetzlicher Regelung ist die Anordnung der Bestellung des vorläufigen Sachwalters nicht öffentlich bekannt zu machen.[1063] Auch im Schutzschirmverfahren können Sicherungsmaßnahmen nach § 21 Abs. 1, 2 Nr. 1a, 3–5 InsO angeordnet werden. In diesem Zusammenhang ist missverständlich, weshalb sich der Anspruch des Schuldners aus § 270b Abs. 2 Satz 3 Halbs. 2 InsO nicht auch auf das Verwertungs- und Einziehungsverbot gem. § 21 Abs. 2 Nr. 5 InsO erstreckt.

Um seinen Geschäftsbetrieb aufrechterhalten zu können, hat der Schuldner einen Anspruch auf Anordnung zur Begründung von Masseverbindlichkeiten. Die Einreichung einer betriebswirtschaftlichen Liquidationsplanung ist nicht erforderlich. Die Anordnung einer Globalermächtigung dürfte in der Praxis der Normalfall sein, zumal an die Anordnung von Einzelermächtigungen strenge Anforderungen gestellt werden und für den Schuldner keine Vorteile bringen.

Da mit der vorläufigen Eigenverwaltung und den weitgehenden Handlungskompetenzen des Schuldners erhebliche Gefahren für die Gläubiger verbunden

1063 Gleiches gilt auch im Eröffnungsverfahren nach § 270a InsO.

sind, kann das Verfahren aufgehoben werden, wenn die Sanierung aussichtslos geworden ist oder wenn die Gläubiger die Aufhebung beantragen. Durch die Einsetzung eines vorläufigen Gläubigerausschusses kann die Aufhebung durch einzelne Gläubiger vermieden werden. Hierdurch werden die Gläubigerautonomie gestärkt, Schuldner und Gläubigergemeinschaft vor einzelnen eigensinnigen Gläubigern geschützt und zugleich die Fortführung des Geschäftsbetriebs und die Sanierungsmöglichkeit gewahrt.

Nach spätestens drei Monaten entscheidet das Gericht über den Fortgang des Verfahrens. Es kann entweder das Eigenverwaltungsverfahren eröffnen, in dem dann über den Insolvenzplan abgestimmt wird oder in das Eröffnungsverfahren nach § 270a InsO überschwenken. In beiden Fällen kann der vorläufige Sachwalter im Amt bleiben. Hat die Sanierung hingegen keine Aussicht auf Erfolg, wird in das Regelinsolvenzverfahren übergeleitet. In diesem Fall ist dann ein (vorläufiger) Insolvenzverwalter zu bestellen.

Das Schutzschirmverfahren ist in erster Linie für solche Schuldner gedacht, die sichergehen wollen, dass die Verwaltungs- und Verfügungsbefugnis bei ihnen verbleibt und die trotz Absprache mit den Gläubigern um Zwangsvollstreckungsmaßnahmen fürchten müssen, und somit die Fortführung des Geschäftsbetriebs gefährdet wäre.

Ein weiterer wichtiger Grund, sich für das Schutzschirmverfahren zu entscheiden, liegt in dem Exklusivrecht zur Erstellung des Insolvenzplans, für den eine Maximalfrist von drei Monaten zur Verfügung gestellt wird.

Vorteilhaft, aber nicht ausschlaggebend dürfte auch sein, dass die mit der Erstellung des Insolvenzplans entstandenen Kosten Masseverbindlichkeiten darstellen, so dass es keine Rolle spielt, ob der Schuldner die Kosten nicht selbst übernehmen kann oder will. Darüber hinaus kann der Schuldner im Schutzschirmverfahren Rechtsunsicherheiten im Zusammenhang mit der Begründung von Masseverbindlichkeiten aus dem Weg gehen.

G. Vergleichende Betrachtung

Voranstehend wurden das Eröffnungsverfahren nach § 270a InsO und das Schutzschirmverfahren nach § 270b InsO ausführlich dargestellt. Nachfolgend soll ein Vergleich zwischen beiden Verfahren vorgenommen werden. Ein solcher Vergleich ist interessant, da das ESUG meist nur mit dem Schutzschirmverfahren in Verbindung gebracht und auch von der Fachliteratur überwiegend behandelt wurde und wird.

Beide Verfahren haben Vor- und Nachteile, und in beiden Verfahren bestehen für die Beteiligten, insbesondere für den Schuldner zum Teil erhebliche Rechtsunsicherheiten. Daher stellt sich die Frage, welchem der beiden Verfahren bei einer beabsichtigten Sanierung unter dem Mantel des Insolvenzrechts der Vorzug zu geben ist.

I. Anordnung der Verfahren

Beiden Verfahren ist gemein, dass der Antrag auf Durchführung des jeweiligen Verfahrens zumindest theoretisch bis zur Entscheidung über die Eröffnung des Verfahrens gestellt werden kann. Da die Vorteile der Verfahren bei einer anfänglichen Durchführung des Regelinsolvenzverfahrens meist zu großen Teilen zunichtegemacht werden, ist davon auszugehen, dass in der Praxis die jeweiligen Anträge zusammen mit dem Eröffnungsantrag gestellt werden.

Im Eröffnungs- und Schutzschirmverfahren kommt es zudem zur Bestellung eines vorläufigen Sachwalters, und in beiden Verfahren verbleibt grundsätzlich die Verwaltungs- und Verfügungsbefugnis beim Schuldner. Allerdings kann der Antrag auf Durchführung des Schutzschirmverfahrens nur bei Vorliegen von drohender Zahlungsunfähigkeit oder Überschuldung gestellt werden. Das Eröffnungsverfahren nach § 270a InsO ist auch beim Vorliegen der bereits eingetretenen Zahlungsunfähigkeit möglich.

Die Tatsache, dass das Schutzschirmverfahren nicht bei eingetretener Zahlungsunfähigkeit beantragt werden kann, dürfte in der Praxis jedoch keinen erheblichen Nachteil darstellen. Durch die Einführung des Schutzschirmverfahrens soll der Schuldner zu einer frühzeitigen Antragstellung angehalten werden, so dass er das Insolvenzverfahren beantragen soll, soweit noch keine Zahlungsunfähigkeit eingetreten ist. Auch ist die mit dem Schutzschirmverfahren angestrebte Sanierung meist nur möglich und die Einstellung und Untersagung von Maßnahmen der Zwangsvollstreckung nur geboten, sofern die Aufrechterhaltung des Geschäftsbetriebs zunächst vorübergehend gesichert ist, wofür liquide Mittel des Schuldners unabdingbar sind. Da § 270b InsO für sanierungswillige und –fähige Unternehmen geschaffen wurde, die rechtzeitig ihre Sanierung anstreben und gewillt sind, mit ihren Gläubigern einen Konsens zu finden, dürften die Anordnungsvoraussetzungen des Schutzschirmverfahrens keine besonders hohen Hürden sein.

Zunächst erscheint es vorteilhaft, dass das Eröffnungsverfahren nach § 270a InsO auch bei eingetretener Zahlungsunfähigkeit beantragt werden kann. Es muss allerdings berücksichtigt werden, dass in diesem Fall die Sanierungschancen geringer sind und damit die Fortführung des Geschäftsbetriebes durch den verwaltungs- und verfügungsbefugten Schuldners auf der Kippe steht. Um das Vertrauen der Gläubiger in die Sanierung zu stärken, ist einem Schuldner, der das Eröffnungsverfahren nach § 270a InsO anstrebt, zu raten, den Insolvenzantrag frühzeitig zu stellen und nicht den Eintritt der Zahlungsunfähigkeit abzuwarten. Umgekehrt steht es einem Schuldner, der das Schutzschirmverfahren durchlaufen möchte, anheim, alternativ das Eröffnungsverfahren zu wählen.

Im Zusammenhang mit der Antragstellung besteht beim Schutzschirmverfahren noch Rechtsunsicherheit hinsichtlich des Zeitpunkts des Vorliegens der drohenden Zahlungsunfähigkeit. Nach der hier vertretenen Auffassung ist auf die Antragstellung abzustellen. Es kann aber nicht ausgeschlossen werden, dass vereinzelt Gerichte auf die Entscheidung über die Verfahrenseröffnung abstellen. Alles in allem dürfte es in der Praxis für einen gut vorbereiteten, sanierungsfähigen und konsenswilligen Schuldner hinsichtlich der Anordnungsvoraussetzungen kaum Unterschiede geben, so dass diesbezüglich beide Verfahren durchgeführt werden können.

II. Untersagung/Einstellung der Zwangsvollstreckung

Im Gegensatz zum Eröffnungsverfahren nach § 270a InsO sind Maßnahmen der Zwangsvollstreckung in bewegliches Vermögen durch das Gericht auf Antrag des Schuldners im Schutzschirmverfahren zu untersagen bzw. einstweilen einzustellen, § 270b Abs. 2 Satz 3 InsO i.V.m. § 21 Abs. 2 Nr. 3 InsO.

Hierdurch wird dem Schuldner im Schutzschirmverfahren das Recht auf Vollstreckungsschutz zugesichert. Durch die absolute Wirkung des Vollstreckungsverbots wird auch die Entstehung von Pfandrechten verhindert, die auch im eröffneten Verfahren zur abgesonderten Befriedigung aus den gepfändeten Gegenständen berechtigen würden.[1064] Da der Schuldner im Schutzschirmverfahren vor Vollstreckungsmaßnahmen der Gläubiger geschützt ist, die sich auch auf das eröffnete Verfahren auswirken, bleibt die Möglichkeit der Sanierung des Schuldners nachhaltig erhalten, da ein Auseinanderreißen der Vermögensmasse durch Zwangsvollstreckungsmaßnahmen der Gläubiger unterbleibt.

Zwar kann das Gericht auch im Eröffnungsverfahren Vollstreckungsschutz von Amtswegen gem. § 21 Abs. 2 Nr. 3 InsO anordnen, allerdings steht dem Schuldner kein Recht auf Anordnung zu. Ob und welche Maßnahmen angeordnet werden, steht im Ermessen des Gerichts.

1064 Haarmeyer, in: Münchener Kommentar zur Insolvenzordnung, 3. Auflage 2013, § 21 Rn. 71.

Es ist davon auszugehen, dass Gerichte in der Regel auch im Eröffnungsverfahren nach § 270a InsO die entsprechenden Maßnahmen anordnen; eine 100 prozentige Sicherheit besteht hier jedoch nicht. Dies könnte sich sanierungshemmend auf das Verfahren auswirken.

Gläubiger, die im Vorfeld der Antragstellung ursprünglich zu Zugeständnissen bereit wären, müssen befürchten, dass das Vermögen des Schuldners bei einer fehlenden Unterbindung von Vollstreckungsmaßnahmen verringert und hierdurch gegebenenfalls eine mögliche Sanierung verhindert würde.

Im Vergleich zum Eröffnungsverfahren erlangt der Schuldner im Schutzschirmverfahren in großem Umfang Rechtssicherheit und Planbarkeit und kann ohne Einschränkungen seinen Geschäftsbetrieb aufrechterhalten. Damit die Fortführung des Geschäftsbetriebs trotz Einstellung bzw. Untersagung des Geschäftsbetriebs nicht durch die Hintertür verhindert wird, ist das Gericht auf Anordnung eines Verwertungs- und Einziehungsverbot gem. § 21 Abs. 2 Nr. 5 InsO zu drängen.

III. Vorschlagsrecht des Sachwalters

Gegenüber dem Eröffnungsverfahren nach § 270a InsO, bei dem der Schuldner hinsichtlich der Auswahl des vorläufigen Sachwalters nur einbezogen ist, §§ 270a Abs. 1 Satz 2, 274 Abs. 1, 56a InsO, hat er im Schutzschirmverfahren ein eigenes Vorschlagsrecht hinsichtlich der Person des vorläufigen Sachwalters. Er kann im Schutzschirmverfahren eine ihm vertraute Person mitbringen, die vom Gericht nur dann abgelehnt werden darf, wenn sie offensichtlich ungeeignet ist, § 270b Abs. 2 Satz 2 InsO.

Im Eröffnungsverfahren nach § 270a InsO bleibt dem Schuldner hingegen nur die Möglichkeit, auf den vorläufigen Gläubigerausschuss einzuwirken, einen einstimmigen Beschluss hinsichtlich des von ihm gewünschten vorläufigen Sachwalters zu fassen. Hierdurch ist das Gericht dann in gleicher Weise verpflichtet, diesen vorläufigen Sachwalter zu bestellen.

Das Vorschlagsrecht ist prinzipiell dazu geeignet, den Schuldner zu einer frühzeitigen Antragstellung zu bewegen. Daher dürfte hier der größte – zumindest theoretische – Vorteil des Schutzschirmverfahrens zu sehen sein. Allerdings muss berücksichtigt werden, dass der Schuldner frühzeitig auf die Gläubiger zugehen und einen Konsens hinsichtlich Sanierung, aber auch hinsichtlich der Person des vorläufigen Sachwalters bilden muss. Das Vorschlagsrecht ist nämlich nichts wert, sofern dieser Vorschlag nicht von den Gläubigern mitgetragen wird. Schlägt der Schuldner einen vorläufigen Sachwalter vor, der die gesetzlichen Vorgaben erfüllt, aber nicht von den Gläubigern unterstützt wird, könnte die Sanierung von Anfang an aussichtslos sein oder die Gefahr bestehen, dass die Gläubiger die Aufhebung des Verfahrens nach § 270b Abs. 4 Nr. 2 InsO beantragen werden.

Das Vorschlagsrecht im Schutzschirmverfahren kann zwar zu Rechts- und Planungssicherheit des Schuldners führen, ist aber auf Grund der faktischen Einflussnahme und des Mitspracherechts der Gläubiger eingeschränkt.

Da, wie auch schon in der Gesetzesbegründung dargelegt[1065], ein Konsens mit den Gläubigern notwendig ist, ist davon auszugehen, dass allein das Vorschlagsrecht im Schutzschirmverfahren keinen bzw. nur einen geringen Anreiz zur frühzeitigen Antragstellung bietet.

IV. Aufhebung des Verfahrens

Auch hinsichtlich der Aufhebung der Verfahren gibt es nur geringe Unterschiede. Das Eröffnungsverfahren ist aufzuheben, wenn Umstände bekannt werden, die erwarten lassen, dass es zu Nachteilen der Gläubiger führen wird. Die Aufhebung der Anordnung im Schutzschirmverfahren durch das Gericht kann in den drei Fällen des § 270b Abs. 4 InsO erfolgen. Zunächst kann das Schutzschirmverfahren beendet werden, wenn die angestrebte Sanierung aussichtslos geworden ist. Weiterhin kann die Aufhebung ohne Begründung durch die Mehrheit des vorläufigen Gläubigerausschusses oder durch absonderungsberechtigte Gläubiger beantragt werden, letztere jedoch nur, sofern eine Fortführung des Geschäftsbetriebs für diese nachteilig ist.

Die Hürde zur Aufhebung des Eröffnungsverfahrens ist zwar theoretisch geringer als im Schutzschirmverfahren, allerdings dürften in der Praxis in beiden Verfahren die gleichen bzw. ähnlichen Sachverhalte zum Nachteil bzw. zur Aussichtslosigkeit der Sanierung führen.

Der größte Unterschied besteht in der Möglichkeit des vorläufigen Gläubigerausschusses, das Verfahren aufzuheben. Es ist aber davon auszugehen, dass dieser die Aufhebung des Schutzschirmverfahrens nicht grundlos beantragen, sondern diese Möglichkeit nur dann in Anspruch nehmen wird, wenn gravierende Nachteile im Raum stehen, oder die Aufhebung als Druckmittel gegen den Schuldner einsetzt wird.

V. Möglichkeit der Antragsrücknahme

Der Antrag auf Durchführung des Schutzschirmverfahrens oder des Eröffnungsverfahrens kann bis zur Entscheidung über die Eröffnung des jeweiligen Verfahrens zurückgenommen werden, soweit zwischenzeitlich keine Pflicht zur Antragstellung nach § 15a InsO eingetreten ist.[1066]

Die Antragsrücknahme macht insbesondere dann Sinn, wenn es schon im Eröffnungs- oder Schutzschirmverfahren gelingt, sich mit den Gläubigern auf ein Sanierungskonzept zu einigen und z. B. das Insolvenzgeld keine Rolle spielt. Beide Verfahren sind daher gleichermaßen flexibel im Hinblick auf die Antragsrücknahme. Ein marginaler Vorteil besteht im Eröffnungsverfahren nach § 270a InsO, da hier dem Schuldner die Möglichkeit eingeräumt wird, den Antrag zurückzunehmen,

1065 BT-Drucksache 17/5712, S. 40.

1066 Schmahl/Vuia, in: Münchener Kommentar zur Insolvenzordnung, 3. Auflage 2013, § 13 Rn. 113 ff.

sofern er bei drohender Zahlungsunfähigkeit gestellt wurde und die Voraussetzungen der Eigenverwaltung nicht vorliegen. Da bei Unternehmen spätestens mit Antragstellung die Voraussetzung zur Antragspflicht nach § 15a InsO vorliegen dürften, ist der Vorteil der Antragsrücknahme nach § 270a Abs. 2 InsO aber eher theoretischer Natur.

VI. Begründung von Masseverbindlichkeiten

Im Schutzschirmverfahren nach § 270b InsO steht dem Schuldner das Recht zu, dass das Gericht ihm auf Antrag die Befugnis zur Eingehung von Masseverbindlichkeiten in unbegrenztem oder dem von ihm gewünschten Umfang einräumt. Im Eröffnungsverfahren nach § 270a InsO ist die Begründung von Masseverbindlichkeiten zwar nicht ausdrücklich geregelt, nach der hier vertretenden Auffassung für den Schuldner im Rahmen der Einzelermächtigung durch das Gericht allerdings möglich. Eine Verpflichtung des Gerichts zur Anordnung der Masseverbindlichkeitsbegründungskompetenz besteht im Verfahren nach § 270a InsO jedoch nicht.

Daher besteht im Eröffnungsverfahren nach § 270a InsO für den Schuldner bis zur höchstrichterlichen Entscheidung erhebliche Rechtsunsicherheit. Auf Grund unterschiedlicher Rechtsauffassungen kann es dazu kommen, dass das Gericht nicht den Schuldner, sondern z. B. den vorläufigen Sachwalter oder keinen der beiden zur Eingehung von Masseverbindlichkeiten ermächtigt, bzw. einen Zustimmungsvorbehalt anordnet. Dies könnte den Erfolg einer Sanierung durch das Eröffnungsverfahren gefährden.

Im Amtsbezirk von Insolvenzgerichten, die es generell ablehnen, entsprechende Ermächtigungen zu Gunsten des Schuldners zu erteilen, ist ein Verfahren nach § 270a InsO praktisch kaum durchführbar. Gerade in diesem Punkt kommt es auf eine gute Kommunikation des Schuldners mit dem Gericht an. Es ist unausweichlich, dass der Schuldner die Rechtsauffassung des Gerichts bzgl. der Begründung von Masseverbindlichkeiten erfragt. Wird der Schuldner schließlich im Rahmen der Einzelermächtigung ermächtigt, gebietet es der Rechtsschutz der Gläubiger, dass die erfassten Geschäfte möglichst konkret aufgezeigt werden. Andernfalls besteht die Gefahr von Vertrauensverlust seitens der Gläubiger und möglicher Rechtsstreitigkeiten, sofern die begründeten Forderungen nicht befriedigt werden können.

Selbst wenn sich das Gericht der hier vertretenen Rechtsauffassung anschließt und den Schuldner zur Begründung von Masseverbindlichkeiten im Rahmen der Einzelermächtigung ermächtigt, ist damit noch nicht klar, welche Rechtsgeschäfte und in welchem Umfang sie von der Einzelermächtigung erfasst werden. Dies steht im Ermessen des Gerichts. Auch dieser Umstand ist dazu im Stande, sanierungshemmende Wirkung zu entfalten.

VII. Bescheinigung

Da dem Insolvenzschuldner im Schutzschirmverfahren nach § 270b InsO gegenüber dem Eröffnungsverfahren nach § 270a InsO deutlich weitergehende Rechte eingeräumt werden, stellt das Gesetz hinsichtlich der Anordnung durch das Gericht auch wesentlich höhere Anforderungen. Die Anordnung des Schutzschirmverfahrens hängt im Wesentlichen von der Vorlage einer mit Gründen versehenen Bescheinigung ab, aus der hervorgeht, dass Überschuldung oder drohende aber keine eingetretene Zahlungsunfähigkeit vorliegt und die angestrebte Sanierung nicht offensichtlich aussichtslos ist. Wie vorstehend unter Gliederungspunkt F.VI beschrieben, gibt es im Zusammenhang mit der Bescheinigung noch offene Punkte, insbesondere im Hinblick auf den Umfang und das Alter der Bescheinigung. Auch bei der Person, die die Bescheinigung ausstellt, gibt es noch Klarstellungsbedarf.

Sollte der Schuldner wegen Unstimmigkeiten zur Nachbesserung des Antrags bzw. der Bescheinigung aufgefordert werden, kann dies zu einem erheblichen Zeitverlust führen, der sich sanierungshemmend auswirken kann. Auf Grund dieser Unklarheiten und der Möglichkeit, dass die Gerichte hierzu unterschiedliche Rechtsauffassungen verfolgen oder die Vorschriften unterschiedlich auslegen, bestehen für den Schuldner erhebliche Rechtsunsicherheiten, ob er mit seinem Antrag auf Anordnung des Schutzschirmverfahrens durchkommt oder nicht.

Zur erfolgreichen Durchführung des Schutzschirmverfahrens bedarf es daher einer guten Planung und Vorbereitung und einer guten und rechtzeitigen Kommunikation mit dem Gericht. Da die meisten Schuldner schon mit ihrem Geschäftsbetrieb überfordert sind, dürfte dies erst recht für die Durchführung eines Insolvenzverfahrens gelten, bei dem neben betriebswirtschaftlichem Sachverstand noch Kenntnisse im Insolvenz- und Sanierungsrecht erforderlich sind.

Auf Grund des erforderlichen Know-how ist daher davon auszugehen, dass die Einsetzung von externen Dritten bzw. Sanierungsexperten zum Regelfall wird. Auf Grund der Komplexität der Antragstellung und des Verfahrens und der damit verbundenen Kosten, wird sich die Durchführung des Schutzschirmverfahrens für Schuldner und Gläubiger erst ab einer bestimmten Größe lohnen. Es ist davon auszugehen, dass das Schutzschirmverfahren für kleine Unternehmen, die den Großteil der Unternehmensinsolvenzen darstellen, daher nicht in Frage kommt. Hierfür sprechen auch die unter Gliederungspunkt C.V.1. dargestellten Statistiken, wonach Eröffnungs- und Schutzschirmverfahren von der überwiegenden Mehrzahl der Unternehmen nicht in Anspruch genommen werden.

VIII. Ausarbeitung des Insolvenzplans

Im Schutzschirmverfahren hat der Schuldner gemäß § 270b Abs. 1 Satz 2 InsO die Möglichkeit, innerhalb einer Frist von maximal drei Monaten einen Insolvenzplan auszuarbeiten und vorzulegen. Lässt er diese Frist aus welchen Gründen auch immer verstreichen, endet das Schutzschirmverfahren automatisch, ohne dass es hierzu eines Antrags der Gläubiger oder einer Entscheidung des Gerichts bedarf. In diesem

Fall entscheidet das Gericht, ob das Verfahren als Regelinsolvenzverfahren oder im Eröffnungsverfahren nach § 270a InsO fortgesetzt wird. Die Frist zur Ausarbeitung des Insolvenzplans bringt dem Schuldner ein gewisses Maß an Rechtssicherheit, den Plan eigenverantwortlich auszuarbeiten und Planbarkeit hinsichtlich der Dauer des Vorverfahrens.

Das bedeutet jedoch nicht, dass er während dieser Zeit nach Belieben schalten und walten oder den Insolvenzplan zu seinen Gunsten gestalten kann. Denn in der Praxis wird der Schuldner schon während dieser drei Monate den Insolvenzplan mit den Gläubigern abstimmen müssen, da diese sonst schon während des Vorverfahrens nach § 270b Abs. 4 Nr. 2 InsO die Aufhebung beantragen werden.

Auch im Eröffnungsverfahren nach § 270a InsO hat der Schuldner die Möglichkeit, einen Insolvenzplan auszuarbeiten, jedoch ohne den zusätzlichen Vorzug des Vollstreckungsschutzes oder des Vorschlagsrechts hinsichtlich der Person des vorläufigen Sachwalters. Darüber hinaus ist erwähnenswert, dass dem Schuldner in diesem Fall nicht das alleinige Planvorlagerecht zusteht, und er hinsichtlich der Kosten keine Masseverbindlichkeiten begründen kann.[1067]

Sofern der Schuldner, wie vom Gesetzgeber vorgesehen, die Gläubiger frühzeitig in das Verfahren einbindet, Schuldner und Gläubiger einen gemeinsamen Kandidaten als vorläufigen Sachwalter finden und einen Sanierungsplan zusammen ausarbeiten, ist die Wahrscheinlichkeit von Vollstreckungsmaßnahmen auch im Eröffnungsverfahren nach § 270a InsO relativ gering und der Unterschied zwischen den beiden Verfahren marginal.

IX. Zwischenergebnis

Auf den ersten Blick scheint es so, dass sich das Eröffnungsverfahren nach § 270a InsO und das Schutzschirmverfahren nach § 270b InsO kaum unterscheiden. Bei näherem Hinsehen werden jedoch kleine, aber entscheidende Unterschiede sichtbar, die für den Schuldner bei seiner Entscheidung, welches Verfahren er wählt, zu berücksichtigen sind und die den Erfolg des jeweiligen Verfahrens maßgeblich beeinflussen können.

Da in jedem Insolvenzverfahren, in dem eine Sanierung angestrebt wird, es besonders auf das Vertrauensverhältnis zwischen Schuldner und Gläubiger und auf eine Ab- und Übereinstimmung und sogar Unterstützung zumindest der zentralen Gläubiger ankommt, dürften die Unterschiede hinsichtlich der Untersagung und Einstellung von Zwangsvollstreckungen, das Vorschlagsrecht hinsichtlich des Sachwalters und die Aufhebung des Verfahrens nicht besonders stark ins Gewicht fallen.

Bezieht der Schuldner die Gläubiger vollumfänglich in das Verfahren ein, und kann er sie von seinen Sanierungsvorhaben überzeugen, dürfte es zwischen Eröffnungsverfahren und Schutzschirmverfahren in dieser Hinsicht kaum praxisrelevante Unterschiede geben. Sind die Gläubiger von dem Sanierungskonzept überzeugt,

1067 Eidenmüller, Münchener Kommentar zur, 3. Auflage 2014, § 218 Rn. 101 ff.

werden sie ihre Forderungen nach Antragstellung nicht fällig stellen und gegebenenfalls sogar frisches Kapital zur Verfügung stellen, um einer Zahlungsunfähigkeit des Schuldners vorzubeugen. Da diese Gläubiger die Sanierung unterstützen, werden sie auf Zwangsvollstreckungsmaßnahmen verzichten, das Vorschlagsrecht des Schuldners hinsichtlich des vorläufigen Sachwalters akzeptieren bzw. sich auf einen gemeinsamen Kandidaten einigen und auch die Aufhebung des Verfahrens nicht herbeiführen.

Der größte Unterschied zwischen den Verfahren ist in der Begründung von Masseverbindlichkeiten und in der Ausstellung der Bescheinigung zu sehen. Diese beiden Themenkomplexe dürften für den Schuldner auch zur größten Rechtsunsicherheit bei der Antragstellung führen.

Strebt der Schuldner, wie vom ESUG vorgesehen, frühzeitig seine Sanierung an, besteht die Hoffnung, dass die Zahlungsunfähigkeit noch nicht eingetreten ist, so dass ihm sowohl das Eröffnungsverfahren als auch das Schutzschirmverfahren zur Verfügung stehen. Sofern der Schuldner vor Antragstellung schon mit der Erstellung eines Sanierungskonzepts beginnt, wird er auch nicht auf die vom Schutzschirmverfahren zugesicherte Frist von drei Monaten angewiesen sein.

H. Ausblick

Die durch das ESUG eingeführten Eröffnungs- und Schutzschirmverfahren sind insgesamt positiv für die Fortführung von insolventen Unternehmen zu bewerten. Sie können zu einer vermehrten Verfahrenseröffnung in Eigenverwaltung sowie einer nachhaltigen Sanierung von finanziell in Schieflage geratenen Unternehmen, die unter wirtschaftlichen Gesichtspunkten erhaltungswürdig sind, beitragen. Zusammen mit der Stärkung der Gläubigerrechte, insbesondere mit der Einsetzung des vorläufigen Gläubigerausschusses und der (zumindest faktischen) Möglichkeit, Einfluss zu nehmen auf die Auswahl des vorläufigen Sachwalters und des Verfahrensablaufs kann das Eigenverwaltungsverfahren an Akzeptanz gewinnen, einer Abwanderung sanierungsbedürftiger Unternehmen verhindern und den Insolvenzstandort Deutschland stärken. Ob die ESUG-Reform, wie erhofft, auch zu einer Änderung der Insolvenzkultur führt, kann bislang noch nicht beurteilt werden. Anzeichen dafür sind derzeit nicht ersichtlich.

Die ersten Erfahrungen haben jedoch die zuvor teils überhöhten Erwartungen an die ESUG Reform auf ein realistisches Maß zurückgeführt. Seit Inkrafttreten des ESUG gab es schon eine Reihe an Eröffnungs- und Schutzschirmverfahren. Zwischen März 2012 und Februar 2015 wurden 784 Insolvenzverfahren in Eigenverwaltung beantragt.[1068] Der Anteil der Eigenverwaltungsverfahren an allen eröffneten Verfahren insolventer Unternehmen hat sich seit in Kraft treten des ESUG verdoppelt. Zwischen 1999 und 2011 betrug der Anteil durchschnittlich ca. 0,97 Prozent, zwischen 2012 und 2014 durchschnittlich 1,76 Prozent.[1069] Er ist aber nach wie vor auf einem sehr niedrigen Niveau. Beachtlich ist, dass der Anteil 2012 bei ca. 1,6 Prozent, 2013 bei 2,2 Prozent und 2014 bei 1,5 Prozent lag und die Schwankungen relativ groß sind. Ob es sich hierbei um eine temporäre oder kontinuierliche Entwicklung handelt, bleibt abzuwarten. Denn auch bei Einführung des Eigenverwaltungsverfahrens im Jahr 1999 gab es zunächst hoffnungsvolle Verfahrenszahlen, die sich in den Folgejahren jedoch verschlechterten. Auch bleibt abzuwarten, ob sich die Verfahren mit Schutzschirmanordnung oder Verfahren mit vorläufiger Eigenverwaltung ohne Schutzschirmanordnung durchsetzen werden. Bislang findet das Eröffnungsverfahren nach § 270a InsO im Vergleich zum Schutzschirmverfahren weitaus mehr Anklang.[1070] Beachtlich ist dabei, dass in 93 Prozent der Fälle ein Verfahren eröffnet wurde, was auf eine gute Verfahrensvorbereitung der Schuldner schließen lässt.[1071]

1068 Siehe hierzu Gliederungspunkt C.V.3.
1069 Siehe hierzu Gliederungspunkt C.V.1.
1070 Siehe hierzu Gliederungspunkt C.V.3.
1071 TheBostonConsultingGroup: Drei Jahre ESUG, Stand Mai 2015, S. 4, URL: http://www.bcg.de/documents/file188855.pdf, letzter Abruf am 31.12.2015.

Zusammenfassend lässt sich sagen, dass das Eröffnungsverfahren nach § 270a InsO häufiger beantragt und auch eröffnet wurde und fast genauso erfolgreich durchgeführt wird wie das Schutzschirmverfahren nach § 270b InsO.

Beide Vorverfahren werden allerdings nach wie vor von in der Öffentlichkeit stehenden, prominenten Großunternehmen genutzt, die nur einen Bruchteil der Insolvenzen ausmacht. Bei kleinen und mittleren Unternehmen, die den Großteil des Insolvenzgeschehens ausmachen und für die insbesondere die Regelungen des ESUG geschaffen wurden, ist noch kein Anstieg zu verzeichnen. Hier dürften die vorstehend beschriebenen Rechtsunsicherheiten aber auch und vor allem die mit der Antragstellung verbundenen unvermeidbaren Kosten für eine professionelle Sanierungsberatung, insbesondere im Hinblick auf die Bescheinigung und den auszuarbeitenden Sanierungsplan eine große Rolle spielen.

Insgesamt ist auch zu berücksichtigen, dass weder Eröffnungsverfahren noch Schutzschirmverfahren Garant für eine Sanierung des schuldnerischen Geschäftsbetriebs sind, da sich die Änderungen durch das ESUG weder auf die finanzwirtschaftliche Leistungsfähigkeit noch auf die Bilanz auswirken.[1072] Die Regelungen des ESUG ändern an der Sanierungsfähigkeit des Unternehmens nichts. Für die Sanierung ist maßgeblich, dass der Fortführungswert des Unternehmens den Liquidationswert übersteigt, eine frühzeitige Erkennung der Krise, ein gut vorbereitetes Sanierungskonzept, das von einem qualifizierten Management umgesetzt wird und nicht zuletzt genügend Zeit und finanzielle Mittel zur Umsetzung des Sanierungskonzepts vorliegen.

Abschließend kann festgehalten werden, dass die Eigenverwaltung im Insolvenzrecht immer noch eine sehr geringe Relevanz hat und nach wie vor ein Schattendasein fristet. Dennoch stellen das Eröffnungsverfahren nach § 270a InsO und das Schutzschirmverfahren nach § 270b InsO einen wesentlichen Schritt in Richtung Unternehmenssanierung und -fortführung.

1072 Flöther, ZIP 2012, S. 1833 (1838 f.).

www.ingramcontent.com/pod-product-compliance
Ingram Content Group UK Ltd.
Pitfield, Milton Keynes, MK11 3LW, UK
UKHW021850290926
8980IPUK00005B/759

9 783631 731031